Franz Walter

Vom Milieu zum Parteienstaat

Franz Walter

Vom Milieu zum Parteienstaat

Lebenswelten, Leitfiguren
und Politik im
historischen Wandel

VS VERLAG FÜR SOZIALWISSENSCHAFTEN

Bibliografische Information der Deutschen Nationalbibliothek
Die Deutsche Nationalbibliothek verzeichnet diese Publikation in der
Deutschen Nationalbibliografie; detaillierte bibliografische Daten sind im Internet
über <http://dnb.d-nb.de> abrufbar.

1. Auflage 2010

Alle Rechte vorbehalten
© VS Verlag für Sozialwissenschaften | GWV Fachverlage GmbH, Wiesbaden 2010

Lektorat: Frank Schindler

VS Verlag für Sozialwissenschaften ist Teil der Fachverlagsgruppe
Springer Science+Business Media.
www.vs-verlag.de

Umschlaggestaltung: KünkelLopka Medienentwicklung, Heidelberg
Umschlagbild: Sophia Scheurer
Druck und buchbinderische Verarbeitung: Ten Brink, Meppel
Gedruckt auf säurefreiem und chlorfrei gebleichtem Papier
Printed in the Netherlands

ISBN 978-3-531-17280-4

Inhalt

VI. Irrwege des Parteienstaats?

Vorwort

Von Marx bis Leibholz. Vom Theoretiker der Revolution zum Apologeten der Parteienstaats. Rund 150 Jahre durchmisst das vorliegende Buch. Es handelt von den tragenden sozialmoralischen Lagern der deutschen Industriegesellschaft und einiger ihrer bedeutenden Repräsentanten, die den politischen Parallelgesellschaften Gesicht, auch Prägungen gegeben haben. Es erörtert den hybriden Anspruch der weltanschaulichen Eigenkulturen, denen es um „neue Menschen" in „befreiten Gesellschaften" ging. Wir treffen dabei auf Mythen, stoßen auf Wirrungen, begegnen Tragödien, finden natürlich auch und vor allem die ernüchternden Folgen prosaischer Realpolitik, an deren Ende eben nicht mehr der „neue Mensch", sondern die den Ideologien enthobenen Zugehörigen der politischen Klasse im Parteienstaat standen – und stehen.

Das Buch enthält Studien zu diesen Problembereichen; es vereint Überlegungen, Analysen, Portraits oft verschiedenartiger Façon. Zusammengehalten werden die gewiss nicht gleichförmigen Perspektiven durch das primäre Interesse an den Lebenswelten, die dem Politischen zugrunde liegen, am historischen Wandel dort wie an den zählebigen Mentalitäten und generationsübergreifenden Orientierungen, die sich bemerkenswert konstant über eine lange Dauer überliefert und Volatilitäten von Parteien und politische Ideen auffällig begrenzt haben. Doch mag solche geronnene Traditionalität in diesen Jahren tatsächlich auslaufen.

*

Wie schon so oft so war auch für diese Schrift die Unterstützung der Göttinger „Arbeitsgruppe für Parteien- und Politische Kulturforschung" elementar. Die Lebendigkeit und Verlässlichkeit ihrer Gruppenmitglieder ist die Voraussetzung schlechthin für alle Produktivität. Hervorheben möchte ich diesmal den außergewöhnlichen Anteil von Katharina Rahlf und Robert Lorenz, die – nun auch privat fest vereint – die einzelnen Teile zusammengefügt, zu einem Ganzen gemacht haben. Ihnen danke ich sehr.

Göttingen, im Spätsommer 2009

I. Sternstunden und Tragödien des Sozialismus

Ungleiche Porträts

Mensch Mohr: Karl Marx

Am Ende war er privat ein einsamer, unglücklicher, kranker Mann: Karl Marx. Der Tod seiner Ehefrau Jenny im Dezember 1881 hatte ihn gebrochen, das Ableben seiner heißgeliebten ältesten Tochter „Jennychen" im Januar 1883 beraubte ihn der restlichen Lebenskraft. Am 14. März 1883 starb, 64-jährig, Karl Marx in seinem Londoner Exil. Lediglich elf Personen wohnten drei Tage später seiner Beerdigung auf dem Friedhof in Highgate bei.[1]

Dabei wurde Marx in den Jahrzehnten darauf immerhin zum großen Sinnstifter der sozialistischen Bewegung. Die deutschen Sozialdemokraten eigneten sich seine Analysen und Prognosen noch in den 1880er Jahren an und erhoben sie im Jahr 1891 auf ihrem Parteitag in Erfurt zum Programm. Die Bolschewiki stürzten 1917 die zaristische Despotie in Russland, indem sie mit seinen Lehrsätzen agitierten. Und die bislang letzte große Renaissance von Marx erlebten die modernen Gesellschaften im Jahr 1968, als demonstrierende Studenten sein Konterfei durch die Straßen trugen, seine Schriften durch Raubdrucke massenhaft zugänglich machten und sein Werk zur Kapitalismusanalyse in asketischen „Kapitalschulungen" zu begreifen versuchten.

Marx selbst hätte das Tun seiner Epigonen, wäre er noch am Leben gewesen, wohl oft genug mit dem bissigsten Hohn verfolgt. Marx hatte zeitlebens nur Verachtung für Formeln, gestanzte Redewendungen, Hagiografien, Personenkult, Dogmen. Der östliche Staatssozialismus hätte ihn, der ein vulkanischer Choleriker sein konnte, in blanke Wut versetzt. Marx war viel zu sehr ein Geschöpf des bürgerlichen Zeitalters, der Aufklärung, des Rationalismus, der Ehrfrucht vor Erkenntnis, Wahrheit, Wissenschaft. Marx war ein Forscher aus Leidenschaft. Stundenlang hockte er Tag für Tag in der Bibliothek des British Museum, las auch noch die entlegensten Bücher, exzerpierte unermüdlich – um sich und seine An-

---

[1] Vgl. Klaus Körner, Karl Marx, München 2008, S. 162.

sicht immer wieder aufs Neue zu korrigieren. Abends ging es dann zu Hause bis in die Nacht weiter, in einem von Büchern, Blättern und Manuskripten für Außenstehende chaotisch überfluteten Arbeitszimmer. Es war für den Rest der Familie schwer, Marx – einen starken Raucher und fallweise wüsten Trinker – zu regelmäßigen und einigermaßen gesunden Mahlzeiten zu bewegen.[2]

Leicht machte es sich Marx mit seinem unbändigen Lesehunger nicht. Denn er fand nie ein Ende, ließ es nie genug sein. Der Imperativ des Zweifels – auch an sich selbst – war ihm Elixier, ehernes Gebot und: Plage wie Paralyse. Es ging ihm da wie anderen weit überdurchschnittlich begabten Geistern. Ihre Ansprüche sind hoch, die Maßstäbe an sich selbst oft kaum erreichbar. Das Opus, das sie schaffen wollen, soll einzigartig, komplett, vollendet sein, im höchsten Glanz erscheinen, noch nach Jahrzehnten Bestand und Gültigkeit haben. Solche Ambitionen spornen zunächst an, aber sie lähmen auch; umso mehr, je näher der Termin der Werkvollendung ansteht. Das galt auch für Marx. Er brauchte Jahre, ja Jahrzehnte für seine großen Analysen zur Anatomie der bürgerlichen Gesellschaft; das meiste brachte er gar nicht zum Abschluss, mochten auch seine Freunde drängen, wie sie wollten.[3] Marx war kein effizienter Autor, niemand der mit Disziplin schrieb, Fristen und Verträge einhielt. Meist floh er, wenn es ernst wurde, in Krankheiten. Er war ein großer Hypochonder, kam aber auch wirklich die somatischen Folgen zu spüren. Seine Leidensgeschichte mit all den Furunkeln und Karbunkeln an den empfindlichsten Körperstellen wurde hernach in der Medizin- und Psychologiegeschichte des Sozialismus legendär.[4]

Weit leichter gingen Marx seine zahllosen Pamphlete von der Hand, in denen er seine ebenso unzähligen Gegner „vernichtete". Häme, Sarkasmus, Sottisen – darüber verfügte Marx überreichlich. Er konnte über die unbedeutendsten Köpfe seiner Zeit hunderte von Seiten boshafter, aber brillanter Polemik verfassen, Seite für Seite gefüllt mit ebenso funkelnden wie verächtlichen Aperçus.[5] In dieser Art, wie Marx seine Widersacher intellektuell zerfetzte, blieben ihm die späteren Epigonen des „Marxismus" treu – nur blieb es dann, wenn ihnen staatli-

---

[2] Vgl. auch Paul Lafargue, Das Recht auf Faulheit & Persönliche Erinnerungen an Karl Marx, Frankfurt a. M. 1966, S. 55 ff.
[3] M. Glasser, Über die Arbeitsmethoden von Karl Marx, in: Nikolaj N. Shukow, Erinnerungen an Karl Marx, Berlin 1953, S. 194 ff.
[4] Vgl. vor allem Arnold Künzli, Karl Marx. Eine Psychographie, Wien 1966; auch Fritz J. Raddatz, Karl Marx. Eine politische Biographie, Hamburg 1975.
[5] Vgl. besonders Francis Wheen, Karl Marx, München 2001, S. 202 ff.

che Macht zur Verfügung stand, nicht allein bei Rhetorik und Essayistik, um die „Feinde" auszuschalten.

Die Negation war jedenfalls die stärkste Seite von Karl Marx. Oder freundlicher ausgedrückt: die Kritik. Marx bestach durch seine Kritiken, an Hegel, an Feuerbach, an der Ökonomie des Kapitalismus, am Programm von Gotha der jungen deutschen Sozialdemokratie. Immer konnte Marx messerscharf sezieren, wo die Aporien lagen, wo der Schein das reale Sein überdeckte, wo Texte ins Phrasenhafte abrutschten. Ein konstruktiver Theoretiker hingegen war Marx nicht. Er dachte nicht über präzise Alternativen, über Wege, Techniken und Instrumente des Anderen nach. Dergleichen tat er hochfahrend als kleinbürgerliche Utopisterei und philiströse Spekulation ab. Auch sprach aus seinen sozialistischen Schriften kein Altruismus, keine Wärme, kein Mitgefühl. Man gewann nicht den Eindruck, dass da jemand mit dem Subjekt seiner Geschichtsphilosophie, dem Proletariat, mitlitt. Sein primäres Interesse galt der bürgerlichen Gesellschaft, der inneren Dynamik des Kapitalismus. Davon war er zutiefst erregt, von der mächtigen Expansionskraft der kapitalistischen Produktionsweise, von der Wucht, wie sie territoriale Grenzen einriss und sich international ausdehnte – niemand sonst hatte die Globalisierung so früh und hellsichtig antizipiert wie eben Marx bereits in den 1840er Jahren, als die Mehrheit der europäischen Nationen noch tief in der Feudalität steckte.

Marx war fasziniert vom Kapitalismus, beeindruckt auch von der Fortschrittsfähigkeit des Bürgertums. Und zugleich hasste er dies alles. Nichts charakterisierte das Leben des deutschen Emigranten im Londoner Exil mehr als die stete Spannung von extremem Leistungswillen und düsterer Destruktivität, von Suche nach Zuneigung und triebhafter Zerstörung der meisten Freundschaften. Marx wollte Meister sein, in philosophischen Runden, im Kommunistenbund, in der Sozialistischen Internationale. Doch zugleich konnte er gläubige und beflissene Jünger nicht ertragen; er stieß sie hochmütig und kalt von sich fort.[6] Die besten Freunde – mit der Ausnahme des kommunistischen Fabrikanten Friedrich Engels – wurden zu abgründig gehassten Feinden. Aus dieser Spannung zog Marx viel Energie – allerdings auch in schlimmer autoaggressiver Hinsicht.

Nur in seiner Familie war der Löwe sanft. Seine Töchter liebte er abgöttisch; um seine Enkel sorgte er sich hingebungsvoll. Überhaupt: Sobald er auf Kinder traf, streifte er, der strenge Analytiker, seine Gelehrtenattitüde ab, alberte und

---

[6] Auch: Wolfgang Schieder, Karl Marx als Politiker, München/Zürich 1991, S. 119 ff.

tollte herum.[7] Existenziell angewiesen war Marx auf seine Frau Jenny, geborene Baronesse von Westphalen, die ihm in all den bitteren, oft elendigen Londoner Jahren verblüffend treu zur Seite stand.

Denn viel hatte Marx ihr nicht bieten können. Zu einer einträglichen Erwerbsarbeit war er nicht fähig und nicht willens. Er führte ein Leben ohne Ordnung, Einkommen und Vorsorge. Die Familie – besser: ein Teil von ihr – überlebte allein, weil Freund Engels, der linke Kapitalist, regelmäßig und verlässlich mit finanziellen Geldleistungen aushalf. Indes: Sobald wieder die Zuwendung aus Manchester eintraf, gab sich Marx ungehemmt großzügig – sodass wenig später abermals Schulden die Familie plagten. Der Weg zum Pfandhaus wurde zur Routine; regelmäßige und tiefe Depressionen überfielen Frau Jenny Marx an der Seite ihres unpraktischen, kaum lebenstüchtigen Mannes.

Aber natürlich, der Mann hatte eine Mission. Und 75 Jahre lang war er die große geistige Autorität auch der deutschen Sozialdemokratie. Den Sozialdemokraten heute ist dieser Typus des Intellektuellen, des unbestechlichen Analytikers, des schillernden Bohemiens ganz und gar fremd geworden. Man muss wohl befürchten, dass man dort für den Mann mit der dichten Haarmähne, dem wallenden-zottigen Bart und den ungeregelten Einkommensverhältnissen allein den Ratschlag zur Verfügung hätte, sich gefälligst zu waschen, zu rasieren und dann in einem Jobcenter schnellstmöglich eine ordentliche Arbeit zu suchen.

Das Ziel war ihm nichts, die Bewegung alles: Eduard Bernstein

Als angemessenere historische Bezugsgröße gilt den Sozialdemokraten eher Eduard Bernstein, 1850 in Berlin geboren und dort auch 82 Jahre später, am 18. Dezember 1932 – vor exakt 75 Jahren also – gestorben. Neu ist dieser Rekurs nicht. Schließlich firmierte schon das „Godesberger Programm" der SPD aus dem Jahr 1959, da die Partei Abschied vom Klassenkampf, vom Marxismus und vom Projekt der Sozialisierung nahm, als Sieg der Ideen Bernsteins. Doch zu seinen Lebzeiten war Bernstein keineswegs ein Star seiner Partei, war auch nicht der Messias des rechten oder realpolitischen Flügels. Im Gegenteil, Bernstein starb politisch vereinsamt, in seiner Partei isoliert, als Impulsgeber oder Stratege gescheitert.

---

[7] Wilhelm Liebknecht, Marx und die Kinder, in: David B. Rjazanov, Karl Marx als Denker, Mensch und Revolutionär, Wien 1928, S. 118 ff.

Im Grunde hatte schon von Geburt her wenig dafür gesprochen, dass Bernstein zu einer historischen Figur im intellektuellen Diskurs des 19. und 20. Jahrhunderts werden mochte. Wie etliche andere sozialistische Vordenker jener Aufstiegsjahrzehnte der Arbeiterbewegung war auch Bernstein jüdischer Herkunft. Aber er entstammte nicht, wie Karl Marx, dem Bildungsbürgertum, kam erst recht nicht, wie Ferdinand Lassalle, aus einer wohlhabenden Kaufmannsfamilie. Die Verhältnisse in der Familie Bernstein waren vielmehr ärmlich und eng. Der Vater verdiente sein Geld als Lokomotivführer; und er hatte die beachtliche Zahl von sechzehn Kindermündern zu stopfen. So fehlte das Geld, um dem begabten Sohn Eduard den gymnasialen Abschluss zu ermöglichen. Der Sohn des Eisenbahners hatte also – wie allerdings nicht wenige im Sozialismus des Jahrhunderts zwischen 1860 und 1960 – als Autodidakt Wissen zu sammeln.[8]

Insofern war Bernsteins Biographie nicht untypisch für die Sozialdemokratie jener Ära. Diese frühen Jahrzehnte waren wohl die glücklichsten in der Geschichte der Arbeiterbewegung. Die Partei wuchs und wuchs; die Zahl ihrer Wähler und Reichstagsmandate mehrte sich stetig. Man stand in der Opposition, durfte sich also – durch keinerlei Regierungszwänge in den eigenen Idealen kompromittiert – radikal, prinzipienstark und visionär gebärden. Und selbst der Jahre zwischen 1878 und 1890, als die Partei unter dem so genannten „Sozialistengesetz" verboten war und ihre Funktionäre in die Illegalität getrieben wurden, erinnerten sich die meisten Parteiführer später keineswegs als Zeit der Qual oder gar der Depression. Denn seither waren sie schließlich Märtyrer, durften sich infolgedessen als bessere Menschen fühlen und gewannen, als das Verbot nach zwölf Jahren endlich fiel, den Eindruck, dass nichts und niemand – weder Bismarck noch Krupp, weder der Kapitalismus noch die preußische Polizei – den Sozialismus aufhalten könne. Den ideologischen Segen für diese optimistische Erwartung holten sich die Sozialdemokraten beim Marxismus, der den sicheren Untergang der kapitalistischen Gesellschaft und den unzweifelhaften Sieg der Arbeiterklasse im Jargon wissenschaftlicher Diagnostik versprach.

Auch Bernstein gehörte zunächst zu den gläubigen Marxisten, mehr noch: Er wurde zu einem geistigen Protagonisten dieser Denkrichtung. Den Zugang zum Marxismus hatten ihm die vergleichsweise populär verfassten Schriften Friedrich Engels – engster Freund und Kampfgefährte von Karl Marx – verschafft. Und Engels blieb rund fünfzehn Jahre wichtig für Bernstein. Solange Engels lebte,

---

[8] Vgl. Till Schelz-Brandenburg, Rosa Luxemburg und Eduard Bernstein – Antipoden und Leidensgenossen, in: Pankower Vorträge, H. 69/2, Berlin 2004, S. 7 ff.

traute sich Bernstein nicht, seine Bedenken und wachsenden Zweifel gegenüber dem marxistischen Paradigma offen auszusprechen.

Stattdessen wuchs Bernstein im Laufe der 1880er Jahre nebst seinem damaligen Freund Karl Kautsky in die Rolle der großen Autorität auf dem Felde der marxistischen Theorie. Beide verfassten gemeinsam das später parteihistorisch berühmt gewordene „Erfurter Programm" der deutschen Sozialdemokraten.[9] Und beide bezahlten ihre sozialistische Schriftstellerei mit Jahren der Verbannung aus Deutschland. Eduard Bernstein traf es besonders hart. Über zwanzig Jahre musste er im Exil verbringen, da er in seiner deutschen Heimat steckbrieflich zur Fahndung ausgeschrieben war. Anfangs redigierte Bernstein das illegale Parteiorgan „Der Sozialdemokrat" von der Schweiz aus; dann wurde er auch dort unter dem Druck der deutschen Behörden ausgewiesen. Zwischen 1888 und 1901 lebte er in der Londoner Emigration. Hier eben kam er in nahen Kontakt zu Friedrich Engels, der den Fleiß und die Verlässlichkeit Bernsteins zu schätzen lernte, ihn zum Verwalter seines Nachlasses – darunter auch der umfangreicher Briefwechsel mit Karl Marx – machte.

Dabei war Bernstein, als Friedrich Engels 1895 verschied, kein verlässlicher Apostel des Marxismus mehr. Auch Engels, dem Bernstein seine zunehmend häretischen Ansichten eher verschwieg, spürte das und warf ihm zuweilen vor, er klinge mehr und mehr wie eine „englische Krämerseele". Tatsächlich hatte sich Bernsteins Position seit seiner Ankunft in London schleichend verändert. Das mochte darauf zurückzuführen sein, dass er ein undoktrinärer Kopf war, den eine neue Empirie zu neuem Denken inspirierte. Das konnte aber auch – wie nicht ganz wenige aus seinem Bekanntenkreis erzählten – mit der leichten Beeinflussbarkeit Bernsteins zusammenhängen. Jedenfalls: Schon gleich nach seiner Ankunft in der englischen Hauptstadt geriet Bernstein in den Bann der „Fabian Society", einer kleinen, elitären Gruppe von Intellektuellen – Engels nannte sie abfällig: die „jebildeten Sozialisten" –, die an Programmen und Konzeptionen einer sozialen Reformpolitik bastelten.[10] Die prominenten Figuren dieser Gruppe waren das Ehepaar Webb sowie der Dramatiker und spätere Literaturnobelpreisträger George Bernhard Shaw. Sydney Webb kreierte für die Gruppe die Maxime des „Schritt für Schritts", also eine graduelle Reformstrategie anstelle des revolutionären Hammerschlags. Und dieses Prinzip der schrittweisen Überwindung

---

[9] Vgl. Franz Walter, Die SPD. Vom Proletariat zur Neuen Mitte, Berlin 2002, S. 18 ff.
[10] Vgl. Peter Wittig, Der englische Weg zum Sozialismus. Die Fabier und ihre Bedeutung für die Labour-Party und die englische Politik, Berlin 1982.

des Kapitalismus wurde fortan auch für die nächsten Jahrzehnte das Credo des Eduard Bernstein.

An die Öffentlichkeit ging er damit allerdings erst nach dem Tod seines langjährigen Mentors Friedrich Engels. Dann aber hatte er den Mut zu einer Generalkritik an den zentralen Deutungen der marxistischen Theorie. Zumindest in den populären Schulungsschriften der Partei ging die marxistische Sozialdemokratie von einer stetigen Verelendung der Arbeiterklasse aus, vom unvermeidlichen Niedergang der Mittelschichten, von einer dualen Polarisierung zwischen den Millionenmassen an Proletariern der kleinen Ausbeuterschicht der Großbourgeoisie. Das alles, so die Prognose der Marxisten, würde von einem Bündel sich kumulativ verschärfender Krisen begleitet sein, dann in einen großen „Kladderadatsch" der bürgerlichen Gesellschaft münden, wodurch die Pforte für die neue sozialistische Gesellschaft geöffnet wäre.

Bernstein brachte in einer Artikelserie für das sozialdemokratische Theorieorgan „Neue Zeit" in den Jahren 1896 bis 1898 an all diesen Interpretationen und Zukunftsprognosen seine Einwände vor.[11] Er hatte über die Jahre mit großem Fleiß statistisches Material gesammelt, mit dessen Hilfe er nun zu beweisen versuchte, dass das materielle Lebensniveau der Arbeiter gestiegen und nicht zurückgegangen war, dass die Mittelschichten sich wohl wandelten, aber keineswegs verschwanden, dass die Anpassungsfähigkeit des Kapitalismus bemerkenswerter war als seine Krisendynamik, dass ein jäher Zusammenbruch des Kapitalismus nicht zu erwarten und auch nicht wünschenswert wäre. Und schließlich stellte er die historisch-moralische Überlegenheit des „revolutionären Subjekts", der Arbeiterklasse also, ebenfalls in Frage. Nüchtern konstatierte er, dass es zwar durchaus revolutionäre, tapfere und human eingestellte Arbeiter gäbe, aber leider ebenso solche, die als rundum reaktionäre, gänzlich feige und nicht selten gar bestialische Gestalten die Welt schlechter statt besser machten.

Seltsamerweise hielt sich die Empörung über derlei Ketzereien in den ersten beiden Jahren in Grenzen. Der Entrüstungssturm brach erst im Jahr 1898 los, als Bernstein einen Satz schrieb, der bis heute in der Linken berühmt, für viele berüchtigt ist: „Ich gestehe es offen, ich habe für das, was man gemeinhin unter „Endziel des Sozialismus" versteht, außerordentlich wenig Sinn. Dieses Ziel, was immer es sei, ist mir gar nichts, die Bewegung alles". Jetzt bebte die Partei, jetzt blieb die Debatte keineswegs auf Intellektuelle beschränkt, jetzt folgte für ein

---

[11] Vgl. hierzu auch Thomas Meyer, Eduard Bernstein (1850-1932), in: Walter Euchner (Hrsg.), Klassiker des Sozialismus I, München 1991, S. 203 ff.

halbes Jahrzehnt eine erbitterte Auseinandersetzung, die seither den historischen Namen „Revisionismusstreit" trägt.[12]

In diesem Disput stand Bernstein von Beginn an auf verlorenem Posten. Der Marxismus bot den Arbeitern in jenen Jahren Trost und Hoffnung auf eine erlösende Zukunft. Bernstein dagegen stand ihnen für pedantische Bedenkenträgerei, für ein fades Linsengericht zäher Reformschritte. Leicht jedenfalls hatte Bernstein es nicht. Er verlor im Laufe der Kontroverse seinen langjährigen besten Freund, Karl Kautsky. Etliche Monate musste er überdies den Parteiausschluss, also den Bann der wärmenden sozialistischen Familie fürchten.

Denn es ging hart zur Sache in der Sozialdemokratie in den fünf Jahren zwischen 1898 und 1903. Die Sprache wurde rüder, die Toleranz nahm ab, das Autodafé breitete sich aus. Hier, in den Zeiten des Revisionismusstreits, baute sich der Jargon der Dogmatik und Rechthaberei auf, wuchs die Hemmungslosigkeit, den Andersdenkenden als Renegaten, Konvertiten, ja Verräter „an der Sache" zu brandmarken und politisch zu vernichten. Der unversöhnliche Streit im Sozialismus der Zwischenkriegszeit, auch die Deformationen und Pervertierungen in den folgenden staatssozialistischen Episoden – hier hatten sie ihren Ursprung. Schlimm war nicht zuletzt Rosa Luxemburg, die in libertären Kreisen zuweilen seltsamerweise immer noch als „freiheitliche Sozialistin" gilt und für ihre poetische Sprache gepriesen wird. In der Auseinandersetzung mit Bernstein griff sie nicht zu lyrischen Bildern. Mit harten, unerbittlichen Sätzen forderte sie den Ausschluss Bernsteins aus der Partei, überzog ihn mit galligen Gehässigkeiten und spottete über sein Plädoyer für den Weg der Reformen in einen demokratischen Parlamentarismus. In Luxemburgs Weltbild existierte nur die schroffe Alternative des „Alles oder Nichts"; für das Wesen von Reformen, für Kompromisse, Bündnisse hatte sie gar keinen Sinn.[13]

Insofern war Bernstein in der Tat weit moderner, realistischer als seine Kontrahenten im Revisionismusstreit. Doch eine Chance, aus diesem Streit als Sieger hervorzugehen, besaß er nicht. Die Bernsteinsche Position wurde von den Parteitagen der Sozialdemokraten mit großen Mehrheiten niedergestimmt. Das geschah zunächst bei Abwesenheit Bernsteins, da ihm in Deutschland ja das Gefängnis drohte. Doch der neue Reichskanzler von Bülow hob 1901 den Steckbrief

---

[12] Vgl. auch Jürgen Schuster, Wie aktuell ist Eduard Bernstein?, in: Neue Zeit, H. 13/1993, S. 32 ff.
[13] Vgl. Helga Grebing, Rosa Luxemburg (1871-1919), in: Walter Euchner (Hrsg.), Klassiker des Sozialismus II, München 1991, S. 58 ff.

auf, da er hoffte, dass Bernstein nach seiner Rückkehr Anhänger sammeln und die Sozialdemokratische Partei aufmischen würde.

Indes, zum charismatischen Religionsstifter, der gläubige Jünger und folgsame Schüler um sich scharte, taugte Bernstein nie. Als er nach über zwanzig Jahren der Verbannung wieder auf einem Parteitag auftauchte, waren gerade die Sozialdemokraten des rechten Flügels – die auf einen neuen Leitwolf gehofft hatten – schwer enttäuscht.[14] Sie erlebten einen denkbar unpraktischen Menschen, dem die Gabe der Rede einfach nicht gegeben war.[15] Bernstein sprach zögerlich, unsicher, in abgehackten, brüchigen Sätzen. Er gehörte in die Schreibstube, nicht auf die Bühne von Volksversammlungen. Aber auch mit seinen Schriften, ob Bücher, Aufsätze oder Zeitungsartikel, erreichte und bewegte er nicht die Massen. Dafür waren sie zu spröde, zu langatmig, zu oberlehrerhaft verfasst.[16] Er hatte die Defizite der offiziellen Parteidoktrin erkannt, das ja. Er hatte mit seinen englischen Erfahrungen deutsche Einseitigkeiten korrigiert, auch das. Er hatte früher als die meisten anderen im Sozialismus seiner Generation begriffen, dass in komplexen modernen Gesellschaften allein die systematische Reform, nicht der revolutionäre Frontalangriff realistisch sein konnte; dies blieb sein Verdienst. Aber eine kohärente Strategie, die in seiner Gegenwart die Sozialdemokraten überzeugte und mitriss, hatte er nicht konzipieren können. Zum Führer der praktizierenden Reformisten in seiner Partei wurde der Revisionist der Schrift nicht.

Bernstein blieb zeitlebens ein eher isolierter Mensch in seiner Partei. Er stand einfach zu häufig zwischen allen Stühlen. Ende 1914 gehörte er zu denen in der Parlamentsfraktion, die den Kriegskrediten die Zustimmung verweigerten. So sah er sich plötzlich an der Seite derjenigen, die ihn zuvor unbarmherzig bekämpft hatten, Karl Liebknecht etwa, und eben Rosa Luxemburg. Kurz vor Weihnachten 1918, als der Krieg zu Ende war, besaß er demonstrativ eine Doppelmitgliedschaft in der Mehrheitssozialdemokratie und bei den Unabhängigen Sozialisten, die sich 1917 von der Mutterpartei abgespalten hatten. Er wollte so ein Zeichen der Einheit setzten – und blieb doch wieder nur eine singuläre Gestalt. 1919 focht er auf dem Parteitag der SPD dafür, die Kriegsschuld der deut-

---

[14] Vgl. Hedwig Wachenheim, Die deutsche Arbeiterbewegung 1844-1914, Köln/Opladen 1967, S. 362 ff.
[15] Vgl. Gustav Mayer, Erinnerungen. Vom Journalisten zum Historiker der deutschen Arbeiterbewegung, Hildesheim u.a. 1993, S. 207 f.
[16] Vgl. Theresa Löwe, Der Politiker Eduard Bernstein. Eine Untersuchung zu seinem politischen Wirken in der Frühphase der Weimarer Republik (1918-1924), Bonn 2000, S. 149.

schen Reichsführung und die Bestimmungen des Versailler Vertrages als berechtigt anzuerkennen. Die aufgebrachten Parteitagsdelegierten richteten ein Scherbengericht über ihn, der nun noch einsamer dastand als zuvor, selbst antisemitische Spitzen aus den Reihen seiner Partei aushalten musste.[17]

Heute gilt Bernstein als der Vater der modernen reformerischen Demokratie, als der Mann, der auf der ganzen Ebene historisch Recht behalten hat. Zeitgenössisch stand er keineswegs in diesem Ruf. Als mit der Weimarer Republik die Verhältnisse gekommen waren, die sein demokratisch-reformerischer Weg als Grundlage brauchte, war er nicht zufällig als Vordenker weniger gefragt denn je. Denn schließlich fühlten sich seine früheren Gegner bestätigt: die Krisenanfälligkeit des Kapitalismus war in den 1920er Jahren evident; die Tendenz zur Verelendung empfanden viele aus den unteren Schichten in diesen frühen 1930er Jahren als bittere, unerträgliche Wirklichkeit. Die Konzentration des Kapitals ließ sich schwer leugnen. Und für die Zukunft zeichnete sich bedrohlich schon das Menetekel der Barbarei, nicht die befriedete Gesellschaft einer sozialen Demokratie ab.

Eduard Bernstein selbst musste die Barbarei nicht mehr erleben. Er starb gut sechs Wochen vor dem Beginn der nationalsozialistischen Katastrophe.

Kritische Dialektik: Siegfried Marck

Ein Theoretiker der folgenden sozialdemokratischen Generation war der Breslauer Philosophieprofessor und Soziologe Siegfried Marck.[18] Es ist nicht zu vermuten, dass Symposien, Festredner oder Gedenkschriften auch nur an runden Jahrestagen seiner erinnern werden. Marck hatte zwar in den Weimarer Jahren etliche Schüler – doch weniger an der Universität als im Arbeiterbildungswesen. Insofern hinterließ er keine akademische Schule, keine spezifische „wissenschaftliche Richtung", wenngleich seine Reflexionen über die Dialektik in der Philosophie einen originären Charakter trugen.

---

[17] Vgl. Heinrich August Winkler, Eduard Bernstein als Kritiker der Weimarer Sozialdemokratie, in: Annali della Fondazione Giangocomo Feltrinelli, 1983/84 (Jg. 23), S. 1003 ff.
[18] Zur Biographie und Persönlichkeit vgl. auch Helmut Hirsch, Siegfried Marck, Biographie und Wiederentdeckung des Philosophen, Soziologen und Sozialisten, in: Sven Papcke (Hrsg.), Ordnung und Theorie. Beiträge zur Geschichte der Soziologie in Deutschland, Darmstadt 1986, S. 368 ff.

Siegfried Marck gehörte zu der deprimierend geringen Zahl von Universitätsdozenten der Weimarer Zeit, die sich prononciert zur Republik bekannten und aktiv für das parlamentarische System eintraten. Marck hatte sich zu diesem Zweck – und das war unter Hochschullehrern jener Jahre erst recht ungewöhnlich – der Sozialdemokratie angeschlossen. In die Wiege gelegt war ihm zumindest das Engagement in der sozialistischen Arbeiterbewegung nicht. Marck entstammte dem nationalliberalen, humanistisch gebildeten jüdischen Bürgertum des 19. Jahrhunderts. Sein Urgroßvater hatte zu Beginn des Jahrhunderts ein Bankhaus gegründet. Sein Großvater und Vater hatten sich nach dem Studium der Jurisprudenz als Rechtsanwälte niedergelassen, da sie in das Richteramt nur durch einen Religionswechsel hätten gelangen können, was die zwei indes ablehnten. Beide amtierten als Stadträte im Magistrat der Stadt, beide saßen einer Reihe von Wohlfahrtsorganisationen vor; und beide hatten – wie auch die Mutter Siegfried Marcks – leitende Funktionen in der Breslauer Synagogengemeinde inne. Im Gegensatz zu etlichen anderen sozialistischen Intellektuellen jüdischer Herkunft löste sich Siegfried Marck auch in seiner politisch radikalsten Zeit am linken Flügel der demokratisch-sozialistischen Bewegung nicht vollständig von der jüdischen Gemeinde. Bis zum Ende der Weimarer Republik partizipierte er an ihren Festen, hielt dort regelmäßig Vorträge.[19]

Überhaupt ließ ihn die Frage nach Religion und Transzendenz zeitlebens nicht los. Stets bedauerte er, dass die sozialistische Bewegung für die religiösen Empfindungen der Menschen keine hinreichende Sensibilität entwickelte. Mit den kirchengegnerischen Freidenkergruppen lag Marck in ständiger Fehde, da er den naturwissenschaftlich durchwirkten Materialismus der organisierten Dissidenten als „ungeistig" ansah, als dogmatisch ablehnte. Der Sozialist Marck hielt die kulturkämpferische Kirchenaustrittsbewegung auch deshalb für einen politisch-strategischen Fehler, weil die Linke dadurch die gläubigen Arbeiter abstieß und chronisch bei Wahlen die Mehrheitsfähigkeit verfehlen musste.

Der junge Siegfried Marck, 1889 geboren, schien zunächst ganz in die Fußstapfen seines Vaters und Großvaters treten zu wollen. Nachdem er am traditionsreichen Breslauer Johannes-Gymnasium sein Abitur abgelegt hatte, begann er 1907 an der Friedrich-Wilhelm-Universität seiner Heimatstadt das Studium der Rechtswissenschaften, das er nach einem Semester in Genf fortsetzte. Doch entwickelte er für die Juristerei keine rechte Passion. Daher schrieb er sich 1908 in Breslau an der Fakultät für Philosophie ein, wechselte später dann an die Univer-

---

[19] Vgl. Breslauer Jüdisches Gemeindeblatt, H. 4/1930, S. 61 u. H. 6/1930, S. 93.

sitäten von Berlin und Freiburg über, um schließlich 1911 sein Studium mit einer Dissertation über das Thema „Erkenntniskritik, Psychologie und Metaphysik nach ihrem inneren Verhältnis in der Ausbildung der platonischen Ideenlehre" erfolgreich zum Abschluss zu bringen. Weitere sechs Jahre später habilitierte sich Marck, in dieser Zeit mit der Dichterin und Frauenrechtlerin Lola Landau verheiratet, an der Breslauer Universität durch eine vergleichende Auseinandersetzung mit den philosophischen Grundbegriffen bei Immanuel Kant und Georg Wilhelm Friedrich Hegel. Während seines Studiums war Siegfried Marck durchweg bei neukantianischen Denkern in die Schule gegangen: in Breslau bei Eugen Kühnemann, seinem späteren Doktorvater, und Richard Hönigswald, in Berlin bei Ernst Cassirer und in Freiburg bei Jonas Cohn und besonders bei Heinrich Rickert, dessen „kritischer Idealismus" ganze Generationen von Studenten beeinflusste und zu dessen engstem Schülerkreis Marck gehörte. Später hätte Marck seinen Konnex zu Rickert gern vergessen gemacht; seine frühere Nähe zum begeisterten Hugenberg-Sympathisanten war ihm höchst unangenehm. Gleichwohl durchzog das elementare philosophische Denkprinzip Rickerts, das der „synthetischen Einheit", auch hernach das Lebenswerk seines früheren Breslauer Studenten.

Ähnlich unangenehm war dem späteren Sozialisten Siegfried Marck seine ursprüngliche Haltung zum Krieg. 1916 hatte Marck eine kleinere Schrift unter dem Titel „Deutsche Staatsgesinnung" im renommierten Münchener Beck-Verlag publiziert.[20] Darin feierte er den „Siegeszug" der deutschen Armeen „gegen die ganze Welt". Den preußischen „Militarismus" erklärte er schwärmerisch zur Religion des Staates. Zum Zeitpunkt, als er die Schrift verfasste, gehörte Marck noch nicht zur kämpfenden Truppe. Er war anfangs wegen chronischen Herzjagens vom Kriegsdienst zurückgestellt worden. Doch 1917 wurde auch er zur Westfront abkommandiert; und das Damaskuserlebnis erfolgte rasch: Marck entdeckte den Pazifismus und schloss sich den Sozialdemokraten an. Unmittelbar nach seiner Rückkehr von den Schützengräben trat Marck in Breslau dem sozialdemokratischen Ortsverein bei, nahm am Kongress der Arbeiter- und Soldatenräte Mitte Dezember in Berlin teil[21], wirkte in seiner Heimatstadt im „Rat der geistigen Arbeiter" mit. Dessen Hauptziel war die Gründung von Volkshochschulen. Die Idee der Volkshochschule war in den unmittelbaren Nachkriegsjahren unter den Gebildeten hochpopulär. Man versprach sich hier von der Volksbildung die Überwindung der Klassengesellschaft und die Kreation einer veritablen Volks-

---

20 Vgl. Siegfried Marck, Deutsche Staatsgesinnung, München 1916.
21 Vgl. Allgemeiner Kongress der Arbeiter- und Soldatenräte Deutschlands vom 16.-21. Dezember im Abgeordnetenhaus zu Berlin, Stenographische Berichte, Sp. 334-335.

gemeinschaft. Auch und gerade Siegfried Marck beteiligte sich vom Beginn an mit erheblicher Leidenschaft am Aufbau des mittelschlesischen Volkshochschulwesens, von dem er sich nach Vollzug der politischen Gleichberechtigung der Arbeiterschaft auch deren „geistige Emanzipation" erhoffte. Über Jahre bot Marck im Volkshochschulwesen etliche Kurse an, Einführungen in die Philosophie, in die Psychoanalyse, in das Werk Goethes, in die Programmatik der politischen Parteien, in die Begründungswelt von Bolschewismus und Faschismus. Die Mehrzahl der Kursteilnehmer kam in der Tat aus der Facharbeiterschaft, vor allem aus Kreisen der sozialistischen Jugend.

Dagegen hatte es der Sozialist und Jude an seiner Breslauer Universität ungleich schwerer. Das Gros der bürgerlichen und deutschnational gesinnten Hochschulstudenten mied ihn und seine Vorlesungen. Marck hatte 1922 an der Breslauer Universität einen Lehrauftrag für Rechts- und Staatsphilosophie erhalten; 1924 war er zum a. o. Professor für Soziologie und Philosophie ernannt worden; und 1930 hatte ihn der preußische Kultusminister Adolph Grimme zum Ordinarius als Lehrstuhlnachfolger für Richard Hönigswald berufen.

Der Sozialdemokratie gehörte Marck nicht nur als formelles Mitglied an, er arbeitete dort vom Beginn an denkbar aktiv mit. Seit dem 2. März 1919 nahm er ein Mandat in der Breslauer Stadtverordnetenversammlung wahr, avancierte dort zum schulpolitischen Sprecher der sozialdemokratischen Fraktion und betätigte sich als erfolgreicher Lobbyist der Kultur- und Bildungseinrichtungen seiner Stadt. Er rang der Kommunalverwaltung Zuschüsse für den Wiederaufbau des Stadttheaters und für die Ausstattung der Volkshochschule ab, setzte sich für verbilligte Volksveranstaltungen bei Theateraufführungen sowie die Befreiung vom Schulgeld für Kinder aus Arbeiter- und unteren Mittelschichtfamilien ein. Auch für den Reichstag kandidierte Marck 1924, indes ohne Erfolg.

Im Übrigen schrieb Marck zahlreiche Artikel für das örtliche Parteiorgan der Sozialdemokratie, die „Breslauer Volkswacht". Über Jahre oblag ihm außerdem die Schulungsarbeit; in Schlesien hat kein zweiter Sozialdemokrat derart viele Parteibildungsseminare geleitet wie er.[22] Insbesondere war er der Patron der sozialistischen Studenten. Auf Marcks Initiative hin konstituierte sich 1924 ein „Bund der Freunde sozialistischer Akademiker", dem es darum zu tun war, Arbeiterkindern durch Stipendien den Weg zur Universität zu erleichtern und den organisierten sozialistischen Studenten in ihrer seinerzeit oft schwer erträglichen Diasporasituation an den deutschen Hochschulen Beistand zu leisten. Anfangs

---

[22] Vgl. Franz Walter, Nationale Romantik und revolutionärer Mythos, Berlin 1986, S 159 ff.

orientierte sich Marck eher am rechten Flügel der SPD, war Protagonist einer
großen Regierungskoalition im Reich. Einige Enttäuschungen über den Organisa-
tionskonservatismus und die bürokratischen Erstarrungen in der Weimarer SPD
ließen ihn allerdings mehr und mehr innerparteilich nach links gleiten.[23]
    Einem dogmatischen Marxismus aber hing er nie an. Dazu war allein die in-
dividualistische Prägung in seinem liberalen Herkunftsmilieu zu mächtig. Das
schlug sich auch in seinem Magnum Opus von 1929 bzw. 1931 nieder, der zwei-
bändigen „Dialektik in der Philosophie der Gegenwart"[24], die Herbert Marcuse
wegen ihrer „Sicherheit und Schärfe, wie man sie in der modernen Philosophie-
geschichte selten findet", in höchsten Tönen lobte.[25] Zwar hatte der Marxismus
im Ideensystem Marcks als soziologisches Analysewerkzeug, auch als Methode
der Geschichtsforschung einen Platz inne. Aber als eigenständige Philosophie
anerkannte Marck den Marxismus nicht. Im Gegenteil, Marck wertete den Marxismus geradezu als „Antiphilosophie". Marck bemerkte früh – eher auch als der
in diesem Zusammenhang gern positiv bemühte Ernst Bloch – die politisch fata-
len Folgen aus dem antiphilosophischen Charakter, dem ökonomiezentrierten
Monismus des Marxismus. Marck wies auf die kollektiven Gefühlslagen, Ängste,
Hoffnungen, Träume und Sehnsüchte in modernen Gesellschaften hin, die sich
nicht allein auf wirtschaftliche Triebfedern und soziale Schichtungen zurückführen ließen, die auch nicht einfach als pseudoromantischer Irrationalismus rechts
liegen zu lassen wären. Marck hatte früher als andere Intellektuelle der sozialistischen Linken die Leerstellen im Marxismus – Ignoranz gegenüber kulturellen
und psychologischen Faktoren – erkannt. Unermüdlich warnte er davor, die
untergründigen Gefühlsdispositionen der Menschen gerade in Krisenzeiten zu
vernachlässigen. Denn ihm war in aller Schärfe klar, wer daraus den Nutzen
ziehen würde: eben die Nationalsozialisten.
    Seine eigene Position, die er in den Begriff des „kritisch-dialektischen Idea-
lismus" fasste, baute Marck daher als Ergänzung und Korrektur des Historischen
Materialismus auf. Doch als primären Gegner unter den zeitgenössischen philosophischen Richtungen betrachtete Marck die Existenzphilosophie – insbesondere die des Freiburgers Martin Heidegger, ebenfalls ein Schüler Rickerts –, die er

---

[23] Siegfried Marck, Reformismus und Radikalismus in der deutschen Sozialdemokratie.
Geschichtliches und Grundsätzliches, Berlin 1927, S. 35. Vgl. auch seinen Redebeitrag, in:
Sozialismus und Kultur. Tagung des Sozialistischen Kulturbundes vom 2. bis zum 3. Oktober 1926 in Blankenburg/Thür., hrsg. vom Sozialistischen Kulturbund, Berlin 1927, S. 25.
[24] Siegfried Marck, Die Dialektik in der Philosophie der Gegenwart, Tübingen 1929/31.
[25] Vgl. die Rezension von Marcuse in: Die Gesellschaft, 1930, Bd. 1, S. 15.

weit vor 1933 kühl als „Modephilosophie des europäischen Faschismus" katego-
risierte. In dem Maße, in dem der Historische Materialismus die Gefühlsmomente
ausblendete, in dem Umfang erhob die Existenzphilosophie diese – so Marck –
zum Kult, hüllte sie in romantischen Nebel und riegelte sie gegen Fortschritt,
Vernunft und Wissenschaft ab.

Marcks kritisch-dialektischer Idealismus trat gewissermaßen das geistige
Erbe des 18. Jahrhunderts an, nahm aber die Konvulsionen des 19. und frühen 20.
Jahrhunderts auf, die Dynamik der Massen, den Furor politischer Ideologien und
den Sirenengesang der verschiedenen Meistererzählungen. Als „kritisch" qualifi-
zierte Marck seine Dialektik aber auch deshalb, weil er sie gegen die „spekulati-
ve" Dialektik Hegels und damit auch gegen den Marxismus gewendet wissen
wollte. Seit seinen Studienjahren zählte Marck zu den Neukantianern. In Breslau
hatte er der Kant-Gesellschaft vorgesessen. Allerdings war die Glanzzeit für die
Bemühungen, Kant mit Marx zu verknüpfen oder gar zu verschmelzen, in den
1920er Jahren vorbei. Stattdessen hatte auch unter Marxisten eine wahre Hegel-
Renaissance eingesetzt. Als Höhepunkt dieses neuen Hegelianismus erschien
1923 Georg Lukács' „Geschichte und Klassenbewusstsein". Siegfried Marck be-
schäftigte sich sein ganzes Leben lang intensiv mit der Hegelschen Dialektik und
war dauerhaft darum bemüht, sie kantianisch gegen den Strich zu bürsten, um
dadurch den Marxismus aus seiner teleologischen Sackgasse herauszuholen, um
ihn mittels der Inspirationen der „kritischen Dialektik" neu zu konstituieren.
Marck verwarf an der Hegelschen Dialektik die Konstruktion eines idealen Subjekts, die den Widerspruch aufhebende Kraft der Negation. Der Breslauer Professor der Philosophie insistierte demgegenüber auf der dialektischen Aufbewah-
rung der Gegensätze, auf der zwieträchtigen Harmonie, auf dem Beisammensein
widersprüchlicher Elemente als Treibstoff für gesellschaftliche Entwicklung.[26]
Auf diese Weise rieb sich Marck seit den frühen 1920er Jahren bis zu seinem Tod
wieder und wieder mit Georg Lukács.

Im März 1933 musste Marck seine Heimatstadt fluchtartig verlassen. In
Schlesien kommandierte der berüchtigte Fememörder und SA-Obergruppenführer
Edmund Heines, der mit bestialischer Brutalität Sozialisten aller Couleur verfolgte.
Marck zog in das zunächst noch etwas friedlicher scheinende Freiburg. Doch als er
erfuhr, dass er gemeinsam mit fünfzehn weiteren Professoren – darunter Emil
Lederer, Eduard Heimann, Paul Tillich, Adolf Löwe, Max Horkheimer, Hans Kel-

---

[26] Siegfried Marck, Die Dialektik in der Philosophie der Gegenwart. Zweiter Halbband,
Tübingen 1931, S. 88 ff.

sen – aus dem Dienst entlassen worden war, emigrierte Marck nach Frankreich.
Hier bewegte er sich vom Linkssozialismus wieder fort. Der Kern seines kritischen
Idealismus und im Grunde freiheitlich-sozialen Sozialismus kristallisierte sich im
Folgenden noch stärker heraus. Erheblich gefördert hatte dies der Kontakt zu
einem Kreis französischer Neuhumanisten, der sich seit 1932 unter der geistigen
Führung Emmanuel Mouniers und angeregt durch die Impulse des russischen
Religionsphilosophen Nikolaj Berdjajew um die Zeitschrift „Esprit" gruppierte.
Das Programm des Esprit-Zirkels lautete: Personalismus und Neuhumanismus.
Siegfried Marck nun versuchte, den personalistischen Neuhumanismus der vorwiegend nicht-marxistischen Linkskatholiken überdies freiheitlich-sozialistisch
einzufärben. Der neuhumanistische Personalismus sah sich als Stachel wider den
kollektivistischen und totalitären Zeitgeist jener Jahre. Das personalistische Men-
schenbild setzte die sich selbst bestimmende, geistig unabhängige Persönlichkeit
voraus, die durch freiwillige Zustimmung zu einer Hierarchie der Werte und
durch autonome Einordnung in transpersonale Gemeinschaften ihre Erfüllung
findet.[27] Marck rettete derart seinen sozialistischen Individualismus aus den
1920er Jahren durch den Sturzbach kollektivistischer Massenpsychosen in den
personalistischen Neuhumanismus der 1930er Jahre hinüber.

Rechtzeitig vor dem Einmarsch der deutschen Wehrmacht in Frankreich gelang Marck die Flucht in die USA. Dort rückte er, der bis zu seiner Emeritierung
als Professor für Philosophie am YMCA in Chicago lehrte, noch weiter vom linken Sozialismus ab. Die bitteren Erfahrungen der vorangegangenen zwei Jahrzehnte hatten ihn zu einem skeptischen Menschen werden lassen. Mehr denn je
misstraute er den großen Weltverbesserungsplänen, jener utopischen Denkart, es
könne durch einen großen Plan idyllisch und vollkommen werden auf der Erde.
Marck hatte nun keinen Zweifel mehr: All das konnte nur zu einer gefährlichen
Theologisierung der Politik führen, musste in Religionskriegen kulminieren.

Am 16. Februar 1957 starb der liberale Sozialist Siegfried Marck in Chicago.
Die deutschen Sozialdemokraten gingen gut zwei Jahre später über Bad Godesberg zwar ähnliche Wege wie zuvor bereits ihr früherer schlesischer Theoretiker.
Im Übrigen aber vergaßen sie ihn. Sein Personalismus blieb ihnen dauerhaft
fremd.

---

[27] Vgl. Marcks Beiträge in: Pariser Tageszeitung, 11.11.1936 u. 01.01.1938; Neue Weltbühne
1938, Nr. 43, S. 1347; Das Neue Tagebuch, H. 16/1936, S. 378 u. H. 10/1937, S. 230 f.

Der eiserne Gewerkschafter: Otto Brenner

Der Typus des jüdischen Intellektuellen, der bis 1933 so bedeutsam für die sozialdemokratische Arbeiterbewegung war, existierte nach 1945 nicht mehr in der Partei. Bis in die 1970er Jahre standen Gewerkschafter im Zentrum der SPD. Dominant, wenn auch eigenwillig war Otto Brenner. Die Unternehmer der Metallindustrie fürchteten ihn, den mächtigen Chef der Industriegewerkschaft Metall in den „Wirtschaftswunder"-Jahrzehnten der Bundesrepublik. Im deutschen Bürgertum weckte allein die Nennung seines Namens die schlimmsten Assoziationen: radikaler Klassenkämpfer, Scharfmacher, Feind privaten Eigentums, Totengräber der Privatinitiative.[28]

In der organisierten Arbeitnehmerschaft hingegen galt er als Held. Hier verlieh man ihm bewundernd den Titel „Otto der Eiserne", auch „Otto der Große".[29] Denn Brenner ging in die Tarifverhandlungen mit äußerster Härte und Entschlossenheit.[30] Die Streikandrohungen hatte er stets parat; und die Gegenseite wusste, dass es ihm ernst damit war. In den Lohnkämpfen der 1950er und 1960er Jahre agierte Brenner als Prellbock und Sturmspitze zugleich. Seine Metaller – welche die stärkste Einzelgewerkschaft der Welt bildeten – setzten in den Tarifkonflikten die Maßstäbe.

Und sie setzten sie hoch. Das sorgte in anderen Gewerkschaften zuweilen durchaus für Unmut.[31] Die Anführer der Berg- und Bauarbeiter etwa hatten wenig Sympathie für die klassenkämpferische Rigidität des IG-Metall-Chefs. Der Vorsitzende der Bauarbeitergewerkschaft Georg Leber, später Bundesminister unter Kiesinger, Brandt und Schmidt, warb vielmehr für die Sozialpartnerschaft, für ein

---

[28] Vgl. Johannes Hermanns, Otto Brenner, Freudenstadt 1967, S. 9; Olaf Ihlau, Ein Streiter für mehr soziale Demokratie, in: Süddeutsche Zeitung, 17.04.1972; Hanns Meenzen, Felsblock oder Bürgerschreck, in: Neue Westfälische, 17.04.1972.
[29] Vgl. o.V., Otto der Gußeiserne, in: Der Spiegel, 04.11.1959.
[30] Vgl. Klaus Arnsperger, Der Mann mit dem eisernen Arm, in: Süddeutsche Zeitung, 15./16.03.1958; Anton Müller-Engstfeld, Einer der ‚jungen Männer', in: Neue Rhein Zeitung, 08.09.1956; Johannes Hermanns 1967, S. 45 f.; o.V., Otto der Gußeiserne, in: Der Spiegel, 04.11.1959; o.V., Selbst seine Gegner zollten Otto Brenner Respekt, in: Stuttgarter Nachrichten, 17.04.1972; Otmar Prante, Otto Brenner – ein Kämpfer mit dem rechten Augenmaß, in: Neue Hannoversche Presse, 17.04.1972; Fritz Richert, Ein Reformator unter Ungläubigen, in: Stuttgarter Zeitung, 25.04.1972; Ernst Günter Vetter, Es spricht: Otto Brenner, in: Frankfurter Allgemeine Zeitung, 28.09.1956.
[31] Vgl. o.V., Otto der Gußeiserne, in: Der Spiegel, 04.11.1959.

Miteinander von Unternehmern und Arbeitnehmern.[32] Er hielt Brenner für ein Fossil, für einen Anachronismus aus der untergegangenen Welt des Marxismus.

In der Tat: Brenner und Leber lebten und handelten aus unterschiedlichen Philosophien. Brenner söhnte sich nie mit Marktwirtschaft, Wettbewerb und Kapitalismus aus.[33] Er hielt allein den Begriff „Soziale Marktwirtschaft" für Lug und Trug. Der Anführer der westdeutschen Metallarbeiter prangerte die „Restauration" an, mokierte sich über die Harmoniedusselei seiner eher gemäßigten Gewerkschaftskollegen, analysierte die gesellschaftlichen und ökonomischen Strukturen der Republik in den Begriffen von „Klasse" und „Kampf".[34] Üppige Unternehmergewinne waren für ihn keineswegs notwendige Vorraussetzungen für weitere Investitionen, Arbeitsplätze und Wohlfahrt, sondern Raub von gerechtem Lohn. Und natürlich hielt Brenner nichts davon, Lohnforderungen am Produktivitätszuwachs zu orientieren. Denn eine solche Selbstbeschränkung bedeutete für ihn, dass man den Status quo ungerechter Verteilungsverhältnisse gefestigt hätte.

Brenner war unzweifelhaft Produkt und Akteur noch der alten Arbeiterbewegung aus der Überlieferung des Kaiserreichs und der Weimarer Republik. Seine Sozialisationsjahre verliefen wie entnommen aus einem Drehbuch für einen Lehrfilm zur „Geschichte des proletarischen Sozialismus".[35] Geboren wurde er 1907 in Hannover, einer Hochburg seinerzeit der Sozialdemokratischen Partei. Eben dieser Partei gehörte bereits sein Vater an, ein gelernter Orthopädiemechaniker. Brenner hatte drei Geschwister; die Verhältnisse waren beengend, das Auskommen karg. Und an den Rand existentieller Not geriet die Familie, als der Vater 1914 in den Krieg ziehen musste, erst 1920 aus der französischen Gefangenschaft zurückkehrte. Der siebenjährige Otto hatte durch allerlei Botendienste dazu beitragen müssen, dass die Familie halbwegs über die Runden kam. Nach der Volksschule fehlte das Geld, welches ihm eine solide berufliche Ausbildung hätte ermöglichen können. So schlug sich Brenner für einige Jahre als Hilfs- und Gelegen-

---

[32] Vgl. Johannes Hermanns 1967, S. 41 f.

[33] Vgl. ebd., S. 15; o.V., Otto Brenner. Gesellschaftliche Gleichstellung der Arbeitnehmer ist ihm wichtigste Aufgabe, in: Vorwärts, 18.04.1958; Hans Preiss, „Eine Sache machen heißt, sie ganz zu machen", in: Sozialismus H.11/1987, S. 16.

[34] Vgl. Johannes Hermanns 1967, S. 39 ff. und S. 54-59; IG Metall-Vorstand (Hrsg.), Visionen lohnen. Otto Brenner 1907-1972, Köln 1997, S. 26; o.V., Otto der Gußeiserne, in: Der Spiegel, 04.11.1959.

[35] Vgl. hierzu Susanne Döscher-Gebauer, Otto Brenner, in: Herbert Obenaus/Wilhelm Sommer (Hrsg.), Politische Häftlinge im Gerichtsgefängnis Hannover während der nationalsozialistischen Herrschaft, Hannover 1990, S. 23 f.; Johannes Hermanns 1967, S. 19-22; Rainer Kalbitz, Die Ära Otto Brenner in der IG Metall, Frankfurt a. M. 2001, S. 10-17.

heitsarbeiter durch. Doch wie viele andere aus dem sozialistisch-proletarischen Milieu nutzte er mit autodidaktischer Emsigkeit Kurse in der örtlichen Volkshochschule, um sich Qualifikationen für eine Lehrstelle anzueignen. Härte gegen sich selbst, ungeheurer Fleiß, rigorose Disziplin und der eiserne Wille, trotz minderprivilegierter Herkunft durch herausragende Leistungen zu bestechen und zu reüssieren – das blieb ein konstanter Wesenszug in der Biographie Brenners.

Der andere Wesenszug: Er *lebte* den Sozialismus, ging in ihm als Mensch, Politiker, Gewerkschafter ganz und gar auf. Er streifte die Prägungen seiner Jugend im Laufe seiner weiteren Karriere nicht – wie so viele andere – ab. Auch als Erwachsener folgte er der Devise von der Einheit des politischen Bekenntnisses und des täglichen Lebensstils.[36] So hatte er es in der Sozialistischen Arbeiterjugend gelernt, der er bereits mit 13 Jahren beigetreten war. Daneben war er noch Aktivist bei den „Freien Schwimmern", führender Funktionär im Deutschen Arbeiter-Abstinentenbund, Mitglied natürlich der SPD. Angezogen fühlte er sich insbesondere vom so genannten „Internationalen Sozialistischen Kampfbund", den der Göttinger Philosoph Leonard Nelson gegründet hatte. Der Kampfbund war mehr ein Orden, sehr elitär, ungemein prinzipienfest und intensiv geschult. Wer dort mitmachen wollte und durfte – mehr als 300 waren es nicht – musste Vegetarier sein, durfte weder rauchen noch trinken, hatte alle Brücken zur eigenen Familie hinter sich abzubrechen, besaß die Pflicht zum täglichen körperlichen Training, zur sokratischen Diskussionsführung, zur regelmäßigen Niederschrift eines Protokolls darüber, zur zwingend logischen, alle äußeren Effekte vermeidenden Argumentationsweise. Brenner war – und blieb – fasziniert von der Strenge der Lebensführung dieser sozialistischen Avantgarde, von ihrer Verlässlichkeit und in der Regel lebenslangen Treue zu den eigenen Maximen.

Die Treue zu den Überzeugungen stand jedenfalls höher als die Treue zu einer Partei, auch für Brenner. Daher verließ er mit einigen tausend anderen jungen Sozialisten 1931 die SPD, die zwar in der parlamentarischen Opposition stand, aber die Reichsregierung des Hunger-Kanzlers Brüning tolerierte statt bekämpfte, was Brenner und andere Linkssozialisten empörte.[37] Sie gründeten – darunter auch der Lübecker Herbert Frahm – im Oktober 1931 die Sozialistische Arbeiterpartei Deutschlands. Den Nationalsozialismus hielt auch das allerdings nicht auf.

---

[36] Vgl. zum Folgenden Johannes Hermanns 1967, S. 23-27; IG Metall-Vorstand (Hrsg.) 1997, S. 27 f.; o.V., Otto der Gußeiserne, in: Der Spiegel, 04.11.1959; Klaus Ullrich, Otto Brenner, in: Claus Hinrich Casdorff (Hrsg.), Demokraten. Profile unserer Republik, Königstein im Taunus 1983, S. 81.

[37] Vgl. Rainer Kalbitz 2001, S. 17-23.

Im August 1933 steckten die neuen braunen Machthaber Brenner für zwei Jahre ins Gefängnis; auch in den Jahren danach wurde er mehrere Male kurzfristig inhaftiert.[38]

Das Scheitern von Weimar, das Versagen der Arbeiterbewegung, die Installierung des Nationalsozialismus – das konstituierte den Erfahrungshintergrund für das politische Urteil Brenners auch in den bundesdeutschen Jahren. Weimar blieb ihm zeitlebens Menetekel, Apokalypse und Lektion.[39] Wieder und wieder beschwor er die Lehren aus den Tragödien, Fehlentwicklungen und Irrtümern der ersten deutschen Republik. Ähnlich wie Schumacher plädierte er für eine soziale Neuordnung und Entmachtung der Industriemagnaten nicht allein oder vorwiegend aus ökonomischen Motiven, sondern aus Gründen der Demokratiesicherung. Denn das meinten die beiden aus Weimar gelernt zu haben: Ökonomische Macht bedeutet politische Macht und unterminiert dadurch die gleiche Teilhabe aller Staatsbürger.[40]

Und so sah Brenner in der Adenauer-Gesellschaft allseits die Restauration marschieren. Dabei hatte er 1945, als das Nazi-Regime beseitigt war, fest auf eine soziale Revolution gehofft, auf die gesellschaftliche Fundamentaltransformation, die 1918/19 ausgeblieben war. Brenner selbst hatte sich in der deutschen Trümmergesellschaft des Frühjahrs 1945 sofort wieder in das politische Engagement gestürzt.[41] Und er war – wie die meisten Aktivisten der linkssozialistischen Kleinstgruppen aus der Spätphase der Weimarer Republik, so ja auch Herbert Frahm, nun Willy Brandt – zur SPD zurückgekehrt. Einheit und Geschlossenheit statt Spaltung und Zersplitterung – auch das gehörte in der „Generation Brenner" zur historischen Lektion der 1920er/30er Jahre sowohl für die politische als auch gewerkschaftliche Organisation.[42] 1946 vertrat Brenner die Sozialdemokraten im Kommunalparlament der Stadt Hannover; zwischen Frühjahr 1951 und Herbst 1953 saß er für seine Partei im niedersächsischen Landtag.

Doch wurde die Parteipolitik nicht zum Terrain des Hannoveraners. Brenner zog es in die Gewerkschaftsarbeit. Und er stellte sich vom Beginn an die Spitze

---

[38] Vgl. Susanne Döscher-Gebauer 1990, S. 25 ff.

[39] Vgl. Jens Becker/Harald Jentsch, „Es darf nie wieder zu einem 1933 kommen!". Das gewerkschaftspolitische Selbstverständnis Otto Brenners in der Bundesrepublik Deutschland, in: Mitteilungsblatt des Instituts für soziale Bewegungen, H. 35/2006, S. 59-73; Johannes Hermanns 1967, S. 32 ff.; IG Metall-Vorstand (Hrsg.) 1997, S. 31 f.

[40] Vgl. Hans Preiss 1987, S. 17.

[41] Vgl. zu diesem Absatz Rainer Kalbitz 2001, S. 60-68.

[42] Vgl. Johannes Hermanns 1967, S. 65.

eines aggressiven gewerkschaftlichen Aktivismus. Brenner organisierte den ersten Streik überhaupt in der deutschen Nachkriegsgeschichte, der im Herbst 1946 mit dem Ziel vermehrter Mitbestimmungsrechte in der Hannoveraner Firma Bode-Panzer stattfand.[43] Zwar war die gewerkschaftliche Kasse leer, doch Brenners Leute hielten vier Wochen Ausstand durch; am Ende musste die Unternehmensleitung klein beigeben.

Fortan war Brenner ein Held der Metallarbeiterbasis im Westen Deutschlands. Zu Beginn der 1950er Jahre rückte er als Mitvorsitzender an die Spitze der IG Metall; ab 1956 führte er die Gewerkschaft allein. Zusammen mit neun weiteren Gewerkschaftern, die allesamt aus den linken Splittergruppen im Umfeld der Weimarer SPD und KPD kamen, bildete er einen halb verdeckt operierenden „Zehnerkreis", der innerhalb der bundesdeutschen Gewerkschaftsbewegung für einen harten, ja militanten Kampfkurs eintrat.[44] Brenner war der Kopf dieses strategischen gewerkschaftlichen Antikapitalismus. Im Winter 1956/57 schickte er seine Metaller in Schleswig-Holstein für 114 Tage in den Streik um die Lohnfortzahlung im Krankheitsfall.[45] Auch in den 1960er Jahren marschierte Brenner stets voran, wenn es in oft erbittert geführten Auseinandersetzungen um Lohnerhöhungen oder Arbeitszeitverkürzungen ging. Für ihn war das immer ein Stück Klassenkampf, ein zähes Ringen um die gesellschaftliche und damit auch politische Macht.

Angenehm war es für die Unternehmer der Metallindustrie nicht, mit Otto Brenner Tarifkonflikte austragen zu müssen. Doch äußerten seine Kontrahenten auffällig viel Respekt gegenüber dem Gewerkschaftsradikalen.[46] Zwar trat Brenner auch am Verhandlungstisch in langen Nächten unbeugsam auf. Aber Brenner war ein vorzüglicher Zuhörer, nahm die Argumente der Gegenseite aufmerksam wahr, lärmte und polterte nicht dröhnend herum, sondern sprach präzise vorbereitet zur Sache – und war am Ende oft pragmatisch genug, um in verfahrenen Situationen mit einem Kompromissvorschlag den Durchbruch zu finden.

---

[43] Vgl. Rainer Kalbitz 2001, S. 43 ff.

[44] Zum „Zehnerkreis" vgl. Franz Hartmann, Entstehung und Entwicklung der Gewerkschaftsbewegung in Niedersachsen nach dem Zweiten Weltkrieg, Göttingen 1997 (Dissertation), S. 494-503; Rainer Kalbitz 2001, S. 93-103; o.V., Otto der Gußeiserne, in: Der Spiegel, 04.11.1959.

[45] Vgl. Johannes Hermanns 1967, S. 45 f.

[46] Vgl. Walter Franzen, Scharfmacher oder Lenker?, in: Die Zeit, 19.12.1957; Ernst Günter Vetter, Leidenschaftlicher Demokrat – großer Gewerkschaftsführer, in: Frankfurter Allgemeine Zeitung, 17.04.1972.

Liest man die Reden Brenners auf Gewerkschaftsversammlungen nach, dann klingen sie tatsächlich reichlich polemisch, scharfmacherisch, beißend klassenkämpferisch. Dabei aber war Brenner keineswegs ein feuriger Tribun, kein donnernder Rhetoriker.[47] Brenner mochte das Pathos nicht. Er war eher spröde; seine öffentlichen Ansprachen waren sorgfältig, nahezu pedantisch vorbereitet. Er las seine Anklagen gegen den Kapitalismus und die politische Restauration trocken vom Blatt ab, Satz für Satz, ohne jede Spontaneität. In einem Kreis von jungen marxistischen Akademikern, die er in seiner Frankfurter Gewerkschaftszentrale um sich versammelt hatte, war dies alles akkurat präpariert und durchdiskutiert worden.[48]

Brenner, der Bürgerschreck, unterschied sich ganz von vielen seiner hemdsärmeligen, häufig körperlich kräftig gebauten Gewerkschaftskollegen.[49] Der mächtige IG Metall-Chef wirkte eher schmächtig, fast wie ein Intellektueller mit seiner randlosen Brille in seinem blassen, asketischen Gesicht. Selbst enge Mitarbeiter taten sich schwer, emotionalen Zugang zu Brenner zu finden. Er wahrte Distanz, gab sich verschlossen, war alles andere als ein schulterklopfender Kumpeltyp, ließ mit Ausnahme seiner Frau und Tochter niemanden an sich heran. Als Party- und Gesellschaftslöwe in der Frankfurter Society begegnete man ihm nicht. Brenner stand nie – wie durchaus andere aufgestiegene Arbeiterfunktionäre – in der Gefahr, als Parvenü herumzustolzieren. Der Puritaner an der Spitze der Metallgewerkschaft rauchte nicht, trank kaum Alkohol, dafür jederzeit und viel Tee; er besaß kein eigenes Auto, urlaubte – wandernd – am liebsten im eigenen Land.

Aber als sozialer Revolutionär verstand er sich immer. Die Sozialisierung der Schlüsselindustrien blieb für ihn, solange er lebte, der Königsweg zu einer „wahren demokratischen Gesellschaft", wie er das nannte. Der bundesdeutschen Republik hätte er das Gütezeichen der „wahren Demokratie" nie verliehen, da er mit den sozialen, kulturellen und ökonomischen Ungleichheiten durchweg ha-

---

[47] Vgl. o.V., Brenner, in: Deutsche Zeitung, 22.09.1954; Vetter, Ernst Günter: Es spricht: Otto Brenner. Porträt eines Gewerkschaftsführers, in: Frankfurter Allgemeine Zeitung, 28.09.1956.
[48] Vgl. Klaus Arnsperger, Der Mann mit dem eisernen Arm, in: Süddeutsche Zeitung, 15./16.03.1958; Werner Thünessen, „Was folgen wird, liegt noch im dunkeln", in: Der Spiegel, 24.04.1972.
[49] Zu diesem Absatz vgl. Horst-Werner Hartelt, Der Mann am Ruder. Ein Tag im Hause Otto Brenners, in: Freie Presse, 01.05.1958; o.V., Otto der Gußeiserne, in: Der Spiegel, 04.11.1959; Eduard Wald, Das Porträt: Otto Brenner, in: Frankfurter Hefte, H. 10/1956 (Jg. 11) ,S. 692 f.

derte.[50] Adenauer war sein Feind, Erhard verachtete er, und mit Wehner geriet er über Kreuz wegen des „Godesberger Programms", des sozialdemokratischen Wegs zur Volkpartei, vor allem aber in Folge der Bildung der Großen Koalition und der Verabschiedung der Notstandsgesetze.[51]

Brenner musste schließlich mit dem Paradoxon leben, dass sein gewerkschaftlicher Radikalismus letztlich zu einer Wohlständigkeit auch der Arbeitnehmer führte, die seine genuinen Absichten – Klassenbewusstsein zu schaffen und das sozialistische Endziel anzustreben – zunehmend konterkarierte. Die Erfolge des Aktivismus Brenners trugen zur stärkeren Integration, Zufriedenheit, schließlich auch Einpassung der Arbeiter in das marktwirtschaftliche System der Bundesrepublik bei. Je mehr Brenner tarifpolitisch erreichte, desto weiter weg rückte die klassenbewusste, sozialistische Proletarität.

Otto Brenner, der am 8. November 2007 einhundert Jahre alt geworden wäre, starb im April 1972 mit 64 Jahren an den Folgen einer Herz-Kreislauf-Erkrankung.[52]

Der wendige Planer: Horst Ehmke

In dieser Zeit, im Frühjahr 1972, also lag der Kulminationspunkt des Sozialliberalismus, des Demokratisierungsimpetus und des Planungsehrgeizes für eine gesteuerte soziale Demokratie in Deutschland. Der Star des politischen Planungsprojekts war seinerzeit der Chef des Kanzleramtes: Horst Ehmke. Dieser war nicht das, was man seinerzeit einen klassischen oder typischen Sozialdemokraten nannte. Denn der Kanzleramtschef von Brandt kam aus bürgerlichen Verhältnissen, war Sohn eines Chirurgen in Danzig, hatte selbst das Gymnasium besucht, studiert und es in frühen Jahren bereits zum Professor der Rechte in Freiburg gebracht.[53] Aber Ehmke war doch ein typischer Vertreter seiner Generation, die in ihrer akademischen Schicht während der 1960er Jahre in etliche Leitungspositionen der bundesdeutschen Gesellschaft eindrang, dort die Medien, die Kultur, die

---

[50] Vgl. Johannes Hermanns 1967, S. 50-55 und S. 61 f.
[51] Vgl. Jens Becker/Harald Jentsch 2006, S. 70 ff.; Johannes Hermanns 1967, S. 50 f.; Klaus Ullrich 1983, S. 84 f.
[52] Vgl. Rainer Kalbitz 2001, S. 231.
[53] Renate Faerber-Husemann, Mal Haudegen, mal Gelehrter der Fraktion, in: Karlheinz Bentele (Hrsg.), Metamorphosen. Annäherung an einen vielseitigen Freund. Für Horst Ehmke zum Achtzigsten, Bonn 2007, S. 16 ff.

Wissenschaft und Universitäten, für einige Jahre auch die Politik prägte. Diese Jahrgänge konstituierten gewissermaßen die „Generation Planung", die Kohorte „Modernität, Sachlichkeit und Effizienz".

Horst Ehmke selbst hat sich jedenfalls nicht selten mit solchen Begriffen charakterisiert. In einem Fernsehgespräch mit Günter Gaus im April 1970 beschrieb er sich als jemanden, der „ein ausgeprägtes Verhältnis zur Leistungsfähigkeit und Effizienz"[54] aufweise. Ganz ähnlich hatte bereits der Soziologe Helmut Schelsky im Jahr 1957 die Ehmke-Kohorte gekennzeichnet und mit dem Etikett der „skeptischen Generation" belegt.[55] Seither gelten die Zugehörigen dieser Jahrgangsgruppe als gebrannte Kinder jeglichen ideologischen Fanatismus, was gerade bei ihnen zu einer gründlichen Abkehr von allen utopischen Schwärmereien, schwülstigen Idealismen und holistischen Ganzheitsillusionen geführt habe. Schelskys Befund ist viel diskutiert, auch kritisiert worden. Und es hat zahlreiche Variationen seiner Generationenkategorisierung für diejenigen gegeben, die etwas zwischen 1927 und 1932 geboren wurden. Einigen – wie Heinz Bude – gefiel der Begriff „Flakhelfergeneration" besser[56], andere – wie Dirk Moses – machten sich für die Formel „45er" stark[57]; zuletzt empfahl Stephan Schlak, das Kürzel „29er" zu verwenden[58]. In all den semantischen Vorlieben steckten wohl auch je besondere Eigenarten der Interpretation und Abgrenzung zu den anderen Modellen, doch insgesamt fielen die Generationsbefunde so gravierend unterschiedlich gar nicht aus.[59] Als unzweifelhaft gilt allen, dass die Ehmkes, Dahrendorffs, Fests, Nipperdeys, Augsteins, Rohrmosers, von Krockows, Enzensbergers etc. etc. elementar geprägt wurden durch das Schockerlebnis im Jahr 1945. Doch attestiert man ihnen tatsächlich so etwas wie die „Gnade der späten Geburt". An die Front mussten die jüngeren Teile diese Kohorte nicht mehr. Und wer den Kampf an der Flak überlebte, dem standen – insbesondere, wenn er Abitur und Hochschulabschluss besaß – exzepti-

---

[54] Günter Gaus im Gespräch mit Bundesminister Prof. Horst Ehmke, Erstausstrahlung: DFS, 26.04.1970, in: Archiv der sozialen Demokratie (AdsD) Depositum Horst Ehmke, 1HE/AA000014.

[55] Helmut Schelsky, Die skeptische Generation. Eine Soziologie der deutschen Jugend, Frankfurt a. M. u.a. 1957.

[56] Heinz Bude, Deutsche Karrieren. Lebenskonstruktionen sozialer Aufsteiger aus der Flakhelfer-Generation, Frankfurt a. M. 1987.

[57] Dirk Moses, Die 45er. Eine Generation zwischen Faschismus und Demokratie, in: Neue Sammlung, H. 1/2000 (Jg. 40), S. 233-263.

[58] Stephan Schlak, Die 29er, in: Berliner Zeitung, 23.01.2004.

[59] Vgl. auch Thomas Ahbe, Deutsche Generationen nach 1945, in: Aus Politik und Zeitgeschichte, H. 3/2007 (Jg. 57), S. 38-46.

onelle Berufsmöglichkeiten offen, über welche die Vorgängergenerationen des 20. Jahrhunderts nicht verfügten. Sie waren vielfach die ersten – Ehmke gehörte dazu –, die in den Genuss von Studienaufenthalten in den USA kamen. Im Übrigen studierten sie zügig, ergriffen beherzt die Karrieregelegenheiten, die sich seit den späten 1950er Jahren reichlich boten. So lebte diese Generation, die den Horror der letzten Kriegsjahre noch bewusst erlebt hatte, in denkbar positiver Übereinstimmung mit der neuen Bonner Demokratie, die ihnen beträchtliche Chancen offerierte. Schon deshalb konstituierten und repräsentierten diese Jahrgänge die Leitmotive der Republik im ersten Vierteljahrhundert ihres Daseins: Leistung, Organisation, Vorankommen, Erfolg. Der Generationenbegriff mag oft unter klischeehaften Zuschreibungen leiden, mag häufig auch individuelle Unterschiedlichkeiten zu stark kollektivierend begradigen. Aber es ist schwer zu leugnen, dass sich die Biographie Ehmkes wesentlich in diesem Generationskontext abspielte, in etlichen Facetten erst dadurch erklären lässt.

Ehmke war Jahrgang 1927. Mit sechzehn Jahren stand er an der Flak, musste dann zum Arbeitsdienst und wurde mit achtzehn im letzten Kriegsjahr noch Soldat. Für kurze Zeit war er Gefangener der Roten Armee. Als er zurück in das zivile Leben der deutschen Trümmergesellschaft durfte, wog er lediglich noch 43 Kilo. Doch dann ging es aufwärts: 1946 Abitur, sogleich anschließend das Studium der Rechtswissenschaft und Nationalökonomie in Göttingen. 1949/50 zog Ehmke – wie er später gern sagte – „das große Los": Er durfte als Austauschstudent an die Princeton University gehen. Mit 25 Jahren promovierte er. Mit 34 Jahren trug er den Professorentitel, mit 39 Jahren, im Jahr 1966 also, amtierte er als Dekan der Rechts- und Staatswissenschaftlichen Fakultät der Universität Freiburg. Kurzum: Seit dem 19. Lebensjahr war es stetig vorangegangen mit ihm.[60]

In die SPD war er 1947 in Göttingen eingetreten. Doch das war es – von einigen Auftritten im örtlichen SDS abgesehen – an sozialdemokratischer Basisarbeit auch schon für die nächsten fünfzehn Jahre. An Ortsvereinsversammlungen beteiligte er sich überwiegend nicht, weder in Göttingen noch in Freiburg. Später, in einem Fernsehgespräch mit Günter Gaus, bekannte er, dass auch eine Mitgliedschaft in der FDP nicht unmöglich gewesen wäre.[61] Indes blitzte seine sozialdemokratische Ambition schon zwischen 1952 und 1956 kurz auf, als er unter dem Geschäftsführer der SPD-Bundestagsfraktion, Adolf Arndt, als Wissenschaftlicher Assistent arbeitete. Doch hatten Carlo Schmid und Fritz Erler dem jungen pro-

---

[60] Vgl. Renate Faerber-Husemann 2007.
[61] Günter Gaus im Gespräch mit Bundesminister Prof. Horst Ehmke, Erstausstrahlung: DFS, 26.04.1970, in: AdsD Depositum Horst Ehmke, 1HE/AA000014.

movierten Juristen seinerzeit dringend angeraten, die wissenschaftliche Ausbildung weiter fortzusetzen, was Ehmke bis zum Beginn der zweiten Hälfte der 1960er Jahre schließlich auch tat.

Dann allerdings hielt es Ehmke nicht mehr am Katheder. Er suchte, fand und zelebrierte die politische Bühne. Als die Sozialdemokraten im Dezember 1966 in die Regierung der Großen Koalition eintraten, holte sich der Justizminister Gustav Heinemann den Freiburger Dekan als Staatssekretär in sein Ressort. Justiz. Zwar hatte Ehmke zuvor noch die großkoalitionäre Allianz scharf abgelehnt. Aber er war eben ein „45er", kein Ideologe also, sondern ein wendiger Pragmatiker.

Pragmatisch und wendig – davon gab es natürlich noch weitere Figuren im politischen Bonn. Doch wohl niemand in diesen Jahren konnte mit dem hohen Tempo, der überbordenden Vitalität, der vibrierenden Energie Ehmkes mithalten. Mehr an reformerischem Output hat das bundesdeutsche Justizministerium nicht mehr hervorgebracht als in den drei Ehmke-Jahren. Ehmke, nach der Wahl Heinemanns zum Bundespräsidenten auch offiziell Bundesminister der Justiz, hatte sich vom ersten Tag an nicht in die klassische Rolle eines beamteten Staatssekretärs geschickt. Bis dahin war es in dieser Funktion Usus, sich äußerst diskret zu verhalten, auf die Administration zu beschränken, penibel parteipolitische Zurückhaltung zu üben, allein auf Weisung des Ministers zu handeln. Doch solche Dezenz lag Ehmke nicht. Er erteilte, auch dem Kanzler, stets öffentliche Ratschläge. Seiner Partei schrieb der Staatssekretär programmatische „Perspektiven" für die Zukunft.[62] Nebenbei managte er überdies für den oft überforderten Herbert Wehner die Parteizentrale. Aus Tübingen kamen infolgedessen vom Tugendwächter des politischen Institutionalismus, Professor Theodor Eschenburg, regelmäßige Rügen.[63]

Doch auch den Sozialdemokraten war Ehmke nicht geheuer.[64] Das hatte natürlich mit seiner bürgerlichen Herkunft zu tun. Aber es war nicht das Professorale, was sie störte. Denn wie ein klassischer Professor wirkte Ehmke nicht. Er hatte eher etwas von einem ehemaligen Boxer, den es nun in die Getränkewirtschaft verschlagen hatte, wie seinerzeit der „Spiegel" maliziös bemerkte. Die klassischen Sozialdemokraten hatten stets angestrengt kämpfen müssen, um

---

[62] Horst Ehmke, Sozialdemokratische Perspektiven, in: ders.: Politik der praktischen Vernunft, Frankfurt a. M. 1969, S. 208-220.
[63] Vgl. dazu Zundel, Rolf: Das umstrittene Wunderkind, in: Die Zeit, Nr. 12/1969, 21.03.1969.
[64] Vgl. Karlheinz Bentele, Horst Ehmke und seine Partei, in: ders. u.a. (Hrsg.), Metamorphosen. Annäherung an einen vielseitigen Freund. Für Horst Ehmke zum Achtzigsten, Bonn 2007, S. 159-232.

anerkannt zu werden, um die gesellschaftliche Integration halbwegs zu schaffen. Lockerheit und Nonchalance gehörten daher nicht zu ihren Charaktereigenschaften. Ehmke aber war alles leicht gefallen. Und so trat er auf: spielerisch, gewandt, das Leben genießend. Und seine ungewöhnlich große Intelligenz verführte ihn häufig dazu, langsamer denkenden Gesprächspartnern in die Argumentation zu fallen. Und er konnte es sich partout nicht abgewöhnen, anderen mit Ironie zu begegnen. Die sozialdemokratischen Parteitagsdelegierten ließen ihn daher 1968 durchfallen, als er für den Bundesvorstand seiner Partei kandidierte. Etlichen Traditionalisten in der SPD war seine bisherige Blitzkarriere einfach zu schnell verlaufen. Sie misstrauten dem kessen Bürgersohn, der nichts richtig ernst nahm, sich zuweilen auch über die Heiligtümer des Sozialismus in schnoddrigem Ton lustig machte, der heute links, morgen Mitte, übermorgen vielleicht rechts sein konnte, überhaupt: Der noch nie in seinem Leben Parteibeiträge kassiert hatte. Hätte der sie versteckt, so wurde seinerzeit kolportierend gefragt, wenn die Gestapo hinter ihnen her gewesen wäre?

Doch setzte ihn 1969 der neue Bundeskanzler Willy Brandt trotz allen Argwohns des notorisch eifersüchtigen Helmut Schmidt an die Spitze der Kanzleramtsadministration.[65] „Horst", pflegte Brandt in jenen Jahren zu sagen, sei „sein Spezialist für alles".[66] Und dieser sprach von sich selbst als „linke und rechte Hand" Brandts. Indes, binnen weniger Monate wurde Ehmke zum Enfant terrible der Bonner Politik. Auch im eigenen politischen Lager wimmelte es von Feinden des forschen Kanzleramtsministers. Helmut Schmidt pflegte eine heftige Abneigung gegen den ihm in vielem durchaus wesensähnlichen Vorsteher des Palais Schaumburg. Aber auch Außenminister Scheel vom freidemokratischen Koalitionspartner mochte Ehmke nicht. Der SPD-Fraktionschef Herbert Wehner war ebenfalls ein Gegner. Und in den Bundestagsfraktionen von SPD und FDP fanden sich ebenso nur wenige Freunde und Sympathisanten Ehmkes. Etliche Historiker geben dieser zeitgenössischen Ehmke-Fronde auch in der Rückschau zumeist recht. Ehmke sei, so kann man in zahlreichen Abhandlungen nachlesen, nicht der richtige Mann am richtigen Platz gewesen.[67]

---

[65] Horst Ehmke, Mittendrin. Von der Großen Koalition zur Deutschen Einheit, Reinbek bei Hamburg 1996, S. 98-124; Planitz, Frank-Ulrich: Premierminister Ehmke, in: Christ und Welt, 19.12.1969.

[66] Fritz René Allemann, Horst Ehmke – Spezialist für alles, in: Die Weltwoche, 14.11.1969.

[67] Vgl. Arnulf Baring, Machtwechsel. Die Ära Brandt–Scheel, Stuttgart 1982, S. 524; Gregor Schöllgen, Willy Brandt. Die Biographie, Berlin 2001, S. 180; Karl Dietrich Bracher/Wolfgang Jäger/Werner Link, Republik im Wandel. Die Ära Brandt, Stuttgart 1986, S. 32.

Aber wie hätte der richtige Mann sein, was genau hätte er machen müssen? In aller Regel bekommt man auf diese Frage von kundigen Interpreten des Politischen zu hören, dass ein guter Kanzleramtschef seine Funktion still, leise, unauffällig ausfüllen müsse. Dass er ohne Eitelkeit und Ruhmsucht zu Werke zu gehen habe. Dass er allein dem Kanzler die Inszenierung des Politischen in der Öffentlichkeit überlassen solle. An diesem Maßstab gemessen war Ehmke seinerzeit in der Tat eine glatte Fehlbesetzung. Ehmke war alles andere als zurückhaltend, geräuschlos, öffentlichkeitsscheu. Brandts Kanzleramtsleiter liebte vielmehr die Präsentation, die Resonanz, den Applaus, die Aufmerksamkeit des großen Publikums.[68] Ehmke hat gewiss keine Sekunde gegen seinen Kanzler intrigiert, hat sich nicht ernsthaft als ein Rivale zu ihm aufgebaut. Aber dass er irgendwann später, sollte Brandt einmal amtsmüde werden, einen durchaus exzellenten Kanzler der Deutschen Bundesrepublik abgeben würde, davon allerdings dürfte er felsenfest überzeugt gewesen sein. Und einen Hehl machte er aus diesem strotzenden Selbstbewusstsein nicht.

So war Ehmke nun einmal. Er war ein Kraftpaket, ein Draufgänger, unaufhörlich nach vorne stürmend, dabei eine schillernd vieldeutige, man kann auch freundlicher sagen: multitalentierte Gestalt. Er war zwar ein Ordinarius, aber er war nicht professoral. Dafür wirkte er zu vitalistisch, zu hemdsärmelig, zu kraftstrotzend mit seinem amerikanischen Bürstenhaarschnitt. Er genoss – anders als viele zaudernde Professoren und Intellektuelle, die es in die Politik verschlagen hatte – die Möglichkeiten der realen Macht. Doch fehlten ihm die mitunter nötigen opportunistischen Rücksichtnahmen, die Anpassungsgeschmeidigkeit zahlreicher Politiker. Ehmke war in vielerlei Hinsicht zu intelligent für die Politik, zu schnell, zu scharfsinnig – und letztlich dadurch zu scharfzüngig. Er konnte eine gelungene süffisante Pointe auf Kosten anderer einfach nicht unterdrücken.[69] Man hat es oft geschrieben: Es fehlte Ehmke mitunter an Takt. So gesehen war es tatsächlich heikel, ihn auf dem Stuhl des Kanzleramtschef zu platzieren. Denn es war ja richtig, dass der Leiter der Regierungszentrale Konflikte zwischen den Ressorts dämpfen musste, dass er zu moderieren, zu koordinieren, auszugleichen und zusammenzufügen hatte.

Und dennoch schossen die polemischen Urteile über Ehmkes Hoppla-jetzt-komm-ich-Stil weit über das Ziel hinaus, ja: Sie wurden ihm nie gerecht. Es reicht

---

[68] Vgl. Hans Reiser, Leerer Schreibtisch, voller Terminkalender, in: Süddeutsche Zeitung, 16.12.1969.
[69] Vgl. o.V., Anderes Türschild, in: Der Spiegel, 24.03.1969; Ulrich Frank-Planitz, Premierminister Ehmke, in: Christ und Welt, 19.12.1969.

nicht, wenn man sich nur auf seine unzweifelhafte Egozentrik fixiert. Egon Bahr lag schließlich nicht daneben, als er sich in seinen Memoiren bewundernd erinnerte, dass er vor und nach Ehmke niemanden kennen gelernt habe, der mehr Papier bearbeitet, mehr vom Tisch geschafft hätte.[70] Gewiss, Ehmke hatte sich in der Regierungszentrale viel vorgenommen. Dabei scheiterte sein seinerzeit berüchtigter „Planungsverbund", mit dem er die Reformvorhaben der Ministerien und des Kanzleramts synchronisieren wollte. Aber sonst hatte Ehmke das Amt gut und fest im Griff.[71] Ehmke war kein weltabgewandter Professor, aber auch nicht lediglich ein schnodderiger Vielredner. Er war ein durchaus harter Arbeiter, der sich, wenn nötig, zwanzig Stunden am Tag durch Akten fressen konnte. Er administrierte akkurat und kompetent, entlastete damit seinen Kanzler von viel Alltagsroutine.[72] Dass viele altgediente Ministerialbürokraten Ehmke nicht leiden konnten, zeigt nur, wie sehr er ihnen Leistungen und ungewohntes Tempo abforderte. Schließlich war das Amt in den 1960er Jahren, seit dem Abgang von Adenauer, ziemlich heruntergekommen. Ehmke führte wieder die nützliche Personalrotation zwischen Kanzleramt und Ministerien ein, die seit 1963 geruht hatte. [73] Und er modernisierte das verstaubte Amt, sorgte für moderne Kommunikationstechniken.

Aber auch das überschäumende Temperament Ehmkes war nicht nur von Nachteil. Der Kanzler jedenfalls, um den es schließlich ging, zog daraus mehr Nutzen als Schaden. Horst Ehmke selbst sprach später in seinen Memoiren von einer „kompensatorischen Arbeitsteilung"[74], die er mit Willy Brandt gepflegt habe. In der Tat: Kanzleramtschefs und Kanzlerberater müssen in vielfacher Hinsicht komplementär zu ihren Kanzlern stehen; sie sollten über Fähigkeiten verfügen, die ihren Chefs fehlen; sie sollten die Kanzler ergänzen, nicht spiegeln, sollten also ihre Defizite ausgleichen, nicht ihre Stärken unterstreichen. Willy Brandt besaß ein eher grüblerisches Wesen, wich Konflikten gern aus. Ehmke hingegen liebte die Rauferei, das Kampfgetümmel, den Schlagabtausch. Ehmke war infolgedessen gleichsam Bodyguard und Blitzableiter für Brandt.

---

[70] Egon Bahr, Zu meiner Zeit, München 1996, S. 275.
[71] Hierzu auch Peter Merseburger, Willy Brandt. 1913-1992, Visionär und Realist, Stuttgart 2002, S. 590.
[72] Vgl. Fritz René Allemann, Gewichtiger Adlatus des Bundeskanzlers, in: Die Tat (Zürich), 23.10.1969.
[73] Vgl. Hartmut K. Brausewetter, Kanzlerprinzip, Ressortprinzip und Kabinettsprinzip in der ersten Regierung Brandt 1969-1972, Bonn 1976, S. 21.
[74] Horst Ehmke 1996, S. 201.

Und er war sein erster Planer. Doch eben in dieser Rolle scheiterte er und ein Stück weit auch seine Generation. Für machbar hielt man fast alles in den ersten Monaten der sozialliberalen Koalition. Für machbar und planbar. Mit dem Instrument rationaler, exakter, streng wissenschaftlicher Planung sollte die Politik auf ein ganz neues, natürlich höheres Niveau geschraubt werden.[75] Gab es unter Adenauer auch gar keine institutionalisierte Planung, so hatte Ehrhardt immerhin einen Planungsreferenten im Palais Schaumburg beschäftigt. Unter Kiesinger gab es dann bereits einen Planungsstab.[76] Doch nun, unter Ehmke, multiplizierten sich die regierungsamtlichen Planer und wurden zu einer ganzen Abteilung zusammengefasst.

Die große Idee, die den Planungsaktivitäten zugrunde lag, war das ambitionierte Anliegen aller Utopienschmiede und Gesellschaftsarchitekten einer besseren Zukunft. Die Politik sollte in weiser Voraussicht Probleme lösen, bevor sie überhaupt erst entstehen konnten. Politik sollte sich nicht mit Reparaturtätigkeiten begnügen, sondern zum großen Gestalter ökonomischen Fortschritts, gesellschaftlicher Wohlfahrt und sozialer Chancendynamik aufschwingen. Politik sollte bewusst und aktiv antizipieren, nicht erst nach langer Passivität und nur auf Druck verspätet reagieren. Das war Überzeugung und Credo von Ehmke und wohl der meisten Sozialdemokraten in der Ära Brandt.

Und daher machte sich Ehmke schon im Oktober 1969 mit Verve an sein planerisches Werk.[77] Die Planungsabteilung stand nach wenigen Tagen; für deren Leitung hatte sich Ehmke einen früheren Freiburger Studienfreund, Reimut Jochimsen, nun Professor für Ökonomie an der Universität Kiel, geholt.[78] Auf Ehmkes Drängen beschloss das Kabinett zudem, dass jedes Ministerium einen Pla-

---

[75] Vgl. auch Joseph H. Kaiser, Vorwort, in: ders. (Hrsg.), Planung I. Recht und Politik der Planung in Wirtschaft und Gesellschaft, Baden-Baden 1965, S. 7 ff.

[76] Zum Planungsdiskurs jener Jahre vgl. Gabriele Metzler, „Geborgenheit im gesicherten Fortschritt". Das Jahrzehnt von Planbarkeit und Machbarkeit, in: Matthias Frese/Julia Paulus/Karl Teppe (Hrsg.), Demokratisierung und gesellschaftlicher Aufbruch. Die sechziger Jahre als Wendezeit der Bundesrepublik, Forschungen zur Regionalgeschichte 44, Paderborn 2003; dies.: Demokratisierung durch Experten? Aspekte politischer Planung in der Bundesrepublik, in: Heinz Gerhard Haupt/Jörg Requate (Hrsg.), Aufbruch in die Zukunft. Die 1960er Jahre zwischen Planungseuphorie und kulturellem Wandel. DDR, CSSR und Bundesrepublik Deutschland im Vergleich, Weilerswist 2004, S. 264-288; Michael Ruck, Westdeutsche Planungsdiskurse und Planungspraxis der 1960er Jahre im internationalen Kontext, in: ebd., S. 289-325.

[77] Vgl. hierzu o.V., Der Macher, in: Der Spiegel, Nr. 6/1971, 01.02.1971.

[78] Winfried Süß, „Wer aber denkt für das Ganze?" Aufstieg und Fall der ressortübergreifenden Planung im Bundeskanzleramt, in: Matthias Frese/Julia Paulus/Karl Teppe (Hrsg.) 2003.

nungsbeauftragten im Range eines Abteilungsleiters einsetzte. Über diese Beauf-
tragten mussten die jeweiligen politischen Absichten der Einzelressorts der Planungsabteilung des Bundeskanzleramtes gemeldet werden, welche diese Informationen in ein so genanntes „Vorhabenerfassungssystem" eingaben. So wollte
die Ehmke-Crew aus der bisherigen fragmentierten Stückwerkpolitik ein in sich
konsistentes Gesamtreformprojekt komponieren. Alles sollte miteinander abge-
stimmt, präzise koordiniert, stringent verbunden werden.[79] Der Computer sollte
es richten. Repräsentativ für diesen politischen Geist der Zeit war gewiss das
Titelbild des „Spiegel" vom 1. Februar 1971, das Horst Ehmke vor dem Kanzleramt zeigte – mit Computerstreifen, die dessen Kopf aussonderte. In der Tat: Politik war für Ehmke und mehr noch für Jochimsen nicht mehr Kunst, Intuition,
Gespür für Möglichkeiten, Instinkt für Gefahren, Charisma und Rhetorik, sondern wissenschaftsgestützte Problemanalyse, EDV-basierte Auswertung, systematische Schlussfolgerung, kohärente Planung, kühles Management rational
entwickelter Operation.[80]

Doch Politik ist nicht Wissenschaft, reduziert sich nicht auf Computer plus
Management. Und gesellschaftliche Probleme lassen sich ebenfalls nicht nach Art
mathematischer Gleichungen lösen. Die frühen 1970er Jahre boten dafür ein
Lehrstück.[81] Im Grunde waren die Planer mit ihren kühnen Entwürfen schon im
Juli 1970 am Ende, zumindest auf eine Mauer des Widerstandes gestoßen, die zu
überwinden sie nicht in der Lage waren. Sie hatten im frühen Sommer dieses
ersten Jahres der sozialliberalen Koalition für eine Kabinettsklausur nach Auswertung des Vorhabenerfassungssystems eine Prioritätenliste für die weiteren
Reformschritte zusammengestellt.[82] Die Bundesminister schrieen empört auf,
wollten sich nicht von den Kanzleramtsleuten ins Geschäft „hineinpfuschen"
lassen, so der Chef des Finanzressorts Alex Möller. Helmut Schmidt, der in Ehmke damals einen ernsthaften Konkurrenten um die mögliche Brandt-Nachfolge
witterte, machte sich sowieso lauthals und bei jeder Gelegenheit über die „Kin-
derdampfmaschine" Ehmkes lustig, obwohl der Verteidigungsminister auf der

[79] Vgl. Horst Ehmke, Planen ist keine Sünde. Erfahrungen aus der Bonner Regierungspraxis
(I), in: Die Zeit, Nr. 51/1971, 10.12.1971; ders., Computer helfen der Politik. Zwei Jahre
Planung in Bonn. Ein Erfahrungsbericht (II), in: Die Zeit, Nr. 51/1971, 17.12.1971.
[80] Vgl. Ulrich Blank, Politik = Elektronik + Management, Die Weltwoche, 14.12.1970.
[81] Rolf Zundel, Auf Normalmaß gestutzt, in: Die Zeit, Nr. 13/1971, 26.03.1971.
[82] Fritz W. Scharpf, Förderder und Fordernder, in: Karlheinz Bentele u.a. (Hrsg.) 2007, S.
138-148.

Hardthöhe den bestausgestatteten Planungsstab unterhielt, selber auch ein ausgesprochen quantifizierender Planer war.

Kurzum: Es waren klassische Machtauseinandersetzungen, die traditionellen Rivalitäten der Ressorts, die das moderne Planungsgebaren vereitelten.[83] „Am Ende waren alle gegen Ehmke", stellte Arnulf Baring in seinem Buch „Machtwechsel" trocken fest. Allein Willy Brandt hielt ihn bis zu den folgenden Wahlen im Amt, da er ihn brauchte. Aber die Passion des Kanzlers gehörte der Außen- und Ostpolitik, nicht der innenpolitischen Planung. Das Anliegen der Planer trieb Brandt nicht um, wie Horst Ehmke in seinen Erinnerungen etwas säuerlich festhielt. Als Ehmke auf Druck von Schmidt dann nach den Bundestagswahlen 1972 die Regierungszentrale räumen musste, verloren die Planer erst recht ihren Patron und alle Unterstützung.[84]

Zu den großen Enttäuschungen der 1970er Planungen gehörte gewiss das neue Bonner Kanzleramt, das am 1. Juli 1976 eingeweiht wurde. Niemand – schon gar nicht der neue Hausherr Helmut Schmidt – mochte den rostigdunkelbraunen Flachbau.[85] Die Anlage war entschieden überdimensioniert geraten, es fehlte jede Heiterkeit, alle Würde. Die Foyers glichen denen von Rehabilitationskliniken, urteilte sarkastisch ein Kritiker.[86] Indes war es die Absicht der Planer gewesen, alle Traditionalität, gar Erhabenheit, Klassik und Stil zu vermeiden. Der Bau sollte allein für geschichtslose Modernität, für Arbeitseffizienz, pure Funktionalität stehen.

Horst Ehmke hatte das Glück, im Produkt seiner Planung politisch nicht mehr wirken zu müssen. Er war im Übrigen in den folgenden Jahren souverän genug auch mit Selbstkritik, ja Selbstironie, auf den fiebrigen Planungseifer jener Jahre zurückzuschauen. Interessant wäre es zu erfahren, was der frühere Kanzleramtschef wohl zum Projekt des „Vorsorgenden Sozialstaats" der „modernen" Sozialdemokraten sagen würde. Doch beschränkt sich Ehmke seit einigen Jahren darauf, Kriminalromane zu schreiben.

---

[83] Vgl. auch im Rückblick Zundel, Rolf: Statt großer Rosinen wieder kleine Brötchen, in: Die Zeit Nr. 19/1976, 30.04.1976.

[84] Arnulf Baring 1982, S. 520-525.

[85] Ebd.

[86] Heinrich Wefing: Die Heimatlosigkeit der Macht – zur Architektur der deutschen Kanzlerämter, in: Stiftung Haus der Geschichte der Bundesrepublik Deutschland (Hrsg.): Die Bundeskanzler und ihre Ämter, Heidelberg 2006, S. 199.

Rudolf Scharping in der Generation Schröder/Lafontaine

Ein ganz typischer Sozialdemokrat der 1980er und 1990er Jahre war Rudolf Scharping, weder Intellektueller noch Gewerkschafter, sondern einer der vielen Aufsteiger[87] aus kleinen Verhältnissen, die im Zuge der Bildungsreform das Abitur absolvierten und Universitätsdiplome erlangten, dabei von jung an so etwas wie eine berufspolitische Karriere einschlugen. Scharping, Jahrgang 1947, hatte 1991 mit den Sozialdemokraten den Regierungswechsel in einer traditionellen Hochburg der CDU geschafft.[88] Das katapultierte ihn in den Kreis der Führungsanwärter in seiner Partei. An die Spitze der Partei brachte ihn dann eine Urwahl, welche die deutschen Sozialdemokraten erstmals in ihrer Geschichte für die Bestellung des Parteivorsitzenden anwandten.

Scharpings Ehrgeiz war enorm. Mit 45 Jahren war er der jüngste Parteivorsitzende in der Geschichte der Nachkriegssozialdemokratie. Der Mainzer Regierungschef griff 1993 rigide nach den beiden wichtigsten Führungsfunktionen der SPD: dem Vorsitz und der Kanzlerkandidatur. Nach der verlorenen Bundestagswahl 1994 ging Scharping sofort nach Bonn und übernahm sogleich die Fraktionsführung. Machtwillen konnte Scharping fürwahr niemand absprechen.[89]

Die Voraussetzungen für eine starke Führungsposition Scharpings waren keineswegs schlecht. Er vereinte die wichtigsten Ämter der SPD; er war ehrgeizig; er wollte ins Kanzleramt. Als der erste Anlauf nicht gleich von Erfolg gekrönt war, setzte er seinen Weg entschlossen, zäh und geduldig fort. Er schien über einen langen Atem zu verfügen, besaß Nehmerqualitäten, zeigte Disziplin. Anfangs galt Scharping auch in der Öffentlichkeit unbestritten als starker Mann. Dann aber schwand seine Autorität rapide, nahezu desaströs. Doch: Wie konnte das geschehen?

Zunächst waren da mächtige Rivalen, nämlich die Herren Schröder und Lafontaine. Ihnen war er, schon vom Alter und der Erfahrung her, hoffnungslos

---

[87] Zu dieser sozialdemokratischen Generation vorzüglich Matthias Micus, Die „Enkel" Willy Brandts. Aufstieg und Politikstil einer SPD-Generation, Frankfurt a. M. 2005.

[88] Zu Scharping vgl. Hans Wallow (Hrsg.), Rudolf Scharping: Der Profi, Düsseldorf 1994; Ulrich Rosenbaum, Rudolf Scharping. Biographie, Berlin/Frankfurt a. M. 1993; Thomas Leif/Joachim Raschke, Rudolf Scharping, die SPD und die Macht – Eine Partei wird besichtigt, Reinbek bei Hamburg 1994.

[89] Vgl. hierzu Herbert Riehl-Heyse, Die neue Tugend der Gefügigkeit, in: Süddeutsche Zeitung, 20.11.1993; Martin E. Süskind, Der rechte Mann zur rechten Zeit, in: Süddeutsche Zeitung, 20.11.1993.

unterlegen. Als Schröder und Lafontaine bereits begehrte Medienstars waren, ackerte Scharping noch weitgehend unbekannt in den Parteigremien der Provinz. Für Lafontaine und Schröder war Scharping ein politisches Leichtgewicht, dessen Führungsanspruch sie nie akzeptierten. Anders als der reine Gremienpolitiker Scharping waren Schröder und Lafontaine nicht in erster Linie durch die Kommissionen der Partei nach oben gekommen.

Schröders und Lafontaines prägende Erfahrung seit den achtziger Jahren war, dass ein provokativer Medienauftritt größere Prämien abwarf als eine mühselig zusammengezimmerte Resolution in einer Parteiarbeitsgemeinschaft. Sie waren Kinder und Akteure der Mediengesellschaft. Sie hatten erfahren, dass die Medienleute sich besonders dann auf sie stürzten, wenn sie mokante Sticheleien über die eigene Partei verbreiteten, wenn sie traditionelle sozialdemokratische Grundsätze locker beiseiteschoben. Diese Medienpose verlieh ihnen die Aura undogmatischer Beweglichkeit und kreativen Eigensinns. Die Partei und den Parteivorsitzenden aber stellte das bloß. Ihm blieb allein die Rolle des knochentrockenen Funktionärs, des biederen, braven und unflexiblen Parteisoldaten.[90]

Nach 1993 spielte vor allem Gerhard Schröder die Medienkarte voll aus und ließ Scharping zunehmend schlecht aussehen. Schröder präsentierte sich als Sozialdemokrat, der sich um Parteitagsbeschlüsse nicht scherte, der als unabhängiger Kopf eine moderne, ideologiefreie, pragmatische Politik betrieb. Durch seine demonstrative Distanz zum unpopulären Parteibetrieb sammelte er seine Punkte im Volk. Das alles ging zu Lasten von Rudolf Scharping, der sich als Parteivorsitzender, selbst wenn er das Temperament dazu besessen hätte, die Attitüde Schröders gar nicht leisten konnte.

Wo Schröder frei und quirlig agierte, saß Scharping starr eingezwängt in Kommissionen und Gremien, zwischen Parteiflügeln und Beschlusslagen. Je herausfordernder und offensiver Schröder operierte, desto defensiver reagierte Scharping. Während Schröder nach vorn preschte, wich Scharping zurück, suchte Schutz in den Reihen der grundsatztreueren Linken, wurde gleichsam zu deren Gefangenem. Vor allem hatte er sich dadurch in die Geiselhaft von Oskar Lafontaine begeben. In dem Maße, in dem sich der Druck von Seiten Schröders erhöhte, klammerte sich Scharping an den Beistand des Kanzlerkandidaten von 1990. Um nicht auch noch Lafontaine gegen sich in Stellung zu bringen, gab ihm

---

[90] Vgl. im Rückblick besonders abwertend Sibylle Krause-Burger, Rudolf Scharping – vom Kleinbürger zum wild gewordenen Handfeger, in: Stuttgarter Zeitung, 22.07.2002

Scharping in den entscheidenden politischen Fragen nach und kleidete sich dadurch mit politischen Positionen, die ihm weder standen noch behagten.

Doch war Scharping die Fähigkeit, eigene große Linien sozialdemokratischer Politik öffentlichkeitswirksam zu ziehen, sowieso nicht gegeben. Einen irgendwie mitreißenden sozialdemokratischen Reformentwurf hatte er nicht zu bieten. Ebenso wichtig allerdings war sein kommunikatives Defizit. Dabei war Scharping zunächst die kommunikative Vernetzung der verschiedenen Machtzentren in der SPD gar nicht schlecht gelungen. Doch als er sich von den Medien und Schröder verfolgt fühlte, verschloss er sich immer mehr und stellte Gespräche und Telefonate ein. Mit Schröder redete er lange Monate überhaupt nicht. Aber auch seine Stellvertreter im Parteivorsitz und seine Bundesgeschäftsführer in der Parteizentrale weihte er nur selten in seine Pläne ein. So nannte ihn die damalige schleswig-holsteinische Ministerpräsidentin Heide Simonis schließlich einen „Autisten".

Das Drama nahm nun seinen Lauf. Als Scharping 1993 gewählt wurde, hatten sich seine Anhänger die Rückkehr von Ruhe, Berechenbarkeit und Solidität in die Partei erhofft. Mit ihm sollte es wieder bergauf gehen für die SPD.[91] Zwei Jahre später herrschte unter Mitgliedern und Aktivisten der Sozialdemokratie blankes Entsetzen und schiere Verzweiflung. Ohnmächtig und wütend verfolgten sie die Kabalen in der Führungsspitze, über die die Medien während der Sommer- und Herbstmonate 1995 nahezu täglich groß aufmachten. Die Partei machte einen aufgelösten Eindruck. So groß war die Depression und Ratlosigkeit in ihrer Geschichte nie gewesen, nicht einmal 1957, als Adenauer die absolute Mehrheit der Stimmen erhielt.

Scharping war der Boshaftigkeit medienerfahrener Rivalen nicht gewachsen. Er hatte in der fragmentierten Machtstruktur der Sozialdemokratie keine zentrale Autorität aufbauen können. Er fand sich in der Schlangengrube der Hauptstadt nicht zurecht. Es war praktisch unvermeidbar, dass ihm als Greenhorn in der Kapitale Fehler und Versäumnisse unterlaufen mussten; anderen und bedeutenderen Politikern – man denke an Helmut Kohl – war es schließlich zuvor nicht anders ergangen. Aber die vollentwickelte Mediengesellschaft räumte Führungspolitikern keine Zeit mehr ein, um sukzessive Erfahrungen zu sammeln. Das färbte auch auf die SPD ab, die nervös reagierte, als die ersten hämischen Kommentare über Scharpings hölzernes, wenig telegenes Auftreten erschienen. Als

---

[91] Hierzu und im Folgenden Stephan Klecha, Rudolf Scharping. Opfer eines Lernprozesses, in: Daniela Forkmann/Saskia Richter (Hrsg.), Gescheiterte Kanzlerkandidaten. Von Kurt Schuhmacher bis Edmund Stoiber, Wiesbaden 2007, S. 323 ff.

dann noch die Umfragewerte abstürzten, reichte eine dröhnende Rede des Oskar Lafontaine, um den Parteivorsitzenden zu stürzen.

Nicht ganz wenig von den Vorgängen des Jahres 1995 erinnert in der Tat an die Situation von Kurt Beck im Jahr 2008. Auch Beck war durchaus ein Mann mit Machtwillen und Stehvermögen. Aber auch er hatte die größte Mühe, auf dem Berliner Glatteis nicht pausenlos auszurutschen. Auch seine Autorität wurde durch chronische Indiskretionen über mediale Lautsprecher von denen in seiner Partei untergraben, die sich für klüger, charismatischer, einfach besser hielten. Und in seiner Bedrängnis hatte auch Beck, wenn die Not groß und größer wurde, stets Zuflucht bei der innerparteilichen Linken genommen und die Mitte, deren Repräsentant er eigentlich sein wollte und im Grunde auch war, geräumt. Sein Misstrauen gegen das hochnäsige Berliner Politmilieu hatte überdies dazu geführt, sich in seiner regionalen Wagenburg zu verschanzen. So kam es, dass der Tragödie Scharpings die Farce Becks folgte.

Schröder und Lafontaine waren anders gestrickt. Der forsche Seitenwechsel war das Markenzeichen Schröders, seine höhnische Gleichgültigkeit gegenüber den lang überlieferten Parteiritualen. Dafür eben wurde er in den 1990er Jahren gefeiert, als Mann wider alle Konventionen und Orthodoxien, der brutal den Ellbogen ausfuhr und nicht höflich den Hut zog, wenn ihm jemand im Weg stand. Schröder war durch und durch traditionslos.[92] In seinem Herkunftsmilieu gab es nicht den Kodex der klassischen sozialdemokratischen Handwerker- und Facharbeiterbewegung. Der Vater war Hilfsarbeiter; und er war nicht mehr da, als Schröder auf die Welt kam. Schröder musste – anders als Scharping oder auch Stoiber – niemandem etwas beweisen, brauchte sich nicht zu rechtfertigen, musste sich nicht vor Strafe oder Liebesentzug väterlicherseits fürchten. Er war allein auf sich gestellt; und so begriff er seinen ganzen Lebensweg, seinen Aufstieg: Nur er, er allein, hatte es geschafft, ohne Hilfe, auch ohne Unterstützung der Partei, im Grunde auch ohne die Protektion des Sozialstaats. Es gab Hindernisse, Neider und Konkurrenten. Er hatte sie über die Klippe geschubst, hart und unsentimental. Sonst wäre er nicht geworden, was er schließlich als Kanzler war. Kurzum: Schröder kannte nicht den Bremsklotz von Traditionen und Überlieferungen, das Hemmnis einer elaborierten Ethik. Schröder stand diesseits eines fest fixierten Milieus. Das machte ihn frei. Es gab für ihn keine Geschichte, der er sich verbunden und verantwortlich fühlte, auch keine weite Zukunft, für die er einen Plan

---

92 Vgl. pointiert hierzu Alexander Gauland, Ein Mann ohne Klasse, in: die tageszeitung, 07.06.2008.

hätte haben müssen. In seinem Leben hätte jeder Plan gestört. Er war der Mann des Coups, nicht des Projekts.

Lafontaine war in vielem ähnlich, dachte aber doch im Gegensatz zu Schröder programmatisch langfristiger.[93] In den achtziger Jahren war Lafontaine der originäre Leitwolf der Sozialdemokraten seiner Generation. Er, nicht Schröder oder gar Müntefering, verfügte über die Witterungen für allmähliche tektonische Veränderungen in der Gesellschaft. Er, nicht Steinbrück oder gar Struck, war in der Lage, die sich neu anbahnenden Themen zu Projekten zu verbinden, im öffentlichen Diskurs zuzuspitzen. Dadurch gab er der SPD Orientierung. Und er öffnete sie seinerzeit: In den späten achtziger Jahren war er auch der Liebling der Manager, weil er sich lustvoll mit den Gewerkschaften anlegte. Er war ebenfalls Held der Postmaterialisten – weil er gegen AKWs und Mittelstreckenraketen kämpfte. Auch die marginalisierten Arbeiter hielt er durch sozialpopulistische Ansprachen bei der Stange. Und das avancierte Bildungsbürgertum beeindruckte er durch Spitzenköche in der Saarlandvertretung und sein exponiertes Savoir-vivre.

Einiges davon war dann in den neunziger Jahren als toskanischer Hedonismus verpönt. Doch Lafontaine wandelte sich und führte als Parteivorsitzender die zuvor schlimm zerstrittene und extrem heterogene Partei geschlossen und diszipliniert in die finale Auseinandersetzung mit Kohl. Durch seine harte Bundesratspolitik zerschmetterte er die Steuerpolitik der damaligen schwarz-gelben Regierung und katapultierte die Sozialdemokraten bekanntlich ins Kabinett.

Jahre später galt er lange als gescheiterter Bundesfinanzminister aus den Anfangsmonaten der Schröder-Regierung. Doch inzwischen hat sich die Interpretation bis weit in die nicht-keynesianische Wirtschaftswissenschaft verändert. Lafontaines Regulierungs- und Koordinierungsprojekte der Finanzpolitik haben eine verblüffende Rehabilitierung erfahren. Und 2005 bewies er abermals Gespür für Gelegenheiten, als er im Frühjahr unter dem Druck der vorgezogenen Bundestagswahlen die damalige WASG und PDS zur Fusion nötigte, auf diese Weise eine bundesweit lebensfähige neue Linkspartei schuf – und im September des gleichen Jahres dadurch die Mehrheit von Merkel und Westerwelle vereitelte. Seitdem sind das klassische Parteiensystem und die überlieferten Koalitionsmechanismen transformiert.

Seine größten Partien spielte Lafontaine, als er den Hegemonisten Kohl erledigte, als er Schröder zur Strecke brachte. Doch immer wieder wirkte er unglück-

---

[93] Zu Lafontaine vgl. Joachim Hoell, Oskar Lafontaine: Provokation und Politik. Eine Biografie, Braunschweig 2004.

lich oder zumindest gelangweilt, wenn ihm gelang, was er sich vorgenommen hatte. Wie viele populistische Begabungen zeigte er dann autoaggressive Tendenzen, fast kindische Züge, wenn er den Turm umwarf, den er gerade erst aufgebaut hatte. Und stets blieb die Frage: Welche Linke wollte Lafontaine wirklich? Ging es ihm überhaupt um die Linke? Auch seine engsten Freunde konnten sichere Auskünfte darüber nie geben. Als Konstante blieb: Er wurde über mindestens dreißig Jahre zum Schatten der SPD, im Guten wie im Schlechten.

Verblasste Mythen

Als Sachsen noch rot war

Man erinnert sich kaum noch. Doch wenige Wochen vor den Volkskammerwahlen am 18. März 1990 – bekanntlich die ersten demokratischen Wahlen in der Geschichte der DDR überhaupt – erwarteten die meisten politischen Beobachter einen fulminanten Wahlsieg der Sozialdemokraten.[94] Die absolute Mehrheit für die SPD schien keineswegs unmöglich. Zumindest geisterten Prognosen solcher Art in jenen Wochen grell durch die Schlagzeilen. Von einer strukturellen Mehrheitsfähigkeit der SPD in einem künftig vereinigten Deutschland war gar in manchen Kommentaren die Rede. So schwelgten Politiker und Anhänger der SPD in kühnsten Hoffnungen, während einige Strategen der Unionsparteien fürchteten, in einem neuen Deutschland auf lange Zeit ins Abseits zu geraten.

Denn schließlich war das Gebiet, auf dem die Einheitskommunisten der SED 1949 die DDR begründet hatten, historisch gleichsam sozialdemokratischer Mutterboden.[95] Auf diesem Terrain lagen in den Jahrzehnten vor den beiden großen Diktatoren des 20. Jahrhundert die Zentren der SPD in Deutschland schlechthin. Von den 1950er bis zu den 1980er Jahren waren sich deshalb Historiker, Politikwissenschaftler, Publizisten und wohl auch die meisten Politiker weitgehend darüber einig gewesen, dass die SPD parteipolitisch der Hauptverlierer der deutschen Teilung war, im Falle einer Wiedervereinigung dafür wohl den größten Nutzen ziehen würde. Mit dem zeittypischen Pathos der frühen 1950er Jahre

---

[94] Vgl. beispielhaft die Frankfurter Rundschau vom 15.01.1990: „Wer, wenn nicht die neugegründete SPD kann in der Lage sein, in alten sozialdemokratischen Stammlanden wie dem Erzgebirge, den sächsischen Industrierevieren um Leipzig, Halle oder Karl-Marx-Stadt oder in Berlin entscheidende Punkte zu machen?"

[95] Hierzu und im Folgenden Franz Walter, Heute Diaspora, einst Hochburg? Sozialdemokratische Traditionen in Sachsen und Thüringen, in: Horst Heimann/Franz Walter, Die Traditionen der demokratischen Arbeiterbewegung im Prozess der deutschen Einigung, Bonn 1991, S. 33 ff.

hatte dies damals der Bundestagsabgeordnete und spätere Fraktionsvorsitzende der SPD Fritz Erler in die einprägsame Metapher gefasst: „Die Sozialdemokratie atmet nur auf einem Lungenflügel, solange ihre Hochburgen in Mitteldeutschland nicht wieder in Freiheit am Leben der Partei beteiligt sind."

35 Jahre nach diesem Ausspruch konnten Sozialdemokraten wieder frei im früheren Mitteldeutschland agieren. Aber die Lunge war nicht mehr intakt. Sachsen ist daher auch im zwei Jahrzehnt nach dem Fall der Mauer eine sozialdemokratische Diasporalandschaft. Bei den Landtagswahlen im Jahr 2004 erzielte die Sozialdemokratie – die dort zu Beginn der Weimarer Republik fast sechzig Prozent erreichte – nur noch 9,8 Prozent der Stimmen. Bei den Landtagswahlen Ende August 2009 konnte die SPD zwar um magere 0,6 Prozentpunkte zulegen, gleichwohl: Bei Erstwählern wie auch bei Arbeitern lagen die Sozialdemokraten an fünfter Stelle, hinter FDP, NPD, Linken und CDU.

Ohne Tragik ist das für die SPD nicht. Schließlich war gerade Sachsen fast ein ganzes Jahrhundert lang Pionierboden und Hochburg einer genuinen sozialdemokratischen Alltagskultur.[96] Nirgendwo sonst im deutschen Reich war das Netz des sozialdemokratischen Arbeitervereinswesens so dicht geflochten und weit gespannt wie zwischen Zittau und Plauen. Hier – und wahrscheinlich umfassend wirklich nur hier, in dieser Region – wuchs man bereits als Arbeiterkind über die Organisation der „Kinderfreunde" in die sozialdemokratischen Solidargemeinschaft hinein, wurde dort durch die Teilnahme am Arbeitergesang, Arbeitersport, Arbeiterwohlfahrtswesen, durch Einkauf in der Konsumgenossenschaft, durch die Geselligkeit im Volkshaus biographisch nachhaltig geformt, bis schließlich nach dem Tode die Freidenkerorganisation für die „rote" Einäscherung der treuen Genossen sorgte.

Von den sozialistischen Lebensreformern bis zu den organisierten Arbeiterjugendlichen – die Zentren all dieser Arbeitervereinskulturen lagen in Sachsen. Als Anfang 1926 die elf besten Arbeiterfußballer des Deutschen Reichs ein Länderspiel gegen die Tschechen austrugen – und 3:1 gewannen –, da setzte sich die proletarische Nationalmannschaft der Deutschen bezeichnenderweise aus zehn Sachsen zusammen; sechs kamen allein aus Leipzig. Nur bei der Besetzung des rechten Verteidigerpostens holten sich die Sachsen Unterstützung aus Franken.

---

[96] Vgl. auch im Weiteren Franz Walter, Sachsen – ein Stammland der Sozialdemokratie?, in: Politische Vierteljahresschrift, H. 2/1991 (Jg. 32), S. 207 ff.; ders./Tobias Dürr/Klaus Schmidtke, Die SPD in Sachsen und Thüringen zwischen Hochburg und Diaspora, Bonn 1993; Karsten Rudolph, Die sächsische Sozialdemokratie vom Kaiserreich zur Republik 1871-1923, Weimar u.a. 1995.

Natürlich beheimatete Sachsen die beiden größten Arbeiterfußballbezirke Deutschlands: Leipzig mit 7000 und Dresden mit 6000 Mitgliedern. Dort spielten die beiden wohl berühmtesten Vereine des Arbeiterfußballsports der zwanziger Jahre: der VFL Südost-Leipzig-Stötteritz und der Dresdener Sportverein 1910. Vor allem aber bot Sachsen den sozialkulturell günstigsten Boden für die sozialistische Lebensreform. Sozialistische Abstinenzler, Nudisten und Naturheilapostel aller Schattierungen fanden mit ihren asketischen Umkehr– und Erweckungsphilosophien im protestantischen Sachsen Resonanz wie nirgendwo sonst im Deutschen Reich, besonders nicht in dessen katholischen Regionen. Beliebt war insbesondere in Ostsachsen der sozialdemokratische „Verband Volksgesundheit", dessen Mitglieder Schulmedizin und Chemie ablehnten, stattdessen auf die natürlichen Heilfaktoren Luft, Licht und Wasser schworen. Die Popularität des Verbandes in der Gegend um Dresden rührte vor allem daher, dass er dort Freiluftgelände, Badeanstalten und Schrebergärten mit kleinen Häuschen angelegt hatte, die vor allem an sonnigen Wochenenden zehntausende von sächsischen Arbeiterfamilien anlockten und zu Spiel, Sport und anderen Vergnügungen animierten.

Grundbesitz erworben und Sportstätten geschaffen hatten auch und in erster Linie die Vereine des Arbeiter-, Turn- und Sportbundes (ATSB) – und dies nirgendwo in einem solchen Umfang wie eben in Sachsen. Im Laufe der Jahre hatten die sächsischen Arbeiterturner mit eigenen Mitteln 115 Turnhallen, 198 Sport- und Turnplätze mit Vereinshäusern, zwanzig Bootshäuser und auch eine Sprungschanze errichtet. Die Zentrale des ATSB hatte ihren Sitz ebenfalls in Sachsen, genauer: in Leipzig. Dort eröffnete der Arbeitersportbund 1926 zudem eine große Bundesschule, bald das Glanzstück sozialdemokratischer Arbeiterkultur schlechthin, in der Vortragssäle, Turnhallen, ein Lehrschwimmbecken und andere Übungsräume untergebracht waren. In dieser Schule unterrichteten mehrere hauptamtlich eingestellte Lehrer, die Arbeiterfreizeitsportler in oft mehrwöchigen Kursen über Regeln und Trainingsmethoden des Männer- und Frauenturnens, des Fußballs und Wassersports sowie Techniken der Vereinsorganisation. Auch andere Renommierstätten sozialdemokratischer Vereinskultur standen auf sächsischem Boden. Dazu zählte das größte Volkshaus, das die Arbeiterbewegung hervorgebracht hat, das Volkshaus in Leipzig. Dazu gehörte ebenso das wuchtig gebaute und großzügig ausgestattete Bundeshaus der Arbeitersamariter, das 1928 in Chemnitz eingeweiht wurde.

Wieso nun entfaltete sich ausgerechnet in Sachsen vor 1933 eine so außergewöhnlich umfängliche und bis dahin einzigartig stabile sozialdemokratische Vereinskultur? Sicher primär: Sachsen war Mitte des 19. Jahrhunderts das Pionierland der deutschen Industrialisierung.[97] Hier expandierten besonders die verarbeitenden Industrien der Branchen Textil, Holz, Papier, Metall und Maschinenbau. Wichtig war schließlich auch, dass sich die sächsische Industrie nicht nur auf wenige großstädtische Zentren beschränkte, sondern bis in die ländlichen Gemeinden hineinragte. In Sachsen war die Industrie seit dem späten 19. Jahrhundert auch für die Menschen der kleineren Städte zur vorherrschenden, für viele zur alleinigen Erwerbsquelle geworden. Durch diese absolute Dominanz der industriellen Produktion und proletarischen Existenz in den Arbeiterquartieren der sächsischen Gemeinden konservierten sich keine ländlich-agrarischen Mentalitäten oder kleinbürgerlichen Besitzinteressen wie etwa im Südwesten des Deutschen Reichs, wo zahlreiche Arbeiter zwar in der Fabrik arbeiteten, jedoch im Dorf wohnten und nebenbei ein wenig Landwirtschaft betrieben – solche Arbeiterschichten verschlossen sich dann mehrheitlich dem Werben der Sozialdemokraten.

Dass sich in Sachsen ein komplex verknotetes Arbeitervereinsmilieu herausbilden konnte, lag schließlich auch in der Raum- und Bevölkerungsstruktur des Landes begründet. Acht Prozent der deutschen Bevölkerung wohnten in Sachsen, auf einem Gebiet, das indes nur 3,2 Prozent der deutschen Gesamtfläche umfasste. Kurz: Sachsen gehörte zu den am dichtesten besiedelten Gebieten Europas, und diese dichte Besiedlung war charakteristisch nicht nur für die größeren Städte, sondern auch für die ländlichen und gebirgigen Regionen.[98] Diese Dichte ermöglichte es, dass sich ein kommunikativ und organisatorisch geschlossenes Milieu an der sozialdemokratischen Partei- und Vereinsbasis herausbilden konnte. Im Unterschied zu großen und weiträumigen Flächenländern, wie etwa Württemberg, war es den Sozialdemokraten in Sachsen infolgedessen materiell und organisatorisch vergleichsweise leicht möglich, das Netz ihrer Vereine und Strukturen bis in die Gebirgsdörfer auszuwerfen, eine Vielzahl von regionalen Bildungs- und Kulturveranstaltungen zu initiieren und ungewöhnlich viele Parteitage abzuhalten.

Über die Parteienpräferenz einer Region entscheidet allerdings nicht nur die Erwerbs- und Siedlungsstruktur, sondern mehr noch die Konfessionsgliederung. Dies gilt bis heute. Die Sozialdemokratie ist im Grunde seit ihrer Entstehung die Partei der protestantischen Landesteile. Protestantisch und industriell – das lief in aller Regel auf eine starke SPD hinaus, während ein Übergewicht von Katholiken

---

[97] Vgl. Gerhard Rölling, Wirtschaftsgeographie Sachsens, Leipzig 1928.
[98] Vgl. hierzu Felix Burckhardt, Die Entwicklung der sächsischen Bevölkerung in den letzten 100 Jahren, in: Zeitschrift des Sächsischen Statistischen Landesamtes, 1931 (Jg. 77), S. 7.

in Industriezentren den Ausdehnungsmöglichkeiten der SPD enge Grenzen setzte. Sachsen nun war erstens hochindustrialisiert und stand zweitens in nahezu einhelliger protestantischer Tradition. Für die sozialdemokratischen Organisationsbemühungen bedeutete dies eine optimale Konstellation, da die protestantische Kirche im Unterschied zum stärker volkstümlichen Kaplanskatholizismus die Brisanz der sozialen Frage nicht begriffen und die Arbeiter in ihrer sozialen Misere in den rasch angewachsenen Städten des 19. Jahrhunderts allein gelassen hatte. Hierdurch entstand ein Organisations- und Sinnvakuum in den protestantischen Industrieregionen, welche die Sozialdemokratie mit ihren Vereinsangeboten und programmatischen Deutungshilfen auszufüllen verstand.

Die SPD in Sachsen forcierte die Entkonfessionalisierung gar mit aller Energie. Keine andere Landesorganisation der SPD verfocht in den Weimarer Jahren eine derart aggressiv anti-kirchliche Strategie wie die Sozialdemokraten in Sachsen. Der Kirchenkampf war gleichsam Treibstoff der damaligen sächsischen SPD-Politik. Zwischen 1918 und 1923 war sozialdemokratische Regierungspolitik in Sachsen vor allem Kulturpolitik, genauer noch: Eine Politik der Verweltlichung, des Zurückdrängens kirchlicher Einflüsse insbesondere in den Schulen. Die sozialdemokratischen Minister beseitigten den Bußtag, setzten dafür den 1. Mai und den 9. November als gesetzliche Feiertage fest, und sie verboten das Schulgebet. Den Religionsunterricht stellten sie zur Disposition.

Die sozialdemokratische Alternative dazu war: die Jugendweihe. Indes fällt es schwer, diesen Jugendweihen aus der Rückschau allzu viel Positives abzugewinnen. Insgesamt erinnerten das schwülstige Pathos und der Bekenntnisdrang, mit dem die Jugendlichen durch die Weihe zeremoniell in die sozialistische Gemeinde aufgenommen wurden, eher an die Liturgie und die Rituale weltanschaulich geschlossener Sekten, nicht aber an ein wirklich weltlich-nüchternes Politikverständnis einer offen republikanischen Partei.

Natürlich und zusammen: Die mitteldeutsche Arbeitervereinskultur hatte den sozialdemokratischen Arbeitern in den turbulenten Zeiten der Weimarer Republik, als etliche Menschen an ihren alten Bindungen und überlieferten Identitäten irre wurden und sich in die Arme der Nationalsozialisten flüchteten, Halt, Orientierungen, Zuversicht, Heimat und Wärme vermittelt. Dennoch: Auch die negativen Folgen waren nicht zu übersehen. Oft genug verschanzte sich die sozialdemokratische Arbeiterbewegung zwischen dem Elbtal und dem Vogtland in ihrem Organisationsnetzwerk, richtete sich defensiv in der geistig autarken Wagenburg ein, nahm die äußere Umwelt nur einseitig und verzerrt wahr, lebte mithin in einer ideologisch einförmigen Abkapselung. Die Sozialdemokraten der

Weimarer Zeit verinselten und isolierten sich dadurch. Am Ende standen sie politisch allein – und versanken in ihrer ursprünglichen Kernregion nahezu im Nichts.

Freital: Die sozialdemokratische Renommierkommune

Die Hochburg dieser Kernregion schlechthin war Freital, nahe Dresden. Die Stadt existiert erst seit 1921. Die Stadtgründung zu Beginn der Weimarer Republik entsprang allein sozialdemokratischer Initiative.[99] Zur neuen städtischen Kommune vereinten sich seinerzeit drei Industriegemeinden, in denen die SPD mehr als zwei Drittel der Wähler auf sich vereinte. Und diese sozialdemokratische Zweidrittelmehrheit schuf sich im Tal des „Plauenschen Grundes" – wie das hoch industrialisierte Umland im Süden von Dresden genannt wird – eine Stadt, die „frei" sein sollte von „Ausbeutung und Unterdrückung", daher eben der Name: Freital. Das sächsische Bürgertum hatte diese Stadtgründung über Jahre heftig bekämpft, sprach abschätzig von „Liebknechthausen". Doch solcherlei Schmähungen potenzierten das Selbstbewusstsein der Sozialdemokraten dort. Die Genossen waren in jenen Jahren ungemein stolz darauf, sich ihre eigene Stadt erfunden zu haben. Stadt und sozialistische Arbeiterbewegung verschmolzen infolgedessen während der 1920er Jahren miteinander, wurden in einer Weise eins, die in Deutschland ansonsten beispiellos blieb. Zwar war die Stadt sozialräumlich ein zersiedeltes, zusammengewuchertes, ja hässliches Gebilde. Aber der gesamtsozialdemokratische Anspruch gab Freital Grundlage, Homogenität, schließlich Identität. Tatsächlich war Freital in den Jahren der Weimarer Republik die Stadt sozialdemokratischer Superlative schlechthin. Sie war die einzige Stadt im „roten Sachsen" mit einem sozialdemokratischen Oberbürgermeister, mit absoluten Mehrheiten bei Wahlen, mit einer singulär hohen Mitgliederquote.

Nun waren rot wählende Städte keine ganz außergewöhnliche Rarität im industriegesellschaftlichen Deutschland. Doch in der Freitaler Sozialdemokratie hatte sich eine tief im „Tal der Arbeit" verwurzelte kommunalpolitische Elite herausgebildet, die den Ehrgeiz besaß, die eigene Stadt zum weithin ausstrahlenden Modell zu machen, zunächst für Sachsen, schließlich für Deutschland insgesamt. Da war zunächst eine ungewöhnlich expansive Wohnungspolitik. An etli-

---

[99] Vgl. Hellmuth Heinz, Vierzig Jahre Stadt Freital, in: Kulturleben Kreis Freital, H. 10/1961, S. 1 ff.; ders., Wie der Plauensche Grund zum Tal der Arbeit wurde, in: Sächsische Heimatblätter, H. 2-3/1955 (Jg. 1), S. 36-59.

chen Stellen der Stadt errichteten die Sozialdemokraten – teils als Genossenschaftler, teils als städtische Bauherren – Siedlungen.[100] Das betrieben sie so massiv, dass man Freital in der zweiten Hälfte der 1920er Jahre als „Rotes Wien in
Sachsen" etikettierte – in Anspielung an die modellhafte Bautätigkeit der sozialistischen Gemeindespitze in der österreichischen Hauptstadt.

Doch der Ehrgeiz, aus Freital eine Musterkommune des Gemeindesozialis-
mus zu machen, ging weiter. Freital sollte zur Wohlfahrtsinsel im trüben kapitalistischen Gewässer der Weimarer Republik werden. Das war Ambition und Plan
der sozialdemokratischen Stadtväter. Die Stadt zahlte infolgedessen Wohlfahrts-
sätze wie keine zweite Gemeinde sonst im Deutschen Reich. Sie war eine veritable Oase für die Verlorenen und Gestrandeten der Gesellschaft, für Arbeitslose, für
ledige Mütter, für Kleinrentner – und vor allem für Kranke. Die Gesundheitspolitik bildete das Herzstück des Freitaler Kommunalsozialismus. Schon unmittelbar
nach der Stadtgründung hatten die sozialdemokratischen Rathausstrategen eine
Gruppe frisch approbierter, links orientierter Ärzte in die Industriestadt des Plauenschen Grundes geholt.[101] Und die roten Ärzte hatten in Freital freie Bahn, um
all die medizinsozialistischen Schwärmereien aus der sozialistischen Studenten-
zeit jetzt dem realpolitischem Test auszusetzen. Die Freitaler Stadtverwaltung
hatte – was sonst in Deutschland nicht üblich war – einen ganzen Stab verbeam-
teter Ärzte und Hebammen, Fürsorger und Betreuerinnen eingestellt. Alles im
Heil-, Fürsorge- und Wohlfahrtswesen war kommunalisiert und für die Nutzer
kostenfrei, von der Wiege bis zur Bahre, von der Geburtshilfe bis zur Totenbestat-
tung, zum Sarg, zum Leichentransport, zur Grabrede. Für alles sorgte die sozialdemokratische Gemeinde.

Insofern: Der Freitaler Sozialismus verfügte über eine konzeptionelle Idee.
Ja, er hatte eine Vorstellung, ein Bild, wenn man so will: eine Vision von der Entwicklung der Stadt. Und diese Zukunftsidee gab der Stadt in jenen Jahren Zusammenhalt, ein geradezu herausragendes Selbst- und Sendungsbewusstsein,
deren Höhepunkt wohl im Jahre 1927 lag, als eine Delegation des Genfer Völker-
bundes in der Stadt auftauchte, um das Freitaler Modell studieren und bewun-
dern zu können.

An den Nationalsozialisten ging das Rote in Freital auch zwischen 1933 und
1945 nicht zugrunde. Die sozialdemokratischen Mentalitäten wurden in diesen
zwölf Jahren wohl brutal unterdrückt und kriminalisiert, aber sie überlebten

---

[100] Vgl. Wrede, Eine sächsische Versuchssiedlung, in: Deutsche Bauhütte, 1931 (Jg. 35), S.
377 ff.
[101] Hierzu Sächsische Heimatblätter, H. 5/1955 (Jg. 1), S. 292 ff.

nahezu unbeschädigt. Kaum jedenfalls waren die Nazis fort, erschienen die Sozialdemokraten wieder vollständig auf der politischen Bühne. Binnen weniger Monate schlossen sich weit über 3000 Freitaler der wiedergegründeten SPD an.

Erst mit der SED begann die Tragödie von Freital und der Sozialdemokratie.[102] Am Ende der SED-Herrschaft war von der sozialdemokratischen Tradition, war von der großen gemeindesozialistischen Idee der Stadt nichts mehr übrig geblieben. Selbst die Erinnerungen daran waren zum Ende der 1980er Jahre nachgerade komplett ausgelöscht. Einen derartig fundamentalen politischen Mentalitätswechsel in der Bevölkerung wie hier kann man in den modernen europäischen Gesellschaften des 20. Jahrhunderts wohl kein zweites Mal beobachten. In Freital hatten sich die meisten der dort lebenden Menschen über mehrere Jahrzehnte, vom Kaiserreich bis zur frühen SBZ, alles Heil vom Sozialismus versprochen. Und als der Sozialismus dann in Gestalt der SED über sie real hereinbrach, reagierten sie bald bitter enttäuscht. Da gerade hier, in Freital, in der Hochburg der deutschen Sozialdemokratie, die Erwartungen auf die befreiende und erlösende Kraft des Sozialismus besonders hoch gesteckt waren, mussten besonders hier auch die negativen Entwicklungen in den DDR-Jahren eine ausgeprägte, tiefe Frustration erzeugen.

Schließlich waren vor allem in den ersten Jahren der „Volksdemokratie" etliche frühere Funktionäre der SPD aus der Facharbeiterschaft sozial aufgestiegen, hatten das Proletariat verlassen und waren zu Lehrern, Staatsanwälten, Richtern, Betriebsleitern und dergleichen mehr avanciert. Bei den zurückgebliebenen Arbeitern waren die neuen arrivierten Einheitssozialisten allmählich verhasst. Die Verdrossenheit über den Realsozialismus übersetzte sich in Freital in Distanz und Abschied von den alten sozialdemokratischen Neigungen. Denn ein spezifischer sozialdemokratischer Antikommunismus war unter den Bedingungen der Diktatur, die sich der gleichen Rituale und Parolen bediente wie einst die sozialdemokratischen Lebenswelten, nicht organisierbar und kommunizierbar. So individualisierte die sozialdemokratische Gesinnung, blieb verborgene Privatmeinung von Einzelnen, verlor den so wichtigen sozialdemokratischen Movens der Kollektivität, starb schließlich mit ihren Trägern im Laufe der 1960er und 1970er Jahre final weg.

Als dann 1989 die DDR implodierte, waren alle früheren sozialdemokratischen Einstellungen, Orientierungen, Kulturen aus dem Tal verschwunden. Es

---

[102] Vgl. insgesamt Franz Walter, Freital: Das „Rote Wien" Sachsens, in: ders./Dürr/Schmidtke 1993, S. 39 ff.

existierte nichts mehr, woran eine neu gegründete Sozialdemokratie hätte anknüpfen können. So fanden sich lediglich ein paar Individualisten, aus dem protestantischen Bereich, zur neuen Sozialdemokratischen Partei zusammen. Von
der imposanten Geschichte der Freitaler SPD hatten sie nie ein Wort gehört. Und
wie hätten sie es auch nur erahnen sollen? Denn nichts war in Freital mehr rot.
Als die kleine Truppe der neuen Freitaler Sozialdemokratie – zwanzig etwa –
Anfang 1990 ihren ersten Wahlkampfstand in der Stadt aufstellte, wurde sie aus-
gebuht, angepöbelt, als „rote Schweine" beschimpft. Der Ausgang der ersten
freien Wahlen nach etlichen Jahrzehnten zur Volkskammer im März 1990 wurde
dann zum Desaster, gleichsam zur historischen Tragödie für die Sozialdemokratie in Freital. 9,8 Prozent der Stimmen bekam die SPD hier in ihrer früheren
Hochburg, die sie als Stadt begründet und die sie in ihren ersten zehn Jahren mit
Energie, Organisationskraft, Phantasie und einer ambitiösen Leitidee zu einer
renommierten Musterkommune ausgebaut hatte. Freital war zu einer nahezu
entstrukturierten, enthistorisierten Stadt geworden.

Von Rot zu Braun: Das Beispiel Sonneberg in Thüringen

Auch Thüringen schien im Kaiserreich noch auf dem besten Weg zum sozialdemokratischen Volksstaat zu sein. Nur noch 0,3 Prozent der Wählerstimmen fehlten den Sozialdemokraten hier bei den Reichstagswahlen 1912 zur absoluten
Mehrheit. Zehn Jahre danach lebten die Bewohner Thüringens zwar nicht in der
sozialistischen Zukunftsgesellschaft, aber doch unter einer linkssozialistischen
Regierung. Weitere zehn Jahre später indessen, im Jahr 1932, hatte sich das Land
grundlegend neu eingefärbt. Thüringen war braun geworden, früher als das
Reich, früher auch als die meisten anderen Länder. In Thüringen rückten 1930
erstmals in Deutschland nationalsozialistische Minister in eine Landesregierung;
und in Thüringen sammelte die NSDAP bei allen Wahlen überproportional viele
Stimmen. Bei den Reichstagswahlen im Juli 1932 erzielte die Partei Hitlers hier
43,3 Prozent der Stimmen, d.h. 6,1 Prozentpunkte mehr als im Reichsdurch-
schnitt. In Weimar regierte Ende 1932 ein nationalsozialistischer Kabinettschef.
Und hätten allein die Thüringer Wähler entscheiden dürfen, so wäre Adolf Hitler
schon im Frühjahr 1932 der erste Mann im Staat geworden. Im Stichentscheid zur
Kür des Reichspräsidenten im April 1932 gab eine knappe Mehrheit der Thüringer Wähler Hitler den Vorzug vor Hindenburg, während der Führer der Nationalsozialisten im Reich insgesamt dem greisen Feldmarschall deutlich unterlegen
war. Für die Nationalsozialisten war das lange Zeit von Freund und Feind als

„rot" etikettierte Thüringen ein fruchtbarer Acker. Aus einem Stammland der sozialistischen Arbeiterbewegung, die hier – in Eisenach, Gotha und Erfurt – ihre organisatorisch und programmatisch richtungsweisenden Parteitage abgehalten hatte, war binnen weniger Jahre ein braunes Aufmarschgelände für die weitere nationalsozialistische Expansion im Reich geworden.

Doch hieß das nicht, dass die Nationalsozialisten flächendeckend das Erbe der Sozialdemokratie angetreten hatten. Die NSDAP wurde vielmehr im „roten Thüringen" wie überall im Deutschen Reich im sozialen und politischen Raum des liberalen Bürgertums und des agrarisch-protestantischen Konservatismus groß. In Thüringen gab es dafür einen besonders fruchtbaren Humus. Die Bürgerkriegsereignisse im Jahr 1919, vor allem aber die rigorose Kultur- und Schulpolitik der linkssozialistischen Regierung in den ersten vier Jahren der Republik hatten das Land aufgewühlt, das Bürgertum in Panik versetzt, liberalen Brückenschlagskonzeptionen den Boden entzogen. Insofern profitierten die Nationalsozialisten auch in Thüringen zunächst in erster Linie von der Entliberalisierung des Bürgertums und der Desorganisation des agrarischen Konservatismus, also von der Rechtsentwicklung der traditionellen städtischen und liberalen Mittelschichten.[103] Auch im „roten Thüringen" war die NSDAP also Anfang der dreißiger Jahre hauptsächlich die Partei des protestantischen nationalen Lagers, das sich lediglich aufgrund der besonders emotionsträchtigen Gegnerschaft zu den Sozialisten früher schon als in anderen Teilen des Reichs allmählich hinter der Partei Hitlers scharte.

Und dass die Nationalsozialisten hier einen stattlichen Umfang annahmen, hing auch damit zusammen, dass das nationale Lager im „roten Thüringen" schon traditionell keineswegs schwach, ja, dass das Land strukturell durchaus nicht so rot und sozialistisch-proletarisch durchdrungen war, wie es viele Zeitzeugen, sei es nun ängstlich oder hoffnungsvoll, empfunden hatten. Gewiss, Thüringen gehörte seit Ende des 19. Jahrhunderts hinter Sachsen, dem Rheinland und Westfalen zu den hochindustrialisierten Regionen des Deutschen Reichs. Aber ganz so flächendeckend wie im benachbarten Sachsen hatte sich die Industrie hier nicht ausgebreitet, die Landwirtschaft spielte auch in den zwanziger Jahren noch eine bedeutende Rolle für das Erwerbsleben.

1932 war die NSDAP zur absoluten Mehrheitspartei dieser ehemals konservativ-deutschnationalen Provinz geworden. Im Kern verlief folglich der nationalsozialistische Vormarsch in Thüringen nach dem für das gesamte Reich bekann-

---

[103] Diese Interdependenz des Radikalismus von Arbeiterbewegung und Bürgertum hat präzise herausgearbeitet: Helge Matthiesen, Bürgertum und Nationalsozialismus in Thüringen. Das bürgerliche Gotha von 1918 bis 1930, Stuttgart/Jena 1994.

ten Muster: Der Liberalismus schrumpfte während der Weimarer Jahre zu einer politischen Marginalie. Die Talfahrt der Deutschnationalen verlief in den zwanziger Jahren noch rasanter, doch konnten sich die Konservativen, wie in vielen anderen Regionen des Reichs ebenfalls, wieder ein wenig regenerieren.

Waren demzufolge der Aufstieg und die politische Vormachtstellung der NSDAP in Thüringen doch nicht die Folge einer Erosion der sozialistischen Arbeiterbewegung in einem ihrer regionalen Zentren, sondern lediglich Resultat der Radikalisierung des Bürgertums nach rechts, wie ja auch sonst im Deutschen Reich? Schauen wir dafür auf die Stadt Sonneberg im Süden des Thüringer Waldes. Bis 1920 war der Thüringer Wald das rote Herz Thüringens schlechthin, jedenfalls bei Wahlen. Hier standen am Ende des Kaiserreichs und zu Beginn der Weimarer Republik rund zwei Drittel der Wähler hinter der Sozialdemokratie. Doch zum Ende der Weimarer Republik kamen Sozialdemokraten und Kommunisten hier, in Sonneberg, nur noch auf gut 35 Prozent der Wählerstimmen, die Nationalsozialisten hingegen standen jetzt achtzehn Prozentpunkte darüber. Im Thüringer Wald und seinem Vorland waren im Laufe der der Weimarer Jahre die sozialistischen Hochburgen zerfallen. Die Industriestädte waren braun geworden, wenngleich nicht in dem Ausmaß wie die agrarische Provinz oder die industriearmen früheren Residenzstädte. In den ostthüringischen Industriestädten war das nicht der Fall. Dort blieb die sozialistische Arbeiterbewegung mobilisierungsfähig und stabil. Was also war der Grund für die Immunschwäche des Sozialismus im Thüringer Wald, speziell: in Sonneberg?

Am Ende der Republik von Weimar herrschte hier die mit Abstand größte Arbeitslosigkeit in ganz Thüringen; mehr als jeder zweite Arbeiter war ohne Erwerb.[104] In diesen frühen dreißiger Jahren setzten sich die Nationalsozialisten in der Stadt durch. Wenige Jahre zuvor stand Sonneberg noch in einer wirtschaftlichen Blüte wie kaum eine andere Stadt Thüringens. Es war die Zeit der Sozialdemokratie, deren pragmatisch gemäßigte Reformpolitik von einer stattlichen Mehrheit der Sonneberger Arbeiterschaft bei Wahlen offenkundig goutiert wur-

---

[104] Hierzu und im Folgenden Walter Hanns Jentzsch, Der thüringische Arbeitsmarkt und seine Folgen, in: Thüringer Jahrbuch 1931 (Jg. 6), S. 33 ff.; Ernst R. Fugmann, Der Sonneberger Wirtschaftsraum. Eine Wirtschaftsgeographie des Südthüringer Waldes und seines Vorlandes, Halle 1939; Margarete Sy, Die Thüringer Spielwarenindustrie im Kampf um ihre Existenz, Jena 1929; K. Brauer, Die Sonneberger Spielwarenindustrie, in: VjbThSt, 1923 (Jg. 2), S. 63-71; Leopold Hähntzsch, Die Wirkungen der Wirtschaftskrise auf die wichtigsten Grundindustrien der thüringischen Heimarbeit, in: Walter Weddigen (Hrsg.), Die Thüringische Heimarbeit in der Wirtschaftskrise, Leipzig 1937, S. 44-90.

de. Das Markenzeichen der Sonneberger Wirtschaft war die Spielwarenindustrie. Daneben wurden rund um die Stadt vor allem Porzellan und Glas hergestellt. Die Sonneberger produzierten ganz überwiegend für den Export. Rund achtzig Prozent der Spielwaren, die hier gefertigt wurden, gingen in das Ausland. Das barg Risiken, aber auch die Chance, sich von einer schlechten Inlandskonjunktur abzukoppeln. So lief die Produktion der Sonneberger Spielwarenindustrie in den ersten Jahren der Weimarer Republik auf Hochtouren. Die Auslandsnachfrage war wegen des Ausfalls in den Jahren 1914 bis 1918 kräftig angestiegen und konnte den Kaufkraftschwund der Deutschen mehr als kompensieren. Es waren ertragreiche Jahre für die Sonneberger Kaufleute, aber auch gute Jahre für die seit jeher vom Leben nicht verwöhnten Sonneberger Heimarbeiter und ihre Familien, die nun immerhin in Arbeit und Brot standen. Für politischen Radikalismus fehlte der Nährboden; die Kaufleute gaben sich großzügig linksliberal, die Arbeiter vertrauten den Sozialdemokraten.

Mit dem milden Klima war es 1929/30 vorbei. Ein rauer Wind fegte nun über die Höhen des Thüringer Waldes. Bis zum Ende der Republik verzeichnete die deutsche Spielwarenproduktion einen Mengenrückgang von nahezu fünfzig Prozent. Die Ausfuhr in die Vereinigten Staaten, Hauptimporteur Sonneberger Erzeugnisse, war jäh und rapide zurückgegangen. Auch für die Amerikaner waren Spielzeuge in der ökonomischen Krise Luxusartikel, die man zum Lebensunterhalt nicht unbedingt brauchte, deren Kauf man zumindest vorübergehend einschränken oder zurückstellen konnte. Zudem brach der deutsche Markt unter der Last der Arbeitslosigkeit und der Lohn- wie Gehaltseinbußen zusammen. Negativ auf die Absatzmöglichkeiten von Spielwaren wirkte sich ebenfalls der drastische Rückgang der Geburten aus. Langfristig noch weit gefährlicher für die Sonneberger Industrie aber war der Strukturwandel, der sich seit Mitte der zwanziger Jahre in der internationalen Spielwarenproduktion und auf dem Weltmarkt vollzog. Sonneberg war nicht mehr konkurrenzlos. Die japanische Spielwarenindustrie drängte nach vorn. Sie imitierte die deutschen Artikel, stellte sie aber mit den neuesten Maschinen und nach innovativen Produktionsverfahren her. Die Japaner waren billiger, und so verdrängten sie sukzessive die Sonneberger Rivalen von den überseeischen Märkten.

Schließlich und gewiss nicht zuletzt: Die Sonneberger hatten den kulturellen Wandel, die Veränderung auch der Konsumwünsche von Kindern verschlafen. Der Sport hatte in den zwanziger Jahren neue Bedürfnisse geweckt, ohne dass sich die Sonneberger Spielwarenproduzenten darauf eingestellt hätten. Sie fertigten unverdrossen weiter Puppen, Teddybären und schlichte Holzfiguren, verlangt aber wurden nun mehr und mehr Freiluft- und Bewegungsspielzeuge wie Trittroller, Bälle, Kinderautomobile oder Dampfmaschinen, Flugzeuge, elektrische Eisenbahnen. Kurzum, die Sonneberger Spielwarenindustrie steckte Anfang der dreißiger Jahre in einer tiefen konjunkturellen und strukturellen Krise. Im Juli 1931 musste der Stadtvorstand Sonneberg dem Präsidenten des mitteldeutschen Arbeitsamtes melden, dass sämtliche Wohlfahrtseinrichtungen der Gemeinde stillgelegt worden waren. Die Stadt stand vor dem Ruin. In den Dörfern ringsumher herrschte das nackte Elend. Der Sonneberger Raum war, wie es zeitgenössisch hieß, „Notstandsgebiet" geworden. Nirgendwo in Mitteldeutschland lag die Arbeitslosenquote höher als hier. Auch Versuche, neue und zukunftsträchtige Industrien anzusiedeln, waren angesichts der verkehrstechnischen Schwierigkeiten in diesem waldreichen Hügelland allesamt gescheitert. Der Süden des Thüringer Waldes schien eine Region ohne Perspektive zu sein. Verzweiflung machte sich unter den Menschen hier breit. Die Zeiten waren schlecht für einen moderaten linken Liberalismus oder sozialdemokratischen Reformismus. Jetzt schlug die Stunde der Nationalsozialisten, auch in diesem am stärksten proletarischen Gebiet Thüringens mit den lange Jahre höchsten sozialistischen Wählerwerten im Land.

Gleichwohl ist die soziale Not, ist die Zahl der Arbeitslosen noch kein hinreichender Indikator zur Deutung von Wohlergehen und Depression des sozialistischen Lagers bzw. zur Interpretation des nationalsozialistischen Aufstiegs, auch wenn andere lokale Beispiele ebenfalls dafür sprechen mögen. So fielen weitere Erosionsschwerpunkte der sozialistischen Arbeiterbewegung wie Apolda und Arnstadt ebenfalls durch eine überdurchschnittliche Erwerbslosigkeit unter den Arbeitern von über vierzig Prozent auf. Andererseits aber lag in Meuselwitz und Altenburg die Erwerbslosigkeit unter den Arbeitern auch bei 41 Prozent ohne dass dies das sozialistische Lager vergleichsweise dezimiert, die Nationalsozialisten nach oben katapultiert hätte.

Hohe Arbeitslosigkeit also konnte eine Ursache für den Zerfall des sozialistischen Lagers und die Expansion des Nationalsozialismus sein, aber zwingend war dieser Zusammenhang nicht. Ausschlaggebend war wohl etwas anderes. Der entscheidende Grund für die Erosion des Sozialismus in Teilen Thüringens war wahrscheinlich, dass das sozialistische Lager im Thüringer Wald, in den Städten Sonneberg, Apolda und Zella-Mehlis keine Organisationsbindungen gestiftet, dadurch auch kein Auffangnetz für die aus ihrer Arbeit gerissenen, in Leere und Not gestoßenen Arbeiter errichtet hatte.[105] Dem organisierten Sozialismus war es

---

[105] Vgl. Franz Walter, Thüringen – einst Hochburg der sozialistischen Arbeiterbewegung?, in: Internationale wissenschaftliche Korrespondenz zur Geschichte der deutschen Arbeiterbewegung, 1992 (Jg. 28), S. 21 ff.

trotz aller Wahlerfolge schon im Kaiserreich nicht gelungen, sich lebensweltlich in der Bevölkerung zu verankern. Es war kein gewichtiges Milieu entstanden mit Vereinen, mit sinnvermittelnden Angeboten, mit Abwechslung schaffenden Geselligkeiten, mit Funktionen, Aufgaben und Verantwortlichkeiten, die das Leben der Arbeiter, den Alltag auch von Erwerbslosen hätten füllen, ihren Tagesablauf strukturieren, sie in sachliche und personelle Zusammenhänge einbinden, ihnen ein Ordnungs- und Deutungssystem hätten vorgeben können. Vermutlich hing das mit dem Typus von Produktion und Ansiedlung zusammen, der in den Erosionsgebieten des Sozialismus vorherrschte. Industriearbeit bedeutete hier zu einem wesentlichen Teil Heimarbeit, dies im fundamentalen Unterschied zur ostthüringischen Industrieregion, in der Fabrikarbeit eindeutig dominierte.

Die Spielwarenindustrie war nahezu ausschließlich in den Gebirgsdörfern des Sonneberger Raums beheimatet – die Hälfte der Spielzeugarbeiter fertigte im Hausgewerbe. Für die Waffen- und Kleineisenindustrie, für die Glas- und Porzellanproduktion im Thüringer Wald galt das gleiche; Heimarbeit war auch in diesen Zweigen weit verbreitet. Indessen waren die Heimarbeiter in den Industriedörfern nur schwer zu organisieren und kaum in ein stabiles Vereins- und Freizeitmilieu einzuspannen. In Ostthüringen konstituierte sich das sozialistische Milieu am Arbeitsplatz, in der Fabrik. In der tariflich geregelten Freizeit reproduzierten sich die kollektiven Strukturen der Arbeit in den Sport-, Kultur- und Geselligkeitsverbänden. Die Heimarbeiter im Thüringer Wald dagegen produzierten isoliert, dazu ohne feste Arbeits- und Freizeiten. Die Saison diktierte den Rhythmus und das Leben der Heimarbeiterfamilien. So arbeiteten die Heimarbeiter im Spielwarengewerbe Südthüringens in den Sommermonaten bis tief in die Nacht, unterstützt von ihren Frauen und Kindern. Andernorts lagen in den Monaten Juli bis September die Höhepunkte sozialistischer Vereinsfeiern, Sportveranstaltungen oder Wanderungen. Die Bezugspunkte der Heimarbeiter waren die Familie und die Wohnung, nicht die Berufskollegen, nicht die sozialistischen Freizeitvereine, nicht das Volkshaus.[106] Und so war das sozialistische Lager in den Heimarbeiterregionen Thüringens (übrigens auch Sachsens) zwar schon zu Zeiten des Kaiserreichs herausragende Wählerhochburg geworden, die aber im Unterschied zu anderen Industriegebieten nicht Teil eines fest zusammengefügten, weit ausgeworfenen, dicht verwobenen Organisationsnetzes war.

---

[106] Zur Milieukonstituierung dieser Art vgl. Peter Lösche/Michael Scholing, Sozialdemokratie als Solidargemeinschaft, in: Richard Saage (Hrsg.), Solidargemeinschaft und Klassenkampf. Politische Konzeptionen der Sozialdemokratie zwischen den Weltkriegen, Frankfurt a. M. 1986, S. 365 ff.

In der Krise der Republik gab es für die thüringischen Heimarbeiter von Sonneberg wenig, was sie organisatorisch mit dem Sozialismus verklammert hätte, wenig, was sie bei einem politischen Orientierungswechsel an Unverzichtbarem hätten aufgeben müssen. Die Zuordnung zur sozialistischen Arbeiterbewegung hatte sich bei ihnen vorwiegend auf den Wahlakt beschränkt. Die Parteien der Arbeiterbewegung waren hier lediglich Hoffnungsträger an den Wahltagen – und für viele nicht einmal das, da große Teile der Arbeiter nicht zu den Urnen gingen –, sie waren keine institutionell entscheidenden Fundamente und Foren des Alltagslebens in Familie, Erziehung, Freizeit, Bildung, Geselligkeit, Sport, Kultur, Wohlfahrt und Fürsorge. Im Thüringer Wald also war das sozialistische Lager seit jeher organisationsschwach. In den Krisen der Republik wirkte sich diese Schwäche auf das Kohäsions-, Reproduktions- und Mobilisierungsvermögen der sozialistischen Arbeiterbewegung aus. Es war schlecht darum bestellt. Infolgedessen begann die Erosion des sozialistischen Wählerlages in Teilen Thüringens.

Die Nationalsozialisten, kurzum, sammelten in Thüringen tatsächlich Anhänger auch unter den Industriearbeitern. Die NSDAP mobilisierte dabei nicht nur bisherige Nichtwähler, sondern rekrutierte ebenfalls ehemalige Sympathisanten von SPD und KPD. Erst dadurch setzten sich die Nationalsozialisten im zu Beginn der Weimarer Republik noch „roten Thüringen" durch, wurden von der Partei des nationalen Lagers zu einer Sammelpartei des Protests.

„Neue Menschen"?

Künder revolutionärer Menschwerdung: Max Adler

Der revolutionäre Klassenkampf, kündete in der ersten Hälfte der zwanziger Jahres des 20. Jahrhunderts ein sozialistischer Theoretiker aus Wien, erfülle ihre Kämpfer „mit revolutionärer Glut und Begeisterung, in welcher jeder Einzelne sich verwandelt und gehoben fühlt, woraus sich auch das innere Überlegenheitsgefühl der revolutionären Menschen über die sie umgebenden Alltagsleute ergibt, welche hierüber als einen Hochmut jener zetern. Jeder wirkliche revolutionäre Klassenkämpfer ist ‚nicht von dieser Welt' und will es nicht sein, weil all sein Streben und Wirken eben der Entwicklung gehört, der neuen Welt, die er aufbauen will."[107] Zwei Sätze, die in aller Prägnanz das Selbstverständnis eines großen Teils der jungen, linken Sozialisten seit Mitte des zweiten Jahrzehnts ausdrückten. Verfasst hatte diese Sätze Max Adler, 1873 geboren, promovierter Jurist, nach dem Ersten Weltkrieg Professor für Soziologie und Sozialphilosophie an der Universität seiner Heimatstadt Wien, politisch linker Flügelmann wie „Enfant terrible"[108] der österreichischen Sozialdemokratie und für die mitteleuropäischen Sozialisten der jüngeren Generation fast eine Art Guru.[109] Zeitzeugen beschrieben die Auftritte Adlers als Redner unisono: Er war von einer hinreißenden Wirkung, fesselte seine Zuhörer und rüttelte sie auf. Ein kleiner untersetzter Mann, dessen Gesicht zu leuchten begann, wenn er die Vision des Sozialismus, das Fundamentale der sozialen Revolution und die historische Sendung des neuen, revolutionären Menschen in Bildern und Appellen entwarf, was alle etwaigen

---

[107] Max Adler, Neue Menschen. Gedanken über sozialistische Erziehung, Berlin 1926, S. 48.
[108] Diese Bezeichnung prägte Friedrich Adler auf dem Parteitag der österreichischen Sozialdemokratie 1927. Vgl. Parteitag 1927, Protokoll des sozialdemokratischen Parteitages, abgehalten vom 29. Oktober bis 1. November im Ottakringer Arbeiterheim in Wien, Wien 1927, S. 178.
[109] Zu Adler vgl. besonders Alfred Pfabigan, Max Adler. Eine politische Biographie, Frankfurt/New York 1982.

Selbstzweifel seines Auditoriums auslöschte. Mit dem Willen, als „neue Menschen" der Sache der Revolution zu dienen, gingen die meisten Zuhörer aus den Veranstaltungen mit Adler heraus. „Neue Menschen", so lautete der Titel, der Programm war, eines kleinen Buches von Max Adler Mitte der zwanziger Jahre – vielleicht die Schrift, die am stärksten auf Bildungsabenden junger Sozialisten jener Zeit rezipiert und diskutiert wurde.

Die Krise des zeitgenössischen Sozialismus, das Elend des opportunistischen Reformismus – verantwortlich für all das war Adler zufolge der „falsche Geist" im Proletariat. Zur Befreiung der Menschheit, zur Herstellung der klassenlosen Gesellschaft bedurfte es ihm nach daher der strengen „revolutionären Gesinnung". Konsequent zu Ende gedacht, hatten Adlers „neue Menschen" sowohl fernab vom bürgerlich-kapitalistischen Einflusssektor als auch von der mit reformistischen Ideologien durchsetzten Arbeiterbewegung aufzuwachsen – eben als eine scharf abgesonderte Kaste von „neuen Menschen", die sich in der Art der Bedürfnisartikulation, seelisch und intellektuell bereits vollständig von der bürgerlich-reformistischen Umwelt verabschieden sollte. Durch Adlers Konzept geriet der „neue Mensch" ins Doktrinäre, ein Typus sollte entstehen, der sich im Besitz der ganzen Wahrheit wähnte, der auf alle Fragen die richtige revolutionär gesinnte Antwort parat hatte und Zweifel nicht mehr kannte. Adler hatte die Quintessenz in seiner Schrift „Neue Menschen" auch ganz bewusst gezogen. Bereits die Kinder sollten, wenn irgend möglich, dem Einflussbereich der Familien, in denen die fortwährende Existenz bürgerlich-reformistischer Einstellungen zu befürchten war, entzogen und einer sozialistischen Erziehung übereignet werden, damit sie „gar nicht anders mehr denken und fühlen konnten als sozialistisch".[110] Adler postulierte einen trennenden Einschnitt in das hergebrachte Leben, durch den die zu Erziehenden „so aus der alten kapitalistischen Welt losgelöst werden, dass, während sie körperlich noch in dieser Welt hineinwachsen, sie geistig ihr bereits ganz entrissen sind, sie seelisch bereits als Glieder einer neuen Gesellschaft aufwachsen, die in dieser alten Klassengesellschaft gar nicht mehr leben wollen, weil sie dies nicht mehr leben können."[111]

---

[110] Max Adler 1926, S. 122.
[111] Ebd., S. 105.

Volksschulen des Proletariats: Die „weltliche Schulbewegung"

Ein Laboratorium für sein Konzept fand Max Adler ab 1925 in der so genannten weltlichen Schulbewegung, vor allem in Preußen.[112] Das hatte mit einer außerordentlich verzwickten Schulsituation dort zu tun. Die Verfassungsberatungen in Weimar 1919 hatten in den schulpolitischen Fragen mit einem Kompromiss geendet. In der Koalition zwischen SPD, DDP und dem Zentrum war die Verweltlichung des gesamten Schul- und Erziehungswesens, wie sie die Sozialdemokraten seit jeher angestrebt hatten, nicht durchzusetzen. Die drei Parteien einigten sich schließlich darauf, die Simultanschule (Gemeinschaftsschule) zur Regelschule zu erklären. Dort war der Religionsunterricht Pflichtfach: Lehrer und Schüler durften sich jedoch davon auf Antrag dispensieren. Während die Simultanschule den Wunschvorstellungen der Liberalen am nächsten kam, mussten das Zentrum und die SPD zurückstecken: Die von Zentrum verlangte Konfessionsschule sowie die von der SPD postulierte weltliche Schule konnten nur gleichsam als weltanschauliche Antrags- und Alternativschulen auf Wunsch einer ausreichenden Zahl von Eltern eingerichtet werden. Vollends ins Hintertreffen geriet die von den Sozialdemokraten präferierte weltliche Schule in der weiteren Realität durch einen zusätzlichen Verfassungsartikel, den so genannten Sperrparagraphen, der bestimmte, dass die überlieferten Schulverhältnisse in den Ländern bis zur Verabschiedung eines Reichschulgesetzes durch den Reichstag nicht angetastet und verändert werden durften. Ein solches Reichsschulgesetz indes kam in der Weimarer Republik, mehrerer Anläufe zum Trotz, nicht zustande. Und so blieb etwa in Preußen die Volksschule von Gesetz wegen auch in der Weimarer Republik das, was sie bereits im Kaiserreich war: nämlich grundsätzlich Bekenntnisschule.

Preußen wurde daher zum Geburtsland der weltlichen Schulbewegung und zur Arena erbittert geführter kulturpolitischer Kämpfe um das Schulwesen.[113] Die Schauplätze dieser Konflikte lagen anfangs besonders im Westen des Landes, im Rhein-/Ruhrgebiet, wo eine insgesamt minoritäre sozialistische Arbeiterbewe-

---

112 Zur weltlichen Schulbewegung vgl. Frank Bajohr/Heidi Behrens-Cobet/Ernst Schmidt, Freie Schulen. Eine vergessene Bildungsalternative, Essen 1986; Heidi Behrens-Cobet/Norbert Reichling, Wir fordern die freie Schule, weil sie die Schule des Sozialismus ist. Die Bewegung für die freien weltlichen Schulen in der Weimarer Republik, in: Internationale wissenschaftliche Korrespondenz zur Geschichte der deutschen Arbeiterbewegung, H. 4/1987 (Jg. 23), S. 485 ff.
113 Vgl. hierzu und im Folgenden Siegfried Heimann/Franz Walter, Religiöse Sozialisten und Freidenker in der Weimarer Republik, Bonn 1993, S. 269 ff.

gung auf eine tief in der Bevölkerung verwurzelte katholische Kirche traf. In dieser Region schlossen sich sozialistisch und freidenkerisch orientierte Eltern zusammen, meldeten ihre Kinder vom Religionsunterricht ab und verlangten, unter Berufung auf die Verfassung, die Einrichtung besonderer weltlicher Schulen. Diese Forderung stieß allerdings auf den Widerstand der Kirchen, der Rechtsparteien und der überwiegend konservativ dominierten Schuldeputationen und Bezirksregierungen, die dabei ebenfalls – und zweifelsohne mit größerem Recht – auf die Verfassung, genauer: den Sperrparagraphen verwiesen. Am Ende der jeweils lokal ausgetragenen Konfrontationen zwischen den beiden weltanschaulichen Gruppierungen stand in der Regel der Schulstreik, zu dem die weltlichen Eltern aufriefen, um die konfessionsfreie Schule zu erzwingen. In dieser hochemotionalisierten Atmosphäre versuchte das preußische Kultusministerium einen pragmatischen Ausweg aus dem von der Verfassung verursachten Dilemma zu finden, um die kulturkämpferische Erregung in den Städten an Rhein und Ruhr allmählich abzubauen. Das Ministerium schuf auf dem Verordnungswege die Möglichkeit, die Kinder weltlich gesinnter Eltern in so genannte „Sammelklassen für die vom Religionsunterricht befreiten Kinder" zusammenzufassen. Obwohl die Regierung diese Klassen auf keine rechtliche Grundlage stellen konnte und obschon sie die Bezeichnung „weltliche Schule" sorgsam vermied, entwickelten sich die Sammelklassen in den kommenden Jahren faktisch zu gesonderten Schulzügen, denen ihre Befürworter und Unterstützer den Namen „freie" bzw. „weltliche Schulen" gaben. Aber auch in Zukunft musste besonders in katholischen Hochburgen um jede Sammelklasse und -schule hart gerungen werden; ohne wochen-, gar monatelange Unterrichtsboykotte ging es in den seltensten Fällen ab.

Um diese Aktionen besser koordinieren und die neuen konfessionsfreien Sammelschulen auf eine feste, auch pädagogisch begründete Grundlage stellen zu können, taten sich die verschiedenen örtlichen „freien Elternvereinigungen" Mitte Oktober 1920 zum „Bund der freien Schulgesellschaften" zusammen. Obwohl die Mehrheit im „Bund" der SPD oder der KPD nahe stand und mit der Freidenkerbewegung sympathisierte, grenzte sie sich gleichwohl anfangs vehement von sozialistischen Einseitigkeiten oder marxistischen Dogmen im Unterricht der weltlichen Schule ab.[114] Doch das Jahr 1925 wurde in dieser Hinsicht zur Zäsur. Und der neue Star der mehr und mehr zum Linkssozialismus tendieren-

---

[114] Vgl. Die Neue Erziehung, H. 3/1921 (Jg. 3), S. 86 ff.; Der freie Lehrer, H. 3/1921 (Jg. 3), S. 20.

den weltlichen Schulbewegung wurde Max Adler, der Theoretiker des „Neuen Menschen". In Referaten auf zentralen, da weichenstellende Tagungen der weltlichen Schulbewegung in Düsseldorf und Dortmund Anfang wie Mitte 1925 setzte sich Adler pointiert mit dem Postulat der „neutralen Erziehung" auseinander. Für diese Maxime hatte Adler nur Hohn und Spott übrig; es war ihm ein reines Hirngespinst bürgerlichen Denkens. Denn nach seiner Auffassung gab es nur eine bürgerliche oder eine sozialistische Erziehung; für eins von beiden musste sich jeder Lehrer, ob er nun wollte oder nicht, entscheiden. Bisher sei die Pädagogik, so Adler, im Wesentlichen nur ein Kunstprodukt gewesen, zur Wissenschaft werde sie erst durch die Verbindung mit der Soziologie, also der Lehre vom Wesen und der Entwicklung der Gesellschaft. Als „allein gültige Soziologie" stand Adler zufolge einzig der Marxismus zur Verfügung. Die Pädagogik musste sich also, wollte sie auf einer tragfähigen Grundlage stehen, in den Klassenkampf einfügen und zum Sozialismus erziehen. Dadurch wurde die schulische Erziehung nach Ansicht des österreichischen Theoretikers keineswegs zu einer Parteisache oder weltanschaulichen Sonderbestrebung, denn die Lehre vom Klassenkampf, der Marxismus mithin, war schließlich, so Adler, pure Wissenschaft. Dagegen war die „neutrale Erziehung" nichts weiter als „eine schändliche Utopie".

Schließlich warnte Adler sein Publikum noch davor, „über den Sperling in der Hand die Taube auf dem Dach zu vergessen". Die weltlichen Lehrer sollten sich nicht mit dem republikanischen Staat zufrieden geben, sondern mit allem Einsatz um das einzig wirklich solidarische Gemeinwesen, die klassenlose Gesellschaft, kämpfen. Mit Reformen werde das nicht zu bewerkstelligen sein. Adler verlangte die revolutionäre Bereitschaft, und er wies den Pädagogen dabei eine gewichtige Rolle zu: „Der Lehrer unserer Schulen muss ein Klassenkämpfer sein, ein neuer revolutionärer Mensch, voll Glauben an das Ziel und voll Begeisterung; dann wir er wissen, was er in der Schule zu tun hat; und nur dann kann er schaffen, was Not tut: Neue Menschen!".

Damit präjudizierte Adler das künftige Selbstverständnis des „Bundes der freien Schulgesellschaften"; er hatte die Stimmung der linksstehenden Lehrer der weltlichern Schulen in eine Begrifflichkeit gefasst, die sowohl dem idealistischen Schwung als auch dem wissenschaftlichen Legitimationsbedürfnis der Pädagogen Rechnung trug. Adler sprach ihnen aus dem Herzen, und so übernahmen die linken, sozialdemokratischen Lehrer auch ganz seine Diktion. Zum Abschluss der erziehungswissenschaftlichen Tagung in Dortmund gaben die Teilnehmer eine Erklärung ab, die in dem Satz kulminierte: „Alle Erziehung im Sinne des gesellschaftlichen Fortschritts und im Sinne einer wahrhaft solidarischen Kultur muss daher Erziehung zum proletarischen Klassenkampf, Erziehung zum Sozialismus sein."[115]

Die weltliche Schulbewegung fügte sich in den folgenden Jahren vollständig in das Netzwerk der sozialistischen Arbeiterkultur ein. Dies zementierte allerdings auch die Ghettoisierung der weltlichen Schulbewegung innerhalb des begrenzten Milieus bewusst freidenkerisch und sozialistisch-klassenkämpferisch ausgerichteter Facharbeiterfamilien. 1929, auf dem Höhepunkt der Geschichte der weltlichen Schulbewegung, besuchten nicht mehr als 96.000 Kinder die weltlichen Sammelklassen; über 99 Prozent der Eltern und Schulkinder im Reich standen mithin der weltlichen Schulbewegung fern. Einen tiefgreifenden Einbruch in das herkömmliche Volkschulwesen gelang dem „Bund der freien Schulgesellschaften" nur in zwei Hochburgen der sozialdemokratischen Arbeiterbewegung, in Magdeburg und Braunschweig, wo immerhin 25 Prozent bzw. 39 Prozent der Volksschulkinder an weltlichen Schulen gemeldet waren.

Die Praxis an den weltlichen Schulen und bei den Zusammenkünften der freien Schulgesellschaften lag gewissermaßen im Schnittpunkt von Reformpädagogik, Jugend- und Arbeiterbewegung. Die Prügelstrafe war bei den überdurchschnittlich jungen Lehrern an den weltlichen Schulen weitgehend geächtet. Projektunterricht und Arbeitsgemeinschaften, Fahrten und Wanderungen, Theaterproben und Musik bildeten grundsätzliche Bestandteile der Erziehung an den Sammelschulen. Als wesentlich galt auch die enge Kooperation zwischen Schule und proletarischer Elternschaft. In Selbsthilfe schufen in der Hauptsache die Arbeitereltern drei dann bundeseigene Landheime, die man als naturnahe Stätten einer Lebens-, Kultur- und Arbeitsgemeinschaft der weltlichen Schüler und Lehrer betrachtete. Als Medien der inneren Identitätsstiftung und Foren der Selbstdarstellung nach außen dienten die zahlreichen Feste und Feiern, welche die freien Schulgesellschaften veranstalteten. Hier wurden sportliche und musische Vorführungen geboten, Hans-Sachs-Stücke aufgeführt, proletarische Sprechchöre deklamiert und Reigen getanzt.[116]

In der weltlichen Schulbewegung bildete sich somit ausdrucksstark die gesamte Problematik der sozialdemokratischen Arbeiterkultur in der Weimarer Republik ab: Sie vergemeinschaftete und isolierte zugleich; sie produzierte soli-

---

[115] Zur Düsseldorfer und Dortmunder Konferenz vgl. Düsseldorfer Volkszeitung, 03.-07.01.1925; Die freie weltliche Schule, 1925, S. 19 f. u. S. 101 f.
[116] Zu den Festen und Feiern der weltlichen Schulbewegung vgl. u.a. Rheinische Zeitung, 10.12.1923; Die freie Schule, 1923, S. 143; Die freie weltliche Schule, 1925, S. 47, S. 78 u. S. 119; Die freie weltliche Schule, H. 1/1927, S. 7; Die freie weltliche Schule, H. 13/1927, S. 107.

darische Kräfte und Energien, aber als gesellschaftlicher Veränderungsfaktor fiel sie aus; sie entwickelte Alternativen und Gegenmacht, fragmentierte dadurch aber zugleich weiter die politische Kultur, schuf Feindbilder und nährte Legenden. Sie war ein Nischengewächs, entstanden zuvörderst aus der Abwehr oder gar der Ohnmacht, keine Pflanze gesellschaftlicher Hegemonie oder prägender kultureller Offensive.

Die weltliche Schulbewegung war ein Indikator für Schwächen und Stärken der sozialdemokratischen Solidargemeinschaft; sie verkörperte dieses Milieu in einer umfassenden Art wie sonst nur wenige Organisationen. Hier engagierten sich ganz überwiegend Eltern der Facharbeiterschaft, die der Partei und der Gewerkschaft angehörten, entschiedene Marxisten und dezidierte Freidenker waren und die ihre Kinder in der Tat von der Wiege ab in die freidenkerisch-sozialistische Lebensgemeinschaft integriert sehen wollten, auch wenn die Entscheidung für die weltliche Schule von den Kindern Opfer verlangte, soziale Ächtung hervorrief, später Nachteile bei der Lehrstellensuche brachte. In *dieser* Gruppe ging der Kreislauf noch auf, riss die Entwicklungskette nicht ab: Kinderfreunde – weltliche Schule – Esperantounterricht/Sprechproben/marxistische Geschichtsauffassung – Jugendweihe – SAJ – Arbeitersport – Partei. An den weltlichen Schulen konnten sich die überzeugten und aktiven sozialdemokratischen Freidenker, die sich an den Konfessions- oder christlichen Simultanschulen als vereinzelte Individuen einer konservativen Pädagogik (und Übermacht) hätten beugen müssen, nach eigenen Grundsätzen, Vorstellungen und Prinzipien vergemeinschaften. Insofern waren die weltlichen Schulen für die aktive Schicht der sozialdemokratischen Solidargemeinschaft ein Stück freies Land, eine Insel des autonomen pädagogischen Experiments, zudem Kraft-, Energie- und Reproduktionszentren für das sozialistische Milieu und schließlich ein lokaler Fokus für die Zusammenkünfte der verschiedenen Arbeiterkulturorganisationen.

Doch insgesamt war die sozialistisch-proletarische Kollektivität in den weltlichen Schulen eine Form der isolierten Vergemeinschaftung. Die weltliche Schulbewegung isolierte sich dabei nicht nur vom Erziehungseinfluss des Bürgertums, was der „Bund der freien Schulgesellschaften" bewusst als Ziel verfolgte, sondern auch vom realen Schulverhalten der großen Majorität der Arbeiterklasse. Nur knapp ein Prozent der proletarischen Eltern schickten ihre Kinder *nicht* auf Konfessions- und Simultanschulen; daran konnten weder der SPD-Parteitagsbeschluss von Kiel 1927 zugunsten der weltlichen Schule[117], noch die Agitation der Kinderfreunde, Sozialistischen Arbeiterjugend, der Arbeitsgemeinschaft der sozialdemokratischen Lehrer, der Freidenkerverbände mit ihren über 500.000 Mitgliedern für die weltliche Schule etwas ändern. Mit der Etablierung der weltlichen Sonderschulen trennte sich der selbsternannte Vortrupp der Arbeiterklasse von der proletarischen Gefolgschaft; Teile der solidargemeinschaftlichen Elite überließen die Arbeitermassen kampflos der kulturellen Sozialisation der Kirchen und des Bürgertums. Und es war ein Abschied von der gesellschaftlichen Veränderung, auch wenn man sich mit revolutionären Zukunftsvisionen tröstete; das hatten sowohl die rechten Reformisten der SPD als auch die Kommunisten richtig erkannt. Die Gesellschaft konnte man umwandeln oder transformieren, indem man sie durchdrang, wie die Reformisten vorschlugen, oder indem man sie revolutionär attackierte, wie es die Kommunisten beabsichtigten. Abkapselung allerdings, wie es die weltliche Schulbewegung betrieb, bedeutete den Verzicht auf gesellschaftliche Intervention und Wirkung. Die Entscheidung für oder gegen die weltlich-sozialistischen Sonderschulen in der Arbeiterschaft zeigte ein weiteres: wie sehr sich die Werte, Normen und Verhaltensweisen eines Teils der organisierten Elite der sozialdemokratischen Solidargemeinschaft von den kollektiven Mentalitäten und Einstellungen der proletarischen Mehrheit unterschieden, wie sehr die Kultur der Aktivisten in der Arbeiterbewegung und die Lebenswelten der Arbeiterschaft auseinanderfielen, ja, wie schmal, eng und klein im Grunde das Milieu derjenigen war, die ihren Alltag von der Wiege bis zur Bahre nach den puritanischen Geboten einer sozialistischen Lebensgestaltung ausrichteten.[118]

Für die Etablierung der weltlichen Schulen sprach gewiss, dass die Alternativen dazu wenig realistisch waren. Die kommunistische Parole von der Zellbildung an konfessionellen Schulen blieb letztlich großmäulige Rhetorik[119]; mit praktischen Erfolgen jedenfalls konnten die Schulstrategen der KPD bis zum Ende der Republik nicht aufwarten. Aber auch die von einigen Sozialdemokraten entwickelte Fermentstrategie, die darauf zielte, die Gemeinschaftsschule sukzes-

---

[117] Vgl. den Parteitagsbeschluss in: Sozialdemokratische Partei Deutschlands, Protokoll über die Verhandlungen des Parteitages der Sozialdemokratischen Partei Deutschlands, Kiel, 22.-27. Mai, Berlin 1927, S. 148 f. u. S. 261.

[118] Hierzu auch Peter Lösche/Franz Walter, Zur Organisationskultur der sozialdemokratischen Arbeiterbewegung in der Weimarer Republik. Niedergang der Klassenkultur oder solidargemeinschaftlicher Höhepunkt?, in: Geschichte und Gesellschaft, H. 4/1989 (Jg. 15), S. 511 ff.

[119] Vgl. die Parolen in: Proletarische Schulpolitik, H. 3-4/1931 (Jg. 3), S. 1 u. H. 8/1931 (Jg. 3), S. 10.

sive mit einem sozial-republikanischen Personal und Ideenhaushalt zu durchdringen und systematisch zu entkonfessionalisieren, funktionierte nur dort, wo die Volksschullehrerschaft schon zu Kaiser Wilhelms Zeiten mehr oder weniger offen mit sozialdemokratischem Gedankengut sympathisiert hatte und wo der SPD im Laufe der 1920er Jahre ihre durch die Revolution gewonnenen Machtpositionen zumindest nicht gänzlich verlorengingen. Das traf in der Hauptsache indessen auf Hamburg und Sachsen zu.

Musterbeispiele für eine gegenläufige Entwicklung waren Thüringen und Braunschweig. Dort hatten die Politiker der SPD mit Unterstützung der sozialdemokratischen Eltern ebenfalls eine systematische Verweltlichung der Simultanschulen betrieben und auf die Errichtung weltlicher Sonderschulen bewusst verzichtet. Doch landeten die Sozialdemokraten 1924 sowohl in Thüringen als auch in Braunschweig auf den Bänken der Opposition, und die neuen Rechtsregierungen rekonfessionalisierten die Schulen geradezu in Windeseile: Das Schulgebet wurde wieder Pflicht, dissidentischen Lehrern entzog man das Recht, Deutsch-, Geschichts- und Gesangsunterricht zu erteilen; nicht selten suspendierte man sie auch ganz vom Dienst. In beiden Ländern bedeutete das schulpolitische Rollback die Geburtsstunde der weltlichen Schulbewegung; bald konstituierten sich Bezirksverbände des „Bundes der freien Schulgesellschaften". Gewiss also: Die weltlichen Schulen waren das Produkt schwerer politischer Niederlagen und nicht Ausdruck souveräner politischer Gestaltungskraft. Aber immerhin, sie hielten das Milieu überzeugter freidenkerischer Sozialisten zusammen, gaben ihnen Selbstbewusstsein und Identität, die sie unter der Knute dogmatisch religiöser Bekenntnisschulen wohl weitgehend verloren hätten.

Andererseits aber verstärkte die weltliche Sonderschule den Zug zur Fragmentierung und Zerklüftung der politischen Kultur in Weimar. Im Grunde war die weltliche Schule, wie sie sich der „Bund" ab 1925 vorstellte, nur ein rotes Äquivalent zu den Konfessionsschulen: Beide setzten ihre weltanschaulichen Botschaften absolut und beide boten Heilsvisionen zur Erlösung der gesamten Menschheit; Liberalität, Toleranz, Offenheit, Pluralität, auch der ideologische Zweifel gingen beiden ab. Die links-sozialistische Proletarierschule war nicht weniger dogmatisch und intransigent als die katholische Bekenntnisschule. Und für die demokratische Republik musste es verheerend sein, dass sich die normativ homogenen Großtruppen der Öffentlichkeit entzogen und sich bereits im Schulwesen sozial und weltanschaulich gewissermaßen autonom reproduzierten, sich in Ghettos einmauerten, von wo aus sie die soziale und gesellschaftliche Realität nur noch verzerrt aus der eigenen egozentrischen Binnenperspektive wahrnahmen, alles in allem: die Segmentierung der Gesellschaft fort- und festschrieben. Eine Mentalität des Ausgleichs, der Zusammenarbeit, des Kompromisses, der Lernfähigkeit, der Entideologisierung, auf die ein republikanisches Staatswesen unbedingt angewiesen ist, konnte so nicht entstehen, jedenfalls nicht heimisch werden.

Dass die weltliche Schulbewegung, die sich ja zunächst Neutralität und Öffentlichkeit auf ihre Fahnen geschrieben hatte, so eindeutig im Segment der linkssozialdemokratischen Arbeiterbewegung aufging und dogmatisierte, hatte aber auch etwas mit der Schwäche des laizistischen Bürgertums in Deutschland zu tun.[120] Unterstützung hatte der „Bund der freien Schulgesellschaften" schließlich nur in der Arbeiterbewegung, vornehmlich durch die Sozialdemokratie, gefunden; das demokratische und liberale Bürgertum präferierte die christliche Simultanschule und stand bei den örtlichen Auseinandersetzungen um die Einrichtung weltlicher Sammelklassen in den meisten Fällen auf den Seiten der Gegner.

Schloss Tinz: die Kaderschmiede des Jung-Sozialismus

Dabei war das herausragende Zentrum der proletarischen Kaderbildung und „Neuen Menschwerdung" in der Weimarer Sozialdemokratie paradoxer- oder ironischerweise ein barockes Wasserschloss, 1748 in der Nähe der ostthüringischen Stadt Gera gelegen. Bis 1918 war das Schloss noch im Besitz des Duodezfürsten von Reuß. Doch der ungewöhnlich energische und entschlossene Arbeiter- und Soldatenrat in Thüringen enteignete ihn mit hohem juristischen Geschick während der Turbulenzen der Novemberrevolution.[121] Die in Thüringen dominierenden Linkssozialisten richteten sodann im Schloss eine Heimvolkshochschule ein, die sich zwar ganz grundsätzlich zur „sozialistischen Betrachtungsweise" bekannte, aber parteipolitische Neutralität betonte. Und so hielt man es zunächst auch, wenngleich allein auf das linke Spektrum beschränkt: Im Lehrerkollegium befanden sich Pädagogen der Mehrheitssozialdemokratie, der USPD und der KPD. Dank dieser parteiübergreifenden Zusammensetzung gelang es der damals linken thüringischen Landesregierung, die im Prinzip marxistisch angelegte Nachwuchsbildung staatlich alimentieren zu lassen. Selbst Wilhelm Frick, der 1930 als erster Nationalsozialist zum Innenminister des Landes avancierte, ver-

---

[120] Als Überblick hierzu Luise Wagner-Winterhagen, Schule und Eltern in der Weimarer Republik, Weinheim/Basel 1979.
[121] Vgl. hierzu Franz Walter Berlin 1986, S. 71 ff.

mochte die öffentlichen Zuwendungen nicht zu beschneiden. Das Aus für die linke Kaderschmiede kam erst mit der finalen Machtusurpation der Nationalsozialisten im Jahr 1933. Fortan diente das Schloss als nationalsozialistisches Arbeitslager.

Doch zwölf Jahre lang herrschte ein anderer Geist in den einst aristokratischen Räumen. Für einen Jungsozialisten der Weimarer Zeit – damals gewiss kein Akademiker – galt es als höchstes Glück, ein Parteistipendium für die Bildungskurse in Tinz zu erhalten. Immerhin fünf Monate weilten hier in der Regel rund fünfzig junge Männer oder Frauen aus der Fabrikarbeiterklasse mit lediglich Volksschulvorkenntnissen, um sich mit Geschichte, Soziologie, Wirtschaftslehre, Literatur, Kunstgeschichte, Pädagogik und Psychologie vertraut machen zu lassen. Die Reise in das Ostthüringische und das Aufenthaltsgeld bezahlte entweder die zuständige Parteiorganisation oder der entsprechende Gewerkschaftsverband. Unerfreulich war indes, dass es nach den fünf Monaten Tinz für die meisten jungen Kader beruflich zunächst nicht weiterging, da die Arbeitgeber die Experten in marxistischer Theorie und Weltanschauung nicht eben gerade schätzten.

Der Alltag auf dem Schloss war unzweifelhaft spartanisch. In den ersten Jahren mussten sich jeweils neun Schüler einen Schlafraum teilen, in dem weder Stühle noch Tische standen. Bitter beklagt wurde von den von Haus aus ja keineswegs übermäßig verwöhnten Jungsozialisten die frugale Kost. Das führte zum einzigen Schülerstreik in jenen dutzend Jahren: Die Teilnehmer des neunten Männerkurses 1926 hielten es einfach nicht mehr aus, Tag für Tag im Speisesaal einzig und allein Hering vorgesetzt zu bekommen.

Junge Sozialisten der Weimarer Jahre waren Lebensreformer. Und Lebensreform gehörte ebenfalls zur Konvention und Mission der Tinzer Pädagogik. Der Morgen begann in schöner Regelmäßigkeit mit einer halben Stunde gymnastischer Übungen. Auch im Winter hatte man splitternackt seine Kniebeugen über dreißig Minuten lang im Schnee zu absolvieren. Freikörperkultur war überhaupt Usus im Schlosspark. Auch versorgten sich Schüler und Lehrer mit einem Teil der Grundnahrungsmittel autark, da im Park Getreide angebaut, Kartoffeln gepflanzt und Brot selbst gebacken wurden.

Zur Lebensreform gesellte sich die Schulreform. Autoritäre und frontale Lernstrukturen waren tabu; man praktizierte die so genannte arbeitsgemeinschaftliche Methode. Die Selbstständigkeit von Denken und Urteilen sollte gefördert werden. Ganz oben auf der Beliebtheitsskala der Fächer standen – so wurde es schlossintern evaluiert – die Module „Nationalökonomie" und „Geschichte der Arbeiterbewegung", während man die zunächst noch angebotenen Naturwissenschaften mangels Interesse und Nachfrage schließlich komplett vom Lehrplan nahm. Der Besuch von Museen, Kammermusikabenden, Galerien stand ebenfalls fest auf dem Programm. Die klassische sozialistische Arbeiterbewegung gab sich bekanntlich dezidiert kulturbeflissen, wollte das Proletariat an die „geistigen Schätze" vorangegangener Epochen „heranführen".

Die Namen der in Tinz unterrichtenden Pädagogen sind heute weithin vergessen. Als unbestrittener Liebling der Schüler galt Otto Jenssen, ein Sozialdemokrat des linken Flügels. Er war blind und darauf angewiesen, dass ihm die jungen Leute vorlasen. Nach 1946 gehörte er der SED an. Etwas distanzierter gestaltete sich das Verhältnis der Teilnehmer zum langjährigen Leiter der Schule, Alfred Braunthal, eher ein Mann der sozialdemokratischen Mitte, fast ein wenig schüchtern wirkend, jedenfalls kein furioser Rhetoriker, aber scharf und präzise in seinen Formulierungen. Als Gastlehrer tauchten in Tinz von Zeit zu Zeit neben anderen immer wieder auch der linkskommunistische Theoretiker Karl Korsch, überdies der seinerzeit ziemlich bekannte Sexualreformer Max Hodann, schließlich der damalige Gewerkschaftssyndikus und später renommierte Politikprofessor Ernst Fraenkel auf.

Für junge Menschen aus der Arbeiterklasse war das halbe Jahr Tinz unzweifelhaft bedeutend, lebensgeschichtlich zuweilen formativ. Im weiten Parteimilieu selbst stand es zeitgenössisch mit der Reputation von Tinz und den „Tinzern", wie man die Absolventen der Schule nannte, eher schlechter. Ganz offenkundig hatte der linkselitäre Avantgardismus in Weltanschauung nicht allen Teilnehmern rundum gut getan. Der eine oder andere kehrte ein gutes Stück arroganter in seine Heimatstadt zurück, als er sie wenige Monate zuvor noch in Richtung Ostthüringen verlassen hatte. Mehrere produzierten sich in Ortsvereinssitzungen nun als Übertheoretiker und 150-prozentige Marxisten. Nicht auszuhalten sei es, so lautete in den 1920er und frühen 1930er Jahren vielfach die Klage genervter älterer Sozialdemokraten, wenn die „Tinzer" dann ganz offenkundig in wenigen Tagen die gesamte lokale Parteiorganisation umkrempeln und zur revolutionären Attacke aufstacheln wollten. Tinz hatte alsbald den Ruf weg, eine „geistige Tretmühle der Linksopposition" zu sein, was sie in der Mehrheitsrichtung der deutschen Sozialdemokratie von 1933 immer unbeliebter machte. „Tinzist" zu sein galt im Übrigen dann auch nach 1946 als Schimpfwort, das im Osten Deutschlands – bei den früheren Kommunisten in der neuen SED des Walter Ulbricht – Karriere und Existenz gefährden konnte.

Die Einheitssozialisten griffen dementsprechend nach 1947 auf das Schloss zu und richteten dort eine Kreisparteischule ein.[122] Auch im neu vereinten Deutschland setzte sich die Symbiose von Bildung und Barock fort, da nun eine architektonisch hochmoderne Berufsakademie auf dem Schlossterrain entstand. Doch stehen dort die „Geschichte der Arbeiterbewegung" oder die „Einführung in die sozialistische Philosophie" nicht mehr auf dem Stundenplan. Die Zeit eines autonomen linken Arbeiterbildungswesens ist abgelaufen.

Gesund, nackt und rot

Passé ist auch die Zeit eines sozialistischen Nudismus. In den 1920er Jahren stand er noch in voller Blüte. Sozialistische Jungkader agierten unbekleidet, aber mit prallem Selbstbewusstsein. Sie verstanden sich als revolutionärer, körpergestählter Vortrupp des kämpferischen Proletariats: die Aktivisten im so genannten „Bund Freier Menschen". Zu einem solchen Bund hatten sich in den mittleren Jahren der Weimarer Republik die Anhänger der Freikörperkultur aus dem Dunstkreis von Sozialdemokratie und Kommunismus zusammengetan. Eine nachgerade charismatische, wenngleich keineswegs unumstrittene Leitfigur war der 1896 geborene Lehrer Adolf Koch, dessen pädagogische Experimente auf dem Gebiet des Naturismus und der Gesundheitsvorsorge auch in libertär-bürgerlichen Kreisen Berlins auf neugierige Resonanz, bei der politischen Rechten indes auf erbitterte Gegnerschaft stießen.[123]

Die Invektiven und Gerichtsprozesse von rechts erhöhten die Reputation Kochs im Lager der politischen Linken. Vor allem etliche tausend junger Sozialisten aus allen Teilen Deutschlands abonnierten und lasen die Broschüren und Aufsätze Kochs, dessen zentrale Zeitschrift unter dem Titel *„Wir sind nackt und*

---

122 Siehe http://untermhaus.de/cgibin/rahm1/rahm.cgi?v=uhs&s=http://www.untermhaus. de/geschichte/geraunduhaus/stadtteile/tinz.html [eingesehen am 05.02.2009].
123 Vgl. Giselher Spitzer, Der deutsche Naturismus, Ahrensburg bei Hamburg 1983, S. 135 ff.; ders., Die „Adolf-Koch-Bewegung". Genese und Praxis einer proletarischen Selbsthilfe-Organisation zwischen den Weltkriegen, in: Hans Joachim Teichler (Hrsg.), Arbeiterkultur und Arbeitersport, Clausthal-Zellerfeld 1985, S. 77 ff.; Wolfgang R. Krabbe, Gesellschafts-veränderung durch Lebensreform. Strukturmerkmale einer sozialreformerischen Bewegung im Deutschland der Industrialisierungsperiode, Göttingen 1974, S. 149 ff. Als primäre Quel-le: Adolf Koch, Nacktheit, Körperkultur und Erziehung, Leipzig 1929.

nennen uns du" erschien.[124] Nicht zuletzt die exquisite Ausstrahlung der Kochschen Persönlichkeit trug dazu bei, dass in den späten 1920er Jahren die Nacktkultur innerhalb der sozialistischen Bewegung verbreiteter war als diesseits der Linken. Insgesamt dürfte es in dieser Zeit rund 100.000 bekennende Anhänger der Freien Körperkultur zwischen Ostsee und Bodensee gegeben haben; 60.000 davon gehörten allein der sozialistischen Arbeiterbewegung an.

Dabei war das Renommee der Nudisten in den benachbarten Organisationen des sozialistischen Milieus keineswegs glänzend. Parteileute und Gewerkschaftsfunktionäre schimpften vielmehr oft genug über den „Nacktkulturfimmel", den sie für einen ganz und gar unpolitischen Spleen bizarrer „Sonnenanbeter" hielten, die dem proletarischen Befreiungskampf lediglich elementare Kräfte entzögen. Gerade solche Schmähungen aber stachelten die Nacktkulturpropagandisten im Sozialismus erst recht dazu an, sich mit demonstrativem Eifer als kompromisslose Avantgardisten des Klassenkampfes in Pose zu werfen. In der revolutionären Auseinandersetzung, so argumentierten sie mit Verve, brauche die Arbeiterklasse starke Nerven und belastbare Energien. Allerdings, so führten sie wortreich Klage, sei es mit solcherlei Eigenschaften im Proletariat nicht weit her. Während die Bourgeoisie vitaminreich genährt, gesund, sportiv und daher bestens trainiert für den Kampf gegen die abhängigen Schichten sei, biete die Arbeiterklasse ein einziges trauriges Bild des Jammers: Man treffe dort weitgehend auf zermürbte, geschädigte, ausgepumpte Körper. Kurzum, allein die sozialistische Freikörperkulturbewegung könne das träge und abgeschlaffte Proletariat für die Klassenschlacht wieder hinreichend in Form bringen.

Einem unzweifelhaft prätentiösen Programm zur körperlich und geistigen „Befreiung des Proletariats" unterzogen sich die Mitglieder der von Adolf Koch aufgebauten bzw. inspirierten Körperkulturschulen, wenngleich dort das Klassenkampfpathos eine weitaus geringe Rolle spielte. Dafür aber war das interne Reglement ohne Frage rigoros. Um Mitglied der durchaus exklusiven Schulgemeinden zu werden, musste man sich einer umfassenden medizinischen Expertise aussetzen. Der Befund wurde in einem Gesundheitsbogen festgehalten, den die Ärzte der Körperkulturschule alle Vierteljahre durch neuerliche Kontrollen ergänzten und fortschrieben. Auf der Basis dieser Untersuchungen entwarfen die Ärzte sodann die auf die körperlichen und gesundheitlichen Eigenarten der einzelnen Schüler zugeschnittenen Gymnastikprogramme, die dann unter der Lei-

---

124 Vgl. auch Michael Andritzky/Thomas Rautenberger (Hrsg.), „Wir sind nackt und nennen uns Du". Von Lichtfreunden und Sonnenkämpfern. Eine Geschichte der Freikörperkultur, Gießen 1989.

tung eines Lehrers in kleinen Gruppen von etwa zehn bis zwölf Personen exerziert wurden. Neben dieser individuell konzipierten Gymnastik gab es eine Reihe von Maximen, die für alle Mitglieder gleichermaßen streng verbindlich waren. Das begann mit der täglichen Hautpflege. Von jedem Mitglied wurde erwartet, dass er sich allmorgendlich am ganzen Körper wusch, frottierte und abbürstete. Schließlich mussten sich die Mitglieder – natürlich nackt und ohne Trennung der Geschlechter – an einer Reihe kollektiver Körperbildungsaktivitäten beteiligen, so an Massage- und Frottierübungen, an Schwimm- und Gymnastikkursen und an Höhensonnenbestrahlung. Auch sollten die kognitiven Fähigkeiten fortgebildet werden. Jede Woche trafen sich die Mitglieder zu einem Ausspracheabend, um ihre praktischen Aktivitäten theoretisch zu durchdringen. Insgesamt hielt Koch es für falsch, sich um die „Mengen indifferenter Menschen" zu kümmern. Ihm kam es allein auf die „qualitativ wertigen Mitglieder" an. Kurzum: Koch träumte von der Dauermobilisierung und permanenten Aktivität einer Organisation von allzeit bereiten Berufslebensreformern.[125]

Auch außerhalb Berlins, jenseits der Koch-Schulen, die nur für eine kleine Minderheit des linken Naturismus Raum und Zuwendung bieten konnten, waren die Zugehörigen der sozialistischen Freikörperkulturbewegung Abend für Abend in Aktivitäten ihrer Gruppe eingespannt. Montag: Höhensonne; Dienstag: Gymnastik; Mittwoch: Turnen; Donnerstag: Schwimmen; Freitag: Vortrag; Samstag und Sonntag: Wanderungen mit rhythmischer Gymnastik im Freien – so darf und muss man sich das Wochenprogramm einer durchschnittlichen Gruppe „Freier Menschen" vorstellen.

Genau geplant und mit einem hohen Pensum an sportlichem Training und theoretischer Bildung verliefen ebenfalls die überlokalen Treffen, zu denen sich die „Freien Menschen" vornehmlich an den Pfingstfeiertagen zusammenfanden. Zwar war man dort zuweilen auch nur gesellig, spielte, musizierte und sang zusammen, doch die sportlichen und gymnastischen Übungen bewältigten die „Freien Menschen" mit großem Ernst und manchmal verbissener Konsequenz: zwei bis drei Stunden Gymnastik am Tag, Waldlauf, Massage und Abreibungen, Speerwerfen und vor allem Rugby – wohlgemerkt: das alles nackt trotz oftmals Nässe, Wind und klirrender Kälte. Aber schließlich: Der Klassenkampf benötigte gehärtete Heroen, konnte zartbesaitete „Weicheier" nicht gebrauchen.

---

[125] Vgl. „Was wir wollen!" 1. Werbeschrift des „Freien Körperkulturkreises", Barmen-Elberfeld 1926.

Doch widrige Witterungsverhältnisse waren eigentlich sowieso nicht die schlimmste Herausforderung. Als weit lästiger empfanden die „Freien Menschen" die Fülle unerbetener Zuschauer, die ebenfalls zu den Treffen der Freikörperkulturgruppe pilgerten, um den „Nackten" bei ihrem Treiben zuzugaffen. Mitunter geriet die Situation nachgerade burlesk. Als die sächsischen Gruppen des linken Nudismus kurz vor Pfingsten 1929 ihr Treffen in Zwickau-Planitz öffentlich ankündigten, da waren etliche Menschen in Südwestsachsen bereits im Vorfeld in heller Aufregung und schwitziger Erwartung. Das Treffen der „Nackedeis" avancierte zum Regionalgespräch und erregte die Fantasien der Bürger.

Am Morgen des Pfingstsonntags brachen folglich ganze Menschenkolonnen zum Ausflug nach Planitz auf, bewegt offenkundig von der Hoffnung, einem lasziven Sodom und Gomorrha beiwohnen zu können. So bot sich ein groteskes Bild: Da hatten etwa vierzig bis fünfzig Leute auf einer Waldwiese ihre Kleidung abgelegt, machten ihre Liegestütze sowie ihre Kniebeugen; und mehrere tausend Menschen schauten ihnen lüstern, vermutlich indes – da es zu Orgien oder dergleichen partout nicht kommen wollte – sukzessive enttäuscht zu. Nach einiger Zeit erschien endlich die Gendarmerie und trieb das unerbetene Publikum auseinander.[126]

Allerdings hatten die „Freien Menschen" die Polizei und Justiz keineswegs immer auf ihrer Seite. Mindestens ebenso häufig lösten die Beamten auch gymnastische Übungen der Nacktkultur auf, zumal wenn sie unangemeldet im Freien stattfanden, und brachten den Vorgang zur Anzeige. Bald wurde das Klima in der Republik gegenüber der Freikörperkultur generell zunehmend illiberaler. Eine drückende Atmosphäre des „Kulturmuckertums" machte sich in den frühen 1930er Jahren in Deutschland breit. Mit der Etablierung des „Kabinetts der Barone" unter Reichskanzler Franz von Papen stand die organisatorische Existenz der „Freien Menschen" final zur Disposition. Die preußische Badepolizeiordnung vom 18. August 1932 nämlich belegte das „öffentliche Nacktbaden oder Baden in anstößiger Kleidung" mit einer Geldstrafe, kurz darauf wurden mit dem so genannten „Zwickelerlass" die Standards für eine züchtige Badebekleidung rigide fixiert.[127] Infolgedessen war es mit der sozialistischen Freikörperkultur als organisiertem, auch ambitioniertem, wenngleich gewiss etwas verstiegenem Beitrag zu einer alternativen, linken Lebensweise vorbei. Das Projekt „neuer Mensch" war schon zum Ende der Weimarer Republik an Grenzen gestoßen. Der Ausbreitung

---

[126] Vgl. die Zeitschrift: Die Volksgesundheit, 1929, S. 145 u. S. 166.
[127] Siehe Preußische Gesetzessammlung, 1932, S. 77 u. S. 280.

von FKK-Stränden hat das seither bekanntlich keinen Abbruch getan. Trainings-
stätten für sozialistische Emanzipationskämpfe und perfektionistischen Gesund-
heitsfurors sind die Terrains der Kleiderlosigkeit und des nahtlosen Bräunens
allerdings nicht mehr.

Doch rundum bedauern muss man das wohl nicht, wie stärker noch der
Dachverband der sozialistischen Freikörperkultur, der „Verband Volksgesundheit", manifestierte. Dieser Verband hatte sich 1908 gegründet, besaß seine regionalen Schwerpunkte im industriellen Mitteldeutschland. Und sein Ziel lautete:
den Arbeitern den fixen Glauben an die Schulmedizin auszutreiben und sie stattdessen zu einer naturheilkundlichen Selbstaktivität zu bewegen.[128]

Nun waren solche Motivlagen weder besonders sozialistisch noch genuin
proletarisch. Im Gegenteil: Die Lebensreformbewegungen, die sich das Motto
„Licht, Luft und Wasser" auf das Panier geschrieben hatten, gediehen im letzten
Drittel des 19. Jahrhunderts besonders üppig im deutschen Bildungsbürgertum.[129] Doch war die Laienmedizin auch in Arbeiterquartieren der frühindustriel-
len Reviere Ostthüringens und Ostsachsens weit verbreitet und mit der sozialistischen Emanzipationsrhetorik eng verkoppelt.[130] Ganz prosaisch aber fochten
rechte wie linke Anhänger der Naturheilbewegung gegen die Praktiken der akademischen Medizin, gegen chemische Arzneiverfahren, gegen den Impfzwang,
auch gegen die stetige Spezialisierung in den zunehmend professionalisierten
Gesundheitssektoren. In den Heilmethoden, die man der Schulmedizin entgegen-
stellte, war man durchaus eklektisch: Die einen schworen auf Magnetismus, die
anderen auf Kaltwasserbehandlung; weitere befürworteten Hypnosen oder Vege-
tarismus, die nächsten versprachen Linderung durch Homöopathie oder Kräu-
terheilmittel.

---

[128] Siehe vor allem Hermann Wolf, Kapitalismus und Heilkunde oder Doktor und Apotheker, Dresden 1893.
[129] Vgl. Cornelia Regin, Selbsthilfe und Gesundheitspolitik. Die Naturheilbewegung im
Kaiserreich (1889 bis 1914), Stuttgart 1995; Claudia Huerkamp, Medizinische Lebensreformbewegung im späten 19. Jahrhundert, in: Vierteljahresheft für Sozial- und Wirtschaftsgeschichte, H. 2/1986 (Jg. 73), S. 158 ff.; Gunnar Stollberg, Die Naturheilvereine im Deutschen Kaiserreich, in: Archiv für Sozialgeschichte, 1988 (Jg. 28), S. 287 ff.; Karl E. Rothschuh,
Naturheilbewegung, Reformbewegung, Alternativbewegung, Stuttgart 1983.
[130] Siehe Bernhard Herrmann, Arbeiterschaft, Naturheilkunde und der Verband Volksgesundheit (1880-1919), Frankfurt a. M. u.a. 1990; auch: Ute Frevert, Akademische Medizin
und soziale Unterschichten im 19. Jahrhundert, in: Jahrbuch des Instituts für Geschichte der
Medizin der Robert-Bosch-Stiftung, 1985 (Jg. 4), S. 41 ff.

Das alles verband bürgerliche wie proletarische Jünger der Alternativmedizin – wohl bis zum heutigen Tag. Doch unterschied sich der sozialistische „Verband Volksgesundheit" von den übrigen Naturheilkonventikeln dadurch, dass er – mindestens programmatisch – nicht allein den individuellen Aspekt gesunder Lebensführung im Visier hatte, sondern auch die gesellschaftlichen Hintergründe für Entstehung und Behandlung zivilisatorischer Krankheiten mitreflektierte. Kurz: Man strebte eine „soziale Hygiene" an, wie sozialistische Lebensreformer das seinerzeit gern nannten. Eben deshalb hatte man sich in das Organisationsnetz der Arbeiterbewegung eingewoben, trat mit den übrigen Brüder- und Schwesterverbänden für eine Verkürzung der Arbeitszeit, für den Bau großzügiger und lichter Wohnungen, für das genossenschaftlich organisierte und insofern erschwingliche Angebot von vitaminreicher (pflanzlicher) Nahrung ein.

Indes: Die goldenen Jahre, welche die Naturheilbewegung in Deutschland in der Ära des Wilhelminismus erlebt hatte, liefen mit dem Ende des Kaiserreichs aus. Noch kurz vor der Wende zum 20. Jahrhundert hatten Naturheilkundige bloß laut und emphatisch gegen die Schulmedizin loswettern müssen, und der Erfolg war ihnen unmittelbar gewiss, die Warteräume gut gefüllt. Damals stießen die Naturheilrezepte auf eine begierige Nachfrage und einen reißenden Absatz.[131]

Allerdings: Bald waren viele hilfsbedürftige Menschen auch enttäuscht, da sich die erhoffte und versprochene Heilung nicht einstellte. Im Übrigen kam einiges aus der Lebensreformbewegung schlicht aus der Mode. Die immer gleiche Formel von „Licht, Luft und Wasser", die im Kaiserreich noch faszinierte, ja: von vielen als Erlösung empfunden worden war, klang in den Zeiten der Weimarer Republik weithin abgedroschen, trivial und fad. Kurzum: Etwas Neues musste kommen.

Daher versuchte nun der linke „Verband Volksgesundheit" sein Panorama zu erweitern und zu erneuern. Man begnügte sich jetzt in den 1920er Jahren nicht mehr damit, als Verein der „Roten Heilkundler" zu agieren und in den Reihen der Arbeiterbewegung für regelmäßigen Stuhlgang, frische Luft und heilsame Wasserkuren zu werben. Die Aktivisten der „Volksgesundheit" strebten eine Radikalreform der gesamten Lebensweise an. Natürlich bekämpfte man den Konsum von Alkohol, Tabak und Fleisch. Doch auch der Besuch von Filmaufführungen im Kino war fortan untersagt. Und den Mitgliedern war überdies verboten, sich die häusliche Wohnung mit Nippes, Kästchen und Konsolen vollzustellen. Denn das

---

[131] Vgl. auch Walter Wuttke-Groneberg, „Kraft im Schlagen, Kraft im Ertragen!" Medizinische Reformbewegung und Krise der Schulmedizin in der Weimarer Republik, in: Hubert Cancik (Hrsg.), Religions- und Geistesgeschichte der Weimarer Republik 1982, S. 277 ff.

galt als spießig und war daher verwerflich. Vor allem trat der Verband nun für die
Nacktkultur ein, gleichsam die neue Zauberformel schlechthin und Ersatz für das
hohl gewordene Credo von „Licht-Luft-Wasser". Und so bildeten die Freikörper-
kulturaktivisten der „Gruppen freier Menschen" ab 1926 eine eigene Sparte im
„Verband Volksgesundheit"; 1928 kamen die Bewegten Adolf Kochs hinzu.

Schließlich näherten sich die Naturheilaktivisten einigen jüngeren, sozial-
medizinisch und sozialistisch gesinnten Ärzten an, welche den rationalen Kern
naturheilkundlicher Kritik mit skeptisch angewandten Verfahren der wissenschaftlichen Medizin zu verknüpfen suchten. Dadurch gerieten die sozialhygienischen Themen der linken Gesundheitsbewegung mehr und mehr in den Mittelpunkt. Unproblematisch war das nicht. Denn gerade die linken Sozialhygieniker
dieser Jahre waren zugleich überwiegend Eugeniker, die mit dem Planungs- und
Optimierungsdogmatismus des „wissenschaftlichen Sozialismus" für regulieren-
de Eingriffe in den Fortpflanzungsprozess der Menschen plädierten, um „systematisch" „krankes Leben" zu verhindern. Hier lag – und liegt gewiss weiterhin –
die Crux einer hybriden Gesundheitsvision. Denn wer den rigiden Zielansprü-
chen des Gesundheitsnirwanas nicht gerecht wurde, hatte es schwer, konnte
rasch als „unwert" stigmatisiert sein, wurde zumindest zum Objekt kollektiv
verbindlicher gesundheitserzieherischer „Maßnahmen". Alkoholiker etwa hatten
keinen Platz im projektierten Sonnenstaat der Volkshygieniker. Der Plan, Alko-
hol- und Erbkranke wie auch Kriminelle zu asylieren und ihre Fortpflanzung
durch Sterilisation zu verhindern, kursierte keineswegs allein bei der faschistischen Rechten, sondern ebenso dezidiert in den Reihen der durch Aufklärung
und Zukunftsoptimismus geistig geformten politischen Linken.[132]

Doch man darf es historisch auch nicht überziehen. Im Denken und Tun der
einfachen Mitglieder des „Verbands Volksgesundheit" haben die hygienischen
Ambitionen kaum eine Rolle gespielt. Sie machten in der Naturheilbewegung mit,
weil sie den modernen Medikamenten misstrauten, weil sie sich gegenüber den
manchmal hoch spezialisierten Ärzten fremd und hilflos fühlten, weil ihnen die
natürlichen und überlieferten Heilmethoden traditioneller Volkskulturen einfach
näher lagen, vertrauter waren. Nicht alles davon lässt sich als krude Sentimentali-

---

[132] Vgl. hierzu den Bericht über den Gesundheitspolitischen Kongress des „Verband Volksgesundheit" im Juni 1930 in Dresden, in: Die Volksgesundheit 1930, S. 203 ff.; vgl. auch
Alfred Grotjahn, Erlebtes und Erstrebtes. Erinnerungen eines sozialistischen Arztes, Berlin
1932. Abwägend zum Problem der Eugenik: Michael Schwartz, Sozialismus und Eugenik.
Zur fälligen Revision eines Geschichtsbildes, in: Internationale wissenschaftliche Korrespondenz zur Geschichte der deutschen Arbeiterbewegung, H. 4/1989 (Jg. 25), S. 465 ff.

tät, Romantik, Verschrobenheit und Irrationalismus abtun. In etlichen Fällen hat die Naturheilbewegung, welcher Couleur auch immer, mit einigem Recht die Finger in die Wunden der professionalisierten Schulmedizin gelegt, auf deren Defizite und Fehlentwicklungen hingewiesen, für mögliche Alternativen sensibilisiert133 – wenngleich einige dieser Alternativen gravierende Tücken aufwiesen.

Sozialhygieniker von links

Doch darf man Lebensreform nicht allein mit Eskapismus, Abwendung von der Großstadt und der Zivilisation, mit Naturschwärmerei, Irrationalismus, Romantik gleichsetzen. In Deutschland gab es auch eine andere, eine urbane Tradition der Lebensreform, gewiss weniger weit verbreitet, deshalb längst vergessen, zumindest nicht wieder aufgenommen, weil ihre Träger, zumeist jüdische Sozialisten und Sozialreformer, nach 1933 nahezu vollständig außer Landes gejagt wurden oder in nationalsozialistischen Vernichtungslagern umkamen. Der Verein, der diese urbane Lebensreform vielleicht am stärksten verkörperte, war der „Verein Sozialistischer Ärzte".[134]

Hervorgegangen war diese Organisation aus dem 1913 gegründeten „Sozialdemokratischen Ärzteverein". Die Initiative dazu war zunächst von den beiden praktischen Ärzten Ignatz Zadek[135], einem Schwager des sozialdemokratischen Theoretikers Eduard Bernstein, und Karl Kollwitz, dem Ehemann der bekannten Graphikerin Käthe Kollwitz, sowie dem später renommierten Psychoanalytiker Ernst Simmel ausgegangen. Den Anlass für die Organisationsbildung boten die ständigen Reibereien zwischen den Krankenkassen auf der einen und der Ärzteschaft auf der anderen Seite. Beide Seiten stritten seit den 1890er Jahren erbittert über Einkommensfragen und über die Alternative „Zwangsarztsystem versus freie Ärztewahl". Die Sozialdemokratische Partei und ihre Presseorgane nahmen in dieser Auseinandersetzung uneingeschränkte Partei für die Position der Kas-

---

[133] Vgl. hierzu auch Eva Maria Klasen, Die Diskussion um eine „Krise" der Medizin in Deutschland zwischen 1925 und 1935, Mainz 1984 (Dissertation Med.); Ulrich Linse, Ökopax und Anarchie. Eine Geschichte der ökologischen Bewegungen in Deutschland, München 1986, S. 42 ff.

[134] Vgl. auch Franz Walter, Sozialistische Akademiker- und Intellektuellenorganisationen in der Weimarer Republik, Bonn 1990, S. 131 ff.

[135] Zur Biographie Zadeks vgl. Stephan Leibfried/Florian Tennstedt, Berufsverbote und Sozialpolitik 1933, in: Zeitschrift für Sozialreform, H. 3/1979 (Jg. 25), S. 148.

sen. Da die sozialdemokratischen Ärzte diese apodiktische Haltung für falsch hielten, gründeten sie den „Sozialdemokratischen Ärzteverein". Zwar sympathisierten auch die SPD-Ärzte, anders als das Gros ihrer bürgerlichen Standeskollegen, mit der Tätigkeit der von der Arbeiterbewegung maßgeblich beeinflussten Ortskrankenkassen, zugleich aber kritisierten sie die keineswegs raren bürokratischen Attitüden der Kassenbeamten gegenüber der Ärzteschaft. Der „Sozialdemokratische Ärzteverein" machte es sich daher zur Aufgabe, im Konflikt zwischen den beiden Kontrahenten zu vermitteln und Ärzte und Kassen in eine gemeinsame Phalanx zur Verbesserung der „Volksgesundheit" zu bringen.

Der Ausbruch des Ersten Weltkrieges unterbrach die Aktivitäten des „Sozialdemokratischen Ärztevereins". Gemeinsame Veranstaltungen fanden nicht mehr statt. 1917 schlossen sich mehrere der früheren Mitglieder des Ärztevereins der USPD an, so Ignatz Zadek, der bis zum Krieg den Vorsitz geführt hatte. Einige wenige traten 1919/20 auch der KPD bei. Die sozialistischen Ärzte standen somit nach Ausbruch der Revolution vor einer schwierigen Situation. Als „Sozialdemokratischer Ärzteverein" konnten sie, die sich parteipolitisch nun auf drei verschiedene Formationen verteilten, nicht mehr weitermachen. Die Zahl links eingestellter Ärzte allerdings war in Deutschland so klein, die Dominanz extrem konservativ gesinnter Mediziner so groß, dass eine Spaltung der sozialistischen Ärzteschaft in drei unterschiedliche Organisationen ohne Sinn, wohl mangels Masse nicht einmal möglich gewesen wäre. So rauften sich Mehrheitssozialdemokraten, Unabhängige und Kommunisten zusammen, blieben gemeinsam im Ärzteverein, den man nun zum Ausdruck parteipolitischer Neutralität in „Verein Sozialistischer Ärzte", kurz VSÄ, umtaufte.

Der VSÄ war nicht die einzige Vereinigung innerhalb der sozialistischen Arbeiterbewegung, die sich in den frühen Jahren der Republik durch das intersozialistische Organisationsprinzip den Auswirkungen der parteipolitischen Spaltung in MSPD und KPD zu widersetzen versuchte. Die meisten Organisationen gerieten allerdings über kurz oder lang dann doch in den Sog des sozialistisch/kommunistischen Schismas. Dafür, dass das Einheitsexperiment im VSÄ gutgehen konnte, sprachen die medizinpolitischen Gemeinsamkeiten der sozialistischen Ärzte aller drei Parteirichtungen. Sie waren sämtlich Anhänger der sozialhygienischen Medizin.[136] Sie betrachteten also die sozialen Verhältnisse, besonders die Wohnungsmisere und die unzulängliche Ernährung, als Hauptursachen

---

136 Vgl. Daniel S. Nadav, Julius Moses und die Politik der Sozialhygiene in Deutschland, Stuttgart 1985.

für die grassierenden Volkskrankheiten wie etwa die Tuberkulose, die Geschlechtskrankheiten und den Alkoholismus. Die gemeinsame Programmformel der sozialistischen Ärzte aller Richtungen lautete: Sozialisierung des Heilwesens. Darunter stellte man sich unisono ein völlig verstaatlichtes Gesundheitswesen vor, in dem sodann beamtete Ärzte mit festem Gehalt und fester Arbeitszeit in hochmodernen, arbeitsteilig aufgebauten und nach speziellen Funktionen gegliederten Beratungszentren, Polikliniken und Ambulatorien planvoll und bedarfsdeckend Dienst tun würden.

Der Verein zählte Mitte der 1920er Jahre rund 850 Mitglieder; die allermeisten lebten und praktizierten in Berlin. Von 1929 bis 1932 konstituierten sich noch Ortsgruppen in Karlsruhe, Breslau, Frankfurt am Main, München, Düsseldorf und im Bergischen Land. Mit Erfolg konnte sich der VSÄ gegen die Übermacht extrem deutschnationalen Denkens innerhalb der medizinischen Bereiche im Wesentlichen nur in solchen Städten durchsetzen, in denen es ein traditionell libertär und sozialreformerisch disponiertes jüdisches Ärztemilieu gab.[137] Parteipolitisch dominierten im VSÄ nach der Spaltung rein quantitativ eindeutig die Mitglieder der SPD, daneben gab es eine große Anzahl parteiloser Sozialisten, jedoch nur vergleichsweise wenige Kommunisten, die zumeist dem rechtsoppositionellen Flügel der KP angehörten. Organisatorisch aber spielten diese Rechtskommunisten im VSÄ eine gewichtige, ja zeitweise beherrschende Rolle.

Auf der Reichstagung des VSÄ in Karlsbad Pfingsten 1931 verabschiedeten die Delegierten einen zweiteiligen Programmentwurf, den die beiden sozialdemokratischen Ärzte Georg Löwenstein und Kurt Glaser vorgelegt hatten.[138] Es war ein klassisches sozialdemokratisches Programm, gleichsam das „Erfurter Programm" des VSÄ. Es begann mit einer grundsätzlichen Analyse der Gesellschaft im allgemeinen und des Gesundheitswesens im besonderen und prognostizierte den baldigen Untergang des ärztlichen Kleinbetriebes und seine Ersetzung durch den technisch hochwertigen und wissenschaftlich-arbeitsteilig organisierten Großbetrieb; dann wurde das Endziel verkündet: die Sozialisierung des

---

[137] Vgl. Käte Frankenthal, Der dreifache Fluch: Jüdin, intellektuelle, Sozialistin. Erinnerungen einer Ärztin in Deutschland und im Exil, Frankfurt a. M. 1981.
[138] Zu Löwenstein vgl. Stephan Leibfried/Florian Tennstedt (Hrsg.), Kommunale Gesundheitsfürsorge und sozialistische Ärztepolitik zwischen Kaiserreich und Nationalsozialismus – autobiographische und gesundheitspolitische Anmerkungen von Georg Löwenstein, Bremen 1980.

Heilwesens.[139] Dem folgte der zweite, pragmatischere Teil für die Gegenwartsarbeit, ein wahres Konvolut von konkreten Einzelforderungen.

Insgesamt: Der „Verein sozialistischer Ärzte" wandte sich nicht von den großstädtischen Strukturen, nicht von den Großorganisationen der Arbeiterbewegung, nicht von den Kollektiveinrichtungen der Kassen und Kommunen ab, sondern suchte ihre Nähe, um die Lebensverhältnisse in den Großstädten mit den Instrumenten der Moderne zu verändern. Die sozialistischen Ärzte teilten nicht das kulturpessimistische Lebensgefühl vieler anderer Lebensreformer ihrer Zeit, die unter der zunehmenden Technisierung und Rationalisierung litten und sich dagegen auflehnten. Im Gegenteil: Der VSÄ erblickte in der fortschreitenden Technik und in der gesteuerten Rationalisierung entscheidende Wege zur Überwindung der ungesunden Lebensumstände der großstädtischen Menschen. In den Reihen der sozialistischen Ärzte besaßen der Zukunftsoptimismus und der Fortschrittsglauben noch einen festen Platz: je moderner, größer, spezialisierter die Unternehmen des Gesundheitswesens, umso besser. Was den bürgerlich deutschnationalen Standeskollegen aus sozialen Gründen Angst, dem Naturheilkundler aus medizinischen Gründen Schrecken einjagte, davon versprach sich der VSÄ die erfolgreiche Bekämpfung der Volkskrankheiten: von den Gesundheitszentren, den Polikliniken, Ambulatorien, Zahnarztkliniken; sie alle möglichst groß, hochmodern und arbeitsteilig aufgebaut. Betrachtet man die Überzeugungen der damaligen sozialistischen Ärzte vor dem Hintergrund heutiger Erfahrungen mit den bedenklichen sozialen, humanen und medizinischen Kosten der Apparatmedizin, der Anonymisierung des Arzt-Patienten-Verhältnisses in den Mammutbauten der Großkliniken, so mag man diese Variante der Lebensreform eher als Sackgasse bewerten. In der Tat wuchs sich der Ehrgeiz der medizinischen Sozialhygiene in der Verbindung mit dem zukunftsgewissen Planbarkeitsversprechen des marxistischen Sozialismus mitunter zur Vision eines Nirwanas der Volksgesundheit aus, hinter der sich allerdings ebenso gut die abschreckenden Züge eines gleichsam allumfassenden Fürsorge- und Gesundheitsleviathans verbargen. Wohin das führen konnte, zeigten die eugenischen Anmaßungen einiger sozialistischer Ärzte, die mit ihrem Traum von einem allseits gesunden Volk noch in die Fortpflanzungsabsichten der Familien regulierend einwirken wollten.[140]

---

[139] Vgl. den Text in: Der sozialistische Arzt, H. 5-6/1931 (Jg. 7), S. 157 f.
[140] Vgl. etwa Alfred Grotjahn 1932; eine differenzierte Sicht der sozialistischen Eugenik bei: Michael Schwartz 1989, S. 465 ff.

Der VSÄ brauchte als Wirkungsstätte die Großstadt und ihre sozialhygienischen Probleme. Die idealen Bedingungen für die Entstehung und für eine erfolgreiche Praxis einer sozialistischen Ärzteorganisation lagen dort vor, wo es einen
hohen Anteil jüdischer Ärzte gab, wo Sozialdemokraten Einfluss auf die Kom-
munalpolitik ausübten und wo schließlich eine mitgliederstarke, finanzkräftige
AOK Ehrgeiz und Phantasie besaß, im Gesundheitswesen nicht nur verwaltend,
sondern prophylaktisch und sozialhygienisch tätig zu werden. Möglich war das
nur in urbanen Zentren; allein Wien entsprach diesen Idealbedingungen –
schließlich war es kein Zufall, dass die „Wiener Vereinigung sozialdemokratischer Ärzte" mehr Mitglieder zählte als alle übrigen nationalen sozialistischen
Ärzteorganisationen zusammen –, doch Berlin kam ihnen immerhin recht nahe,
und in Frankfurt und Breslau gab es dafür gute Voraussetzungen. Beispiel Berlin:
Über fünfzig Prozent der dort praktizierenden Ärzte waren jüdischer Herkunft
und viele davon der sozialhygienischen Forschung gegenüber aufgeschlossen;
die Sozialdemokratie bestimmte weitgehend die Personalpolitik in den Gesund-
heitsämtern der proletarischen Bezirke und besetzte die Stadt- und Schularztpos-
ten mit sozialistischen und sozialdemokratischen Ärzten; die Berliner AOK
schließlich, mit über 400 000 Mitgliedern die weitaus größte Krankenkasse des
Reiches, verfolgte unter ihrem umtriebigen Geschäftsführer Albert Kohn ein
weitgestecktes und ambitiöses sozialpolitisches und sozialmedizinisches Programm, errichtete Krankenhäuser, Ambulatorien, Röntgeninstitute, Badeanstalten und Beratungsstellen und stützte sich dabei auf den Sachverstand, die Mithil-
fe, das Personal der organisierten sozialistischen Ärzte.

Doch in diesem spezifisch sozial-kulturellen urbanen Charakter des VSÄ lagen auch seine Entwicklungsgrenzen. Viel mehr als das knappe Dutzend Ortsgruppen und die 850 Mitglieder, die dem VSÄ am Ende der Republik angehörten, hätte er vermutlich in den kommenden Jahren auch dann nicht erreichen
können, wenn die Demokratie den nationalsozialistischen Ansturm pariert und
überlebt hätte. Die übergroße Mehrheit der deutschen Ärzte war extrem reaktio-
när eingestellt, sie stand den kollektiven Gesundheitseinrichtungen der Kassen
und Kommunen mit Hass gegenüber, in ihrer Lebensform und Mentalität unterschied sie sich grundlegend vom urbanen und libertären Habitus der jüdisch-
sozialistischen Ärzte. Nach 1933 gingen zahlreiche dieser deutschnationalen
Mediziner – etwa 45 Prozent aller deutschen Ärzte insgesamt – mit fliehenden
Fahnen zu den Nationalsozialisten über. Im VSÄ traf sich nur eine kleine Minderheit der deutschen Ärzte, und es bestand wenig Aussicht, dass sich daran
etwas ändern würde, zumal es an Nachwuchs aus den Arbeiterfamilien mangel-
te. Die studierenden Kinder aus den sozialdemokratischen Facharbeiterfamilien

wollten Lehrer werden oder als Juristen in die Verwaltung gehen; an das medizinische Studium und den Ärzteberuf hingegen trauten sie sich kaum heran.

Und doch spielte der VSÄ eine beachtete Minderheitenrolle unter den deutschen Ärzten. Von seinen Positionen ging ein Reiz aus, der auch auf andere frei-
berufliche Schichten des urbanen linken Bildungsbürgertums ausstrahlte. Sozialistische Ärzte wie der Psychoanalytiker Ernst Simmel und die Sexualreformer
Max Hodann und Magnus Hirschfeld waren für das konservative Bürgertum
eine Provokation, für die großstädtische linke Intelligenzija und Bohème hingegen Symbolfiguren einer aufgeklärten, experimentierfreudigen Lebensform. Der
VSÄ besaß ein eindeutiges Profil, und das hatte er nicht zuletzt seiner Zeitschrift
zu verdanken. Für eine politische Intellektuellenorganisation ist die Herausgabe
eines niveauvollen Zeitschriftenorgans alleingenommen zwar noch nicht der Ga-
rant, wohl aber eine ganz entscheidende Vorbedingung für den Erfolg. Was dem
VSÄ fehlte, was er jedoch auch bewusst in Kauf nahm, war die Anlehnung an
eine Partei. Zwar arbeiteten sozialdemokratische Kommunalpolitiker mit sozialistischen Ärzten auf lokaler Ebene gut zusammen, als Organisation aber wollte die
SPD den VSÄ nicht anerkennen; sie ließ ihn vielmehr wegen seines parteiübergreifenden Organisationscharakters links liegen, ignorierte ihn, schwieg ihn tot.
Die andere große Arbeiterpartei, die KPD, verhielt sich weniger still, dafür aber
durchaus nicht freundlicher; sie giftete den VSÄ an, denunzierte und diffamierte
ihn. Die Sozialdemokraten hatten zu ihrer abweisenden Haltung eigentlich wenig
Anlass. Im Grunde genommen vertrat der VSÄ eine Art sozialmedizinischen
Munizipal- und Kassensozialismus, der sich innerhalb der pragmatischen Auf-
bauaktivitäten der sozialdemokratischen Solidargemeinschaft bewegte, ja bewegen musste.

Für die SPD hätte der VSÄ somit eigentlich ein willkommener Bündnispart-
ner sein müssen, aber als Partei begegnete die SPD Organisationen und Bewegungen besonders der linken Intelligenz, die nicht vollständig sozialdemokratisch auszumessen waren, mit einer übertriebenen Berührungsangst und parteipolitisch bornierten Absperrhaltung, die die Partei um die Anstöße und das Sach-
wissen von politisch links stehenden, aber eigenwillig und unabhängig gesinnten
Bevölkerungskreisen brachte. Andererseits zeigten sich die sozialdemokratischen
Untergliederungen und Suborganisationen sehr viel offener: Auf Bildungsabenden der Sozialistischen Arbeiterjugend, der Jungsozialisten, der Kinderfreunde,
der Sozialistischen Studentenschaft und der Arbeiterwohlfahrt haben Mitglieder
des VSÄ in den Weimarer Jahren stets Referate gehalten.

Dass der VSÄ im Unterschied zu vielen anderen Organisationen innerhalb
der Arbeiterbewegung seinen intersozialistischen, parteiübergreifenden An-

spruch bis zum Ende der Weimarer Republik aufrechterhalten konnte, hatte er wohl einer spezifischen, einmaligen Konstellation zu verdanken. Da war zunächst einmal das gemeinsame sozialmedizinische Interesse, das die Mitgliedschaft mehr verband, als die parteipolitische Differenz sie entzweite. Doch als Glücksfall für den VSÄ erwies sich der Umstand, dass weder seine sozialdemokratischen noch seine kommunistischen Mitglieder aus der Mitte ihrer Parteien kamen. Wenn ihre jeweilige Partei andere Order erteilte als die, welche die sozialistischen Ärzte für richtig hielten und mit denen sie sorgfältig ins Gewissen gegangen waren, dann musste die Partei eben zurückstehen. Einer übergeordneten Parteidisziplin jedenfalls beugten sie sich nicht. So reüssierte im VSÄ ein ungewöhnliches Bündnis, das aber erstaunlich gut hielt und zusammenpasste – ein Bündnis von sozialdemokratischen Revisionisten, linkssozialistischen Individualisten und rechtskommunistischen Realpolitikern.

Noch im Februar 1933, unmittelbar nachdem Hitler zum Reichskanzler ernannt worden war, sandte der VSÄ einen verzweifelten Aufruf an alle Arbeiterorganisationen des sozialistisch-kommunistischen Lagers: „Schließt euch zusammen zum gemeinsamen Abwehrkampf!".[141] Doch schon wenig später mussten die meisten Mitglieder des VSÄ emigrieren. Viele kamen in Konzentrationslagern um. Die Mehrheit der Mitglieder sah sich doppelt verfolgt: als Juden und als Sozialisten. Wohl keine andere Tradition des sozialistischen Milieus wurde durch die nationalsozialistische Terrorherrschaft so dauerhaft ausgelöscht wie die der urbanen, sozialmedizinischen Lebensreform des „Vereins sozialistischer Ärzte".

„Kairos"-Philosophen von rechts

Demgegenüber wirkten die Ideen des religiösen Sozialismus nach 1945 in den Debatten um die Erneuerung des sozialdemokratischen Paradigmas folgenreich weiter. Ihren Anfang nahm das in den Diskussionen des so genannten Kairos-Kreises in Berlin, zu dem etwa ein knappes Dutzend Intellektueller gehörte und dessen innerer Kern aus dem Trio Paul Tillich, Eduard Heimann und Carl Mennicke bestand. Auch den Nationalökonomen Adolf Löwe kann man, etwas weiter gefasst, dazu rechnen. Einige von ihnen boten sich den in Deutschland damals zahlreichen kleinen Zirkeln geistig ambitionierter Arbeiterjugendlichen als Referenten an, regten Arbeitsgemeinschaften an, trugen dort vor, legten Wert darauf,

---

[141] Aufruf in: Der sozialistische Arzt, H. 1-2/1931 (Jg. 9), S. 2.

einige Tage mit den Jugendlichen und ihren Familien zusammenzuleben, um die Lebensumstände des arbeitenden Volkes kennenzulernen. Carl Mennicke insbesondere hat dies mit rastlosem Einsatz in der ersten Hälfte der 1920er Jahre getan, da er unaufhörlich von Stadt zu Stadt, von Jugendgruppe zu Jugendgruppe reiste. Auch Eduard Heimann war seit den späten 1920er Jahren ein geschätzter Referent in sozialdemokratischen Ortsvereinen. Um die Auffälligsten und Klügsten unter den jugendlichen Zuhörern, Fragestellern und Diskutanten bemühte man sich dann besonders. Man lud sie zu Sitzungen des engeren Kreises ein, wo die jungen Arbeiter, von denen man sich Erneuerung und gleichsam proletarische Authentizität erhoffte, systematisch in die komplexen Bezüge des philosophischen Denkens eingewiesen wurden. Akademischen Konkurrenten erschienen die Vertreter des Kairos-Kreises häufig als hochmütige Intellektuelle. Als eben solche konnten sich diese im Disput mit gleichrangigen in der Tat vollauf gerieren. Scharfzüngig und voll beißender Verachtung für die Unstimmigkeiten in den Überlegungen anderer, trieben sie selbst einen Denker von Rang wie den Schweizer Theologen Leonhard Ragaz in die Depression und Verbitterung.[142]

Eduard Heimann, Sohn des wohlhabenden Verlegers und angesehenen sozialdemokratischen Abgeordneten Hugo Heimann, seit 1925 Professor für Theoretische und Praktische Sozialökonomie in Hamburg, fiel in den frühen 1920er Jahren ein wenig aus dem Rahmen des Kreises. Heimann, 1989 geboren und als Student grundlegend durch die Diskussionen in der „Akademischen Freischar" geformt, war ganz anders als Mennicke oder Tillich anfänglich ein ausgesprochen impulsiver Gegner des Marxismus und haderte fundamental mit der gesamten Ausrichtung der zeitgenössischen Arbeiterorganisationen.[143] Auf die polar-alternative Frage „Sozialistische Gesinnung oder Umgestaltung der ökonomischen Verhältnisse, was hat Vorrang?" – eine Frage, über die in der unmittelbaren Nachkriegszeit und den frühen Weimarer Jahren in hunderten von politisch schillernd zusammengesetzten Gruppen und Grüppchen mit Leidenschaft gestritten wurde – antwortete Heimann stets mit einem entschiedenen Plädoyer für den Primat von der persönlichen Lebensgestaltung und der Erziehung zur sozialistischen Menschenbildung.

---

[142] Vgl. Leonhard Ragaz, Mein Weg. Bd. II, Zürich 1952, S. 185.
[143] Hierzu auch August Rathmann, Eduard Heimann (1889-1967). Von Marx und seiner „überwältigend großartigen" Lehre zum religiös-freiheitlichen Sozialismus, in: Peter Lösche u.a. (Hrsg.), Vor dem Vergessen bewahren. Lebenswege Weimarer Sozialdemokraten, Berlin 1988, S. 121 ff.

Der Kapitalismus sei, so lautete die Ausgangsfeststellung für Heimanns damalige Argumentation, nicht etwa deswegen verdammenswert, weil er Mehrwert vom Arbeitseinkommen usurpiere und dadurch soziale Ungerechtigkeiten erzeuge. Dies sei kaum der Rede wert und im Übrigen ökonomisch höchst fragwürdig interpretiert. Nein, so Heimann, das eigentliche Übel der freien Marktwirtschaft bestehe darin, dass sie *Gemeinschaften* vernichte und den *Gemeinsinn*, die große Sehnsicht der ruhelosen Menschen, brutal zerstöre und eine gesellschaftliche Kultur der Fremdheit und Feindschaft erzeuge.[144] Die Alternative zur Marktwirtschaft bezeichnete auch Eduard Heimann als „Sozialismus", übersetzte dies mit „vergesellschafteter Arbeit" und definierte die Voraussetzung dafür als Problem sozialpsychologischer, nicht etwa wirtschaftlicher Qualität. Die marxistische Arbeiterbewegung mit ihrer ökonomischen und materialistischen Einstellung war auf dem Holzweg, wie Heimann befand. Denn: Der Klassenkampf – was sollte das mehr als ein „Beutekrieg" der „kapitalistisch versuchten" Arbeiterschaft sein? Mit dem materialistisch entfachten „Instinkt des Begehrens", was die Marxisten mithin als objektives Interesse kategorisierten, könne man vielleicht die Schlacht gegen die Kapitalisten gewinnen; dann aber, so prognostizierte Heimann, beginne unweigerlich der Kampf um die errungen Beute, das feindliche Gegeneinander innerhalb der unteren Schichten selbst statt der ersehnten brüderschaftlichen Gemeinschaft.

Am stärksten aus der Führungsgruppe des Kairos-Kreises war Carl Mennicke um Symbiose mit dem Proletariat und um Unterstützung seiner Kämpfe, mochten sie auch noch ökonomisch limitiert sein, bemüht. Mennicke war unentwegt auf Tour: An dem einen Wochenende referierte er vor religiös-sozialistischen Textilarbeitern in Chemnitz, acht Tage später besuchte er junge Bergleute in Bochum, scheute auch einen kurzen Abstecher nach Remscheid nicht, um zu erkunden, was das Volkshochschulexperiment dort an neuen Erfahrungen hatte sammeln können, um bereits die Woche darauf vor einem gemischten Publikum von Studenten und Arbeitern in Hannover vorzutragen. Gleichzeitig hielt er die Redaktionsführung der beiden kleinen Zeitschriften „Sozialistische Lebensgestaltung" und Blätter für den religiösen Sozialismus" in seinen Händen. Den Tribut, den Mennicke für seine notorische Betriebsamkeit entrichten musste, kann man wirkungsgeschichtlich vielleicht daran bemessen, dass er im Gegensatz zu seinen Freunden Heimann und Tillich heute nahezu vergessen ist. Dabei sind seine Arbeiten keineswegs arm an Gedanken, aber zu dicken Büchern hatte es in der

---

[144] Vgl. Blätter für religiösen Sozialismus, H. 7/1921, S. 43; ebd., H. 4/1923, S. 13.

Unruhe seiner umtriebigen pädagogischen Arbeit nicht reichen wollen. Und selbst noch seine kleinen Schriften wirken an manchen Stellen unabgeschlossen, nicht zu Ende gedacht[145], erscheinen alles in allem flüchtiger als die Werke seiner beiden Kumpanen, die doch mehr „Gelehrte" waren und die ruhige Abgeschiedenheit des Studierzimmers dem Kursusbetrieb in Arbeiterjugendheimen und Volkshäusern überwiegend vorzogen.

Auch die familiäre Herkunft des 1887 in Elberfeld zur Welt gekommenen Mennickes hob sich von der Tillichs und Heimanns, die beide in einer Umgebung des Wohlstandes aufgewachsen waren, deutlich ab. Die Eltern Mennickes hatten sich anfangs als Dienstboten verdingen müssen, bis es ihnen nach Jahren entbehrungsreicher Sparsamkeit gelungen war, sich mit einem kleinen Geschäft selbstständig zu machen. Doch reichten die Erträge daraus kaum dazu aus, die Familie hinreichend zu versorgen. Daher musste Mennicke nach der mittleren Reife gezwungenermaßen mit einer kaufmännischen Lehre beginnen, die er zwar mit Erfolg abschloss, ohne aber dabei beruflich Befriedigung zu finden. Auf die stieß er dafür in jenen Jahren in der streng pietistischen Atmosphäre eines evangelischen Jugendkreises, was ihn dazu ermutigte, das Abitur nachzuholen und sich sodann in Bonn, Halle, Berlin und Utrecht dem Studium der Theologie zu widmen. Nachdem er 1914 das Examen erworben und eine Vikarstelle in Bad Godesberg angetreten hatte, meldete er sich freiwillig zum Sanitätsdienst an der Front, wo er erstmals intensivere Kontakte zu industriellen und sozialistisch orientierten Arbeitern bekam. In der späteren Reminiszenz bildete das für ihn den Ausgangspunkt, fortan an der Überbrückung der Kluft zwischen Bürgertum und Arbeiterbewegung mitzuwirken. Aus diesem Grund engagierte er sich nach dem Krieg in der „Sozialen Arbeitsgemeinschaft Berlin-Ost", einer Vereinigung von Akademikern und Studenten, die in die Arbeiterviertel der Metropole zogen, um in lebensnaher Freundschaft zum Proletariat zu leben. 1920 bekam Mennicke an der Soziologischen Abteilung der Berliner „Hochschule für Politik" eine Anstellung als Dozent.[146] Drei Jahre später avancierte er zum Leiter des Seminars für Jugendwohlfahrt, einer Institution, an der sich junge Frauen und Männer ohne akademische Vorbildung in Abendkursen die notwendigen Qualifikationen für eine Arbeit im Wohlfahrtsbereich aneignen konnten. 1930 erhielt Mennicke dann

---

[145] Diese Kritik brachte schon Theodor Haubach in seiner sonst recht freundlichen Besprechung des Mennicke-Buchs „Der Sozialismus als Bewegung und Aufgabe" (Berlin 1926) an, in: Archiv für Sozialwissenschaft und Sozialpolitik, 1926 (Jg. 56), S. 829 ff.
[146] Vgl. auch Wolf Rainer Wendt, Geschichte der sozialen Arbeit, Stuttgart 2008, S. 234.

einen Ruf an die Universität Frankfurt, wo er bis zu seiner Emigration 1933 als ordentlicher Professor lehrte.[147]

Ähnlich wie Heimann hielt auch Mennicke es nicht für ausgeschlossen, dass sich die Arbeiterschaft im Zuge ökonomischer Prosperität dem Kapitalismus wirtschaftlich und politisch angleichen werde.[148] Auch in ihren Schlussfolgerungen glichen sich die beiden. Mennickes Chiffre, die im Zentrum seiner Argumentation stand, lautet zwar nicht – wie bei Heimann – „Sittlichkeit", sondern „Geist", meinte im Übrigen aber das Gleiche: Nur der ethisch oder religiös durchdrungene Geist habe ein Empfinden für den lebenszerstörenden Kern der zerstückelnden kapitalistischen Produktionsweise und werde sich selbst dann nicht mit dieser Wirtschaftsordnung abfinden, wenn sie floriere und die Bedürfnisse des Massenkonsums zu befriedigen vermöge. Mit dieser Insistenz auf einen durch und durch von jeder kapitalistischen Philosophie rein gehaltenen Geist befand sich der religiöse Sozialist Mennicke in unmittelbarer Nähe zum Linkssozialisten Max Adler, auch wenn beide Mitte der 1920er Jahre eine solche Affinität gewiss vehement bestritten hätten.

Paul Tillich, Primus inter pares im Berliner Kreis, hielt „Rationalismus" und „Materialismus" ebenfalls für die Hauptgebrechen der „sinnentleerten" Gegenwart. „Sinn", das war die Zauberformel Tillichs, ähnlich wie für Heimann die „Sittlichkeit" und für Mennicke der „Geist". Eine „sinnerfüllte Gesellschaft" schaffen – dies musste nach Tillichs Auffassung die Aufgabe des Sozialismus sein und als Losung an die Stelle der überkommenen Parolen von „Freiheit", „Gerechtigkeit" und „klassenloser Gesellschaft" treten.[149] Als Sohn eines konservativen lutherischen Pfarrers entstammte der 1886 in Starzeddel bei Guben geborene Tillich einem Sozialmilieu, das schon traditionellerweise im preußischen Teil Deutschlands einen mit dem bildungsbürgerlichen Status begründeten Anspruch auf Sinngebungskompetenz reklamierte.[150] Tillich selbst interessierte sich zunächst nicht sonderlich für Politik. Doch auf der Suche nach einem eigenen

---

[147] Zur Biographie Mennickes vgl. Thomas Ulrich, Ontologie, Theologie, Gesellschaftliche Praxis, Zürich 1971, S. 213 ff.; Carl Mennicke, Zeitgeschehen im Spiegel persönlichen Schicksals. Ein Lebensbericht (hrsg. von Hildegard Feidel-Mertz), Weinheim 1995.

[148] Vgl. Carl Mennicke, Der Sozialismus als Bewegung und Aufgabe, Berlin 1926, S. 69.

[149] Vgl. dazu Tillichs grundsätzliche Darlegungen und Klärungsversuche in: Neue Blätter für den Sozialismus, H. 1/1930 (Jg. 1), S. 1 ff.

[150] Zu Tillich vgl. auch Georg Neugebauer, Tillichs frühe Christologie, Berlin 2007; Werner Schüßler/Erdmann Sturm (Hrsg.), Macht und Gewalt. Annäherung im Horizont des Denkens von Paul Tillich, Münster 2005; Renate Albrecht/Werner Schüßler (Hrsg.), Paul Tillich, Sein Leben, Frankfurt a. M. u.a. 1993.

Standort, der sich vom Konservatismus des Elternhauses provozierend abheben sollte, halfen ihm wie so vielen seiner bürgerlichen Generationsgenossen die Schriften Friedrich Nietzsches. Und wie für nicht ganz wenige andere Intellektuelle, die an ihrer Um- und Lebenswelt im Kaiserreich des ersten Jahrzehnts des 20. Jahrhunderts irre wurden, bedeutete auch für Tillich der Erste Weltkrieg, an dem er als Feldprediger teilnahm, ein einschneidendes Erlebnis. Der Verkehr mit den ihm bis dahin fremd gebliebenen links orientierten Arbeitern trieb ihn zur geistigen Auseinandersetzung mit dem Marxismus und der sozialistischen Ideenwelt generell. Aus diesen Quellen seines antibürgerlichen Protests, der nietzscheanischen Rationalismuskritik wie der Lebensphilosophie einerseits und der Marxschen Dialektik andererseits, entwickelte Tillich in den 1920er Jahren, als Hochschullehrer in Berlin, Marburg, Dresden und schließlich seit 1929 Frankfurt, ein eigenes konsistentes geschichts- und kulturphilosophisches Deutungssystem.

In ihrem utopischen Charakter war die Philosophie Tillichs dem Marxismus gar nicht unähnlich. Sie teilte dessen universellen Erklärungsanspruch und besaß vergleichbare Defizite in der angestrebten Vermittlung des menschlichen Seins mit dem geschichtlichen Sollen. Tillichs Entwurf entsprach allerdings mehr den spirituellen Bedürfnissen der Weimarer Jugendbewegung, da sein Denken des materialistischen Ansatzes von Karl Marx entbehrte und dafür die menschliche Sinnsuche in den Vordergrund stellte. Die Funktion seiner Lehren war gleichwohl vergleichbar mit der, die der Marxismus in den Jahrzehnten zuvor für einen Teil der industriellen Arbeiterschaft erfüllt hatte. Denn durch die transzendentale Wegweisung Tillichs auf die Erlösung aus dem bürgerlichen Jammertal durch ein irdisches „Reich Gottes" konnten die Heilsbedürfnisse befriedigt, die aktuellen Spannungen ursächlich-zusammenhängend gedeutet, optimistisch ausgehalten und durch den Aufruf, bereits im Hier und Heute Zeichen des „Gottesreiches" zu errichten, in Energien und Aktivitäten transformiert werden.

Im Zentrum der Gedankenführung Tillichs stand die Überzeugung, dass sich im realen Geschichtsablauf Zeitpunkte (Kairoi) herausbilden, in denen der Mensch durch Gottes Gnade Neues zu schaffen vermag. Eine solche Konstellation möglicher – keineswegs notwendiger! – Sinnerfüllung und Neuschöpfung des menschlichen Zusammenlebens sah Tillich beispielhaft im Auftritt des Sozialismus gekommen, da diesem eine endgerichtete Spannung und dazu das Verlangen inhärent war, die Endlichkeit durch Sinndeutung der Geschichte zu durchbrechen. „Der Geist der Prophetie in Marx", pflegte Tillich seine Schüler zu mahnen, „darf dem Sozialismus nicht verloren gehen". Tillich selbst wollte über Marx hinausgehen, dabei dessen von Hegel entlehntes „geschichtsbewusstes Denken" allerdings beibehalten, um keinen Rückfall in die vor-marxistische Ära eines puren ethischen Idealismus zu riskieren, da – so Tillich – dessen abstrakte Gegenüberstellung von Idealen und Empirie nichts über das Wollen und Können der menschlichen Subjekte aussage. In der Tat unterschied sich Tillich in seiner Kritik am „Kantianismus" und in seinem dem gegenübergestellten positiven Geschichtsbild im Grunde nur insoweit vom Marxismus, als dieser in den *Produktivkräften* den Motor aller gesellschaftlichen Bewegungen sah, während Tillich im *Sinn* das Agens der menschlichen Höherentwicklung erkannte.

Jedenfalls: In der konstruierten Identität von Sein und Sollen lag das Geheimnis für den Erfolg des „Volksmarxismus" bei den sozialdemokratischen Massen hier und der Kairos-Philosophie in den kleineren Zirkeln junger sozialdemokratischer Arbeiter-Intellektueller dort.[151] In Teilen der jungen Generation des Zwischenkriegszeitsozialismus gerieten in dem Maße, wie in der offiziellen Sozialdemokratie der ursprüngliche revolutionäre Impetus und die Schwungkraft des „Volksmarxismus" zugunsten einer dürren Realpolitik verloren ging, die Sentenzen des Kairos-Kreises zu rebellischen Korrektiven des politischen Attentismus der Mutterpartei. Einige aus dieser jüngeren Generation des religiösen Sozialismus führten diese Impulse drei Jahrzehnte später, in und nach fortwährend theoretischen Diskussionen, zum Godesberger Programm. Aber bald danach zerrann auch diese geistige Strömung des Sozialismus. In der SPD des 21. Jahrhunderts ist davon nichts mehr zu finden.

---

[151] Vgl. auch Franz Walter, Nationale Romantik und revolutionärer Mythos, Berlin 1986, S. 101 ff.

Wirrungen und Irrungen

„Preußenschlag" 20. Juli 1932

„Ich weiche nur der Gewalt". Diesen Satz schleuderte am 20. Juli 1932 gegen 10.15 Uhr der damalige Innenminister des Freistaats Preußen, Carl Severing, dem erst unlängst neu gekürten Kanzler des Deutschen Reichs, Franz von Papen, in dessen Amtszimmer so erregt wie pathetisch entgegen. Denn gerade hatte der preußische Innenminister vom Regierungschef des Reiches erfahren, dass man ihm und seinem nicht anwesenden Parteifreund, dem Preußischen Ministerpräsidenten Otto Braun, die Ämter entzogen hatte.[152] Das war der Staatsstreich, den einige treue Demokraten schon seit Wochen befürchtet hatten. Carl Severing, einer der führenden Sozialdemokraten jener Jahre in Deutschland, warf sich noch einmal in eine bühnenreife Pose und bekräftigte ein zweites Mal, dass ihn allein „brachiale Gewalt" von seinem Posten fortbringen könne.[153]

Doch mehr als Theaterdonner bedeutete das nicht. Sechs Stunden später einigte er sich ganz friedlich mit seinem frisch ernannten Nachfolger auf ein Manöver, das ihm den Abgang erleichtern sollte. So erschien weitere vier Stunden später, um 20.00 Uhr an diesem geschichtsträchtigen Tag, verabredungsgemäß der Berliner Polizeipräsident mit einem Polizeihauptmann im Büro Severings. Und der wich, ohne das irgend jemand auch nur an seinem Ärmel zupfen musste, dem einen uniformierten Manne und ging so friedlich wie unversehrt nach Hause. Joseph Goebbels, der Chefpropagandist der Nationalsozialisten, konnte es kaum fassen. Hämisch notierte er am Abend des 20. Juli in sein Tagebuch: „Man

---

[152] Allgemeine hierzu: Rudolf Morsey, Zur Geschichte des „Preußenschlags" am 20. Juli 1932, in: Vierteljahreshefte für Zeitgeschichte, H. 4/1961 (Jg. 9). S. 430 ff.; Ludwig Dierske, War eine Abwehr des Preußenschlages" vom 20. Juli 1932 möglich?, in: Zeitschrift für Politik, H. 3/1970 (Jg. 17), S. 197 ff.
[153] Hierzu Heinrich August Winkler, Der Weg in die Katastrophe, Bonn 1990, S. 646 ff.

muss den Roten nur die Zähne zeigen, dann kuschen sie. SPD und Gewerkschaften rühren nicht einen Finger."

Eben so war es, fatalerweise. Spätestens am 20. Juli 1932 war das Schicksal der ersten deutschen Republik besiegelt. Ein Tag als Lehrstück: Für die antidemokratische Skrupellosigkeit der Konservativen jener Jahre, für die Hilflosigkeit und Ermattung der stets nur rhetorisch kraftvoll auftretenden Sozialdemokratie, für die Erosion und den Zerfall der republiktreuen Mitte – schon Monate vor der Etablierung des NS-Regimes.

Der Kampf um die Macht in Preußen besaß weichenstellende Bedeutung. Schließlich lebten in Preußen knapp drei Fünftel aller Deutschen, insgesamt waren es vierzig Millionen, was der Einwohnerzahl Frankreichs entsprach. Und Preußen war ein Mythos, die Hegemonialmacht im Prozess der kleindeutschen Nationsbildung, der Boden Bismarcks und Wilhelms I wie II. Doch ausgerechnet in diesem bis 1918 durch und durch adelig-feudal geprägten Preußen herrschten nun die Sozialdemokraten in einer nachgerade historischen Allianz mit dem politischen Katholizismus; dazu kam noch die kleine demokratische Partei. Ein neuer Mythos entstand auf diese Weise: Preußen als das „demokratische Bollwerk" in der ansonsten chronisch krisengeschüttelten Weimarer Republik, Hort der Stabilität, schließlich Bastion einer energischen Republikanisierung des dort traditionell mächtigen Verwaltungsapparats.

Und zu einer Legende bauten die Sozialdemokraten während der 1920er Jahre ihren Ministerpräsidenten auf: Otto Braun, von seinen Anhängern als „roter Zar" tituliert, auch als „eiserner Otto", jedenfalls weithin als ungewöhnlich tatkräftiger, entschlussfreudiger, zielstrebig operierender Politiker bekannt.[154] Den Sozialdemokraten sagte man allgemein einen spezifischen Hang zur Regierungsschwäche nach; allein der Königsberger Otto Braun, ein gelernter Drucker, stand im Ruf, die Macht nicht zu scheuen, sondern sich ihrer selbstbewusst zu bedienen. Dabei sekundierte ihm sein fleißiger Innenminister Severing, ein früherer Metallarbeiter aus Bielefeld. Deshalb sprachen Freund und Feind in dieser Zeit zwischen Ebert und Hitler vom „System Braun-Severing".

Indes: Am 24. April 1932 war es mit dieser republikanischen Herrlichkeit in Preußen vorbei. An diesem Tag hatten die Landtagswahlen stattgefunden; und sie endeten für das bisherige republikanische Regierungsbündnis mit einem Desaster. Von 420 Abgeordneten gehörten fortan nur noch 163 ihren Reihen an. Die

---

[154] Zu Braun insgesamt: Hagen Schulze, Otto Braun oder Preußens demokratische Sendung, Berlin u.a. 1977.

Sozialdemokraten hatten knapp acht Prozentpunkte verloren, der Liberalismus war um zehn Prozentpunkte geschrumpft; allein die katholische Zentrumspartei konnte sich bemerkenswert gut behaupten. Zu den großen Verlierern zählten insbesondere die Deutschnationalen, die über zehn Prozentpunkte einbüßten. Die Abtrünnigen aller Lager wurden furios von den Nationalsozialisten gesammelt, die sich zwischen 1928 und 1932 von kläglichen 1,8 Prozent der Wähler auf erschreckende 36,3 Prozent steigerten.

Allerdings: Für eine regierungsfähige Mehrheit der Braunhemde reichte das nicht. Denn ganz links hatten auch die Kommunisten hinzugewonnen, was alles zusammen zwar die republikanische Mitte fürchterlich dezimieren ließ, aber sich zu einer konstruktiven, neuen Majorität eben nicht bündelte. Und so blieb die alte preußische Regierung nolens volens geschäftsführend im Amt – ein im Deutschland des Jahres 1932 keineswegs ungewöhnlicher Zustand, da auch die Länder Sachsen, Bayern, Hessen, Württemberg, Hamburg und Oldenburg durch geschäftsführende Exekutiven ohne Mehrheitsrückhalt in den Parlamenten über die Runden gebracht wurden.[155] Nichts manifestierte deutlicher, in welch deprimierender Sackgasse sich Demokratie und Parlamentarismus zu Beginn der 1930er Jahre zwischen Hamburg und Berlin befanden.

Doch Otto Braun wollte nicht mehr.[156] Und er konnte auch nicht mehr. Braun, 1,90 cm groß und mit kräftigen Schultern ausgestattet, wirkte stets robuster, als er in Wirklichkeit war.[157] Seit einer Haft in den Jahren des Kaiserreichs plagte ihn ein Rheumaleiden; überdies machten ihm Blutdruckprobleme unentwegt zu schaffen, zudem quälte er sich noch mit einer Herzmuskelschwäche. Im Übrigen neigte er, auch wenn seine sozialdemokratischen Anhänger dies nie mitbekamen, zu Depressionen. Und im Jahr 1932, insbesondere nach dem tiefen Absturz bei den April-Wahlen, hatten sich die schwarzen Schatten schwer auf seine Seele gelegt.[158] Braun sah sein gesamtes politisches Lebenswerk zerstört, fühlte sich als rundum gescheiterter Mann. Anfang Juni 1932 gab er sich selbst Urlaub; zog sich in sein Zehlendorfer Wohnung zurück, legte sich ins Bett, schluckte Unmengen an Tabletten, beruhigte sich mit Alkohol, hielt physisch und

---

[155] Vgl. auch Karl Dietrich Bracher, Die Auflösung der Weimarer Republik, Villingen/Schwarzwald 1955, S. 504; Hagen Schulze 1977, S. 728.

[156] Vgl. Wolfgang Benz/Imanuel Geiss, Staatsstreich gegen Preußen, Düsseldorf 1982, S. 16.

[157] Vgl. Hagen Schulze 1977, S. 700 f. u. S. 710 ff.; vgl. auch Ludwig Biewer, Der Preußenschlag vom 20. Juli 1932, in: Blätter für deutsche Landesgeschichte, 1983 (Jg. 119), S. 159 ff.

[158] Vgl. u.a. Jürgen Bay, Der Preußenkonflikt 1932/33. Ein Kapitel aus der Verfassungsgeschichte der Weimarer Republik, Nürnberg 1965 (Dissertation), S. 42 ff.

psychisch durch nur wegen der Aussicht, vielleicht demnächst mit seiner Frau in einem Häuschen in Ascona leben zu können. Die sozialdemokratische Stellung in der geschäftsführenden preußischen Regierung hielt infolgedessen einzig der Minister des Innern, Carl Severing. Doch dessen politische Courage hatte sich immer mit der Autorität Brauns verknüpft.[159] Ohne Braun traute sich Severing nicht viel. Im Übrigen war auch er nach all den Jahren republikanischer Politik in oft feindlicher gesellschaftlicher Umgebung müde und zermürbt, war ebenfalls durch jahrelange Krankheiten geschwächt.

Insofern hatte die reaktionäre Reichsregierung Franz von Papens leichtes Spiel, als sie – nur wenige Wochen erst im Amt – das demokratische „Bollwerk Preußen" binnen weniger Stunden im Hand- und Staatsstreich zerschlug. Severing kapitulierte vor dem einen, durchaus höflich auftretenden Polizeihauptmann; Otto Braun verharrte apathisch in seinem Zehlendorfer Domizil. Dabei waren Papen und seine Männer aus dem Reichskabinett durchaus keine cäsaristischen Gestalten, auch keine bonapartistischen Putschisten. Die Regierung Papen – das „Kabinett der Barone", wie man schon zeitgenössisch zu spötteln pflegte – schien gewissermaßen dem höfischen Milieu des 19. Jahrhunderts entsprungen.[160] Der Reichskanzler, Franz von Papen, entstammte dem westfälischen Landadel.[161] Er galt in seinen Kreisen als angenehm manierlicher Plauderer, politisch aber ohne jegliche Substanz. Eben deshalb hatte sich der politische Großdrahtzieher jener Monate, der Reichswehrgeneral Kurt von Schleicher, ihn intrigenreich zum Kanzler gemacht, um ihn für seine Manöver zu instrumentalisieren. Neben Papen war die überwiegende Mehrheit der Minister ebenfalls adeliger Herkunft; bei allen handelte es sich um Hardliner des Konservatismus und Deutschnationalismus. Ihre parlamentarische Basis im Reichstag beschränkte sich auf eine Handvoll Abgeordneter.[162] Doch waren die Papen-Minister auch nach dem 30. Januar 1933 noch trefflich zu gebrauchen; und so amtierten die meisten unter Hitler eifrig und beflissen weiter – was ebenfalls illustriert, dass die Republik von Weimar im Grunde schon im Frühjahr 1932 ihr Leben aufgegeben hatte.

---

[159] Vgl. besonders Hagen Schulze 1977, S. 742; freundlicher über Severing urteilt Thomas Alexander, Carl Severing. Sozialdemokrat aus Westfalen mit preußischen Tugenden, Bielefeld 1992, S. 201 ff.

[160] Siehe auch Joachim Petzold, Franz von Papen. Ein deutsches Verhängnis, München/Berlin 1995, S. 67.

[161] Hierzu Theodor Eschenburg, Die improvisierte Demokratie, München 1963, S. 270 ff.

[162] Vgl. Werner Braatz, Franz von Papen und die Frage der Reichsreform, in: Politische Vierteljahresschrift, H. 3/1975 (Jg. 16), S. 319 ff.

Die Kamarilla um Franz von Papen machte auch keinen Hehl daraus, dass sie eine verfassungspolitische Generalrevision anstrebte und die Konstruktion von Weimar durch einen „neuen Staat" ersetzen wollte. Die Kommunisten sollten aus der politischen Arena ganz verschwinden, die koalitionspolitische Bedeutung der Sozialdemokratie massiv geschwächt werden. Bedienen wollte man sich der „frischen Jugendlichkeit" der „nationalsozialistischen Bewegung", die man als Motor für die Etablierung eines rechtsautoritären Staatswesens nutzbar zu machen glaubte.

In der Tat ging von Papen mit forscher Skrupellosigkeit ans Werk. Kaum im Amt, hob er das zuvor geltende Verbot der SA auf. Das löste unmittelbar eine Welle der Gewalt aus, führte von Mitte Juni bis Mitte Juli 1932 zu unzähligen politisch motivierten Saalschlachten, Straßenkämpfen, Bombenanschlägen. Innerhalb eines Monats starben in diesem politischen Bürgerkrieg, der in Deutschland tobte, rund hundert Menschen; die Zahl der Verletzten lag bei über tausend. Seinen Höhepunkt fand die Gewaltorgie am 17. Juli 1932, als ein Provokationsmarsch der Nationalsozialisten durch die kommunistisch dominierte Altonaer Altstadt achtzehn Menschen das Leben kostete.

Von Papen hatte jetzt seinen Anlass – den er durch die Rücknahme des SA Verbots selbst produziert hatte – um die preußische Regierung zu vertreiben. Es gelinge der Regierung Braun-Severing nicht, so der Reichskanzler, der dafür die Blankovollmacht des Reichspräsidenten von Hindenburg besaß, Sicherheit und Ordnung zu garantieren; daher übernehme er selbst in Preußen die kommissarische Leitung der Regierung. Über Berlin und Brandenburg wurde der militärische Ausnahmezustand verhängt, zentrale Grundrechte außer Kraft gesetzt. Dann begann die große Säuberung im preußischen Verwaltungs- und Polizeiapparat. Republikanische Beamte und insbesondere demokratisch gesinnte Polizeipräsidenten verloren ihre Posten und wurden durch verlässlich „national eingestellte" Republikfeinde ersetzt, die noch unter Hitler bewiesen, wie probat sie in die rechte Einheitsfront hineinpassten und den Repressionsapparat zu bedienen wussten.

Die Ereignisse des 20. Juli 1932 haben den Konservatismus in Deutschland auf lange Dauer, im Grunde bis heute, diskreditiert. Doch ist der 20. Juli 1932 auch für die Geschichte der Sozialdemokratie ein denkbar trauriges Datum. Ein paar reaktionäre Barone brauchten lediglich einen halben Tag, um das politische Renommierwerk der Sozialdemokraten, eben das republikanische Preußen, zu zertrümmern, ohne dass die SPD diesem Treiben auch nur ansatzweise ernsthaft begegnete. Es war wie immer: Auf Kundgebungen der Partei wurden martialische Reden gehalten, empörte Proteste bekundet, scharf formulierte Resolutionen verabschiedet. Das war es dann aber auch schon. Natürlich, Historiker haben akribisch aufgezählt, wo die Grenzen von Widerstandsaktionen nach dem „Preußenschlag" fraglos lagen: Ein Generalstreik war angesichts von sechs Millionen Arbeitslosen unrealistisch; die Arbeiterbewegung war in feindliche Parteilager gespalten; in einem Bürgerkrieg mit der Reichswehr wären die schlecht ausgerüsteten Schutztruppen des „Reichsbanners Schwarz-Rot-Gold" blutig untergegangen. Die Loyalität der preußischen Polizei stand längst nicht mehr unzweifelhaft fest.

Andererseits: Den Bürgerkrieg scheuten auch Reichspräsident, Reichswehrführung und große Teile des gewerblichen Großbesitzes. Erst als sie im Laufe der Juli-Wochen erkannten, dass von den Sozialdemokraten außer papierner Entrüstung keine politischen Gegeninitiativen zu erwarten waren, fassten sie sich ein Herz und schlugen in Preußen zu. Selbst im katholischen und liberalen Bürgertum lag die Bereitschaft, sich gegen den reaktionären Klüngel zu wehren, höher als bei der ermatteten und konfliktscheuen Sozialdemokratie. In der bürgerlichkatholischen Mitte zirkulierten zumindest Pläne, den Regierungssitz von Berlin nach Köln zu verlegen, die Gelder aus der Staatskasse zu transferieren, selbst eine punktuelle Kooperation mit den Kommunisten zu finden. Doch die sozialdemokratischen Anführer waren zu nichts bereit.[163] Sie konzentrierten sich wie eh und je allein auf die nächste Reichstagswahl, die dann erst Recht zu einem Debakel für die Republikaner und einem Triumph für die Nationalsozialisten wurde.

Im Sommer 1932 war der Minderheit der Republikaner in Deutschland der Glaube an sich selbst unverkennbar verloren gegangen.[164] Auch deshalb fiel es Hitler im Grunde leicht, die Zerstörung der Demokratie ein halbes Jahr später radikalfaschistisch weiterzutreiben und schließlich totalitär zuzuspitzen.

Immunschwäche: Die Versuchung der sozialistischen Einheit

Eine nächste Tragödie, ganz anderer Art freilich, ereignete sich vierzehn Jahre später, in den langjährigen Hochburgen der Arbeiterbewegung, also in den klassischen Zentren ihres mitteldeutschen Milieus. Schließlich war eben dieses Milieu gerade in jener Gegend nicht allein sozialdemokratisch; es war eine Einheitskultur des Sozialismus, das Anhänger der KPD ebenso umschloss wie Parteigänger der SPD. Es verknüpfte Sozialdemokraten und Kommunisten im Alltag; es über-

163 Vgl. Heinrich August Winkler 1990, S. 678 f.
164 Vgl. Hans-Peter Ehni, Bollwerk Preußen?, Bonn-Bad Godesberg 1975, S. 263.

brückte so die Differenzen zwischen den beiden Strömungen innerhalb der Arbeiterbewegung.

Gewiss: Die Anführer und Parlamentarier von KPD und SPD hatten sich im Dresdner oder Weimarer Landtag vor allem nach 1923 allerhand Gehässigkeiten an den Kopf geworfen, hatten sich gegenseitig verächtlich als „Lumpen" und „Verräter" beschimpft. Doch: Im Alltag vor Ort turnten die einfachen sächsischen Kommunisten und Sozialdemokraten im gleichen Arbeitersportverein, sangen im selben Arbeiterchor einträchtig ihre klassenkämpferischen Lieder. Sie skandierten ähnliche Parolen, redeten sich untereinander als „Genosse" an; und sie feierten in ihren gemeinsamen Arbeiterfreizeitvereinen identische Feste. Kurzum: Im Milieu- und Vereinsalltag gehörten Sozialdemokraten und Kommunisten zusammen. Hier produzierten sich Erfahrungen und Perspektiven einer einheitlichen sozialistischen Lebenswelt und Zukunftsgesellschaft, die die Anhänger von KPD und SPD stärker zusammenfügten als trennten. Und so sprachen auch Sozialdemokraten in dieser Region entzückt von der „proletarischen Mehrheit", wenn SPD und KPD bei Wahlen die „bürgerlichen" Parteien an Stimmen und Mandaten übertrafen:

Im Übrigen hatte auch der Nationalsozialismus Kommunisten und Sozialdemokraten noch ein Stück näher zusammengeführt. Vor allem die früheren Funktionäreliten der beiden Parteien erlebten die Zeit zwischen 1933 und 1945 als puren sozialen Abstieg und politisch oft genug als terroristische Ausgrenzung. Ihnen brachte auch die nationalsozialistische Wirtschaftskonjunktur, der Rüstungsboom nach 1936 rein gar nichts. Im Frühjahr 1933 hatten sie ihre durchaus nicht unkomfortablen hauptamtlichen Posten in den Arbeiterorganisationen als Redakteure, Partei- und Verbandssekretäre, Stadträte, Gewerkschafter, Genossenschaftler und AOK- oder Rote-Hilfe-Bedienstete von einem Tag zum anderen verloren. In den Jahren darauf schlugen sich die meisten von ihnen als Hausierer und Reisende mehr schlecht als recht durch, waren oft inhaftiert und verfolgt, gesellschaftlich an den Rand gedrängt, ihres Lebens nie ganz sicher. Dadurch rückten auch die früheren sozialdemokratischen Multiplikatoren in ihren ehemaligen Hochburgen wieder weit nach links, gingen affektiv verstärkt auf Distanz zur „bürgerlichen Gesellschaft". Den Kommunisten waren sie in diesem Erfahrungsprozess mental nähergekommen. Sozialdemokratische Funktionäre und kommunistische Kader trafen sich zwar nicht in einem gemeinsamen Widerstand, teilten aber doch eine affine Ausgrenzungs- und Leidensgemeinschaft. Auch das verband sie; auch das machte die Sozialdemokraten aufgeschlossener für das Versprechen der „Einheit der Arbeiterklasse".

An all das konnten die Propheten der Einheitspartei in der SBZ 1945/46 probat anknüpfen. Und auch wenn sie heute ungern daran erinnert werden: Doch zu diesen Propheten gehörten ebenfalls die Sozialdemokraten.[165] Mehr noch: Sie propagierten im industriellen Mitteldeutschland am lautesten und frühesten die „Einheit der Arbeiterklasse". Sie gingen mit weit größerem Eifer an die Sache der Einheit als zunächst die noch zaudernden Kommunisten. Doch natürlich: In ihrem Einheitsimpetus hatten die Sozialdemokraten zwischen Rostock und Zwickau nicht die Tristesse und Uniformität der späteren Honeckerpartei vor Augen. Im Grunde war der Blick rückwärtsgewandt, ein wenig sentimental. Die neue sozialistische Einheitspartei, die den Sozialdemokraten 1945 vorschwebte, sollte gewissermaßen die alte, offene und breite Partei von Eduard Bernstein über Karl Kautsky bis Rosa Luxemburg der Wilhelminischen Ära sein, als man unter der Führung des legendären Arbeiterführers August Bebel an Wählern und Mitgliedern unaufhörlich zunahm, gleichsam siegesgewiss dem Endziel zustrebte. Man dachte jedenfalls nicht an die monolithische Despotie des Walter Ulbricht und Wilhelm Pieck, wenngleich beide in jungen Jahren eben dieser Bebel-SPD beigetreten waren und ihre politischen Sozialisationszeit dort – im Übrigen: gewiss nicht ganz zufällig – zugebracht hatten.

Während des letzten Quartals 1945 schwand allerdings bei vielen Sozialdemokraten die anfängliche Euphorie für das politische Einheitsprojekt. Das seit den Januartagen 1919 kontinuierlich angehäufte Misstrauen der Sozialdemokraten gegen die Kommunisten und ihre oft perfiden Agitproptricks kehrte mit Aplomb zurück. Bei den russischen Besatzungsoffizieren stießen sie immer wieder auf Verbote, Zensurmaßnahmen, Drohungen. Inhaftierungen häuften sich. Erneut mussten Sozialdemokraten tagtäglich damit rechnen, in Lager und Gefängniskeller gesteckt zu werden. Einige bezahlten ihre Insistenz auf sozialdemokratische Unabhängigkeit mit dem Tod; mehrere flohen in den Westen.

Der Einheitsschwung des Frühjahrs 1945 ebbte bei zahlreichen Sozialdemokraten ab. Doch jetzt, im Herbst 1946, forcierte die kommunistische Parteileitung das Tempo; nun steuerte sie mit aller Emphase die Einheitspartei an. Die „Grup-

---

[165] Hierzu und im Folgenden nicht unkontrovers: Andreas Malycha, Auf dem Weg zur SED. Die Sozialdemokratie und die Bildung einer Einheitspartei in den Ländern der SBZ, Bonn 1995; Mike Schmeitzner/Stefan Donth, Die Partei der Diktaturdurchsetzung. KPD/SED in Sachsen 1945-1952, Köln u.a. 2002; Beatrix W. Bouvier/Horst Peter Schulz, „...die SPD aber aufgehört hat zu existieren". Sozialdemokraten unter sowjetischer Besatzung, Bonn 1991; Frank Moraw, Die Parole der „Einheit" und die Sozialdemokratie, Bonn 1990; Franz Walter/Tobias Dürr/Klaus Schmidtke 1993, S. 120 ff. u. S. 409 ff.

pe Ulbricht" hatte die Partei mittlerweile hinreichend konsolidiert, hatte ihre taktische und strategische Marschrichtung von oben nach unten straff durchgedrückt. Fatal im nun folgenden Prozess war, dass die inzwischen einheitsskeptischen Arbeiter an der Basis der SPD nicht mit dem Kreis mittlerweile fusionsunwilliger Sozialdemokraten an der Spitze ihrer Partei zusammenkamen. Die Einheitsgegner unten fanden unter den einschüchternden, repressiven Bedingungen der SBZ jener Monate kein Sprachrohr bei den Einheitsfeinden oben, die den latenten Unmut in Versammlungen oder auf Kundgebungen hätten vokalisieren oder gar organisieren können. Schlimmer noch: Die meisten Landesvorsitzenden blieben bis zum Schluss gar unbeirrte Befürworter einer Allianz mit den Kommunisten. Und sie hatten durchaus auch weiterhin keineswegs ganz wenige Anhänger in der Partei. Vorneweg marschierten die beiden Landesvorsitzenden von Thüringen und Sachsen, Heinrich Hoffmann und Otto Buchwitz, die miteinander wetteiferten, als Demiurgen der „Einheit der Arbeiterklasse" in die Geschichtsbücher des Sozialismus einzugehen. Sie waren es dann auch, welche die anfangs noch zögernden und zaudernden Berliner Zentralinstanzen der SPD gezielt in den Krokodilsschlund der KPD trieben.

Doch: Warum haben sich die *meisten* sozialdemokratischen Mitglieder trotz allen Abstands und einiger Widersetzlichkeiten der Vereinigung mit den Kommunisten letztlich nicht verweigert? Mehrere Motive mögen zusammengekommen sein. Loyalität und Gefolgschaft hatten in der Geschichte der deutschen Arbeiterbewegung einen hohen emotionalen Wert. Eine soziale Bewegung, die häufig vom Staat und von den Mächtigen kriminalisiert und stigmatisiert worden war, hatte eben fest zusammenzustehen und diszipliniert zu agieren. Das war granitener sozialdemokratischer Ethos. Und da die Parteiführungen auf Zonen- und Länderebene der SBZ seit Februar 1946 offiziell für eine zügige Vereinigung von Sozialdemokraten und Kommunisten plädierten, stellten die Mitglieder und Parteitagsdelegierten, als es zur Abstimmung kam, ihre Einwände und Unbehaglichkeiten zurück. Die kollektive Parteiräson wog schwerer als der individuelle Zweifel.

Zudem: Unmittelbar zu Beginn der „Sozialistischen Einheitspartei Deutschlands" schienen die Sozialdemokraten in dieser Partei durchaus ihren Ort zu finden, ihr überliefertes Selbstverständnis mindestens partiell behalten zu können. Vom Ortsverein aufwärts waren alle Vorstandsposten in den ersten Monaten der SED noch paritätisch zwischen den beiden Parteien aufgeteilt. Auch entsprach die anfängliche Organisationsstruktur keineswegs dem Modell einer leninistischen Kaderpartei, sondern enthielt eine Reihe konventionell sozialdemokratischer Elemente. Das erste Parteiprogramm der SED lehnte sich überdies eng an

Begründung und Konzeption der österreichischen Sozialdemokraten der Zwischenkriegszeit an, die als Vorbilder gerade in der SPD Sachsens und Thüringens hoch im Kurs standen. Im Übrigen gab es den ganz trivialen Opportunismus, da im radikalen sozialen Transformationsprozess der SBZ aus Facharbeitern mit gewerkschaftlich-sozialistischen Hintergrund binnen weniger Monate neue administrative und betriebliche Eliten wurden, was auch für sozialdemokratische Familien eine ganz neue, abrupte und durchaus schmeichelhafte Karriereerfahrung bedeutete.

Milieu, Weltanschauung und sozialer Aufstieg jedenfalls schlugen eine Brücke, die eben auch von der SPD zur SED führte und die infolgedessen von vielen frühere Sozialdemokraten bestiegen und überquert wurde, um sich in der neuen Einheitspartei zu akkomodieren. Die klassenkämpferische Sprache, die Massenkundgebungen, die roten Fahnen, die revolutionären Lieder aus dem Organisationsleben der sozialistischen Kultur-, Freizeit und Sportorganisationen vor 1933 nahmen viele Sozialdemokraten als ein Stück Kontinuität von ihrer alten Welt hinein in die neue realsozialistische Gesellschaft. Ein eigensinniges, resistentes sozialdemokratische Milieu ließ sich im Osten Deutschlands in den SED-Jahren dagegen nicht historisch aufbewahren, gar über die vier Jahrzehnte der Diktatur hinweg tradieren. Schließlich taugten die überlieferten sozialdemokratischen Mentalitäten – anders als in den braunen Jahren 1933 bis 1945 – schlecht als nichtkonformistisches Verhaltens- und Kulturmuster im SED-Staat. Denn die herkömmlichen sozialdemokratischen Metaphern, Ausdrucksformen und Manifestationen gehörten ja überwiegend ebenfalls zur Rhetorik, zum Selbstbild und zur Präsentation der SED, vom roten Maifest bis zum Genossenkult. Der kulturelle Habitus der alten Sozialdemokratie war den Äußerungsformen der SED zu ähnlich, deshalb konnte er als Bezugspunkt subkutaner Dissidenz unter den Bedingungen eines rot drapierten Regimes nicht fortexistieren.

Allerdings: Eine stattliche Anzahl der früheren Sozialdemokraten lebte sowieso keineswegs in Obstruktion zum SED-Sozialismus. Zwar pflegen Sozialdemokraten gern diesen Geschichtsmythos. Und natürlich ist richtig, dass es vor allem in den Jahren 1949 bis 1951, als die Kämpfe gegen den „Sozialdemokratismus" in der SED tobten, tausende von Opfern aus der alten Partei von Bebel und Wels gab, dass viele über Jahre in Haft verbrachten, deportiert wurden, den Tod fanden. Doch nicht ganz wenige ehemalige Sozialdemokraten arrangierten sich auch mit den Verhältnissen, nutzten die sozialen Aufstiegsmöglichkeiten, die sich den Angehörigen der Arbeiterfamilien in der SBZ und in den frühen fünfziger Jahren der DDR in historisch bis dahin einzigartiger Weise boten. Der Ausstieg aus dem Facharbeiterproletariat und der Einstieg in Leitungsfunktionen von

Staat, Partei, Gewerkschaft, Bildungssektor, Justiz und Militär integrierte viele
früheren Sozialdemokraten und ihre Kinder in die Gesellschaft der DDR, band sie
an Partei und Staat.

Ein gemeinsames Papier von SPD und SED

Am Ende mag auch das zu einem gemeinsamen Papier von Sozialdemokraten
und Einheitssozialisten zwei Jahre vor der finalen Implosion der DDR geführt
haben. In der Tat: Das war schon ein seltsamer Morgen, damals am 28. August
1987 in Ost-Berlin. Welchem Kiosk die Bürger der „Hauptstadt der Deutschen
Demokratischen Republik" auch zustrebten, ab 9.00 Uhr gelang es ihnen nicht
mehr, an ein Exemplar des „Neuen Deutschland", des Organs des Zentralkomitees der SED, zu gelangen. Die Ausgabe von diesem Tag war restlos ausverkauft.
Das war verblüffend genug, da ansonsten nicht einmal die beflissensten Kader
des Staatssozialismus lustvoll danach drängten, sich das denkbar dröge Verlaut-
barungsorgan der Parteibürokratie in aller Frühe bereits zu Gemüte zu führen.
Aber an diesem Freitag im späten Sommer 1987 war alles anders. Denn an diesem Tag hatte das „Neue Deutschland" ein tags zuvor im Osten wie Westen
Deutschlands Vertretern der Presse bereits präsentiertes Dialogpapier dokumen-
tiert, an dem neben den führenden Ideologen der SED auch die klügsten Theoretiker der SPD mitgeschrieben hatten. Das galt als Sensation – hüben wie drüben.
In der durch mediale Pluralität nicht verwöhnten DDR war es weit mehr noch als
in der Bundesrepublik ein spektakuläres Ereignis, das politisch elektrisierte.

Das Merkwürdige war, dass dieses Ereignis keineswegs von langer Hand
geplant, durchaus nicht von den Führungen der Parteien zielstrebig und straff
gesteuert worden war. So stellt man sich das zwar zumeist vor. Aber so geschieht
es in der Politik, selbst in „totalitären" Regimen, tatsächlich nur in den seltensten
Fällen, da dort zwischen den ursprünglichen Absichten und den schließlichen
Resultaten kaum einmal eine gerade Linie verläuft.

Die Herren Brandt und Honecker hatten 1983/84 nichts dagegen, dass sich
ihre Theoretiker von Fall zu Fall zusammensetzten. Der eine, Brandt, war als
Chef einer Oppositionspartei froh, wenn er aparte Aktivitäten überhaupt vermel-
den konnte. Der andere, Honecker, war in jenen Jahren eifrig darum bemüht,
durch deutsch-deutsche Umtriebigkeiten Prestigepunkte für sich und den von
ihm repräsentierten Staat zu sammeln. Doch besonders ernst nahmen sie die
Diskussionsrunde ihrer Parteidenker im Übrigen nicht. Auch Honecker ließ sie
über die Jahre bemerkenswert ungestört machen; als rundum willenlose Mario-

netten agierten die Vertreter der ostdeutschen „Akademie für Gesellschaftswissenschaften" in der Runde mit den Repräsentanten der „SPD-Grundwertekommission" jedenfalls nicht.

Alles begann im Februar 1984.166 Die Intellektuellen aus SPD und SED trafen sich in Wendisch-Rietz, einem Städtchen am Scharmützelsee. Das folgende Treffen fand dann im Schwarzwald statt. Und so ging das jeweils alternierend bis in das Jahr 1987 weiter. Anfangs war die Atmosphäre im Gesprächskreis noch recht steif; schließlich gab es bislang keine Routinen im Verkehr zwischen Sozialdemokraten (West) und Kommunisten (Ost). Doch im Laufe der zweiten und dritten Zusammenkunft lockerten sich selbst die Hardcore-Ideologen auf der SED-Seite, die vom Mitglied des Zentralkomitees und Rektor der Akademie für Gesellschaftswissenschaften der SED, Otto Reinhold, angeführt wurde. Auch Journalisten gutwilliger sozialliberaler Provenienz wurden mit der Zeit als Beobachter zugelassen. Einen geselligen Höhepunkt bildete ein gemeinsamer Kegelabend am Müggelsee, an dem deutsch-deutsche Herrenwitze fröhlich ausgetauscht wurden. Dennoch, zu Kumpaneien, die später der SPD-Seite gern von Politikern der CDU/CSU unterstellt wurden, kam es nicht. Sozialdemokraten wie Richard Löwenthal, Peter von Oertzen, Johano Strasser oder Erhard Eppler – der die westdeutsche Delegation leitete – waren harte Kritiker des Marxismus-Leninismus und unopportunistische Individualisten. Vor allem der frühere Juso-Theoretiker Johano Strasser machte seinen SED Kontrahenten durch bissige Polemiken das Leben schwer.167

Zunächst plauderte man über dies und das, ein bisschen über die Zukunft der Arbeit, natürlich – es waren die 1980er Jahre – auch über Probleme der Ökologie, dann über die Frage nach Gesetzmäßigkeiten in der Geschichte menschlicher Gesellschaften. Und so weiter. Beim vierten Treffen Ende Februar 1986 im westdeutschen Freudenstadt, als man über die friedliche Koexistenz und eine neue politische Streitkultur räsonierte, schlug Erhard Eppler nahezu en passant vor, dass man die Ergebnisse all der gedanklichen Anstrengungen doch einmal protokollieren, in einem gemeinsamen Papier bündeln möge. Damit bekam der

---

166 Vgl. hierzu und im Folgenden Rolf Reißig, Dialog durch die Mauer. Die umstrittene Annäherung von SPD und SED, Frankfurt a. M. 2002; ders., Der SPD/SED-Dialog und seine Folgen, in: Schriftenreihe des Instituts für vergleichende Staat-Kirche-Forschung, H. 14/2003, S. 107 ff.; ders., Magna Charta einer DDR-Perestroika, in: Freitag, 23.08.2003; Erich Hahn, SED und SPD. Ein Dialog, Berlin 2002; Erhard Eppler, Kultur des Streits. Die gemeinsame Erklärung von SPD und SED, Köln 1988.
167 Vgl. Herbert Riehl-Heyse, Panik nach dem Brückenschlag, in: Süddeutsche Zeitung, 04.07.1992; Johano Strasser, Als wir noch Götter waren im Mai, München/Zürich 2007, S. 215 ff.

Debattierzirkel nun eine anfangs keineswegs geplante Richtung, ein präzises Ziel. Dies war der Startschuss für das im August 1987 dann im „Neuen Deutschland" und im „Vorwärts" publizierte gemeinsame Dialogpapier von SPD und SED mit dem Titel „Der Streit der Ideologien und die gemeinsame Sicherheit".

Tags darauf druckten das Dokument auch die beiden überregional erscheinenden Tageszeitungen aus Frankfurt nach; etliche Regionalzeitungen brachten Auszüge. Die Republik befand sich noch im Sommerloch und hatte nun ein Thema, das es vorzüglich füllte. Die westdeutschen Konservativen in Politik und Journaille entrüsteten sich wortgewaltig und taten dies auch in den folgenden Jahren, sobald die Jahrestage des Erscheinens wieder probaten Anlass dafür boten. Die wechselnden Generalsekretäre der CDU brandmarkten das Papier in kalkulierbarer Regelmäßigkeit als Dokument der Anbiederung, des Opportunismus, der linken Verbrüderung, der Aufwertung des Kommunismus. Doch auch Sozialdemokraten des rechten Flügels grummelten vernehmlich. Der frühere Bundeskanzler Helmut Schmidt hielt sich zwar in der Öffentlichkeit zurück, doch in den Gremien seiner Partei machte er kein Geheimnis daraus, wie zuwider ihm das Elaborat war. In seinen „Erinnerungen und Reflexionen" von 1996 nannte er es verächtlich ein „moralisch und politisch abwegiges" Pamphlet.

In der Tat: ein bisschen wunderlich war das Papier schon. Es las sich über weite Strecken keineswegs wie ein Manifest der Arbeiterbewegung, sondern wie das Erziehungsbrevier aus einer protestantischen Studienratsfamilie jener friedensbewegten Jahre. „Streitet euch, aber bleibt um Himmels willen dabei friedlich! Hört einander zu! Tauscht Argumente aus! Lernt dabei! Nähert euch an! Und alles wird gut." Das in etwa bildete die Grundmelodie eines Papiers, das in seinem gutmeinenden Diskursstil auf seltsame Weise wie aus aller – oft brutalen, immer interessendurchwirkten, von Machttrieben und auch Fanatismen durchherrschten – Geschichte herausgefallen wirkte.

Und so war für viele Sozialdemokraten der alten antikommunistischen Schule die friedensselige Schulterschlussrhetorik des Papiers schwer erträglich: „Wir, deutsche Kommunisten und Sozialdemokraten" so konnte man dort lesen, erkennen die „Existenzberechtigung" beider Seiten an. Die Sozialdemokraten legten im Papier größeren Wert auf die klassischen Prinzipien der liberalen Demokratie, während die SED-Leute in das gemeinsame Dokument hineinschreiben konnten, dass sie unter Demokratie mehr „die reale Mitwirkung der Werktätigen an der Leitung und Gestaltung der Wirtschaft und Gesellschaft und die Kontrolle darüber" verstanden. Dass dergleichen Phrasen, die mit der Wirklichkeit marxistisch-leninistisch begründeter Despotien wenig zu tun hatten, die Unterschrift sozialdemokratischer Grundwertehüter fand, war nicht nur Helmut Schmidt ein moralisches Gräuel.[168] „Sozialdemokraten und Kommunisten", so stand es überdies im Papier, „berufen sich beide auf das humanistische Erbe Europas". Christdemokraten fiel es infolgedessen leicht, darüber empört aufzuheulen.[169]

Der entscheidende Grund für die zuvor über Jahrzehnte undenkbare sozialdemokratisch-kommunistische Miteinanderdemonstration lag im alles beherrschenden Imperativ der Friedenssicherung. Und der entscheidende Satz des Papiers fiel gleich zu Beginn: „Unsere weltgeschichtlich neue Situation besteht darin, dass die Menschheit nur noch gemeinsam überleben oder gemeinsam untergehen kann." Der Krieg dürfe im Nuklearzeitalter kein Mittel der Politik mehr sein; Friedenssicherung sei zur Grundlage jeder verantwortbaren Staatsführung geworden. Daraus leitete sich für die Vordenker von SPD und SED alles Weitere ab: Dass kein System künftig mehr das andere abzuschaffen versuchen dürfe; dass sich alle Hoffnungen auf Reformen im Inneren der legitimerweise existierenden Systeme zu richten hätten.

Nicht nur aus der historischen (Besserwisser-)Perspektive weiß man, wie redlich zwar, doch unzweifelhaft falsch die Ausgangsprämisse war – und dass daher alle Folgerungen in der Tat mit Aplomb in die Irre führen mussten.170 Und dennoch: Opfer war allein und mit Recht das SED-Regime. Die gefestigte bundesdeutsche Demokratie konnte einige problematische Dialogsätze ohne den geringsten Schaden verkraften, die Erosion der sowieso höchst labilen, innerlich bereits morschen DDR aber gewann durch das Papier noch an Tempo und Nachdruck. Denn die Grundwertetheoretiker der SPD hatten ebenfalls Formulierungen zur universell gültigen Diskussions- und Informationsfreiheit durchgedrückt, auf die sie bis heute – mit einigem Recht – stolz sind und auf die sie sich immer dann – ebenfalls

---

[168] Vgl. Helmut Schmidt, Weggefährten. Erinnerungen und Reflexionen, Berlin 1996, S. 520 f.; auch: Hans Apel, Der Abstieg. Politisches Tagebuch eines Jahrzehnts, Stuttgart 1990, S. 415 f.; Gesine Schwan, Ein Januskopf – Gefahren und Chancen, in: Frankfurter Allgemeine Zeitung, 23.09.1987; Martin Kriele, Universalitätsansprüche darf man nicht aufgeben, in: Deutschland Archiv, H. 1/1988 (Jg. 21), S. 51 f.

[169] Vgl. beispielhaft Peter Hinze, Linke Theoriegebäude sind eingestürzt, in: Die Zeit, Nr. 36/1997; die andere Sicht: Erhard Eppler, Helmut Kohl und die guten Deutschen, in: Süddeutsche Zeitung, 04.10.2000.

[170] Zur Diskussion in historischer Perspektive vgl. Dieter Dowe (Hrsg.), Die Ost- und Deutschlandpolitik der SPD in der Opposition 1982-1989, Bonn-Bad Godesberg 1993; auch: Friedrich-Ebert-Stiftung (Hrsg.), Das verfemte Dokument. Zum 10. Jahrestag des SPD/SED-Papiers „Der Streit der Ideologien und die gemeinsame Sicherheit". Materialien einer Diskussionsveranstaltung der Friedrich-Ebert-Stiftung am 1. Februar 1997 in Berlin, Berlin 1997; auch: Johano Strasser, Fehler in der Gesprächsführung, in: Süddeutsche Zeitung, 04.12.2002.

mit Recht – berufen, wenn ihnen pure Anpassung oder törichte Naivität gegenüber den Kommunisten vorgeworfen werden. Die entscheidende Passage lautete:

> „Die offene Diskussion über den Wettbewerb der Systeme, ihre Erfolge und Misserfolge, Vorzüge und Nachteile, muss innerhalb jedes Systems möglich sein. Wirklicher Wettbewerb setzt sogar voraus, dass diese Diskussion gefördert wird und praktische Ergebnisse hat. (...) Dazu müssen die Staaten in beiden Systemen entsprechend der KSZE-Schlussakte auf ihrem Territorium die Verbreitung von periodisch und nichtperiodisch erscheinenden Zeitungen und gedruckten Veröffentlichungen aus den anderen Teilnehmerstaaten erleichtern."[171]

Immer noch verblüffend ist, dass auf der Politbürositzung Ende Juli 1987, die dem Papier das Plazet gab, allein der frühere DDR-Minister und Ulbricht-Freund Alfred Neumann deutlich darauf hinwies, in welche Bredouille diese Passagen die SED fortan bringen würden, zumal der Text im „Neuen Deutschland" erschien, also dadurch parteioffiziellen Legitimationscharakter trug.

Neumann behielt Recht. Die Flasche war geöffnet, der Geist entschlüpft; und die Herrschenden bekamen den oppositionellen Kobold nicht mehr fest zu fassen. Mit der Zusicherung auf Diskussionsfreiheit in der Veröffentlichung des Zentralorgans der Staatspartei gingen Bürgerrechtler, Kirchenleute und auch SED-Erneuerungswillige offensiv in die Veranstaltungen von Partei, Betrieben, Schulen, Universitäten, Theater, Akademien hinein, um ihre Rechte einzufordern.[172] So war das SPD-SED-Papier ein zusätzliches Ferment im Zersetzungsprozess der DDR. Es wirkte unzweifelhaft destabilisierend – auch wenn das keineswegs die Absicht der Verfasser war, gleichviel ob aus SED oder SPD. Denn auch die Sozialdemokraten hatten nicht die Unterminierung und Auflösung der DDR im Auge, als sie mit dem Papier begannen; im Gegenteil, die Erschütterung des Status Quo fürchteten sie geradezu, hielten das für den Gefahrenherd zur Auslösung eines Atomkriegs schlechthin. Als dann die innergesellschaftlichen Oppositionen im Osten über den Status Quo hinausdrängten, Frieden und Demokratie sich nur jenseits davon erhofften, stand die deutsche Sozialdemokratie nahezu gelähmt, ratlos, bar aller weiterführenden Begriffe und Konzepte abseits von den geschichtlichen Strömen, die sich anders Bahn brachen, als die SPD das programmatisch unterstellt und durch ihre eigene Politik nur unbeabsichtigt befördert hatte.

---

[171] Der Streit der Ideologien und die gemeinsame Sicherheit, in: Politik – Informationsdienst der SPD, Nr. 3 vom 3. August 1987, S. 60.
[172] Vgl. Tom Mustroph, Das Dokument für den Dialog. Wie SED und SPD mit einem Papier für Furore sorgten, in: Neues Deutschland, 21.04.2004.

Die Verlierer aber waren eindeutig die Ideologen der SED. Die meisten fielen nach der Implosion der DDR tief, verloren jegliche Bedeutung. Bis 1988 wurden sie von Sozialdemokraten umworben, gehätschelt, gesucht. Das änderte sich ab 1989 binnen weniger Wochen. Heute ist der Umgang von Sozialdemokraten selbst mit erprobten Reformsozialisten in der Linkspartei weit kühler und schroffer als mit den steifen Kadern der SED vor der Wende. Und das gemeinsame Papier vom Sommer 1987 ist mittlerweile erst recht ganz und gar historisch. Wir leben zwar weiterhin im Nuklearzeitalter. Doch halten es die Sozialdemokraten keineswegs mehr für kategorisch verwerflich, von Fall zu Fall auch von außen und auch mit militärischer Gewalt in die Innenpolitiken anderer Länder einzugreifen.

„Third Way": Das heikle Vorbild für die „neue Mitte"

Auf den jüngsten Irrweg begab sich die Sozialdemokratie Europas in der Ära Schröder, als sich etliche sozialdemokratische Parteien am „Third Way" des Labour-Vorsitzenden Tony Blair orientierten. Ebenso wie Schröder die Agenda-2010-Politik seiner eigenen Partei aufzwang und unter dem Postulat der Alternativlosigkeit verkaufte, hatte zuvor der britische Premiermister Tony Blair diesen Weg der sozialstaatlichen Reformen begangen. Die Parallelen sind dabei offensichtlich. Was so hoffnungsvoll als Zeitenwende angepriesen wurde, mündete letztlich für beide Parteien in elektoralem Niedergang und beispielloser Orientierungslosigkeit der Anhängerschaft. Aber werfen wir einen kurzen Blick zurück auf den Beginn der Ära Blair.

Am 1. Mai 1997 blies die britische Gesellschaft zur Ouvertüre der „Blair-Revolution". Achtzehn bittere Jahre lang hatte die Labour-Party zuvor im Abseits einer ganz und gar ohnmächtigen Opposition geschmort, hatte erregt, aber rundum wirkungslos den militanten Feldzug der Maggie Thatcher gegen die überlieferte Wohlfahrtsstaatlichkeit hinnehmen müssen. Es hagelte vier Wahlniederlagen in Folge, bis sich die britische Arbeiterpartei durchrang, den juvenilen Absolventen des elitären St. John's College der Universität Oxford an der Spitze der Partei zu akzeptieren und sich fortan dem Transformationswerk von Old Labour zu New Labour zu unterwerfen.[173]

---

[173] Zu Tony Blair insgesamt vgl. Gerd Mischler, Tony Blair, Reformer, Premierminister, Glaubenskrieger, Berlin 2005; Jon Sopel, Tony Blair, der Herausforderer, Stuttgart 1996.

Drei Jahre, nachdem er die Parteispitze übernommen hatte, zog Blair nach einem triumphalen Wahlsieg und als jüngster Premierminister der letzen 185 Jahre in Downing Street 10 ein. Der Enthusiasmus dieses Moments blieb 1997 keineswegs auf London, auf die Insel beschränkt. Der Jubel in der europäischen Sozialdemokratie war allgemein. Man sah das neue Morgenrot einer neuen sozialen Demokratie leuchten – weniger proletarisch, weniger etatistisch als früher, dafür frischer, dynamischer, moderner, marktwirtschaftlicher. Das war die Zeit, als Begriffe wie „Neue Mitte" oder „Third Way" die Augen der Genossen noch leuchten ließen.

Tony Blair, der strahlende Sieger der Parlamentswahlen im Frühjahr 1997, war unzweifelhaft Herold und Held dieses neo-sozialdemokratischen Aufbruchs zum Ausgang des 20. Jahrhunderts. Kein anderer europäischer Politiker jener Jahre strahlte derart viel Energie aus. Die Zähne bleckten, die Augen funkelten, seine Rhetorik fesselte. Blair war mehr als nur ein „Thatcher in Hosen", wie ihn vor Jahren der marxistische Historiker Eric Hobsbawm ein wenig maliziös bezeichnete. Blair war schon ein „real Leader", ein genuiner Charismatiker mit den für diesen politischen Führungstypus charakteristischen religiösen Inspirationen und Ausprägungen. Das unterschied ihn fundamental von der zeitgenössisch sozialdemokratischen Prominenz in Deutschland. Die deutschen Sozialdemokraten ächzten schlecht gelaunt unter der Last der „Reform", beklagten trübe die Alternativlosigkeit ihres Tuns, gaben sich schicksalsergeben vermeintlichen Sachzwängen hin.

Blair hatte nichts von dieser deutsch-hegelianischen Fügsamkeit in die ehernen Schrittfolgen eines unerbittlich richtungsbestimmenden Weltgeistes. Blair war wie etliche britische Sozialisten vor ihm ein lust- und kraftvoller Voluntarist. Zusammen mit seiner tiefen Religiosität gab ihm das einen missionarischen Eifer, eine reformerische Unbedingtheit, einen prophetischen Gestus. Blair argumentierte nicht ängstlich defensiv, sondern in kühner Manier, als aggressiver Apostel permanenter Mobilisierung und Veränderungen. „Ich möchte", so predigte Blair zu Beginn seiner Amtszeit hochgemut, „dass wir die größte radikal reformierende Regierung unserer Geschichte werden."

Natürlich birgt dieser charismatische Furor etliche Gefahren. Charismatiker treten gern in der Pose des Wunderheilers auf. Und in schwierigen Zeiten wecken sie damit Hoffnungen und sammeln Anhänger. Doch spätestens wenn das Mirakel ausbleibt, werden sie als Scharlatane von den nunmehr enttäuscht-wütenden Jüngern mit Schimpf und Schande aus der Gemeinschaft vertrieben. Der warme Zauber des Anfangs und die kalte Ernüchterung im Abgang bilden eine offenkundig unvermeidliche komplementäre Einheit im charismatischen Auftritt der

Politik. Und so stand auch der einstige Wunderknabe Tony Blair irgendwann, von aller magischen Aura und jedem höheren Nimbus entblättert, einsam und weithin gar verachtet in der politischen Landschaft. Die Entzauberung begann nicht erst mit dem Irakkrieg. Aber Blairs doktrinärer außenpolitischer Messianismus, der die Bereitschaft zur kalten Lüge einschloss, hat den Legitimations- und Loyalitätskredit gerade in seinen Kerntruppen aufgebraucht. Und der Virus des außenpolitischen Vertrauensverlustes nagte fortan auch an der innenpolitischen Stellung des Prime Ministers.

Gerade bei den Aktivisten und langjährigen Stammwählern von Labour wurde der Frust über die eigene Regierung gewaltig. Bemerkenswert daran war, dass New Labour seit Jahren eine Strategie verfolgte, die sich die deutschen Sozialdemokraten ebenfalls zum Programm machten. Das Ziel von New Labour war nicht die Gleichheit der Einkommen, sondern die Verbesserung von Lebenschancen. Als Instrument dafür galten Bildung und lebenslanges Lernen. Eingebettet war all dies in die so genannte welfare-to-work-Strategie: Arbeitslose sollten sich nicht durch staatliche Transfers in Abhängigkeit und Passivität verdrängen lassen, sondern aktiv – notfalls mit Druck und Sozialkürzungsdrohungen – in den Arbeitsprozess rückgeführt werden. Arbeit, Arbeit, Arbeit – das war im Kern die Maxime der New-Labour-Politik.

Ein großer Teil der unteren Schichten indes mochte diese Parolen aus den Mündern akademischer und besser situierter New-Labour-Minister mittlerweile nicht mehr hören.[174] Auch die Chancenrhetorik löste unten eher Hohn und Hass aus. Das allfällige Postulat von der Chancengesellschaft hatte bei all denen, die es nicht geschafft haben, erst recht das Gefühl der Demütigung, der Wut, zuweilen des Schams hervorgebracht. Denn New Labour wies ihnen nun die Verantwortung für die soziale Misere individuell zu. Dabei arbeiteten etliche hart, lang, viel – und waren dennoch deprimierend arm geblieben. Der Wohlstandsgraben zwischen den oberen fünfzehn Prozent und den unteren fünfzehn Prozent hatte sich in den letzten Jahren unter Blair gar noch vertieft. Sozial gerechter, integrierter, friedlicher, bürgergesellschaftlicher war die britische Gesellschaft alles in allem nicht geworden.[175]

---

[174] Vgl. Ernst Hillebrand, Großbritannien: Die Lage Labours am Ende der Ära Blair, in: FES-Analyse, September 2006, www.feslondon.org.uk/documents/FES-ANALYSE_GROSSBRITANNIEN_000.pdf [eingesehen am 11.01.2008].
[175] Vgl. Michael Barber, Instruction to Deliver: Tony Blair, Public Services and the Challenge of Achieving Targets, London 2007; Peter Riddel, The Unfulfilled Prime Minister. Tony Blair's Quest for a Legacy, London 2005; Tom Sefton/Holly Sutherland, Inequality and

Eher hatte der New-Labour-Wohlfahrtsstaat Züge der Intoleranz angenommen.[176] Es zählten allein Leistung, Effizienz, wirtschaftlicher Erfolg. Der Arbeitszentrismus von New Labour fand seinen Zweck in sich selbst. Hauptsache Arbeit – nach dem Sinn, der Substanz, der Lebensqualität, der Perspektive des produktivistischen Tuns wurde im Labourismus nicht gefragt. Es war dieser pure und rigide Ökonomismus, der nach zehn Jahren New Labour Regierung gerade die früheren Multiplikatoren und Fußsoldaten der Partei verstört und entmutigt hatte.[177]

Doch am schlimmsten für Labour war, dass die Partei nicht mehr wusste, ob ihr Projekt der letzten zehn Jahre eigentlich richtig war oder doch vielmehr in die Irre geführt hatte. Erst recht wusste sie nicht, was nun folgen würde, wie das Ziel aussehen könnte, der Weg dorthin, das Marschgepäck. Es ging nicht mehr voran – auf dem „Third Way" der europäischen Linken.

Poverty under New Labour, in: John Hills/Kitty Stewart, (Hrsg.), A more Equal Society? New Labour, Poverty, Inequality and Exclusion, Bristol 2005, S. 231 ff.

[176] Vgl. Dominik Geppert, Maggie Thatchers Rosskur – Ein Rezept für Deutschland?, Berlin 2003.

[177] Vgl. Peter Nonnenmacher, Labour ohne Kurswechsel, in: Frankfurter Rundschau, 29.09.2005.

Wozu noch SPD?

Sozialdemokraten im Bruch und Wandel

Stets hat man die Volksparteien als postideologischen Parteientypus betrachtet. Doch das war, wie sich seit einigen Jahren deutlich zeigt, ganz falsch betrachtet. Die Volksparteien lebten von den Resten der alten Weltanschauungsmilieus, die den Integrationsstoff lieferten, auch die Kraft zur Mobilisierung spendeten, das farbige und authentische Personal für die politische Repräsentation hervorbrachten. Es ist daher kein Zufall, dass mit dem – mindestens vorläufigen – Ende der Weltanschauungen und ihrer Subkulturen auch die Erosion der Volksparteien einsetzte. Vielleicht ist es wirklich so: Die Zeit der Volksparteien war eine Ausnahmezeit. Wenn man die letzten 150 Jahre der Geschichte der Parteien in den Blick nimmt, dann sind erfolgreiche Volksparteien eher eine exklusive Momentaufnahme. Sie konnten in die Breite gehen und erhielten sich trotzdem die Loyalität großer Schichten, weil es z. B. bei der SPD den sozialistischen Stoff und die gewerkschaftlichen Bataillone noch gab, bei den Christdemokraten das Katholisch-Christliche auch in der hochsäkularisierten Zeit nicht gleich vollends versiegte. In beiden Fällen jedoch ist in den letzten Jahren zu erkennen, dass dieser vor-volksparteiliche Stoff allmählich schwindet – und damit auch die Kohäsions- wie Verknüpfungskraft der Volkspartei selbst.[178]

Aber das ist es nicht allein, was jedenfalls der SPD zu schaffen macht. Man braucht nur das letzte Buch von Sigmar Gabriel „Links neu denken" zu lesen, um die Not dieser Partei zu verstehen. Gabriel, unzweifelhaft einer der Klügsten seiner Generation in der SPD, geht mit der Politik und Gesellschaft Deutschlands der letzten zehn Jahre denkbar hart ins Gericht. Die soziale Polarisierung sei massiv vorangeschritten, die Armut habe sich erheblich ausgeweitet; die Reallöhne im unteren Viertel seien markant zurück gegangen, die Spaltung der Ge-

---

[178] Vgl. auch Franz Walter, Im Herbst der Volksparteien? Eine kleine Geschichte von Aufstieg und Rückgang politischer Massenintegration, Bielefeld 2009.

sellschaft habe nachdrücklich zugenommen.[179] Gabriel nennt für diese Fehlentwicklung immer nur Zeiträume, ordnet sie nicht direkt politisch zu. Aber es ist – wie jeder aufmerksame Leser unschwer begreift – die Ära sozialdemokratischer Regierungspolitik, in der sich die neuen sozialen Klüfte so drastisch verbreitert haben. Gleichwohl: Hier und da postuliert Gabriel in seinem Opus dennoch, man habe als Sozialdemokrat stolz auf die Leistungen unter den sozialdemokratischen Bundesregierungen seit 1998 zu sein.

Und so steckt nicht zuletzt wegen dieses aus Frustration über die SPD genährten Aufschwungs der Linkspartei die Sozialdemokratie seit Anfang 2008 erneut im 25-Prozent-Keller fest. In der Tat sind die Probleme, welche die SPD drücken, gewaltig. Die alte Massenpartei, deren einstiger Stolz die kollektiven Großbataillone vorzüglich mobilisierbarer Aktivisten waren, hat seit 1990 mehr als 400.000 Mitglieder verloren, ist dadurch bis Ende 2008 um rund 8000 Mitglieder unterhalb des Bestandes der früheren christdemokratischen Honoratiorenorganisation geschrumpft – eine historisch einschneidende Zäsur in der Geschichte politischer Organisationskulturen. Am stärksten fielen die Verluste bezeichnenderweise in den früheren industriellen Kernregionen und Hochburgen der Sozialdemokratie aus: im Saarland, in Nordrhein-Westfalen, in Bremen und in Hamburg. Im Vergleich zu dem goldenen sozialdemokratischen Jahrzehnt, den 1970er Jahren, ist dort der Mitgliederbestand auf ein Drittel zusammengeschmolzen.[180]

Überdies: Fast die Hälfte aller sozialdemokratischen Mitglieder ist mittlerweile über sechzig Jahre alt; nicht einmal zehn Prozent sind unter 36 Jahren. Sozialstrukturell dominieren daher mittlerweile in der SPD die Rentner und Pensionäre, gefolgt von den Angestellten. Der Anteil der Arbeiter liegt in der Partei des früheren Industrieproletariats nur noch bei elf Prozent – auch das ein Wendepunkt in der Geschichte der „sozialen Demokratie" hierzulande.

In den prosperierenden Regionen der Republik verharren Sozialdemokraten überwiegend ohne ermutigende Erfolgsperspektive in einer allmählich verfestigten Diasporasituation. Die strukturelle und auch historisch bedingte Unterlegenheit im Süden Deutschlands konnte die SPD einige Jahrzehnte lang noch durch überdurchschnittliche Ergebnisse zwischen Rhein und Ruhr, überdies in Niedersachsen, Hessen oder Hamburg kompensieren. Doch auch hier ist die früher robuste Mitglieder- und Organisationspartei erheblich beschädigt, kaum mehr

179 Vgl. Sigmar Gabriel, Links neu denken. Politik für die Mehrheit, München/Zürich 2008, S. 96 ff.
180 Hierzu Franz Walter, Die SPD. Biographie einer Partei, Reinbek bei Hamburg 2009, S. 277 ff.

mehrheitsfähig. Insgesamt hat die Partei auf der Länderebene in den letzten neun Jahren ca. vier Fünftel ihrer Minister verloren.

Infolgedessen fällt es schwer, die SPD noch gönnerhaft mit dem Zertifikat „Volkspartei" auszustatten. Als intakte Volkspartei in den 1960er Jahren verknüpften die Sozialdemokraten in ihrer Führung Menschen grundverschiedener Generationen und Lebenserfahrung: den skandinavischen Emigranten, den Leutnant der Wehrmacht, den Moskauer Kommunisten, den Widerständler der Bekennenden Kirche. In Wahlkämpfe und Kabinette zog sie mit seinerzeit modernen Gewerkschaftern wie Georg Leber und Walter Arendt, mit Vertretern der Kirche wie Jürgen Schmude, Gustav Heinemann, Erhard Eppler und Johannes Rau, mit intellektuellen Groß- und Bildungsbürgern wie Carlo Schmid, Horst Ehmke und Karl Schiller, mit intellektuellen Konzeptionalisten der Außenpolitik wie Egon Bahr, mit kreativen Unternehmern wie Philip Rosenthal. Verglichen mit diesem Erfolgsjahrzehnt der volksparteilichen Wandlung, klafft in der SPD heute ein riesiges Repräsentationsloch.

Nahezu verschwunden sind ebenfalls die gerade im klassischen Sozialismus so zahlreichen, gewiss oft exzentrischen, aber doch immer farbigen Intellektuellen und Parteitheoretiker, deren Reigen sich historisch von Karl Marx und Eduard Bernstein über Rudolf Hilferding und Paul Levi bis hin zu Willi Eichler und Peter von Oertzen zog. Und gründlich entkoppelt haben sich inzwischen die Lebenswelten von Sozialdemokraten und Gewerkschaftern. Beide Sphären haben lange eine Symbiose gebildet, in der sich Betriebserfahrungen und politische Fertigkeiten verknüpften. In den 1950er und 1960er Jahren war es in der SPD noch Usus, bei Wahlen prominente Gewerkschafter auf einen der vordersten drei Plätze der Landesliste zu setzen.[181] Doch heute gehört kein Gewerkschaftsführer mehr der sozialdemokratischen Bundestagsfraktion an; überhaupt ist der Anteil von Gewerkschaftsmitgliedern in der Mannschaft von Peter Struck gegenüber der Regierungszeit von Helmut Schmidt um 25 Prozentpunkte zurückgegangen. Insgesamt sind über zwei Drittel der SPD-Mitglieder jetzt ohne Gewerkschaftszugehörigkeit – auch hier: ein historischer Tiefpunkt. Die lokalen Betriebsräte sind nicht mehr zugleich stellvertretende Ortsvereinsvorsitzende und/oder Mitglieder von Stadtratsfraktionen der SPD. Friktionen hat es zwischen Gewerkschaften und Sozialdemokraten zwar historisch immer wieder gegeben. Aber die Entfremdung, wie sie sich seit dem Frühjahr 1999 durch die jähe, zuvor im Wahlkampf noch ausgeschlossene Austeritätspolitik Hans Eichels, dann durch die

---

[181] Vgl. hierzu Peter Lösche, Verbände und Lobbyismus in Deutschland, Stuttgart 2007, S. 74.

Revision der Rentenpolitik durch Walter Riester aufgetan hat[182], ist geschichtlich neu – zumal ein gewichtiger Teil des gewerkschaftlichen Mittelbaus einen möglicherweise finalen politischen Repräsentanzwechsel von der SPD fort vollzogen hat. Was einst sicheres Vorfeld der Sozialdemokraten war, scheint in Teilen zum Rekrutierungsfeld und zur Kaderschmiede der „Linken" zu werden.[183]

Beschleunigt hat sich dieser Entfremdungsprozess bekanntlich seit dem Frühjahr 2003, als der damalige Bundeskanzler Schröder seine Agenda-2010-Reformen zur Entschlackung der altbundesdeutschen Sozialstaatlichkeit verkündete, was gleichsam der Startschuss für viele zuvor sozialdemokratisch organisierte Gewerkschaftsfunktionäre war, die „Wahlalternative Arbeit & Soziale Gerechtigkeit" zu gründen, welche hernach in die Linkspartei einfloss. Schröders Partei-Generalsekretär Olaf Scholz räsonierte zeitgleich mit der Agenda öffentlich über den Abschied vom Credo der *„sozialen* Gerechtigkeit", warnte überdies vor einem linken Egalitarismus, obwohl etliche sozialdemokratische Anhänger in diesen Jahren eine ganz andere Wahrnehmung der materiellen Verteilungsverhältnisse in Deutschland besaßen.[184]

Die programmatischen Losungen der Sozialdemokraten der letzten Jahre – Bildung, lebenslanges Lernen, Chancen, Leistung – spiegeln die Lektion allein aus den erfolgreichen Biographien sozialdemokratischer Aufsteiger der bundesdeutschen Wohlfahrtsstaatsära. Hingegen haben sie mit den neuen Erlebnissen des Scheiterns, der Demütigung durch Bildungsversagen in den mehrfach gebrochenen Lebensgeschichten des unteren gesellschaftlichen Drittels nichts zu tun. Diese beiden Welten sind einander gänzlich fremd geworden.

Nun ist die sozialdemokratisch projektierte „Chancengesellschaft" natürlich nicht ohne Sinn und Basis. Mehr noch: Es spricht in der Tat einiges dafür, dass das 21. Jahrhundert von vielen Bürgern als ein Jahrhundert ganz ungewöhnlicher Chancen, Perspektiven, Optionen wahrgenommen und genussvoll ausgelebt wird. Doch in der Chance lauert für andere das Menetekel des Scheiterns. Die niederländischen Politologen René Cuperus und Frans Becker sehen die mitteleuropäischen Gesellschaften gespalten in diejenigen Menschen, welche die Zukunft „umarmen" möchten, da sie ihnen vielfache und spannende Möglichkeiten bie-

---

[182] Vgl. Christoph Egle/Tobias Ostheim/Reimut Zohlnhöfer (Hrsg.), Das rot-grüne Projekt. Eine Bilanz der Regierung Schröder 1998-2002, Wiesbaden 2003; auch Antonia Gohr/Martin Seeleib-Kaiser (Hrsg.), Sozial- und Wirtschaftspolitik unter Rot-Grün, Wiesbaden 2003.

[183] Siehe hierzu insgesamt Tim Spier u.a. (Hrsg.), Die Linkspartei. Zeitgemäße Idee oder Bündnis ohne Zukunft?, Wiesbaden 2007.

[184] Vgl. Gunter Hofmann, Kabinett der Mittelstreckenläufer, in: Die Zeit, 03.04.2003.

ten, und solche, die sich vor dieser Zukunft zutiefst fürchten, da sie ganz realistisch ahnen, dass ihnen die neue Gesellschaft außer lebenslanger Dürftigkeit nichts Gutes bringt.[185]

Jedenfalls: In der Chancengesellschaft verstehen sich die Chancenbefähigten nicht mehr als kollektive Akteure, sondern als individuelle Jäger um die Beute des sozialen Aufstiegs, des Prestigegewinns, der materiellen Zusatzgratifikation. Die Chancengesellschaft dieser Prägung konterkariert so Zugehörigkeiten und Solidarität. Die SPD war folgerichtig die erste Partei, welche die selbstproduzierte Erosion von Loyalität elektoral massiv zu spüren bekam. Denn in Zentrum der bundesdeutschen Gesellschaft hat sich im Kampf um Chancen über Bildung eine erbarmungslose Rivalität aufgetan. So wird mehr und mehr deutlich, dass die Kategorie der „Chance" keineswegs die Klassiker der „sozialen" oder „solidarischen Gesellschaft" abzulösen vermag – wie es die „modernen Sozialdemokraten" gern hätten. Auch wenn das untere Fünftel durch Frühförderung und Ganztagsschulen künftig chancenfähig gemacht würde – was unzweifelhaft das Ziel jeder demokratischen Gesellschaft zu sein hat – entsteht dadurch allein noch keineswegs eine gute, gerechte, zivile, kommunitäre Gesellschaft. Im Gegenteil: Der offene Zugang zu Chancen in einer ansonsten *gleichbleibenden* Gesellschaft mit riesigen Einkommensdifferenzen, Machthierarchien, Klassenunterschieden, Distinktionen in Rang, Reputation und Renommee wird zu einem gnadenlosen Ringkampf um weiterhin privilegiert angesiedelte Positionen führen. Wer in dieser individualisierten Schlacht durch rigide Chancennutzung nicht mithält, hat rundum und für allemal verloren. Bildung ist die Heilsvision säkularer Gesellschaften, so der Wiener Philosophieprofessor Konrad Paul Liessmann, „die weder auf religiöse Transzendenz noch auf revolutionäre Immanenz setzen können; Bildung war so von Anfang an ein Motor für die Modernisierungsschübe, gleichzeitig aber auch ein falscher Trost für schamlos so genannte Modernisierungsverlierer, die, weil ohne Bildung, damit auch an ihrem Schicksal selber Schuld waren."[186] Denn nun gelten Bildungsabständige als „gerecht" gescheitert, weil sie im „fairen Chancenwettbewerb" versagt haben, also selbst für ihr negatives Schicksal verantwortlich sind, genauer: gemacht werden. Die moderne Chancengesellschaft, die den Kontext altsozialdemokratischer Solidarität verlässt, wird eine ziemlich kalte und rohe Angelegenheit.

---

[185] Frans Becker/René Cuperus, Länderanalyse Niederlande: Die politische Mitte unter Druck, in: Internationale Politikanalyse, http://library.fes.de/pdf-files/id/05022-20071219.pdf, November 2007 [eingesehen am 09.09.2009].

[186] Konrad Paul Liessmann, Theorie der Unbildung, Wien 2006, S. 50 f.

Es war eben nicht zufällig, dass SPD-Modernisierer eine Zeit lang gern den dänischen Soziologen Gøsta Esping-Andersen als programmatischen Stichwortgeber für ihre Pläne ins Feld führten. Esping-Andersen sprach sich dezidiert für eine massive Dehnung des Niedriglohnsektors aus – und zwar vor allem zugunsten chancennutzender Eltern mit hoher Qualifikation, die erschwingliche Dienstleistungen benötigten, um Berufstätigkeit und Kinderaufzucht synchron arrangieren zu können. „Wir brauchen einen servicebasierten Wohlfahrtsstaat"[187], so Esping-Andersen. „Und wir brauchen mehr Jobs am unteren Ende der Lohnskala, wenn es weniger Hausfrauen und mehr berufstätige Mütter gibt." Das wurde dann zur neosozialdemokratischen Legitimation der „Home Help Corps" (Michael Young) des 21. Jahrhunderts, was die „demütigenden Bedingungen der alten Dienstbotengesellschaft wiederaufleben lässt", wie es der britische Politikwissenschaftler Colin Crouch in seinem Buch „Postdemokratie" formuliert hat.[188] Noch drastischer fiel die Kritik seiner Kollegin Brigitte F. Young aus: „Niedrige Marktpreise für Dienstleistungen, um die Nachfrage im Haushaltsbereich zu steigern, wie Esping-Andersen es vorschlägt, bedeutet, dass auf der Ebene des privaten Haushaltes eine neue, ethnisch definierte weibliche Unterklasse entsteht. Ausgeblendet werden außerdem die Machtdynamiken zwischen der ‚Herrin', die ausnahmslos im Besitz aller Bürgerrechte ist, und der ‚Magd', die oftmals noch nicht einmal über eine Aufenthaltsgenehmigung verfügt."[189]

So war es eigentlich kein Wunder, dass daher die bildungsfremden „Unterschichten" bei Wahlen nicht mehr mitzogen, da für sie im besten Fall allein die Abstellkammer und der Katzentisch der neuen Dienstbotenklasse bleiben. Die Restarbeiterklasse verwaiste im Zuge dieses Prozesses politisch und kulturell. Ihre früheren sozialdemokratischen Anführer waren höher geklettert, gebrauchten jetzt eine andere Sprache, wohnten besser und innerstädtisch weit vom früheren Herkunftsort entfernt, organisierten nicht mehr, wie zwischen den 1870er und 1970er Jahren, den Lebenszusammenhang der minderprivilegierten Schichten. Infolgedessen zerfielen die vormaligen, inzwischen nur noch vermeintlichen

---

[187] Zit. nach Elisabeth Niejahr, Politik vom Wickeltisch, in: Die Zeit, 02.10.2003, vgl. auch Gøsta Esping-Andersen, Herkunft und Lebenschancen, in: Berliner Republik, H. 6/2003, http://b-republik.de/b-republik.php/cat/8/aid/552/title/Herkunft_und_Lebenschancen [eingesehen am 09.09.2009].

[188] Colin Crouch, Postdemokratie, Frankfurt a. M. 2008, S. 86 f.

[189] Brigitte F. Young, Die „Herrin" und die „Magd". Globalisierung und die neue internationale Arbeitsteilung im Haushalt (Vortrag September 1999 in Wien), in: http://www.trend. infopartisan.net/trd0900/t190900.htm [eingesehen am 23.02.2009].

sozialdemokratischen Hochburgen. Zwischen der zurückgebliebenen Unterklasse und der Sozialdemokratie der „neuen Mitte" waren die elementaren Bindungen von einst demzufolge lose geworden, weithin auch gerissen. So haben die Sozialdemokraten in den Souterrains der Gesellschaft auch am stärksten seit 1998, seit der Kanzlerschaft Schröders, an Boden verloren. Zwischen 1998 und 2005 büßte die SPD bei den Arbeitern und Arbeitslosen ca. dreizehn Prozentpunkte ein, weit mehr als bei Beamten und Angestellten. Dagegen konnte die SPD den Bestand bei den Selbstständigen in diesen Jahren gravierender Wählererosion nahezu behaupten.

Vor diesem Hintergrund ist es verständlich, dass die SPD in den letzten Jahren nur Wähler, sondern auch zahlreiche Mitglieder verloren hat. Der „Spiegel" ging Anfang 2008 sogar so weit, die SPD in „Schrumpf-Partei Deutschland" umzubenennen.[190] Doch bei solcherlei Spöttereien wird oft übersehen, dass der drastische Mitgliederverlust, mit dem die Sozialdemokraten konfrontiert sind, im Grunde auf eine positiv zu bewertende Entwicklung zurückgeht: Die Sozialdemokraten sind schließlich Opfer des eigenen Erfolgs geworden, weil ihre gegenwärtige Klientel – die Aufsteiger – keine Massenorganisation braucht; sie verfügt individuell über sozial-kulturelle Ausstattungen, die den früheren Drang zur Kollektivität entbehrlich machen.

In der Parteien- und Parlamentsforschung ist es seit über 140 Jahren herrschende Lehre, dass die politischen Formationen der Arbeiter ihre bürgerlichen Äquivalente an Mitgliedern und Apparatstrukturen in der Regel weit überragen, auch überragen *müssen*. Denn die Bürger aus der gesellschaftlichen Beletage brauchten schließlich nicht das disziplinierte Kollektiv, benötigten nicht die schlagkräftige Organisation. Sie verfügten stattdessen über ihre je eigenen, individuellen Ressourcen, die ihnen Wirksamkeit garantierten und Autonomie gewährten: akademische Bildung, materiellen Besitz, soziale Verkehrskreise. Bürgerliche Parteien waren deshalb von ihrer Herkunft her auf ebenso kleine wie feine Zirkel elitärer Honoratioren beschränkt, lediglich locker assoziiert, ohne straffe Verbindlichkeiten.

Den unteren Schichten dagegen standen die vergleichbare Ressourcen nicht zur Verfügung. Als Einzelne waren sie machtlos, waren Objekt im Machtraum der bürgerlichen Klasse. Wollten sie Einfluss gewinnen, waren sie nahezu genötigt, sich zusammenzutun, Macht durch Mitgliederhäufung herzustellen und

---

[190] O.V.: Dramatischer Schwund – SPD bald nicht mehr größte Volkspartei, in: Spiegel Online, 03.02.2008, http://www.spiegel.de/politik/deutschland/0,1518,532850,00.html [eingesehen am 08.02.2009].

über Organisation abzusichern. Allein eine Fülle von Mitgliedern sorgte für ausreichend materielle Beiträge, für die Mobilisierungs- und Aktionsfähigkeit einer Partei der industriellen Arbeiter. Die Masse verschaffte denen, die abhängig arbeiteten, Selbstbewusstsein. Die Masse okkupierte, wenn sie sich demonstrativ in Bewegung setzte, ihre roten Fahnen schwenkte und martialische Kampfgesänge anstimmte, den öffentlichen Raum, vermittelte dadurch Stärke nach innen und wirkte bedrohlich auf den Gegner draußen.[191] Dass diese Masse nicht amorph blieb, erratisch und ziellos, dafür trug der sozialistische Funktionär Sorge. Hauptamtlicher Funktionär in der Sozialdemokratie zu werden – das war in dieser Partei über viele Jahrzehnte eine attraktive Karriereperspektive. Denn es war eine der wenigen Möglichkeiten des Aufstiegs, die sich Industriearbeitern im ersten Jahrhundert der Industriegesellschaft boten: innerhalb der Organisation, die der Masse dann insgesamt die soziale Emanzipation, gewissermaßen den kollektiven Aufstieg verschaffen sollte. In den bürgerlichen Lebenswelten hingegen war der „Funktionär" verpönt, wenn nicht gar verhasst. Der Funktionär galt als personifizierte Bedrohung von Individualität, Freiheit und Mündigkeit. Er erschien als der Organisator der rohen Masse, als Strippenzieher des Umsturzes.[192]

In der SPD bildeten die Funktionäre die Privilegierten. In der Regel genossen sie hohes Ansehen, waren die Vertrauensleute der Partei in den Quartieren kleiner Leute. Der Funktionär war pflichtbewusst, hart gegen sich selbst, der Partei treu ergeben und bereit, ihr jederzeit alle Freizeit zu opfern. Er hatte mehr zu wissen als der Rest der Mitglieder; er hatte die Aktionen und Versammlungen der Partei vorzubereiten und zu dirigieren; er sollte die Massen aufklären und anführen. Nur in schlimmen Krisenzeiten wie den frühen 1930er Jahren, als Millionen Menschen ohne Arbeit waren, kam auch Missgunst auf. Da wurden die fest besoldeten Funktionäre zuweilen als „Bonzen" beschimpft. Doch insgesamt hätte es ohne diesen Typus weder eine Arbeiterbewegung noch eine starke, das 20. Jahrhundert überdauernde Sozialdemokratie gegeben. Die Jahrzehnte der Hochindustrialisierung zeichneten sich schließlich durch eine enorme räumliche Mobilität der Arbeitskräfte aus. In den Industrieregionen wohnten im Jahr 1900 nur wenige noch dort, wo sie 1890 zunächst gesiedelt hatten. In diesem dauerhaften Wechsel der Mitglieder sorgten allein die hauptamtlichen Funktionäre des

---

[191] Vgl. etwa Thomas Lindenberger, Straßenpolitik. Zur Sozialgeschichte der öffentlichen Ordnung in Berlin 1900 bis 1914, Bonn 1995.
[192] Insgesamt zu dieser Problematik: Till Kössler/Helke Stadtland (Hrsg.), Vom Funktionieren der Funktionäre. Politische Interessenvertretung und gesellschaftliche Integration in Deutschland nach 1933, Essen 2004.

Sozialismus innerhalb ihrer Partei und Bewegung für Konstanz und Kontinuität. Sie arbeiteten vor Ort, hielten so den Bestand aufrecht, vermittelten Erfahrungen weiter, auch wenn die Aktivisten und Mitglieder kamen und gingen. Der Funktionär war in diesen Jahrzehnten gleichsam „das Mädchen für alles". Er war der „Kümmerer", eine Mischung aus Prediger, Samariter und Administrator der Organisation. In den Jahren der großen politischen Auflösung, in der Endphase der Weimarer Republik, als die bürgerliche Mitte nahezu vollständig zerbrach, hatte die SPD dementsprechend dort stabilen Bestand, wo die sozialdemokratische Arbeiterbewegung organisatorisch verfestigt und verdichtet war, also mit Vereinen, Verbänden, Clubs und Ortsvereinen in den Wohnquartieren ihrer Anhänger wurzelte.[193]

Die beste Zeit des Funktionärs lag insofern sicher im ersten Drittel des 20. Jahrhunderts. Doch reichte seine Bedeutung für die sozialdemokratische Mitgliederpartei noch bis in die Zeit von Willy Brandt hinein. Johannes Rau hat dies einmal prägnant illustriert. Wann immer Brandt vor einem Problem stand, habe er – so Rau – die Funktionäre zu sich gerufen: „Und dann hat er dagesessen, tief deprimiert gewirkt und gesagt: Ich habe da ein großes Problem. Dann hat er das Problem geschildert und gefragt: Könnt ihr mir da irgendwie helfen? Was meinst du denn? Willy hatte ihnen immer dieses Gefühl gegeben: Wir müssen mal ganz unter uns was besprechen."[194] Doch im Jahr 2009 ist das längst Geschichte. Die SPD ist sozusagen selbst zum Typus der in ihren Reihen über viele Jahrzehnte nahezu verachteten bürgerlichen Honoratiorenpartei geworden. Denn seit mindestens einem Jahrzehnt haben die Parteifunktionäre im Basisbereich an Einfluss und Gewicht gänzlich verloren. Einst hatten sie als Obmänner, Kassierer, Bildungsreferenten, Fahnenträger, Arbeiterbibliothekare etc. Aufgaben und Funktionen im „historischen Emanzipationskampf" zu erfüllen, die ihnen Bedeutung und Rang verliehen. Solche Orte der Würde und Wichtigkeit existierten für Basisaktivisten zuletzt kaum mehr in der Sozialdemokratie. Insbesondere Gerhard Schröder hat sich nicht mehr um die Funktionäre geschert. Das hat etliche tausend von ihnen entweder verbittert in die innere Emigration getrieben oder gleich aus der SPD heraus. In Nordrhein-Westfalen, das vier lange Jahrzehnte als stolze, uneinnehmbare Zitadelle der Sozialdemokratie firmierte, hat die CDU des Arbeiter- und Rentnerführers Jürgen Rüttgers die SPD seit 2003 an Mitgliederzahl

---

[193] Vgl. Franz Walter/Tobias Dürr, Die Heimatlosigkeit der Macht. Wie die Politik in Deutschland ihren Boden verlor, Berlin 2000, S. 72 ff.
[194] Vgl. Johannes Rau/Evelyn Roll, Weil der Mensch ein Mensch ist…: Johannes Rau im Gespräch mit Evelyn Roll, Berlin 2004, S. 162.

weit, um inzwischen einige zehntausend Zugehörige überholt. Im sozialdemokratischen Unterbezirk Dortmund, der bis zum Überdruss zitierten „Herzkam-
mer" der deutschen Sozialdemokratie, zählt die SPD nicht mal mehr ein Drittel
ihres Bestandes von 1969.

Der Zug zur Medienkommunikationspartei, der in der SPD vor allem zwischen 1998 und 2002 temporeich vom Kanzleramt und von der Parteizentrale
dual vorangetrieben wurde, hat die Stellung der früher so zentralen Basisfunktionäre zusätzlich unterminiert.[195] Für die post-proletarischen sozialdemokratischen Parteieliten der letzten Jahre galt und gilt Politik zuvörderst als ein hoch-
professionelles Geschäft, in welchem örtliche Funktionäre mit ihrem nicht selten
trotzigen und inflexiblen Idealismus im Grunde eher stören. Der Abschied von
Mitgliedern und Funktionären sollte daher den neu eingekauften Marketingex-
perten und Werbefachleuten mehr Raum und Möglichkeiten eröffnen. Die ali-
mentierten Spindoktoren coachten ihre sozialdemokratische Kundschaft dann auf
eine Weise, die in dieser Welt der Berater und Thinktanks als alternativlos modern und allein effizient firmierte: die Politik personalisierend und stets medial in
Szene setzend, die wechselnden Aussagen minikurz und miniknapp auf wenige
Auszüge reduzierend. Bei alldem hätten Basisaktivisten, denen es immer noch
um irgendwelche Inhalte, den konzeptionellen Entwurf, die reflexive, ernsthafte
und ausführliche Debatte gegangen wäre, im Weg gestanden.

Dabei: Zentral gesteuerte und an professionelle Experten delegierte Medien-
kampagnen sind billig nicht zu bekommen. Insofern ist der outgesourcte Auftritt
der Sozialdemokraten während der letzten Jahre stetig kapitalintensiver geworden, was zulasten der früheren, ehrenamtlich erbrachten Arbeitsintensität der
eigenen Mitglieder ging. Dadurch aber etatisierte sich die Partei; sie wurde in
ihrem Kapitalbedarf angewiesen auf die staatliche Parteienfinanzierung, vor
allem auf die Zuteilung von öffentlich bezahlten Mitarbeitern in Fraktion und
Ministerien.[196]

Doch noch einmal: Das war es nicht allein, was die Zahl der Mitglieder und
die Bedeutung der Basisfunktionäre in der SPD schwächte. Entscheidend hinzu

---

[195] Siehe Matthias Machnig, Politische Kommunikation 2002. Herausforderungen für Partei-
en, in: Zeitschrift für sozialistische Politik und Wirtschaft, http://www.spw.de/124/DL21_
Politische_Kommunikation.php [eingesehen am 09.09.2009].

[196] Mit Blick auf diese Entwicklungen haben Katz und Mair bekanntlich den Begriff der
Kartellpartei (*Cartel Party*) geprägt; vgl. Richard S. Katz/Peter Mair, Changing Models of
Party Organization and Party Democracy: The Emergence of the Cartel Party, in: Party
Politics, H. 1/1995 (Jg. 1), S. 5-28.

kam der so zentrale und daher bereits mehrfach erwähnte soziale Wandel generell. Die Sozialdemokratie ist im Zuge des Aufstiegs der klassischen Facharbeiterelite zur Partei der neuen Mitte geworden. Deren Zugehörige, oft nun ressourcenstarke Menschen mit akademischen Abschlüssen, brauchen – um es ein letztes Mal zuzuspitzen – nicht mehr das Gehäuse der disziplinierten Organisation, sind nicht mehr angewiesen auf den Vormund von Partei- oder Gewerkschaftssekretären.

Auch davon haben wir hier gesprochen: Von der Altersstruktur her droht die SPD zu „vergreisen". Ende 2007 waren nicht einmal sechs Prozent ihrer Mitglieder jünger als 29 Jahre; die über 60-Jährigen machten dagegen knapp 47 Prozent der SPD-Mitglieder aus. Sozialstrukturell wird die Sozialdemokratie daher von den Rentnern und Pensionären dominiert. Das schreckt viele junge Leute ab, weshalb nicht zwingend davon auszugehen ist, dass sich die Partei demnächst gründlich verjüngen wird. Dass die SPD eine überalterte Organisation ist, hat jedoch noch eine weitere, derzeit weit gravierendere Konsequenz: Insbesondere die Geburtsjahrgänge 1941 bis 1945, die weiterhin die mit Abstand stärksten Bataillone in der Partei bilden, hatten die SPD in den 1970er Jahren so mächtig und nachdrücklich überschwemmt, dass die Kohorten danach keine Chance mehr hatten, in die dicht besetzten und hart verteidigten Leitungspositionen der Partei einzudringen.

Diese Generation allerdings tritt ab. Man hatte das schon in den letzten fünf Jahren an den Universitäten beobachten können, auch in den Chefetagen der elektronischen und printgestützten Medien. Die Politik setzte nun den Schlusspunkt. 2009 verschwanden lang gediente Abgeordnete der SPD von der Bundesbühne. Etliche von ihnen – etwa Herta Däubler-Gmelin, Peter Struck, Walter Riester, Renate Schmidt – gehören dem Geburtsjahrgang 1943 an; zu den 1944ern, die das Parlament im Herbst verließen, zählten beispielsweise Walter Kolbow, Ortwin Runde, Gert Weisskirchen und Ludwig Stiegler.[197] Die meisten aus dieser Kohorte kamen aus kleinen Verhältnissen; doch die Bildungsexpansion verhalf ihnen zu einem raschen Aufstieg. Sie machten Abitur, studierten, verließen die angestammten Arbeiterquartiere, zogen in bessere Wohnviertel und konstituierten so eine „neue Mitte". Ihre politische Karriere begann in den 1970er Jahren bei den Jungsozialisten und dem linken Flügel der Partei. Zum damaligen Kanzler Helmut Schmidt standen sie überwiegend in heftiger Opposition. In den 1980er Jahren, nach dem Sturz von Schmidt, waren sie Protagonisten einer postmaterialistischen Kultur und Verfechter eines Bündnisses mit der neuen Partei der „Grü-

---

[197] Vgl. Daniel Friedrich Sturm, Abschied von der Generation Gerd, in: Die Welt, 27.11. 2008.

nen". Alles sprach seinerzeit dafür, dass sie zum Ende des Jahrzehnts die Nach-
folge des eher unmodern wirkenden Helmut Kohl antreten würden. Doch dann
kam Gorbatschow, kam die Implosion des Ostblocks und dadurch die deutsche
Einheit. Sie verlängerte Helmut Kohl die Kanzlerschaft um acht weitere Jahre.

So gerieten die sozialdemokratischen 1940er Geburtskohorten in der Politik
zu einer verspäteten Generation. Als Rote und Grüne 1998 die Bundestagswahlen
gewannen und in das Kabinett einzogen, hatten sich die rot-grünen Einstel-
lungsmuster in den kulturellen Fragen schon weithin in der Gesellschaft durchgesetzt. Was politisch noch zu sanktionieren war, erfolgte gleich in den ersten
Monaten des Kabinetts Schröder-Fischer. Damals, also schon 1999, war Rot-Grün
dadurch gewissermaßen projektlos.[198] Eben das führte im Folgenden bis 2003/04
zu einer außerordentlich schwankenden, erratischen Politik. Noch im Wahlkampf
2002 fiel es den Sozialdemokraten und Grünen schwer, Auskunft über ein gemeinsames Zukunftskonzept zu geben. Die Regierungserklärung nach den knapp
gewonnenen Wahlen geriet zum Fiasko. Die katastrophale Lage der öffentlichen
Finanzen und die geringen Wachstumsraten der privaten Investitionen zwangen
dem Kanzler gleichsam von außen das Projekt „Agenda 2010" auf. Die Entscheidung für diese eher neuliberal als altsozialdemokratisch fundamentierte Agenda
fiel in einem kleinen Kreis, ohne ausführliche Diskussionen in der SPD. Schröder
verzichtete auch darauf, den Politikwechsel normativ zu begründen, Werte und
Leitideen dafür zu formulieren. Zwar leistete die mittlerweile überalterte,
schwunglos gewordene Sozialdemokratische Partei keinen offensiven Widerstand gegen den jähen Kurswandel, aber sie beugte sich dem Oktroy der eigenen
Regierung eher passiv, trug die Agendareformen nicht aktiv, überzeugt oder gar
leidenschaftlich mit. Ein Mobilisierungsfaktor war die SPD in der Ära Schröder
nicht mehr. Der Kanzler hatte seine Partei stillgelegt, deaktiviert.

In einer Parteikultur der lavierenden Mitte, der Ermattung und Ermüdung,
der Deaktivierung und des Stillstands vermögen politischen Begabungen indes
nicht hinreichend heranzureifen. Die mitunter furiose innersozialdemokratische
Streitkultur früherer Jahrzehnte bot zumindest den Vorzug, dass sie zur Klärung
und Schärfung von Positionen beitrug, dass sich in ihrem Austrag rhetorische
und argumentative Fertigkeiten, Durchsetzungsstärke erproben und erlernen
ließen. Es ist wohl so: Politische Talente brauchen das Säurebad harter Konflikte,
um später im Haifischbecken des Berliner Regierungsviertels bestehen und über-

---

[198] Vgl. Elmar Wiesendahl, Parteien und die Politik der Zumutungen, in: Aus Politik und
Zeitgeschichte, H. 40/2004 (Jg. 54), S. 19 ff.

leben zu können. Hatte die SPD in früheren Jahren von dieser ätzenden Säure zu viel, so ist sie nun damit unterversorgt. Vielleicht auch deshalb sind mittlerweile die Begabungen und Leitfiguren in der Partei rar gesät. Auffallend jedenfalls ist, dass derzeit in der SPD kein herausragender Sozialpolitiker, kein hochkarätiger Wissenschafts- und Kulturpolitiker, vor allem kein konzeptioneller Außenpolitiker, auch kein innovatorischer Ökologiepolitiker, natürlich kein berufserfahrener Wirtschaftspolitiker für die mittlere Zukunft erkennbar ist. Fast alle, die in den letzten Jahren regelmäßig als Personen der Zukunft genannt wurden, weisen Defizite auf: Sie sind Gesellen, aber keine Meister der Politik oder tragen bereits das Stigma von kräftigen Niederlagen, gar Demütigungen. Bedeutende Wahlen hat von ihnen nie einer gewonnen. In diese Kategorie fallen etwa Heiko Maas, Olaf Scholz, Thomas Oppermann, auch Sigmar Gabriel und Andrea Nahles.

Der prominente französische Sozialist und frühere Minister für Bildung und Kultur, Jack Lang, hat den demokratischen Sozialismus als „ausgetrockneten Baum"[199] charakterisiert. Die Krise der Sozialdemokratie macht er daran fest, dass sie der Hoffnung „keine Stimme" mehr gebe. Sein Landsmann Francois Ruffin konstatierte ebenfalls kürzlich, dass die Sozialdemokratie sich intellektuell und sprachlich habe entwaffnen lassen, daher seit über zehn Jahren orientierungslos in einem ideologischen Niemandsland herumgeirrt und infolgedessen zu allen möglichen politischen Verrenkungen bereit gewesen sei. Das habe zu einer „Deartikulierung" der eigenen Basis und Anhängerschaft geführt.[200] Der Philosoph Bernard-Henri Lévy spricht davon, dass die Sozialdemokratie die Hoffnung von niemandem mehr verkörpere, im Gegenteil: nur noch „Wut und Verzweiflung hervorruft".[201]

Nun darf man natürlich nicht jede Veränderung gleich als Krise oder gar Menetekel brandmarken. Selbst die Mitgliederverluste und die Organisationserosion der SPD lassen sich aus einer anderen Perspektive auch anders, freundlicher bewerten. Denn in der Organisation vermittelte sich nicht nur die Stärke, sondern historisch oft genug auch das Dilemma der Sozialdemokratie.[202] Auf der einen

---

[199] Zit. nach Michel Delberghe, Le rappel à l'ordre de Mme Royal aux socialistes critiques, in: Le Monde, 23.07.2009.

[200] Francois Ruffin, La guerre des classes, Paris 2008, S. 212.

[201] Bernard-Henri Lévy, „Le PS doit disparaître", in: Le JDD, http://www.lejdd.fr/Politique/ Actualite/BHL-847/ [eingesehen am 09.09.2009].

[202] Allgemein dazu: Helmut Wiesenthal, Akteurskompetenz im Organisationsdilemma, in: Berliner Journal für Soziologie, H. 1/1993 (Jg. 3), S. 3 ff.; früh schon auch Hans Mommsen (Hrsg.), Sozialdemokratie zwischen Klassenbewegung und Volkspartei, Frankfurt a. M. 1974.

Seite sicherte die Organisation zwar die sozialdemokratische Existenz selbst in Kriegs- und Krisenzeiten. Denn Organisationen lösen sich nicht so schnell auf, tragen bekanntlich Beharrungskräfte in sich, unterscheiden sich so von spontanen Bürgerbegehren oder Initiativen, die oft mit großem Schwung und weitgesteckten Zielen entstehen, nach Enttäuschungen und Misserfolgen dann aber ebenso rasch wieder zerfallen. Auf der anderen Seite aber setzen sich große Organisationen nicht selbst aufs Spiel, scheuen das Risiko, sind vorwiegend am Selbsterhalt interessiert – nicht an dynamischen Reformen, unübersichtlichen Veränderungen, stürmischen Aktivitäten. So hat zwar die Organisation, hauptsächlich sogar, zu den 146 langen sozialdemokratischen Jahren beigetragen, hat die elementaren Weltbilder und Zielsetzungen generationenübergreifend aufbewahrt und weitervermittelt, hat aber ebenfalls auch die politischen Erstarrungen und Unbeweglichkeiten der Partei in weichenstellenden historischen Momenten mitverursacht. Der Mitglieder- und Organisationsschwund der letzten Jahre stellt infolgedessen nicht unbedingt ein Drama für die Sozialdemokraten dar. Nicht wenige Sozialwissenschaftler und Historiker haben sogar darauf aufmerksam gemacht, dass an Mitgliedern kleine Organisationen oft effizienter und stringenter agieren als große. „In kleinen, zentripetal organisierten Gruppen", so etwa der große Soziologe Georg Simmel, „werden im Allgemeinen alle Kräfte aufgeboten und genutzt, während in großen Gruppen Energien oft ungenutzt bleiben."[203] Im Allgemeinen. Man wird sehen, ob das bald auch auf die Sozialdemokraten im Besonderen zutrifft.

Bislang allerdings hat sich die SPD noch nicht mit dem Gedanken angefreundet, eine kleinere Partei zu werden. Stattdessen setzt sie in regelmäßigen Intervallen unverdrossen auf Mitgliederwerbung. Doch alle verzweifelten Bemühungen, wieder große Volkspartei zu werden, jede Anstrengung, Mitgliederscharen – koste es was es wolle – zu akquirieren, scheinen in Wirklichkeit wie ziellose Donquichotterien. Die Sozialdemokraten sollten sich vielleicht doch stärker Gedanken machen, wo ihr Ort in der postindustriellen Gesellschaft und im Vielparteiensystem des 21. Jahrhunderts noch liegen könnte – diesseits der final beendeten Ära von weit ausgreifenden Volks- und Mitgliederparteien. In einer solchen neuen Konstellation vielfacher Heterogenitäten und komplexer Allianzen kommt es mehr denn je auf intelligente und bewegliche Parteizugehörige an, vor allem: auf politische Kunst, taktische Beweglichkeit und strategische Raffinesse. Politik kann dadurch auch wieder interessant werden, reizvoll für Begabungen der Macht.

---

[203] Georg Simmel, Soziologie. Untersuchungen über die Form der Vergesellschaftung, Leipzig 1908, S.47.

Auch sonst gäbe es ja Hoffnungsschimmer. Die Ende 2006 viel beachtet Expertise von TNS Infratest Sozialforschung zur „Gesellschaft im Reformprozess" hat ähnliche Resultate hervorgebracht. Die Studie dokumentierte, dass die Sozialdemokratie – nahm man nur den Querschnitt der Repräsentanz – die ausgewogene Volkspartei auf mittlerem Niveau schlechthin war. Zumindest war sie in allen neun von „Infratest" identifizierten Milieus mit über 25 Prozent, bei einer Ausnahme mit über dreißig Prozent der Wähler vertreten.[204] Der Union gelang das unterdessen nicht mehr gleichermaßen flächendeckend; den übrigen Parteien erst recht nicht. Die SPD umwölbt mehr Spektren – von oben bis unten, von Jung bis Alt, von Gebildeten bis Ungebildeten, von Etatisten bis Marktfans – als der christdemokratische Rivale. Doch ist der Bogen, den sie dabei schlagen muss, denkbar weit gespannt; und darin wurzeln natürlich etliche der Probleme der Partei. Soziale und kulturelle Dehnung bedeutet eben Vorzug wie Belastung zugleich.

Vielleicht wäre es für die Sozialdemokratie neuer Façon wieder an der Zeit, neu darüber nachzudenken, die Legitimationsquelle „Mitgliederbeteiligung" stärker auszuschöpfen, bevor sie ganz und gar ausgetrocknet ist.[205] Bisher waren Mitgliederplebiszite in der SPD meist rein taktisch ausgelegt und in höchster Not überstürzt eingeleitet; sie wurden nie kontinuierlich fortgesetzt, blieben erratische Instrumente für das in Verlegenheit geratene Führungspersonal. Da deren Legitimations- und Disziplinierungsprobleme mittlerweile aber chronisch geworden sind, wäre nunmehr zu überlegen, inwiefern man partizipationsorientierte Modi der Personal- und Richtungsentscheidungen in der SPD verbindlich fixiert. Die Partei würde damit auch souveräner, autonomer gegenüber dem Tenor der Medien – und stärker immun gegen Konspirationen und Putschgelüste kleiner Zirkel im Inneren. Das mag auch endlich dazu führen, nicht denjenigen gleich für den besten Kandidaten zu halten, der in der Demoskopie über die höchsten Popularitätswerte verfügt. Es ist generell bemerkenswert, wie wenig bei der Auswahl des politischen Spitzenpersonals nach klaren Eignungskriterien vorgegangen wird. Es zählt allein der Platz auf der Beliebtheitsskala, nicht die nachweisliche Fähigkeit zur Integration, zum Ausgleich, zur Mobilisierung, zur Profilierung, zur Koalitionsbildung, zur Themenfindung etc. Auch als die SPD-Granden im Sommer 2008 entschieden, dass Außenminister und Vizekanzler

---

[204] Die Studie kann über die folgende Adresse im Internet abgerufen werden: http://www.fes.de/inhalt/Dokumente/061017_Gesellschaft_im_Reformprozess_komplett.pdf [eingesehen am 09.09.2009].
[205] Früh schon Gerd Mielke, Mehr Demokratie wagen! SPD-Führung im partizipatorischen Zeitalter, in: Blätter für deutsche und internationale Politik, H. 1/1997 (Jg. 42), S. 38 ff.

Frank-Walter Steinmeier den glücklosen Kurt Beck als Frontmann ablösen solle, spielte das im Diskurs zuvor kaum eine Rolle.

Indes: Will eine Partei mit einem derart vielschichtigen Wählerreservoir wie die SPD sich auch künftig auf eine zentrale Figur an der Spitze beschränken, dann müsste diese Person eine immens facettenreiche Gestalt sein, müsste als Projektionsfläche für verschiedene Bedürfnisse, Einstellungen und Kulturen taugen, muss rochieren, sich neuen Verhältnissen blitzschnell anverwandeln, ohne dabei aber opportunistisch zu wirken. Seit Schröder konnte das niemand mehr. In einem solchen Fall aber hat man statt einer singulären Führungsstruktur ein kollektives Tableau herzustellen. Es war kein Zufall, dass die SPD in ihren besten Zeiten ein Triumvirat bzw. eine Troika an ihrer Spitze hatte, von denen jeder Einzelne – Herbert Wehner, Willy Brandt, Fritz Erler und Helmut Schmidt – ein ungleich gewichtigeres Kaliber war, als es heute Müntefering oder Steinmeier sind.[206] Und dennoch gelang auch ihnen die volksparteiliche Integration nur durch kooperative Führungsvielfalt. In einer rational durchkomponierten Flügelstruktur müsste sich die SPD infolgedessen auf einen Vorsitzenden einigen, der nach innen schaut, die Traditionen der Partei ernst nimmt, den Untergliederungen Mut macht, die verschiedenen Flügel zusammenbindet. Sie müsste sodann einen Kanzlerkandidaten voranstellen, der über genügend Raum und Freiheit vom tonangebenden Kern der Partei verfügt, der nicht introvertiert agiert, sondern in die Grenzwählerschaften zur SPD im mittleren Bereich des Spektrums ausstrahlt – und dabei den Rückhalt des Parteichefs genießt. Und sie bräuchte des Weiteren einen Tribun ganz vorn in der ersten Garnitur, der mit populistischem Instinkt und sicherer Witterung für Emotionen auch die Gefühlslagen diesseits der Mitte spürt und sie in griffige Maximen übersetzt. Nun mag das eine Reißbrettkonstruktion sein. Doch in diese Richtung müsste eine Restrukturierung der politischen Führung in der SPD wohl gehen, solange sie mehr sein will als eine reine Lobbypartei sozialer Aufsteiger. Zumindest für den Parteivorsitzenden und Kanzlerkandidaten wäre im Übrigen eine plebiszitäre Legitimation aus den eigenen Reihen nicht schlecht. Würde es womöglich alternative Bewerbungen geben, dann könnte die SPD am Ende sogar wieder interessant werden.

---

[206] Vgl. Martin Rupps, Troika wider Willen, Berlin 2004.

II. Die katholische Parallelgesellschaft

Die katholische Parallelgesellschaft

Das Beispiel der mitteleuropäischen Zwischenkriegszeit

In der politischen und medialen Öffentlichkeit finden wir eine nahezu einhellige Ablehnung von "Parallelgesellschaften". Dabei ist das vorherrschende Bild über dieses Phänomen eher diffus. Insofern stellt sich die Frage, wodurch sich eine "Parallelgesellschaft" auszeichnet, was unter ihr genau zu verstehen sei. Versuchen wir eine Definition: „Parallelgesellschaften" begründen sich in einer ethnisch, sozial, weltanschaulich, politisch oder religiös homogenen Gruppe, die sich von der Mehrheitsgesellschaft ausgegrenzt, stigmatisiert, benachteiligt fühlt. Doch kann sich eine Gruppe durch ihr fundamentalistisch abweichendes Ordnungsgerüst eigener Ideen und Ethiken auch *selbst* separieren. „Parallelgesellschaften" haben ein autonomes System von institutionellen Infrastrukturen, mit deren Hilfe sich die einzelnen Mitglieder der Eigenkultur in einem tendenziell geschlossen Kreislauf quasi autark versorgen. „Parallelgesellschaften" leben aus starken Identitäten im Inneren und markanten Abgrenzungen nach außen. Dafür verfügen sie über ein Set von Ritualen, Symbolen, Codes, habituellen Uniformitäten. All das fußt auf einem kompakten Fundament konziser, oft – aber nicht zwingend erforderlicher – fundamentalistischer Werte, Weltdeutungen, Orientierungen.

Dass darin Gefahren für eine liberale Demokratie lauern, ist offensichtlich. „Parallelgesellschaften" kapseln sich ab. Sie verweigern oft die Kommunikation mit anderen Gruppen und Interpretationen, gelangen so zu einer selektiven Sichtweise des gesellschaftlichen Zusammenhangs. Sie setzten ihre eigenen Werte und Ziele absolut, neigen infolgedessen dazu – nicht immer, aber auch nicht selten – die Existenz des Anderen kompromisslos zu negieren, im gesteigerten Fall: militant zu bekämpfen. Aus der Perspektive der Bewohner von „Parallelgesellschaften" fällt die Bilanz allerdings häufig genug erheblich besser aus. „Parallelgesellschaften" erleichtern ihren Mitgliedern den Wechsel in eine kulturell radikal anders geprägte Ordnung. Sie machen die sonst fällige Isolation erträglicher, tragen zu ihrer Überwindung bei. „Parallelgesellschaften" sind ein Refugium, Schutzraum, Trostspender. Sie assoziieren den Einzelnen, stellen so soziale

Beziehungen her, wirken dadurch stabilisierend, im Übrigen auch aktivierend. Ihre Kollektivität baut also Apathie und Resignation ab, reduziert die „negative Individualität" der Moderne.

„Parallelgesellschaft" ist also nicht gleich „Parallelgesellschaft". Wenn ethnische oder kulturelle Konflikte, die zur eigenkulturellen Absonderung geführt haben, noch zusätzlich durch soziale oder ökonomische Spannungen durchwirkt werden, wenn die parallelgesellschaftlichen Weltanschauungen diskursive Elemente nicht enthalten, wenn die Angehörigen einer solchen Separatkultur überwiegend jung sind und sich blockiert fühlen, dann ist der militante und fundamentalistische Impetus aller Wahrscheinlichkeit nach außerordentlich groß. Existieren dagegen Brückenköpfe zur Mehrheitsgesellschaft, sind positiv erfahrene Berührungszonen im Alltag vorhanden, sind die Eliten der „Parallelgesellschaft" und der Mehrheitsgesellschaft dialogfähig, dann sind die integrativen Möglichkeiten hoch. Die unterschiedlichen Entwicklungspfade der katholischen „Parallelgesellschaften" in Österreich, Deutschland und den Niederlanden in der Zwischenkriegszeit liefern dafür reichlich Anschauungsmaterial.

Von den demographischen und soziologischen Voraussetzungen überwogen die Übereinstimmungen zwischen dem niederländischen und dem deutschen Katholizismus. In beiden Ländern herrschte im letzten Drittel des 19. Jahrhunderts für die Katholiken die klassische Ausgangskonstellation zur Bildung parallelgesellschaftlicher Strukturen. Die Katholiken umfassten in Deutschland und Holland gut ein Drittel der Bevölkerung. Sie bildeten dadurch eine Minderheit, hatten aber doch eine Größe, die sie im Unterschied zu ihrem Glaubensgenossen in England oder in den skandinavischen Ländern – stark genug für den infrastrukturellen Auf- und Ausbau einer eigenen schlagkräftigen – Subgesellschaft machte.[207] In diese Substruktur einer abgegrenzten Lebenswelt trieb sie die Diskriminierungserfahrungen in der protestantischen Mehrheitsgesellschaft. Die holländischen Katholiken waren schon in der Zeit der niederländischen Republik von 1568 bis 1795 rechtlich benachteiligt und sozial unterprivilegiert. An der sozialen Inferiorität der Katholiken änderte sich auch trotz der rechtlichen Emanzipation im 19. Jahrhundert nichts. Bedroht fühlten sich die Katholiken dann durch die eigenkulturelle Versäulung der orthodoxen Calvinisten, die die eigentlichen Motoren der Parallelgesellschaftlichkeit in Holland waren – ein Unikum in

---

[207] Vgl. hierzu die Ausführungen von Wilhelm Damberg, Zeitgeschichte Westfalens, Belgiens und der Niederlande. Das katholische Beispiel, in: Westfälische Forschungen, 1992 (Jg. 42), S. 463.

Europa.[208] Entscheidend für die christlich-katholische Parzellierung aber war der Feldzug der Liberalen gegen die konfessionelle Schulaufsicht. Auch in Deutschland trieb der Kulturkampf der Liberalen die Katholiken, die durch die preußisch-protestantische Reichsgründung und antijesuitische Kampagnen sowieso schon verunsichert waren, in die Wagenburg konfessioneller Abwehrhaltung. Die Schule war neben der Familie die wichtigste Sozialisationsstätte und Reproduktionsquelle des Katholizismus. Der Kampf um die katholische Schule war der Integrationskitt des Katholizismus, von der Kulturkampfzeit ab und für nahezu ein ganzes Jahrhundert.

In dieser kulturkämpferischen Auseinandersetzung zu Beginn des letzten Drittels des 19. Jahrhunderts konstituierten die deutschen und niederländischen Katholiken ihre Subgesellschaft zunächst insbesondere als Abwehrraum und defensiven Posten gegen die Attacken der Moderne, allmählich aber auch als System eigenkultureller Organisation, Bildung und Emanzipation. Vor allem homogenisierte sich der Katholizismus in jener Sattelzeit kulturkämpferisch hergestellter Separierung. Querelen im Episkopat verloren an Bedeutung, Differenzen zwischen den nationalen Kirchen und dem römischen Papst tragen in den Hintergrund, die jahrhundertealten Unterschiede zwischen katholischer Volksreligion und katholischer Elitereligion schliffen sich ab.[209] Der Katholizismus hierarchisierte sich straff; seine Glaubens- und Lehrsätze wurden doktrinär und verbindlich. Je feindlicher die unmittelbare Umwelt auf die Katholiken wirkte, desto stärker schlossen sich die Gläubigen in eigenen Organisationen zusammen. Der Verein war das Integrationsmittel der Substruktur vor allem in den Industrierevieren, in der großstädtischen Diaspora, in den urbanen Zentren etwa Rheinland-Westfalens. Dagegen war das katholische Milieu in den homogenen ruralen katholischen Räumen Bayerns mit dem katholischen Monarchen an der Spitze organisatorisch unterentwickelt. Im geschlossenen dörflichen Katholizismus reichte die enge gegenseitige soziale Kontrolle, um die Einheit von Kirche und Gläubigen zu sichern. Auch in den Niederlanden setzte die forcierte Vereinsbildung erst ein Vierteljahrhundert nach der organisatorischen Gründungswelle im

---

[208] Vgl. Paul Luykx, Die Niederländischen Konfessionellen und das Verhältnis zwischen Staat und Gesellschaft im 20. Jahrhundert, in: Jürgen P. Nautz/Joachim F. E. Bläsing (Hrsg.), Staatliche Interventionen und gesellschaftliche Freiheit, Melsungen 1987, S. 75.

[209] Vgl. sehr pointiert Urs Altermatt, Katholizismus: Antimodernismus mit modernen Mitteln, in: ders./Heinz Hürten/Nikolaus Lobkowicz (Hrsg.), Moderne als Problem des Katholizismus, Regensburg 1995, S. 33 ff.

städtischen deutschen Katholizismus ein. Denn erst um die Jahrhundertwende gewann die Industrialisierung in Holland an Tempo und Durchschlagskraft.

Trotz dieser leichten Ungleichzeitigkeiten einte deutsche und niederländische Katholiken ihre Minderheits- und Entfremdungserfahrung, ihre gesellschaftliche Randständigkeit in einer politisch-ökonomisch und kulturell eindeutig protestantisch dominierten Gesellschaft, die noch dazu in den Zeiten des Kulturkampfes das katholische Selbstverständnis mit aufklärerischem Eifer und staatlichen Sondergesetzen aggressiv bekämpfte. Das war, nachgerade lehrbuchmäßig, das gesellschaftliche Substrat für eigenorganisatorische Abkapselung und autonome kulturelle und soziale Versorgungsstrukturen. Das machte den Weg der deutschen und holländischen Katholiken über Milieus in die Moderne verständlich.

In Österreich aber war die Lage der Katholiken ganz anders.[210] Hier schien nichts für eine Parallelgesellschaftlichkeit des katholischen Volkes zu sprechen. Aber ausgerechnet in Österreich formierte sich im Laufe des ersten Drittels des 20. Jahrhunderts die politisch aggressivste katholische Eigenwelt in Europa überhaupt. Dabei lebten die Katholiken in Österreich in einem ganz überwiegend katholischen Land. Der Monarch war ein guter Katholik. Katholische Kirche und Habsburger Dynastie kooperierten außerordentlich eng miteinander. Der österreichische Staat ließ der Kirche beträchtliche finanzielle Mittel zukommen. Und auch bei der Inthronisation geistiger Würdenträger sprachen sich Papst und Kaiser einvernehmlich ab. Einen kulturkämpferischen Kanzler und kulturkämpferische Gesetze brauchten die österreichischen Katholiken im 19. Jahrhundert nicht zu fürchten. Und ganz selbstverständlich war der katholische Einfluss über die fast ausnahmslos katholischen Lehrer auf die vom katholischen Staat kontrollierten Schulen geschützt und gesichert. In Österreich war der Katholizismus keine gefährdete, ausgegrenzte Minderheitsreligion, er war Religion und Kultus der Mehrheit, war Sinn- und Legitimationsstifter für Staat und Gesellschaft.

Eben deshalb unterschied sich der österreichische Katholizismus vom deutschen und niederländischen. Auch der österreichische Katholizismus wurde Ende des 19. Jahrhunderts zum Sondermilieu, aber unter ganz anderen Voraussetzungen. In organisatorisch-struktureller Hinsicht ähnelten sich die verschiedenen katholischen Parallelgesellschaften, aber in ihrer politischen Mentalität und Stellung differierten sie beträchtlich. Der Anspruch des Katholizismus war universell und dogmatisch, aber er brach sich doch an den je spezifischen und gesell-

---

[210] Vgl. hierzu Ernst Hanisch, Der lange Schatten des Staates: Österreichische Gesellschaftsgeschichte im 20. Jahrhundert, Wien 1994, S. 214 ff.

schaftlichen Gegebenheiten der Nationalstaaten. Eigentlich war der ultramontane Katholizismus kategorischer Feind der Moderne, unversöhnlicher Gegner der Aufklärung, der Toleranz, des Liberalismus, der Ideen von 1798. Der Katholizismus war der entschiedene Widerpart des bürgerlichen Zeitalters. In den Enzykliken seit 1860 hatte der Papst diese Position verbindlich verkündet und die katholischen Gläubigen in der ganzen Welt darauf verpflichtet.

Aber es war dann gerade der Minderheitenkatholizismus im deutschen Reich und in den Niederlanden, der die Rechtsgüter der bürgerlich-liberalen Gesellschaft zu schätzen, nutzen und verteidigen lernte. Denn gerade als gesellschaftliche Minorität war der Katholizismus auf den Rechtsstaat, auf Versammlungs- und Organisationsfreiheit, auch auf das Parlament angewiesen. Die rechtsstaatlichen Garantien schützten die Katholiken in den Niederlanden und im Deutschen Reich vor Übergriffen des politischen Machtestablishments; gestützt auf das Wahlrecht mobilisierte die Kirche das katholische Volk und schuf sich so eine imposante parlamentarische Repräsentanz; mit Hilfe der Organisationsfreiheit etablierte die Kirche ein ausgedehntes Vereinsnetz, das die katholischen Volksteile formierte, vernetzte und sozialisierte. Der katholische Antimodernismus begriff die Instrumente der Moderne zupackender und energischer als protestantischen Kontrahenten. Um sich gegen die Bedrohung der Moderne, gegen die säkularisierten „Ismen" des 19. Jahrhunderts zu schützen, gebrauchten die Katholiken die Rechtsinstitute und Mittel der Moderne – und näherten sich so der Moderne an.[211]

Im neuen Vereinswesen hatten die Kapläne die Führung, im Sozialkatholizismus im Laufe der Zeit auch immer mehr die katholischen Laien.[212] Dadurch bildete sich eine neue, gleichsam alternative Elite im Katholizismus heraus, sehr viel volkstümlicher und säkularer als die vielfach aristokratisch geprägte Hierarchie im Episkopat, das der organisationsgestützten neuzeitlichen Eigenwelt daher auch – in allen europäischen –Ländern mit viel Reserve begegnete. Durch die katholischen Parlamentarier, durch die Debatten auf den Katholikentagen, durch das katholische Pressewesen drangen demokratische Elemente in den Katholizismus ein. Über die Infrastruktur der eigenkulturellen katholischen Subsysteme boten sich den sozial sonst überwiegend randständigen Katholiken die Möglichkeiten von Bildung, Selbstorganisation, auch Aufstieg. Gerade die katholischen

---

[211] Vgl. auch Franz-Xaver Kaufmann, Katholizismus und Moderne als Aufgabe künftiger Forschungen, in: Urs Altermatt/Heinz Hürten/Nikolaus Lobkowicz (Hrsg) 1995, S. 9 ff.
[212] Siehe besonders Josef Mooser, Das katholische Vereinswesen in der Diözese Paderborn um 1900, in: Westfälische Zeitschrift, 1991 (Jg. 141), S. 447.

Abwehrorganisationen gegen die bürgerlich-liberale Gesellschaft führten die
Katholiken in diese Gesellschaft hinein, entmarginalisierten sukzessive das katholische Volk. In Deutschland und Holland führten die spezifischen Minderheits-
und Emanzipationserfahrungen im späten 19. und frühen 20. Jahrhundert die
politischen und sozialkatholischen (Laien)Eliten des Milieus an die Demokratie
und den Verfassungsstaat heran. Sie hatten gelernt und begriffen, dass der liberale Parteienstaat die Voraussetzung gesicherte Existenz und Emanzipationsmögli-
chen des Katholizismus in ihren Ländern war.

Den österreichischen Katholiken wurde diese Lektion nicht erteilt. Für sie
waren Toleranz und Minderheitenschutz nicht von Bedeutung. Sie brauchten
nicht die Rechtsgarantien des liberalen Verfassungsstaats. Im Gegenteil, davon
profitierten nur ihre Gegner. Der Gegner, vor dem sich die österreichischen Katholiken über alles fürchteten, war die Sozialdemokratie. Die Angst vor dem
Sozialismus war das milieubildende Fundament im österreichischen Katholizismus. Nicht Diskriminierungserfahrungen und Ausgrenzungsdruck trieben die
Katholiken hier in eine eigenkulturelle Sondergesellschaft, sondern die Bedrohung der kulturellen Hegemonie durch einen in nachgerade atemberaubender
Geschwindigkeit anwachsenden Feind, der all das repräsentierte, was die überwiegend agrarisch-provinziellen Katholiken verstörte und ängstigte: Die Hauptstadt Wien, das industrielle Proletariat an der Basis und die urbanen jüdischen
Intellektuellen an der Spitze.

Die Furcht vor den „gottlosen Roten" bewegte die österreichischen Katholiken schon seit dem Ende des 19. Jahrhunderts. Zur Panik aber steigerte sich die
Grundstimmung nach dem Sturz der Habsburger Dynastie und der revolutionären Eruptionen Ende 1918. Der österreichische Katholizismus erlebte und verar-
beitete den Untergang de Monarchie ganz ähnlich wie die preußischen Konservativen in Deutschland den Abgang der Hohenzollern. Hier wie dort verlor die
Mehrheitsreligion ganz unvorbereitet ihren staatlichen Schutzpatron. Hier wie
dort löste das tiefe Frustrationen, Angstgefühle, schließlich aggressive Gegenstra-
tegien gegen die Sieger des Systemwechsels aus. Hier wie dort wurde die Mehrheitskirche entschiedener Gegner der Republik und unversöhnlicher Feind der
Sozialdemokraten. Allerdings politisierte sich der Katholizismus in Österreich
sehr viel unmittelbarer und direkter als der Protestantismus in Deutschland.
Auch war die Konfrontation zwischen politischem Katholizismus und Sozialdemokratie, zwischen katholischer und sozialdemokratischer Lebenswelt in Österreich sehr viel härter und polarisierter als irgendwo sonst in Europa. In Österreich fehlte jeder Puffer, der den Konflikt zwischen den beiden politischen und

kulturellen Großströmungen hätte abfedern und moderieren können, da es den Liberalismus im Alpenstaat nicht einmal als marginale Größe gab.

In Österreich war der Katholizismus nicht Mittelpartei zwischen Deutschnationalen–Konservativen–Protestantismus und sozialistischer Arbeiterbewegung wie in Deutschland, sondern die Partei des Antisozialismus schlechthin. Vor allem war der sozialistische Gegner des österreichischen Katholizismus ganz ungewöhnlichen Kalibers. Die österreichischen Sozialdemokraten waren die Musterschüler im internationalen Sozialismus.[213] Ihre Organisationserfolge waren einzigartig – und erschreckten die Katholiken zutiefst. 1909 zählte die deutschösterreichische Sozialdemokratie erst 112.000 Mitglieder; zwanzig Jahre später waren es – in einem Land von kaum acht Millionen Einwohnern – schon 718.000. Die Partei kam bei Wahlen in der Zwischenkriegszeit durchweg auf etwa vierzig Prozent; und über vierzig Prozent der Wähler hatte die österreichische Sozialdemokratie zudem als Mitglieder rekrutiert, was sonst keine andere demokratische Partei in Europa auch nur ansatzweise fertig brachte. Im Unterschied zur deutschen Sozialdemokratie standen an der Spitze der österreichischen Partei einige glänzende Intellektuelle, die dem sozialistischen Programm Pathos und Vision verliehen. Der sozialdemokratische Sozialismus in Österreich besaß stets messianische Züge, appellierte an Glaubenskräfte, ähnelte viel stärker als der staubtrockene sozialdemokratische Reformismus in Deutschland einer Diesseitsreligion. Dadurch aber kam er auch viel mehr in Konkurrenz zur christlichen Religion, zum Katholizismus. Hier rivalisierten nicht zwei pragmatische politische Konzepte, für die es Konsensmöglichkeiten hätte geben können, hier wetteiferten geschlossen-apodiktische Lehrsätze, eschatologische Botschaften, Totalitätsansprüche, Erlösungsversprechen. Die Rhetorik der österreichischen Sozialdemokratie war radikaler als die jeder anderen sozialistischen Partei. Als Pioniergruppe im österreichischen Sozialismus galten die Freidenker, die während der 1920er Jahre mehrere Wellen militanter Kirchenaustrittsbewegungen entfachten, wodurch der katholischen Kirche nahezu 200.000 Angehörige abtrünnig wurden.

Die Leucht- und Organisationskraft des kämpferisch-antiklerikalen Austromarxismus wurde zum steten Bedrohungsszenario für die österreichischen Katholiken. Daher schloss sich der Katholizismus, trotz nahezu dauerhafter Regierungsführung auch in den 1920er Jahren, ganz ähnlich strukturell und subkulturell zusammen wie der Minderheitskatholizismus in den Niederlanden und in

---

[213] Zur österreichischen Sozialdemokratie vgl. Erich Fröschl/Maria Mesener/Helge Zoitl (Hrsg.), Die Bewegung, Wien 1990.

Deutschland. Mit den modernen Instrumenten freier Vereinsbildung aber bekam das katholische Milieu in Österreich keine demokratischen, sondern populistisch-autoritäre Züge. Der Klerus war weitaus stärker an der Politisierung des Milieus beteiligt als in anderen Ländern. Da die Monarchie als Schutzwall der Kirche weggefallen war, gingen die katholischen Priester selber in die Politik, übernahmen Führungspositionen in der christlichsozialen Partei, im Parlament und in der Regierung. Der bedeutendste österreichische Staatsmann der Zwischenkriegszeit, Ignaz Seipel, war katholischer Prälat. Pfarrhäuser wurden zu christsozialen Parteibüros. Schon ab Mitte der 1920er Jahre setzte sich der politische Katholizismus in Österreich offen von Parlamentarismus, Demokratie und liberalem Verfassungsstaat ab und steuerte auf ständestaatlich-autoritäre Alternativen zu.[214] In der Auseinandersetzung mit den Sozialisten verbündete er sich mit den paramilitärisch-semifaschistischen Milizen der Heimwehr, die von christdemokratischen Länderregierungen konspirativ Waffen zugeschoben bekamen. Der politische Katholizismus unterhöhlte so das Gewaltmonopol des Staates und bereitete dadurch den Bürgerkrieg vor. Die Milieus waren in Österreich zu Lagern geworden, also zu antagonistisch gegenüberstehenden Feindlinien in einer militarisierten Gesellschaft. Im Februar 1934 trafen, einzigartig in Europa, Katholiken und Sozialisten in einem blutigen Krieg der Lager aufeinander. Der Katholizismus gewann die Schlacht und errichtete das autoritäre, nach Auffassung einiger Historiker auch: klerikalfaschistische Regime Dollfuß.[215]

In Deutschland war die Klassen-, Kultur- und Parteienkonstellation anders; und daher war auch der Katholizismus anders. In Deutschland begriffen die Katholiken die Sozialdemokraten nicht als Hauptfeind. Schließlich waren Katholiken und Sozialdemokraten unter Bismarck gemeinsam verfolgt worden; schon das hatte eine gewisse Opfernähe erzeugt. Allerdings ist die Schicksalsgemeinschaft auch nicht zu übertreiben. Wichtiger war, dass die sozialistische Arbeiterbewegung in Deutschland im Gegensatz zu Österreich nach 1918 tief gespalten war. Der sozialdemokratische Part aber taugte nicht als Schreckgespenst. Die deutschen Sozialdemokraten waren vorsichtige Menschen, deren Führer weder willens waren noch überhaupt das Zeug besaßen, in feurigen Reden der Bourgeoisie zu drohen und den eigenen Anhängern in schönsten Farben die sozialistische Zukunftsgesellschaft auszumalen. Otto Bauer war ein Meister dieser Rhetorik, Otto Wels hatte dazu nicht die geringste Begabung. Im Übrigen konnten die

---

[214] Vgl. Friedrich Heer, Der Kampf um die österreichische Identität, Wien u.a. 1981, S. 347 ff.
[215] Vgl. auch Hannes Leidinger/Verena Moritz, Die Republik Österreich 1918/2008, Wien 2008, S. 66 ff.

Katholiken im protestantischen Deutschland gar nicht zur Partei des antisozialistischen Bürgertums werden. Das katholische Milieu stand jenseits der bürgerlichen Eliten, und so war es im Zwischengelände von konservativen Bürgern und Agrariern auf der einen und sozialistischen Arbeitern auf der anderen Seite angesiedelt. Das machte den Katholizismus zum Mittler in Politik und Gesellschaft des deutschen Reiches. Auch im Vielparteiensystem war der politische Katholizismus das moderierende Element, koalitionsfähig nach links und rechts. Nicht alle im politischen Katholizismus der Weimarer Republik waren leidenschaftliche Anhänger der Republik; aber niemand aus diesem Milieu wirkte in den Kampfverbänden der extremen Rechten mit, während sich die dezidierten Demokraten und Sozialkatholiken im Zentrum am republikanischen „Reichsbanner" beteiligten. In Deutschland radikalisierte sich das katholische Milieu nicht zu einem militanten Lager, das die Vernichtung des weltanschaulichen Gegners und die fundamentale Katholisierung der Gesellschaft anstrebte. Dazu fühlte es den deutschen Katholiken einfach an Umfang und Stärke.

Genau das traf auch auf die Katholiken in den Niederlanden zu. Auch hier fehlten schon numerisch die Grundlagen für eine autoritäre katholische Gesellschaft. Das mäßigte und domestizierte die Katholiken. Überhaupt bremste die strukturelle Unfähigkeit jedes Milieus in Holland zur Majorisierung die Konflikte der Eigenkulturen ab.[216] Keine der großen politisch-kulturellen Strömungen der holländischen Gesellschaft war allein zur Regierung fähig in der Lage. Es gab dafür nicht die geringsten Aussichten. Das bewirkte den Zwang zur Verhandlung und zum Kompromiss. In Holland konnten die Subkulturen für sich bleiben, aber politisch mussten ihre Eliten kooperieren. So wurden aus den eigenkulturellen, abgeschlossenen Milieus Säulen, die gemeinsam das staatliche Dach der Nation trugen. Katholiken und orthodoxe Protestanten fanden schon früh zur Säulenkooperation, anders als in Deutschland. Seit den siebziger Jahren des 19. Jahrhunderts kämpften sie zusammen gegen die liberalen Schulgesetze für die Anerkennung und öffentliche Subventionierung des konfessionellen Schulwesens. 1917 kam es zu der großen Kooperation der politischen, kulturellen und weltanschaulichen Säulen. Calvinisten und Katholiken erhielten ihre staatlich unterstützten Privatschulen; Liberale und Sozialdemokraten hatten im Gegenzug das allgemeine Wahlrecht durchgesetzt. Dieser Typus von Elitenkooperationen und Kompromissbildung wurde zur konstanten Struktur holländischer Politik

---

[216] Vgl. hierzu Friso Wielanga, Die Niederlande. Politik und politische Kultur im 20. Jahrhundert, Münster u.a. 2008, S. 96 ff.

bis (mindestens) in die sechziger Jahre des 20. Jahrhunderts hinein. Die Säulen koexistierten nebeneinander, sozialisierten autonom ihre Angehörigen, aber sie bekämpften sich nicht gegenseitig, versuchten nicht, einander zu verdrängen oder gar zu eliminieren.

Die niederländische Säulenstruktur war toleranter und politisch pragmatischer, konsensfähiger als die deutsche Milieukultur; und erst recht war sie weit von der intransigenten Aggression der österreichischen Lager entfernt. Dafür war in Holland einfach das gesellschaftliche Klima nicht so spannungsgeladen wie in Deutschland oder in Österreich. Holland war von 1839 bis 1940 in keine der großen internationalen Konflikte involviert. Das ersparte dem Land die aufwühlenden Mobilisierungsschübe und Brutalisierungserfahrungen, von denen andere europäische Länder, vor allem eben Deutschland und Österreich, seit den 1860er Jahren erfasst wurden. Holland erlebte 1918 nicht den Untergang einer Dynastie, nicht den Absturz einer herrschenden Klasse. Hier hatte kein Milieu einen traumatischen Machtverlust zu verarbeiten, brauchte keine Rachepläne zu schmieden und aktiv für die politische Reaktion zu kämpfen. Die Revolution von 1918 verlief ganz und gar harmlos, da die konfessionellen Säulen eine stattliche Anzahl gewerblicher Arbeiter gebunden hatten, die gegen die schwache Sozialdemokratie entschlossen vorgingen und dem Aufruhr ein rasches Ende bereiteten. Die sozialistische Arbeiterbewegung war in Holland durch den hohen Arbeiteranteil in den christlichen Parteien nicht stark genug, um Konfessionelle und Bürgerliche ernsthaft in Schrecken zu versetzen. Auch das wirkte sich mildernd auf das politische Klima und den Säulengegensatz aus. Dann fehlten der holländischen Gesellschaft die Geburtenberge der Jahrhundertwende, wie es sie in den meisten übrigen europäischen Ländern gab. Aber gerade diese Kohorten der um 1900 Geborenen bildeten die Aktivkräfte des politischen Radikalismus in den Milieus und Lagern Deutschlands und Österreichs der späten 1920er und frühen 1930er Jahre. Das relative Altern der holländischen Gesellschaft schützte das Land vor jugendlichem Extremismus in den Zeiten der ökonomischen Depression. Das alles ermöglichte das friedliche Nebeneinander scharf segmentierter Säulenkulturen. Ein militanter Katholizismus mit diktatorischen Gesellschaftsentwürfen wie in Österreich konnte hier nicht entstehen.

Wesentlich war gewiss, dass die katholische Milieubildung und -kohäsion in den Niederlanden anders als in Österreich nicht durch einen scharfen sozioökonomischen Klassenkonflikt überformt und dadurch aufgeladen war. In Österreich kämpfte der (klein-)bürgerliche Kern des katholischen Volks um Glauben und Privateigentum gegen Gottlosigkeit und Sozialisierungsdrohung. In den Niederlanden war die Milieuauseinandersetzung dagegen zunächst hauptsächlich konfessionell bedingt. Der entscheidende Konkurrent des holländischen Katholizismus war nicht der Sozialismus, auch nicht – wie in Deutschland – das protestantische Establishment in Adelswelt und Großbürgertum, sondern die calvinistische Abspaltung von der protestantischen Mehrheitskirche. Das calvinistische Segment im Protestantismus aber umfasste vorwiegend die „kleine luyde" und war sozialstrukturell dem katholischen Bevölkerungsteil des Landes durchaus ähnlich.

Katholisches Milieu war also nicht gleich katholisches Milieu. Es gab bedeutsame Differenzen zwischen den verschiedenen nationalen Milieukatholizismen im Umfang, in der Verdichtung, in den Kultformen und in der politischen Strategie. Die spezifischen Nationalkulturen, der Charakter des entscheidenden Milieurivalen, die jeweiligen Klassenverhältnisse, auch demographische Faktoren und die Auswirkungen von Krieg, Revolution und Systemwechsel prägten die eigenen Strukturen katholischer Milieus heraus.

III. Das Ende politischer Eigenkulturen

Das Ende politischer Eigenkulturen

Restauration und Öffnung: Konservative Lebenswelten

Was aber wurde in Deutschland aus den alten Milieus? Wodurch verloren sie ihre frühere Binde- und Prägekraft? Versetzte ihnen der Nationalsozialismus den entscheidenden Schlag? Lösten sie sich im Zuge der gesellschaftlichen Wanderungs- und Durchmischungsbewegung zwischen Stalingrad und Währungsreform auf, wie zur Zeit unter Historikern gern kolportiert wird, oder waren es doch die großen Modernisierungs- und Säkularisierungstrends, die die Milieus unterhöhlten und schließlich vernichteten?

Insgesamt waren die bürgerlich-konservativen Milieus erheblich besser über die nationalsozialistische Diktatur hinweggekommen als das sozialistische Milieu.[217] Während das sozialistische Institutionsgefüge 1933 vollkommen zerschlagen worden war, während die Kontaktkreise zwischen den sozialistischen Eliten und der früheren Milieubasis über zwölf Jahre hinweg zerschnitten waren, hatten die katholischen und konservativen Milieus ihre Strukturen konservieren, ihre Einrichtungen und Verbände zumindest lange wahren, die Sozialisation fortsetzen, ihr inneres Leben aufrechterhalten können. Betrachtet man Gesellschaft und Politik aus der Perspektive der Milieus, also der lebensweltlichen Voraussetzungen und Ressourcen der Parteien, dann verfügten Konservative und Katholiken zu Beginn der westdeutschen Republik über ungleich bessere Startbedingungen als die Sozialdemokraten. Nicht zuletzt das dürfte die lange Erfolgsserie der katholisch-konservativen Regierungspartei von Adenauer bis Kohl mit ermöglicht haben, dürfte auch verantwortlich gewesen sein für die chronische Unterlegenheit der Sozialdemokraten in der Bonner Republik. Die Niederlage der Sozialdemokraten von 1933 setzte sich so 1949 gleichsam fort: Die Überschneidungen zwischen Konservativen und Nationalsozialisten begünstigten den Konservatismus auch noch

---

[217] Vgl. Frank Bösch, Das konservative Milieu. Vereinskultur und lokale Sammlungspolitik in ost- und westdeutschen Regionen (1900-1960), Göttingen 2002.

lange in der Bundesrepublik. Denn die einen hatten zwischenzeitlich viel verloren, die anderen hatten das meiste beieinander halten können. Stärker als im Jahr 1933 schien das konservative Milieu 1945/46 gefährdet, als einige seiner führenden Repräsentanten der Weimarer und nationalsozialistischen Jahre von den Alliierten interniert wurden. Die Herausgabe der durch ihre NS-Nähe kompromittierten früheren konservativ-nationalistischen Tagespresse war verboten. Auch den nationalen Verbänden war jede Aktivität untersagt. Doch eben dadurch rückte das Milieu wieder enger zusammen. Die Milieubasis setzte sich für ihre inhaftierte Elite in Bewegung, sammelte Petitionen und Persilscheine. Auch die Flüchtlingsströme und Displaced Persons zementierten das konservative Heimatmilieu. Es sah sich von Feinden und Fremden umzingelt und gefährdet. Es schloss sich daher fest zusammen und riegelte sich gegen die Außenwelt ab.

Im Übrigen aber blieb das konservative Milieu im Westen nicht lange ohne Führung und Vereinsbasis. Nach ein bis zwei Jahren Haft kehrten die Kader des Konservatismus zurück und übernahmen ab 1948 die angestammten Leitungsfunktionen in der konservativen Politik, im Behördenapparat und im Organisationswesen. Schon Ende 1945 begannen die ersten bürgerlich-konservativen Vereine wieder zu singen, zu turnen, Heimatabende zu veranstalten. Bald waren auch die konservativen Tageszeitungen zu abonnieren. Zu Beginn der Bundesrepublik war das konservative Milieu organisiert und stand deutlich in der Kontinuität der 1920er und 1930er Jahre. Nicht Schuldbewusstsein über die enge milieuinterne Verflechtung mit dem Nationalismus dominierte innerhalb des Milieus, sondern die fortwährende Beschwörung der „antimarxistischen" Sammlung.

Auch die Parteienrepräsentanz des konservativen Milieus wies Anfang der 1950er Jahre noch in die Vergangenheit, in die 1920er Jahre zurück. Noch war die CDU weit davon entfernt, die große Integrationspartei des bundesdeutschen Bürgertums zu sein. Anfangs war das konservative Deutschland, insbesondere in Norddeutschland, parteipolitisch weiterhin zersplittert. Die Union spielte zunächst im bürgerlichen Parteienspektrum eine eher zweit- oder drittrangige Rolle. Wie in Weimar stellten die bürgerlich-konservativen Parteien in Regionalwahlen die Einheit des Milieus durch antimarxistische Sammlungsbewegungen her. Auch im Vereinswesen waren die Milieugrenzen in den 1950er Jahren noch längst nicht überschritten. Die konservativen Organisationen sperrten sich schroff gegen den Zugang von Flüchtlingen und Sozialdemokraten.

Das Einfallstor für die Milieuöffnung war der Wettkampfsport, vor allem der Fußball. Die Sportvereine wurden zum ersten sozialkulturellen Schmelztiegel der konservativ-norddeutschen Provinz. In den 1960er Jahren fielen dann andere Stützpfeiler des konservativen Milieus. Die großen gesellschaftlichen Veränderungen jener Jahre zehrten dabei an den sozialen Fundamenten des Konservatismus: mit der Entagrarisierung der Dörfer, mit der Tertiärisierung der Städte, mit dem Schrumpfen des alten Mittelstandes, mit der Bildungsexpansion, mit der Konsumgesellschaft, mit dem Siegeszug der elektronischen Medien, mit der Entkonfessionalisierung. Am Ende dieses Prozesses waren die jungen Leute in den alten konservativen Landschaften etwas weniger fromm, etwas weniger heimatverbunden, etwas weniger ständisch-elitär. Der Konservatismus war dadurch weniger apodiktisch welfisch oder dogmatisch deutschnational. In den 1960er Jahren trat die Weimar-Generation des Konservatismus ab; nach vorn rückte die während des Nationalsozialismus sozialisierte Generation.

Von alledem profitierte die CDU, die erst jetzt, in den 1960er und 1970er Jahren, zur unangefochtenen Sammelpartei des ehemals autonomen konservativ-konfessionellen Milieus wurde. Es nutzte der CDU, dass die Milieus ihre starren Grenzen nicht mehr ziehen konnten, dass sie offener, durchlässiger, weniger dogmatisch, integrationsbereiter waren. Erst dadurch konnte eine Einheitspartei des katholisch-protestantischen Bürgertums in Deutschland reüssieren. Aber es nutzte der Union auch, dass die Kultur dieser Milieus gerade in der Provinz noch in beachtlichen Restbeständen erhalten blieb, auch die kräftigen Modernisierungsschübe der 1960er und 1970er Jahre überdauerte. Dadurch konnte sich die Union als offene und moderne Volkspartei präsentieren, die aber feste Wurzeln immer noch in den lokalen Gesellschaften von Heimatfesten, bürgerlichem Vereinswesen, Honoratiorenstammtischen, kirchlicher Frömmigkeit besaß. Das verschaffte der Union ihre Bandbreite von Konservatismus und Modernität, von festem Halt und flexibler Beweglichkeit, von Volkstümelei und supranationaler Ökonomie, von starren Grundsätzen und programmatischer Offenheit. Kurzum: Die Union war erfolgreich, weil sich die konservativ-kirchlichen Milieus in ihrer strengen Ausformung auflösten und füreinander öffneten, zugleich aber kulturelle Grundmentalitäten und politische Basisorientierungen noch auf lange Zeit zurückließen.

Tradition als Ballast: Das linke Lager

Dagegen hatte der Nationalismus die Reproduktionsfähigkeit des sozialistischen Arbeitermilieus erheblich beschädigt. Die sozialistischen Vereine wurden im Frühjahr 1933 zerschlagen. Die ehemaligen Verbandsfunktionäre wurden, soweit nicht inhaftiert oder ermordet, an den gesellschaftlichen Rand gedrängt. Ein großer Teil der Vereinsbasis hatte sich hingegen einem der so genannten Bürgerlichen Freizeitvereine angeschlossen. Dadurch vergrößerte sich die normative und mentale Kluft, die schon in Weimar zwischen der politisch prinzipienfesten solidargemeinschaftlichen Elite und der ideologisch eher nachlässigen Mitgliedermehrheit bestand. Viele sporttreibende Arbeiter gewöhnten sich an die Einheitsorganisation; die Erinnerungen an die früheren Gegensätze verblassten, wenngleich sie nach wie vor existierten und auch die zwölf Jahre nationalsozialistischer Diktatur überdauerten. Dennoch: Eine ganze Generation wurde nach 1933 nicht mehr durch das sozialistische Organisationsmilieu sozialisiert, nicht durch den Betrieb, nicht durch die Straße im Arbeiterviertel, nicht durch die proletarische Kneipe, sondern durch die klassenübergreifende Kameraderie der Soldatengemeinschaft in der Kaserne, im Schützengraben, im Gefangenenlager. Die Reproduktionskette des Sozialismus bekam dadurch einen Riss. Der Sozialdemokratie fehlte nach 1945 diese Generation, was die Mitgliederverluste von 300.000 zwischen 1948 und 1954 sowie die alarmierende Vergreisung der Partei in den frühen 1950er Jahren miterklären mag.[218]

Und doch hatten weder der Nationalsozialismus noch die Flüchtlings- und Vertriebenenströme nach 1944 die Gesellschaft durcheinandergewirbelt, sozial durchpflügt und in der Folge neu geordnet. Die Grenzen zwischen den alten Milieus waren in der unmittelbaren Nachkriegszeit nicht aufgehoben, nicht einmal bedeutend verschoben. Bei den Landtagswahlen im Herbst 1946 knüpfte die SED etwa in Sachsen und Thüringen da an, wo SPD und KPD 1932 aufgehört hatten. An der sozialräumlichen Trennung zwischen national-bürgerlichen und proletarisch-sozialistischen Wählerlagern hatte sich trotz aller demographischen Verschiebungen innerhalb der Wählerschaft substantiell nichts geändert. Auch im Westen Deutschlands hatten bei den Bundestagswahlen 1949, wie Jürgen W. Falter zeigen konnte, die schon vor 1933 vorherrschenden sozialkulturellen und konfessionellen Wählermuster fortgewirkt. Weder der Nationalismus noch der Krieg haben so modernisierend gewirkt, wie dies häufig angenommen wird. Die große Flurbereinigung der Gesellschaft fand in den 1940er Jahren nicht statt.

Dennoch herrscht in der Literatur Konsens darüber, dass das alte sozialdemokratische Arbeitermilieu nicht wiederentstanden ist. In der Regel wird in diesem Zusammenhang darauf verwiesen, dass der Arbeitersport organisatorisch nicht revitalisiert wurde. Im Ganzen aber wissen wir sehr wenig darüber, wie sich die Dinge vor Ort weiter- oder neu entwickelt haben. Überdies ist die Per-

---

[218] Vgl. hierzu und im Folgenden Franz Walter, SPD 2009, S. 117 ff.; Peter Lösche/Franz Walter, Die SPD. Klassenpartei-Volkspartei-Quotenpartei, Darmstadt 1992, S. 131 ff.

spektive bisher rein westzonal ausgerichtet, obwohl auf diesem Territorium der Arbeitersport von 1933 vergleichsweise wenig Wurzeln geschlagen hatte. Dessen Schwerpunkt lag während der Weimarer Republik in Mitteldeutschland. Einiges aber spricht dafür, dass die Sozialdemokratie dort, wären ihnen die Kommunisten und die sowjetischen Besatzer nicht in die Quere gekommen, das traditionelle Kultur- und Freizeitwesen binnen weniger Monate reetabliert hätten. Doch ist dies, mittels Lokal- und Regionalstudien, noch gründlicher zu erforschen. Im Übrigen war der Verzicht darauf, in den Westzonen den Arbeiterturn- und Sportbund wiederzugründen, vorwiegend ein politischer. Schließlich hatte die Schumacher-SPD 1945/46 nicht den geringsten Zweifel daran, dass ihr künftig die Führungsrolle in Politik und Gesellschaft gehörte, so eben auch im Sport, wodurch eine autonome Organisation überflüssig wurde. Das war gewiss ganz überwiegend, aber nicht völlig ein Trugschluss. Die im Vergleich zur parlamentarischen Ohnmacht in Bonn beachtlichen kommunalpolitischen Leistungen und Erfolge der SPD in den 1950er und 1960er Jahren gründeten ganz erheblich auf der Vorfeld- und Vertrauensarbeit sozialdemokratischer Funktionäre in den Vereinen, die oft noch lange altes Traditionsgut und einen spezifischen Habitus mitschleppten. In München etwa war die kommunale Vormacht der SPD solange unumstritten, wie Ihre Funktionäre in den über 400 Sportvereinen fest verankert waren und die Vorsitzenden von 1860 und Bayern nachgerade selbstverständlich vor Wahlen für Sozialdemokraten aufriefen. Erst mit der Akademisierung der Mitgliedschaft in der Münchener SPD ab Ende der 1960er Jahre schwand diese Bodenhaftung und Nachwirkung des alten Milieus. Die CSU eroberte nun die Vereine und 1978 dann vorübergehend das Rathaus.

So weit war es in den 1950er Jahren noch nicht. Immerhin gab es die Naturfreunde wieder, die Falken, die Arbeiterwohlfahrt, die Arbeitersamariter, die Arbeiterradfahrer, viele Volks- und Arbeiterchöre. Natürlich, ihre Positionen und Funktionen in der bundesdeutschen Gesellschaft wurden, vor allem bei der Arbeiterwohlfahrt und dem Arbeitersamariterbund, andere als in der Weimarer Republik. Doch das entwickelte sich allmählich. Anfangs existierte in all diesen Organisationen noch viel traditionsgesättigter Ballast aus Ritualen und Symbolen des alten sozialistischen Milieus. Zu Beginn der 1950er Jahre, noch nach der bitteren Wahlniederlage von 1953, war die Mehrheit der Sozialdemokraten nicht bereit, sich von diesem Ballast, der Anrede „Genosse", den roten Fahnen, den alten Arbeiterliedern, zu trennen, wie dies die Reformer Carlo Schmid und Heinrich Albertz verlangt hatten. Ein Sturm der Entrüstung war die Antwort auf die Kritiker des Milieus, die dann vier Jahre schweigen mussten. Bis 1957/58 war die SPD durchaus noch eine Milieupartei, die ihre Sinnstiftung, Sprachformeln und Manifestationen aus der Vergangenheit bezog, allerdings nun ohne die stabilen Organisationsressourcen im Vereinsumfeld von einst und sicher schon durchwirkt von neuen, modernen Elementen. Der weitgehende, allerdings bis heute nicht ganz endgültige Abschied vom Milieu, der Durchbruch zur modernen, normativ und sozial stärker gestreuten Partei erfolgte in den 1960er Jahren, vor allem in deren zweiter Hälfte.

In diesem Jahrzehnt setzten sich die Trends durch, die die Sozialhistoriker für die 1920er Jahre zu früh ansetzen. Die Entwicklung des tertiären Sektors und die Bildungsrevolution veränderten die Sozialstruktur der Gesellschaft, den inneren Aufbau der Arbeitnehmerschaft und schließlich – bei örtlich fast kulturrevolutionären Konflikten – die soziale Zusammensetzung sozialdemokratischer Ortsvereine. Nun wurde in der Tat der Konsum der kommerziellen Freizeitangebote Allgemeingut. Die Massenmedien ersetzten das Parteiblatt. Ein Stück Urbanität drang auch in die Dörfer, Klein- und Mittelstädte. Die scharfen Unterschiede in den Lebensformen, normativen Überzeugungen und kulturellen Ausprägungen ebneten sich ein. In der Tat: Massenkulturen lösten in den 1960er Jahren Milieukulturen sukzessive, wenngleich immer noch nicht vollends, auf, begünstigt auch dadurch, dass die Bonner, anders als die Weimarer Republik, nicht die Bürde der politischen Macht und des kulturellen Dünkels der vorindustriellen Eliten bis hinein in die Beamtenschaft zu tragen hatte; dass der Nationalismus, der gerade nach innen trennend, ja polarisierend gewirkt hatte, weitgehend diskreditiert war und von den neuen, oft katholischen Eliten nicht gebraucht wurde; dass der Protestantismus sich geändert und politisch geläutert hatte; dass die Bildungsschichten ihre deutschnationalen Borniertheiten abgelegt hatten; dass ökonomische Handlungs- und Kompromissräume bei den Konflikten zwischen Kapital und Arbeit bestanden. Hätte die Bonner Republik solche Laster der Weimarer Gesellschaft weiterhin tragen müssen, dann hätten wohl trotz moderner Medien und einer kommerziellen Freizeit bis in unsere Tage schroff segmentierte politische Milieus fortexistiert. Denn schließlich sind sie auch so nicht ganz verschwunden, zumindest in exkludierender Hinsicht. Denn nach wie vor schneidet die SPD auf dem Land, im selbstständigen Mittelstand und bei den Bauern besonders schlecht ab. Und nach wie vor stehen die Sozialdemokraten bei den Katholiken nicht besser da als zu Beginn der 1950er Jahre, allen Säkularisierungstendenzen zum Trotz.

Resistenz in feindlicher Umwelt: Konfessionelle Eigenwelten in West und Ost

Tatsächlich lässt sich auch der weitere Weg des katholischen Milieus nach 1933 nicht modernisierungstheoretisch verkürzen und apodiktisch als ein Prozess stetiger Auszehrung beschreiben. Im Gegenteil. Bis auf die Caritas hatte zwar kein Verband die nationalsozialistische Zeit organisatorisch überstanden, doch war das katholische Milieu dadurch nicht zerstört.[219] Es war, wie immer, wenn es in die Defensive gedrängt wurde, eher noch enger zusammengerückt, hatte sich lediglich aus der Verbandsöffentlichkeit in die Pfarrheime und Sakristeien begeben. Den Bischöfen war diese Entwicklung nur recht, da sie sich schon lange vor 1933 an der Autonomie der Verbände, vor allem den Machtpositionen der so genannten Verbandskardinäle gestört hatten. Das katholische Milieu war in den zwölf Jahren Nationalsozialismus nicht verschwunden, es war nur amtskirchlicher geworden, stärker als in den Jahrzehnten zuvor der Hierarchie untergeordnet.

Doch restaurierten sich auch die Verbände in den späten 1940ern, Anfang der 1950er Jahre nahezu vollständig wieder. Die Katholikentage blieben Heerschau des katholischen Volkes, größer, üppiger und prächtiger denn je. 800 000 Gläubige waren es etwa, die 1958 an der Abschlusskundgebung des Kölner Katholikentages teilnahmen.[220] Die Kirchenbindungen der Katholiken reduzierten sich in den 1950er Jahren nicht, sie vergrößerten sich noch. Zwischen 1949 und 1963 war der Prozentanteil der regelmäßigen Gottesdienstbesucher unter den Katholiken von fünfzig Prozent auf 55 Prozent angestiegen. Von einer Rechristianisierung war in diesen nachgerade goldenen Jahren der deutschen Katholiken viel die Rede. Nie zuvor oder danach übten die Katholiken in Deutschland politisch mehr Einfluss auf die Regierung aus. Sie hatten das Zentrum zwar aufgegeben, doch entstand die CDU zunächst als eine Milieupartei der Katholiken, die organisatorisch, personell und überwiegend auch ideologisch durchaus an die Tradition des Zentrums anknüpfte. Erst in den späten 1950er Jahren hatte die CDU über ihren katholischen Kernbestand hinaus bürgerlich-protestantische Lager gesammelt und integriert. In den unmittelbaren Nachkriegsjahren war die

---

[219] Zum katholischen Milieu nach 1945 vgl. Benjamin Ziemann, Das Ende der Milieukoalition. Differenzierung und Fragmentierung der katholischen Sozialmilieus nach 1945, in: COMPERATIV H. 2/1999 (Jg. 9), S. 89 ff.
[220] Vgl. hierzu Franz Walter, Katholizismus in der Bundesrepublik. Von der Staatskirche zur Säkularisierung, in: Blätter für deutsche und internationale Politik, H. 9/1996 (Jg. 41), S. 1102 ff.

CDU Milieupartei, wie die SPD, wie im Übrigen auch die FDP, die vorwiegend durch die Initiative kommunaler und regionaler Repräsentanten linksliberaler Restmilieus und gegen den Rat der früheren Reichsspitze der DDP konstituiert wurde. Die Katholiken ebneten der CDU Ende der 1940er Jahre den Weg zur Macht; auf ihrem Stimmenpotenzial basierte dann die absolute Mehrheit der Union bei den Bundestagswahlen 1957: 61 Prozent aller Katholiken, gleichviel ob aktive Kirchgänger oder nicht, hatten bei dieser Wahl ihre Stimme der CDU oder CSU gegeben.

Nie zuvor in der Moderne hatten sich die Katholiken in Deutschland so heimisch gefühlt, so sehr mit Staat und Regierung identifiziert wie in diesen 1950er Jahren, als in Bonn Minister und Staatssekretäre regierten, die in der katholischen Jugendbewegung groß geworden waren, während des Studiums dem Cartellverband der katholischen deutschen Studentenverbindungen (CV) angehörten, zu Hause das Bistumsblatt lasen, sonntags zum Frühschoppen im Kolpinghaus einkehrten, am Fronleichnamstag bei der Prozession mitgingen. Doch gerade der Erfolg unterminierte langsam die Fundamente des Katholizismus, eben das Milieu.[221] Die Zeit des Ghettos war vorbei. Die Katholiken konnten die Defensive verlassen, die über hundert Jahre ihr Milieu geformt und stabilisiert hatte. In dem Maße, in dem der Außendruck fortfiel, in dem Maße lockerte sich auch der Zusammenhalt der Katholiken untereinander. Ab den späten 1950er Jahren machten sich nun auch die Folgen der Wanderungsbewegungen der 1940er Jahre bemerkbar. Tatsächlich gab es nach der Neuansiedlung von über zehn Millionen Flüchtlingen und Heimatvertriebenen konfessionell kaum noch homogene Orte.[222]

Doch durchmischten sich die Konfessionen nicht gleich. Die 1950er Jahre waren für den Zerfall der Milieus eine Art Inkubationszeit, in der sie lediglich von der Moderne infiziert waren; die Resistenzkräfte ließen erst in den 1960er Jahren nach, und die Milieus litten nun erheblich an Schwindsucht. So war es bei der Sozialdemokratie, so auch bei den Liberalen, die in der zweiten Hälfte der 1960er Jahre ihren alten mittelständischen Charakter abstreiften und in der Folge darum ihre letzten Milieus in Württemberg, Nordhessen und im Oldenburger

---

[221] Vgl. Karl Gabriel, Die Katholiken in den fünfziger Jahren; Restauration, Modernisierung und beginnende Auflösung eines konfessionellen Milieus, in: Axel Schildt/Arnold Sywottek (Hrsg.), Modernisierung und Wiederaufbau: die westdeutsche Gesellschaft der fünfziger Jahre, Bonn 1993, S. 418 ff.

[222] Everhard Holtmann, Flüchtlinge in den 1950er Jahren. Aspekte ihrer gesellschaftlichen und politischen Integration, in: Axel Schildt/Arnold Sywottek (Hrsg.) 1993, S. 349 ff.

Raum verloren; und so war es ebenfalls bei den Katholiken. Nun stieg der Anteil der Mischehen. Die Konfessionsschule galt jetzt auch der Mehrheit der Katholiken nicht mehr als trotzig und unbedingt zu verteidigende Sozialisationsstätte christlichen Glaubens. Die Bildungsrevolution reduzierte das Bildungsdefizit der Katholiken und machte sie dadurch aufgeschlossener für die säkulare Welt. Die elektronischen Medien erreichten in den 1960er Jahre die Dörfer, in denen die Minderheit der deutschen Katholiken lebte. Es wurde dadurch schwieriger, katholische Eigenarten zu bewahren und zu tradieren. Immer mehr Katholiken verzichteten sukzessive darauf, die überlieferten Rituale katholischer Eigenkultur, wie die Feier des Namenstages, das Tischgebet, das Fastengebot, die Ohrenbeichte, den Marienkult, weiter aktiv zu pflegen. Mit dem zweiten vatikanischen Konzil öffnete auch die Kurie die Tür zur modernen Welt. Ab 1967 geriet der Katholizismus in Deutschland in eine tiefe Krise.[223] Die Loyalitäten der Katholiken zu ihrer Kirche gingen rapide zurück. Zwischen 1967 und 1973 sank der Anteil der regelmäßigen Kirchgänger von 55 Prozent auf 35 Prozent, ein Trend, der sich nach vorübergehender Milderung in den 1980er Jahren wieder forcierte.

Anders verlief die Entwicklung der sozialmoralischen Milieus nach 1945 im Osten. Hier spreizte sich die Entwicklung auf sonderbare Weise. Im Osten Deutschlands kam das Aus für die bürgerlich-konservativen Milieus sehr viel früher und erheblich radikaler als im Westen; dafür überlebte das katholische Milieu unter den Bedingungen des SED-Regimes sehr viel besser als in der über weite Strecken christdemokratisch geprägten, freiheitlichen Bundesrepublik.

Die Grundlagen des konservativen Milieus waren im Osten Deutschlands noch früher, noch härter, noch gründlicher zerstört worden. 1945 war für das konservative Milieu im Unterschied zu 1933 ein wirklich tiefer Einschnitt. Schon 1946 hatte das Milieu fast alle seine Stützpfeiler verloren. Und es stand ohne die alten Eliten in Adel, in der Professorenschaft, in der hohen Verwaltungsbürokratie, in der Lehrerschaft da, die weitenteils vertrieben oder zumindest entlassen wurden. Die Bodenreform und die Enteignungen hatten die sozialen Fundamente des konservativen Milieus weggesprengt. Das Milieu, kurzum, war ohne Basis und Führung.

Auch die Vermittlungsinstanzen, das Geflecht der Organisationen, die Fest- und Feiertage, das Ensemble nationalistischer Symbole standen nicht mehr zur Verfügung. Die Pressionen der SED und der sowjetischen Besatzer waren im

---

[223] Vgl. Renate Köcher, Die Entwicklung von Religiosität und Kirchlichkeit seit dem Zweiten Weltkrieg bis heute, in: Diakonia, 1988 (Jg. 19), S. 36 f.

Grunde gute Voraussetzungen für die Formierung eines bürgerlichen Abwehrmilieus. Doch Milieus benötigen nicht nur den Außendruck, sie brauchen auch den gesellschaftlichen Handlungsraum, um darauf infrastrukturell und subkulturell zu reagieren. Nie zuvor hatten bürgerliche Parteien in Deutschland einen solchen Zulauf an Mitgliedern zu verzeichnen wie 1945/46 auf dem Gebiet der Sowjetischen Besatzungszone. Doch trog die Hoffnung, CDU und LPD als politische Milieurepräsentationen und antisozialistische Abwehrorganisationen des Bürgertums etablieren zu können. Nach einigen rüden Säuberungswellen fungierten CDU und LPD als fügsame Blockparteien im Windschatten der SED.[224]

Daher ging die einzige verbliebene Restelite des früheren konservativen Milieus, die evangelischen Pfarrer, seit den frühen 1950er Jahren auf Distanz zur CDU; sie hielt sich nun der Partei fern.[225] Damit war die protestantische Kirche der letzte Ort, an dem Residuen des alten Milieus sich noch trafen, wo sie kommunizierten, ausharrten, ihre Gesinnung stabilisierten und tradierten.[226] Allein die Kirche lieferte noch rituellen und symbolischen Stoff für eigenkulturelle Identitäten gegenüber der staatssozialistisch durchformten Gesellschaft. Doch die Imaginations- und Bindekraft der katholischen Inszenierungs- und Bilderreligion hatte die sprödere protestantische Glaubenspraxis nicht. Die protestantischen Regionen der DDR entkirchlichten sich massiv schon in den 1950er und frühen 1960er Jahren. Im Streit um die staatliche Jugendweihe unterlagen die evangelischen Pfarrer bereits Ende der 1950er Jahre. Doch gruppierte sich um die protestantischen Pfarrhäuser bis zum Ende der DDR gewissermaßen ein Kleinmilieu aus Missionsgruppen, Frauenkreisen, Friedens- und Umweltzirkeln, aus Kirchenmusik und Jugendgemeinschaften.[227] Das war nicht mehr unbedingt und wohl auch nicht überwiegend konservativ-national, aber es konservierte die bildungsbürgerliche Autonomie, aus der heraus die Bürgerbewegungen in der zweiten Hälfte der 1980er Jahre gegen den SED-Staat agierten. Das katholische Milieu dagegen wahrte bis zum Ende der DDR weit mehr als nur Restbestände. So zerstörerisch der DDR-Sozialismus für das sozialdemokratische, das liberale und konservative

---

[224] Jürgen Frölich (Hrsg.), Bürgerliche Parteien in der SBZ/DDR. Zur Geschichte von CDU, LDP(D), DBD und NDPD 1945 bis 1953, Köln 1995.

[225] Vgl. insgesamt Helge Matthiesen, Greifswald in Vorpommern. Konservatives Milieu im Kaiserreich, in Demokratie und Diktatur 1900-1990, Düsseldorf 2000.

[226] Detlef Pollack, Kirche in der Organisationsgesellschaft. Zum Wandel der gesellschaftlichen Lage der evangelischen Kirchen in der DDR, Stuttgart 1994.

[227] Vgl. hierzu auch Christoph Kleßmann, Zur Sozialgeschichte des protestantischen Milieus in der DDR, in: Geschichte und Gesellschaft, 1993 (Jg. 19), S. 29 ff.

Milieu war, die katholische Lebenswelt konnte sich bewahren und ihre Strukturen stabilisieren. Im Osten war es zu Beginn des neu vereinten Deutschlands Anfang der 1990er Jahre noch intakt, während der westdeutsche Katholizismus schon auf eine zwanzigjährige Dauerkrise zurückblickte und ohne Rat war, wie der inneren Auflösung der einst so geschlossenen Kirche begegnen sollte.

Schon 1945 hatten es die Katholiken in der SBZ leichter als die alten Rivalen von der konservativen Seite.[228] Die katholischen Eliten blieben unangetastet: sogar neue Lehrer durften sie 1945/46 in großer Zahl ausbilden. An die Kultpraxis des Katholizismus wagten sich die eichsfeldischen SED-Funktionäre, von denen viele selbst noch lange der Katholischen Kirche angehörten, nicht heran. Die sozialen und seelsorgerischen Einrichtungen des katholischen Milieus waren nicht gefährdet. Natürlich gab es auch Druck und Eingriffe.[229] Die Umbildung der zunächst gutkatholischen CDU zu einer regimetreuen Bockpartei gehört dazu. Der staatliche Feldzug für die Jugendweihe führte zu einer erbitterten Auseinandersetzung zwischen der SED und dem politischen Katholizismus. Gefährlich war vor allem der „Eichsfeldplan", mit dem die SED Ende der 1950er Jahre orts- und kirchenferne Funktionäre und Arbeiter in die katholische Region implantieren wollte. Auch gegen die katholischen Feiertage, wie Fronleichnam und Allerheiligen, ging die SED in den 1960er Jahren rigide vor.

Das katholische Milieu ging nicht ohne Blessuren aus dieser Fehde hervor. In der Auseinandersetzung um die katholischen Feiertage setzte sich Ende der 1960er Jahre der SED-Staat durch. Auch im Konflikt um die Jugendweihe musste die Katholische Kirche 1973 am Ende kleinbeigeben. Doch hatte das katholische Milieu den Disput bis dahin kompromisslos geführt und immerhin fünfzehn Jahre länger durchgehalten als der Protestantismus. Und es waren diese Kämpfe, die das katholische Milieu zusammenschweißten, die die Homogenität herstellten, die die Sozialisation und Tradierung weiterhin ermöglichten. Sie brachten die Bedrängnis, die das Milieu als Voraussetzung seiner selbst brauchte. Es hatte aber auch den Raum, um darauf organisatorisch, weltanschaulich und rituell zu antworten. Eben das war dem konservativen Milieu größtenteils von vornherein verwehrt. Die Katholiken gingen auch in DDR-Zeiten auf Wallfahrt, unternahmen Prozessionen, boten eine attraktive Jugendarbeit an, gegen die die FDJ ohne

---

[228] Vgl. Dietmar Klenke, Das Eichsfeld unter den deutschen Diktaturen. Widerspenstiger Katholizismus in Heiligenstadt, Duderstadt 2003; ders., Der Eichsfelder Katholizismus zwischen SED-Diktatur und westlicher Demokratie, Großbodungen 2003.
[229] Vgl. Wolfgang Tischner, Zur Formierung der katholischen Subgesellschaft in der SBZ/DDR 1945-1951, in: Archiv für Sozialgeschichte, 1999 (Jg. 39), S. 299 ff.

Chance war. Um den Kern ihrer Kulthandlungen, Glaubensüberzeugungen und Erziehungsbemühungen zu sichern, verhielten sich die katholischen Eliten traditionsgemäß flexibel und anpassungsbereit: Sie mobilisierten das katholische Volk zu Wahlen und Ernteeinsätzen und erhielten als Prämie den Freiraum weitgehend ungestörter Religionsausübung. Das hielt das Milieu zusammen: Es gab hinreichend Druck, aber auch hinreichend eigenkulturelle Reaktionsmöglichkeiten darauf. In den 1980er Jahren gab es nicht wenige katholische Priester, denen daher die Verhältnisse in der DDR ganz kommod vorkamen. Sie beobachteten schließlich, wie das Gemeindeleben im Westen Deutschlands zusammenschrumpfte, wie sehr sich gerade die Jugend von der Kirche loslöste. Insofern schien den katholischen Milieueliten des Eichsfeldes der westliche Materialismus im Vergleich zum Realsozialismus in einer gewissen Weise als der schlimmere, der weitaus gefährlichere Feind.

Das katholische Milieu hatte sich zum Schluss etwas selbstgenügsam in der DDR-Gesellschaft eingerichtet. Zu den Avantgardisten der Bürgerbewegung im Herbst 1989 zählte es infolgedessen nicht. Die Verwestlichung des Ostens schuf eine neue Herausforderung. Und zu gewinnen ist dieser neue Kampf wohl nicht. Es dürfte dem katholischen Milieu im östlichen Eichsfeld bald ebenso ergehen wie zuvor in seinem westlichen Teil. Bismarck, Hitler, Honecker haben das katholische Milieu nicht in die Knie zwingen können. Der bundesdeutschen Demokratie und Marktgesellschaft aber wird das mühelos gelingen. Und dann wäre die deutsche Republik in der Tat am Ende des Milieus angekommen. Man mag das begrüßen. Doch kann es ebenso gut sein, dass man die Stabilitätspolster und die Loyalitätsreserven politisch-kulturell sozialisierender und mobilisierender Milieus noch vermissen wird.

IV. Spaltung des deutschen Bürgertums

Spaltung des deutschen Bürgertums

Es begann unter Adenauer

Ein gutes halbes Jahrhundert ist es her, dass die CDU/CSU ein „Wahlwunder" vollbrachte, das es in der deutschen Parlamentsgeschichte weder zuvor je gab noch danach noch einmal geben sollte: Die Union erreichte am 15. September 1957 mit 50,2 Prozent der Stimmen die absolute Mehrheit der Wähler. Das war ein Triumph für die Partei Adenauers, das festigte für einige Zeit ihren Mythos, unschlagbar zu sein, gleichsam als ganz natürliche Gewinner- und Regierungspartei der Westdeutschen dauerhaft zu fungieren. Und es wirkte niederschmetternd für die Sozialdemokraten, die in der rheinischen Republik ebenso auf Dauer ohne jede Chance zu sein schienen. Denn immerhin: Der Abstand der schwindsüchtigen SPD zur kraftstrotzenden CDU/CSU betrug bei den Bundestagswahlen 1957 nicht weniger als 18,4 Prozentpunkte.

Die Überlegenheit der CDU/CSU war nicht einfach Reflex günstiger ökonomischer Umstände und glücklicher außenpolitischer Fügungen. Sie war hart erarbeitet, war Resultat politischer Umsicht. Und sie ging ohne Zweifel auf die herausragende Persönlichkeit Adenauers zurück, der mit seiner Erfahrung, Intuition, der Begabung zur einfachen Ansprache, seiner Härte, mitunter auch seiner Niedertracht die politische Macht und Hegemonie der Christdemokratie auf- und ausbaute. Das war schon erstaunlich. 1957 befand sich Adenauer immerhin bereits im 82. Lebensjahr; und doch wirkte er auf die deutsche Öffentlichkeit weitaus robuster, ja: elastischer und dynamischer als der mitunter recht phlegmatisch auftretende Ollenhauer.

Eine historisch einzigartige und eigenständige Leistung war im Übrigen das Bündnisprojekt der Union, zur großen Integrationspartei des deutschen Bürgertums zu werden. Selbstverständlich war das nicht. Bis 1933 war das Bürgertum, waren die konfessionellen und konservativen Bevölkerungsteile parteipolitisch zersplittert, mehr noch: untereinander verfeindet. Insofern bedeutete die Union etwas Neues, in der deutschen Parteiengeschichte nachgerade Revolutionäres, da ihr Bogen sich normativ und sozial noch erheblich weiter spannte als zuvor der

Radius der nationalsozialistischen „Sammelpartei des Protestes". Die Union bündelte und band als Regierungspartei des neuen deutschen Parlamentarismus die verschiedenen Traditionen, Milieus und Profile, in dem sie ihnen ihren autonomen Raum ließ, sie nicht auf starre Grundsätze verpflichtete, nicht durch Verbindlichkeiten den Rahmen eng setzte. Eben dazu war die Sozialdemokratie durch die Bürde ihrer Tradition, durch ihren zentralistischen Organisationstypus und ihre Fixierung auf fixe Programmprinzipien lange nicht in der Lage. Die Union dehnte sich aus, weil sie flexibler und elastischer agierte.[230]

Indes: Im Zenit des Erfolges lauert nicht selten schon der Absturz. Man hat das häufig erlebt. Jetzt konnte man es auch bei der CDU beobachten. Ausgerechnet das Jahr 1957 markierte einen Einschnitt in der bürgerlichen Erfolgsgeschichte, welcher der CDU in den Jahrzehnten danach mehr und mehr zu schaffen machte, ihr letztlich die hegemoniale Rolle in der bundesdeutschen Republik kostete. Es begann am 12. April 1957. An diesem Tag ging in den Redaktionsbüros der deutschen Zeitungen ein Memorandum ein, das aus dem Büro des experimentellen Göttinger Chemikers Otto Hahn versandt worden war. Das maßgeblich vom Physiker und Philosophen Carl Friedrich von Weizsäcker verfasste Manifest kursierte fortan als „Erklärung der Göttinger Achtzehn". Bei den „Göttinger Achtzehn" handelte es sich um die damals angesehensten Atomwissenschaftler Deutschlands, die seit den 1920er Jahren auf ihrem Gebiet eine Spitzenstellung in der internationalen Forschung einnahmen.

Worum ging es, in diesen Frühlingstagen 1957? Die Republik sah sich plötzlich über die Pläne atomarer Ausrüstung deutscher Streitkräfte mit der Atomfrage konfrontiert. Im Jahr zwölf nach Ende des Zweiten Weltkrieges hatte die Mehrheit der Deutschen mit Waffen, Armeen, Gefechtsplänen und dergleichen sonst nichts im Sinn. Vor allem fürchtete man, nach den Schrecken von Hiroshima und Nagasaki, den Einsatz von Atomwaffen mitten in Europa. Und die Majorität der Deutschen hatte bis dahin den Eindruck, dass ihre regierenden Politiker ähnlich dachten, dass auch sie das atomare Teufelszeug für Verteidigungszwecke ablehnten.[231] Diesen Eindruck hatte Adenauer auch öffentlich durchaus erweckt. Insofern traf es die atompazifistisch durchwirkte deutsche Gesellschaft wie ein Schock, als erkennbar wurde, dass der Regierungschef, angefeuert von seinem agilen Verteidigungsminister Strauß, lockeren Schritts das nukleare Terrain

---

[230] Vgl. schon Arnold J. Heidenheimer, Der starke Regierungschef und das Parteien-System: Der „Kanzler-Effekt" in der Bundesrepublik, in: Politische Vierteljahresschrift, H. 2/1961 (Jg. 2), S. 246.

[231] Vgl. Hans-Peter Schwarz, Adenauer. Der Staatsmann: 1952-1967, Stuttgart 1991, S. 333.

betrat. Für Adenauer war die atomare Bewaffnung der Bundeswehr nun eine Frage der Souveränität, der Ebenbürtigkeit, der Gleichberechtigung mit anderen großen europäischen Mächten.[232]

Um die Bedeutung der Nuklearwaffen vor den ängstlichen Deutschen herunterzuspielen, nannte er in einer Pressekonferenz am 5. April 1957 die taktischen Atomwaffen „nichts weiter als die Weiterentwicklung der Artillerie."[233] Man muss annehmen, dass Adenauer diese nonchalante Formulierung noch lange Jahre bereut haben dürfte. Denn nun fegte ein Sturm der Entrüstung durch die Republik.[234] Selbst in der schlaffen sozialdemokratischen Opposition kehrten für einige Wochen die Lebensgeister zurück – und Adenauer selbst hatte ihr dafür das Elixier verabreicht. Doch im Grunde brauchte er die Sozialdemokraten auch dann nicht zu fürchten.

Weit gefährlicher waren die renommierten, in erklecklicher Zahl mit Nobelpreisen ausgezeichneten Atomphysiker, die es gerade in Deutschland, vor allem in Göttingen,[235] seit den 1920er Jahren reichlich gab. Schließlich handelte es sich um wirkliche Experten auf ihrem Gebiet, gleichsam um Olympiers der naturwissenschaftlichen Forschung. Und ausgerechnet von diesen Atomphysikern ging der schärfste Protest gegen die neuen Atompläne Adenauers aus. In die Geschichte ging die Professorenaktion als „Göttinger Erklärung" ein.[236] Ganz korrekt war dieses Etikett nicht. Zwar hatten in der Tat achtzehn Atomphysiker das Memorandum unterschrieben, doch nur vier davon – Werner Heisenberg, Karl Wirtz, Otto Hahn und Carl Friedrich von Weizsäcker – lehrten bzw. forschten 1957 an der Göttinger Georg-August-Universität. Aber so konnte man sich prächtig in die Tradition der „Göttinger Sieben" von 1837 stellen, die seinerzeit gegen die Suspendierung der Verfassung durch König Ernst August öffentlich protestiert hatten und ihre Zivilcourage mit Amtsenthebung, teilweise auch Verban-

---

[232] Vgl. ebd., S. 330; Hans-Peter Schwarz, Adenauer und die Kernwaffen, in: Vierteljahreshefte für Zeitgeschichte, H. 4/1989 (Jg. 37), S. 567-593.

[233] Ein stenographischer Auszug aus der Erklärung Adenauers findet sich in: Der Spiegel, 17.04.1957, S. 8.

[234] Vgl. o.V., Beschwörender Appell der deutschen Atomforscher, in: Frankfurter Allgemeine Zeitung, 13.04.1957; Hans Karl Rupp, Außerparlamentarische Opposition in der Ära Adenauer. Der Kampf gegen die Atombewaffnung in den fünfziger Jahren. Eine Studie zur innenpolitischen Entwicklung in der BRD, Köln 1980, S. 81 f.

[235] Vgl. Joachim G. Leithäuser, Werner Heisenberg, Berlin 1957, S. 34 ff.

[236] Die Erklärung ist abgedruckt in: Elisabeth Kraus, Von der Uranspaltung zur Göttinger Erklärung. Otto Hahn, Werner Heisenberg, Carl Friedrich von Weizsäcker und die Verantwortung des Wissenschaftlers, Würzburg 2001, S. 202 f.

nung bezahlen mussten. Nichts davon drohte den achtzehn Hochschullehrern im Jahr 1957, gleichwohl stiftete es historische Legitimation und verschaffte die Gloriole vom „Mannesmut vor Fürstenthronen".

Im Übrigen kam der politische Initiator und Vordenker der Gruppe in der Tat aus Göttingen, Carl Friedrich von Weizsäcker, Sohn des Ribbentrop-Staatssekretärs Ernst Freiherr von Weizsäcker und Bruder des späteren Bundespräsidenten Richard von Weizsäcker. Er hatte beim gemeinsamen Frühstück mit einem Kollegen, dem Experimentalphysiker Walter Gerlach, in der Morgenzeitung die Artillerie-Äußerung des Kanzlers gelesen.[237] Prompt telefonierte er die Prominenz der deutschen Atomphysik zusammen und verfasste einen Entwurf für das professorale Manifest, das am 12. April, exakt eine Woche nach der Pressekonferenz des Kanzlers, über das Büro von Otto Hahn an die Zeitungen ging – und eine in der Geschichte der Bundesrepublik nahezu einzigartige Resonanz erzielte. Die universitären Atomexperten – die meisten darunter waren schon zu Hitlers Zeiten im Uran-Verein eifrig an atomaren Experimenten beteiligt[238] – formulierten ihre „tiefe Sorge" über die Absichten der Bundesregierung. Sie belehrten die deutsche Öffentlichkeit und ihren Kanzler, dass auch taktische Atomwaffen die „zerstörende Wirkung normaler Atombomben" besäßen. Um das Unheil vorstellbar auszumalen, wiesen sie darauf hin, dass eine Wasserstoffbombe „einen Landstrich von der Größe des Ruhrgebiets zeitweilig unbewohnbar machen" könne. Auf Anraten des Religionsphilosophen Martin Buber hatten sie es in ihrem Manifest nicht nur bei einem Appell an die Politik belassen, sondern auch eine Selbstverpflichtung abgegeben, in dem sie versicherten, dass keiner der Unterzeichner „sich an der Herstellung, der Erprobung oder dem Einsatz von Atomwaffen in irgendeiner Weise" beteiligen werde.[239] Seither gelten die „Göttinger Achtzehn" weithin als mutige Repräsentanten zivilgesellschaftlicher Bürgertugend in der ansonsten düsteren Restaurationsära des autoritären Patriarchen Adenauer. Man gedenkt ihrer gerne als Warner vor der atomaren Apoka-

---

[237] Vgl. ebd., S. 199 f.; Konrad Lindner, Carl Friedrich von Weizsäckers Wanderung ins Atomzeitalter. Ein dialogisches Selbstporträt, Paderborn 2002, S. 114-119; Hans Karl Rupp 1980, S. 77 f.

[238] Vgl. Wolfgang D. Müller, Geschichte der Kernenergie in der Bundesrepublik Deutschland. Anfänge und Weichenstellungen, Stuttgart 1990, S. 553; Rainer Karlsch, Hitlers Bombe. Die geheime Geschichte der deutschen Kernwaffenversuche, München 2005.

[239] Vgl. Dieter Hattrup, Carl Friedrich von Weizsäcker. Physiker und Philosoph, Darmstadt 2004, S. 172; Carl Friedrich v. Weizsäcker, Ich – Du und Ich – Es in der heutigen Naturwissenschaft, in: Merkur, H. 120/1958 (Jg. 12), S. 125 f.

lypse, als durch die eigene Lebensgeschichte geläuterte und ethisch angetriebene Propheten ziviler Friedfertigkeit.[240]

Für eine solche historische Zuordnung spricht gewiss einiges. Doch hat es auch schon zeitgenössisch nicht ganz wenige Betrachter gegeben, die der Physikerelite bemerkenswerte politische Naivität vorwarfen. Besonders pointiert tat dies in einem Radiovortrag bereits im Herbst 1956 der Existenzphilosoph Karl Jaspers: „Zwischen der Ingeniösität ihrer technischen Erzeugung einerseits und der Ahnungslosigkeit ihres politischen Denkens andererseits klafft ein Abgrund. Erschrocken vor dem, was sie angerichtet haben, fordern sie mit Friedensgedanken eine Lösung, indessen sie die Sache weitertreiben. So intelligente Männer wollen und wollen nicht, sie verhalten sich wie Kinder und sprechen von Tragödie."[241] Diese Ambivalenz zeigt auch der letzte Satz des Memorandums der Göttinger Achtzehn: „Gleichzeitig betonen wir, dass es äußerst wichtig ist, die friedliche Verwendung der Atomenergie mit allen Mitteln zu fördern, und wir wollen an dieser Aufgabe wie bisher mitwirken."

Die Exzellenz der deutschen Physik ging mithin auf demonstrative Distanz zur atomaren Forschung, die der Waffenproduktion diente, bekundete aber zugleich ihren Willen, bei nuklearen Experimenten, die der zivilen Verwendung nutzen sollten, mit umso größerem Eifer bei der Sache zu sein.[242] Das mochte naiv sein. Das konnte aber auch – neben der unzweifelhaft pazifistischen Einstellung einiger aus dem Kreis der Achtzehn – ein verblüffend kühles interessenpolitisches Vorgehen bedeuten. Denn die jederzeit uneingeschränkt hervorgehobene Beschränkung auf eine allein zivil genutzte Atomenergie bot den Atomphysikern in Deutschland die einzige Möglichkeit, wieder zurück ins Spiel der weltweiten Nuklearforschung zu kommen. Deutsche Physiker, die an der Atombombe für deutsche Streitkräfte bastelten – das war nach 1945 undenkbar und von den Alliierten strikt untersagt und darüber machten sich die „Göttinger" auch keine Illu-

---

[240] Vgl. beispielhaft Werner Birkenmaier, Atomforscher entfachen Proteststurm, in: Stuttgarter Zeitung, 11.04.2007; Corinna Hauswedell, Keine Kenntnis von den Erkenntnissen? 30 Jahre „Göttinger Erklärung", in: Wissenschaft und Frieden, H. 2/1987, http://www.uni-muenster.de/PeaCon/wuf/wf-87/8720200m.htm [eingesehen am 28.12.2007].
[241] Karl Jaspers, Die Atombombe und die Zukunft des Menschen, Rundfunkvortrag vom Oktober 1956, abgedruckt in: Hans-Dieter Kreikamp (Hrsg.), Die Ära Adenauer 1949-1963, Darmstadt 2003, S. 177.
[242] Vgl. Thomas Stamm, Zwischen Staat und Selbstverwaltung. Die deutsche Forschung im Wiederaufbau 1945-1965, Köln 1981, S. 154.

sionen.[243] Insofern konzentrierten sie sich strategisch auf die Reaktorforschung, auf die Entwicklung der Atomenergie für friedliche Zwecke. Adenauers Liebäugeln mit taktischen Atomwaffen indes gefährdete ihr Projekt.[244] Zumindest *auch* aus diesem Grund mussten sie dem Kanzler in irgendeiner öffentlichkeitswirksamen Weise energisch in die Parade fahren.

Überhaupt waren peu à peu kumulierte Enttäuschungen über Adenauer kräftig mit im Spiel, insbesondere bei Werner Heisenberg, gewissermaßen der Star unter den Stars der Atomphysik. Schon mit 24 Jahren war er durch seine Arbeiten zur Quantenmechanik weltbekannt geworden. Das brachte ihm mit 26 Jahren eine ordentliche Professur, mit 32 gar den Nobelpreis ein. Heisenberg war ein enorm ehrgeiziger Mann, der in der jungen Bundesrepublik auch politisch Einfluss nehmen wollte.[245] In der Tat avancierte er für einige Jahre zum vielleicht wichtigsten Wissenschaftsorganisator Europas. Heisenbergs Mission war die zivile Förderung der Atomenergie, für die er Konrad Adenauer auch schnell begeistern konnte. Doch Heisenberg fehlte es wie vielen Naturwissenschaftlern an Verständnis für die besonderen Regeln und Rhythmen der Politik. Er begriff nicht, dass in politischen Entscheidungsprozessen kaum etwas zügig und stringent ging, dass stets rationalitätswidrige Kompromisse geschlossen werden mussten, dass man Rücksichten auf Stimmungen und Emotionen zu nehmen hatte. Wäre es nach Heisenberg gegangen, dann hätte ein Rat naturwissenschaftlicher Weiser die öffentlichen Angelegenheiten nach Maßgabe streng wissenschaftlicher Erkenntnisse geregelt.[246] Aber eben mit dieser Attitüde und seinen ständigen Anmahnungen nervte er allmählich das Kanzleramt in Bonn und manövrierte sich so selbst ins Abseits.[247] Als Heisenberg auch mit seinem jahrelang emsig betriebenen Projekt scheiterte, das Göttinger Max-Planck-Institut nach München – dem Ort angenehmster Jugenderinnerungen – zu verlegen, um dort

---

[243] Vgl. Michael Eckert, Die Anfänge der Atompolitik in der Bundesrepublik Deutschland, in: Vierteljahreshefte für Zeitgeschichte, H. 1/1989 (Jg. 37), S. 120; Elisabeth Kraus 2001, S. 133 f.

[244] Vgl. Werner Heisenberg, Der Teil und das Ganze, München 1976, S. 265; Elisabeth Kraus 2001, S. 188 ff.

[245] Vgl. Armin Hermann, Werner Heisenberg. Mit Selbstzeugnissen und Bilddokumenten, Hamburg 1994, S. 97 f.; Joachim G. Leithäuser 1957, S. 77.

[246] Vgl. Werner Heisenberg 1976, S. 239; Wolfgang D. Müller 1990, S. 70 f.; Maria Osietzki, Wissenschaftsorganisation und Restauration. Der Aufbau außeruniversitärer Forschungseinrichtungen und die Gründung des westdeutschen Staates 1945-1952, Köln/Wien 1984, S. 259 und S. 346.

[247] Vgl. ebd., S. 131 ff.

den ersten deutschen Versuchsreaktor im Rahmen eines großen Forschungszentrums zu installieren, war er zutiefst gekränkt – und dem Kanzler, den er doch so lange hofiert hatte, denkbar gram.[248]

Werner Heisenberg ging dann auch nicht ins Kanzleramt, als Konrad Adenauer die Physiker dazu einlud, um den Atomstreit zu beenden. Zunächst hatte Adenauer nach Veröffentlichung der Göttinger Erklärung gar noch weitere Schärfen in den Disput hineingebracht. Aber die öffentliche Meinung stand nahezu geschlossen hinter den Professoren und gegen den Regierungschef.[249] Die Bundestagswahlen standen vor der Tür; also konnte sich Adenauer keinen Wahlkampf um Atomraketen leisten, zumal die Demoskopen ermittelten, dass rund zwei Drittel der Bevölkerung eine Atombewaffnung ablehnten.[250] Der für Adenauer unerquickliche Streit musste folglich vom Tisch. Auf Wunsch des Kanzlers erschienen am 17. April fünf der achtzehn Protestler im Palais Schaumburg. Adenauer begegnete ihnen freundlich, gelassen, ja heiter. Am Ende der rund siebenstündigen Beratung präsentierte sein Pressesprecher, der gewandte Felix von Eckardt, ein gemeinsames Kommuniqué, in dem alle Beteiligten sich durch Unterschrift zum Frieden und zur allgemeinen Abrüstung bekannten.[251]

Einen Monat später schien auch das nächste Problem einer innerbürgerlichen Fronde für Adenauer vom Tisch zu sein. Denn im Mai 1957 löste sich die „Gesamtdeutsche Volkspartei" (GVP) auf. Lediglich fünf Jahre hatte die Partei nur existiert, hatte bei überlokalen Wahlen niemals auch nur ein einziges Mandat errungen. Sie schien sich also lediglich in die durchaus nicht geringe Zahl von Parteigründungen eingereiht zu haben, die dann rasch wieder im Nichts versandeten. So nahm es auch Adenauer erleichtert im Frühjahr 1957 wahr.

Indes, ganz so folgenlos blieb das Experiment „Gesamtdeutsche Volkspartei" nicht. Um ihrer Bedeutung nachzuspüren, braucht man sich nur der beiden einzigen Bundespräsidenten zu erinnern, welche die SPD nach 1949 stellte: Gustav Heinemann und Johannes Rau. Beide hatten das politische Handwerk nicht in den

---

[248] Vgl. Rolf-Jürgen Gleitsmann, Im Widerstreit der Meinungen: Zur Kontroverse um die Standortfindung für eine deutsche Reaktorstation (1950 – 1955). Ein Beitrag zur Gründungsgeschichte des Kernforschungszentrums Karlsruhe und zu einem Kapitel deutscher Kernenergiegeschichte, Stuttgart 1986, S. 83 ff.

[249] Vgl. Hans-Peter Schwarz 1991, 335 f.

[250] Vgl. DIVO-Institut (Hrsg.), Umfragen 1959/60, Band 3/4. Ereignisse und Probleme des Jahres im Urteil der Bevölkerung, Frankfurt a. M. 1962, S. 15 f.

[251] Vgl. Hans Karl Rupp 1980, S. 80; Philipp Sonntag, Der Streit um die atomare Bewaffnung. Argumente der Ära Adenauer, Schriftenreihe Militärpolitik-Dokumentation, H. 25/1982 (Jg. 6), S. 45.

Zeltlagern der sozialistischen Jugend oder auf den Zahlabenden sozialdemokrati-
scher Ortsvereine gelernt, sondern in den Debattierrunden der „Gesamtdeutschen
Volkspartei". Auch Erhard Eppler, über ein Vierteljahrhundert so etwas wie der
Cheftheoretiker der deutschen Sozialdemokraten, kam aus der GVP und war in
Ethik wie Semantik unverkennbar durch die Kultur dieser Partei geprägt – was
dann über den schwäbischen Vordenker peu à peu in den programmatischen
Fundus der SPD hineintröpfelte. Irgendetwas Besonderes also musste es mit dieser
„Gesamtdeutschen Volkspartei" dann doch auf sich gehabt haben.

Alles hing vom Beginn her an einer Person: Gustav Heinemann.[252] Der Jurist
Heinemann hatte erst als junger Erwachsener sein christliches Erweckungserleb-
nis – dann aber gründlich. Er wurde, nun stark pietistisch geprägt, zu einem
Protagonisten des deutschen Protestantismus, vertrat in den Jahren des Nationalsozialismus als Rechtsanwalt die Anliegen der Bekennenden Kirche, war nach
1945 Präses im Rat der EKD. All das machte ihn, der nach Ende des Krieges
zugleich als Oberbürgermeister von Essen amtierte, interessant für Konrad Adenauer, genauer: für dessen Projekt, aus der anfangs noch katholisch dominierten
CDU eine wirklich überkonfessionelle Sammelpartei des bürgerlichen Deutschlands zu kreieren. Kurzum: Adenauer brauchte den damals entscheidenden Repräsentanten des Protestantismus, bekam ihn auch und machte ihn 1949 zum Innenminister in seinem Kabinett. Ein knappes Jahr ging das auch gut, aber dann
kam es zum großen, nie mehr zu kittenden Bruch zwischen den beiden. Adenauer verfasste – wie er das gerne zu machen pflegte – ohne Absprache mit den übrigen Bundesministern ein Memorandum für die Hohen Kommissare, in dem er
deutsche Soldaten und militärische Ausrüstung für das westliche Sicherheits-
bündnis anbot. Als Heinemann davon erfuhr, war die Empörung groß und die
Bereitschaft, weiter im Kabinett mitzuwirken, perdu. Der Innenminister erklärte
folglich seinen Rücktritt.[253]

Ganz ohne Sorge betrachtete der Bundeskanzler die Demission seines Re-
nommierprotestanten zunächst nicht, doch schon bald zeigte sich, dass der Schritt

---

[252] Zu Heinemann vgl. Arnulf Baring, Gustav Heinemann und der Machtwechsel, in: Haus
der Geschichte der Bundesrepublik Deutschland (Hrsg.), Gustav Heinemann und seine
Politik, Wissenschaftliches Symposium am 10. Mai 1999, Berlin 1999, S. 41-53; Jörg Thierfel-
der/Matthias Riemenschneider (Hrsg.), Gustav Heinemann. Christ und Politiker, Karlsruhe
1999; Hermann Schreiber/Frank Sommer, Gustav Heinemann, Bundespräsident, Frankfurt
a. M. 1969.
[253] Vgl. Hans-Peter Schwarz, Gustav Heinemann und Konrad Adenauer, in: Haus der Geschichte der Bundesrepublik Deutschland (Hrsg.) 1999, S. 32-40.

Heinemanns keine Anti-Adenauer-Welle in den evangelischen Bevölkerungskreisen der Bonner Republik auszulösen vermochte. Selbst Heinemann zögerte über zwei Jahre, bis er der CDU endgültig den Rücken kehrte. Im November 1951 hatte er, noch als Christdemokrat, die „Notgemeinschaft für den Frieden Europas" gegründet, aus der ein Jahr später die „Gesamtdeutsche Volkspartei" hervorging. Die Partei wollte eine Art Sammelbündnis von Gegnern der Adenauerschen West- und Deutschlandpolitik werden, und tatsächlich fanden sich dort auch einige Fundamentalpazifisten, junge Nationalkonservative, vereinzelte Linkskatholiken ein. Die prominenteste Vertreterin des Katholizismus war die vormalige Partei- und Fraktionsvorsitzende des „Zentrums", Helene Wessel, die in den folgenden Jahren zusammen mit Heinemann Hauptrednerin und -darstellerin auf den Bühnen der GVP war. Doch eine veritable Strömung des Katholizismus repräsentierte Helene Wessel nun auch nicht, sie blieb eher eine Einzelgängerin.[254] Überdies war die GVP im Kern genuin protestantisch, genauer: eine kleine Gesinnungselite aus der Tradition linksprotestantischer Bruderräte der Bekennenden Kirche. Der übergroße Rest des evangelischen Bürgertums blieb jedoch gegenüber der GVP zur großen Enttäuschung Heinemanns entschieden reserviert.

Zudem wuchs die GVP nicht zu einer Partei mit einem umfassenden politischen Programm. Zwar hatte die Handvoll katholischer Mitglieder einige Sätze zur Wirtschafts- und Sozialpolitik verfasst, aber das durchdrang weder die Agitation noch die Praxis der GVP. Nur die schroffe Negation der Militär-, West- und Deutschlandpolitik der Adenauer-CDU verband alle Aktivisten und Sympathisanten, einige vage Vorstellungen von einem vereinten Europa – nicht unbeliebt waren schon damals Paradigmen von der „dritten Kraft" oder eines „dritten Weges" – umkreisten diesen Grundkonsens. Doch der unzweifelhaft gemeinsame Nenner lag einzig in der Option, Deutschland aus den beiden Militärbündnissen „auszuklammern" – wie man das in der GVP programmatisch formulierte –, um so die Wiedervereinigung Deutschlands zu ermöglichen.[255]

Leichte Jahre waren es nicht, die die „Gesamtdeutschen" zwischen 1952 und 1957 durchlitten. Im Grunde erlebten sie ein halbes Jahrzehnt voller Verunglimpfungen, Demütigungen und Enttäuschungen. Als sie anfingen, hatten viele fest damit gerechnet, für eine Mehrheit der Deutschen, mindestens des protestanti-

---

[254] Elisabeth Friese, Helene Wessel (1868-1969). Von der Zentrumspartei bis zur Sozialdemokratie, Essen 1993, S. 207-255.
[255] Michael Klein, Westdeutscher Protestantismus und politische Parteien. Anti-Parteien-Mentalität und parteipolitisches Engagement von 1945 bis 1963, Tübingen 2005, S. 194-211 und S. 264-277.

schen Bürgertums zu sprechen. Schließlich war der nationale Gedanke seit über hundert Jahren der Integrations- und Identitätsstoff der evangelisch-bürgerlichen Schichten in Deutschland gewesen. Doch ignorierten die GVP-Aktivisten, dass die Furcht vor Sozialisten und Kommunisten nicht minder konstitutiv für die bürgerlichen Lebenswelten in Deutschland war, seit den Enteignungen und Vertreibungen im früheren Mittel- und Ostdeutschland nach 1945 sich gar noch verstärkt hatte. Diese geringe Sensibilität für die Sicherheitsbedürfnisse der deutschen Mitte und Rechten in der GVP machte es deren Gegnern einfach, die Kampagne mit harter Zielstrebigkeit zu führen. Adenauer und seine Propagandamannschaften brauchten nicht lange, um die „Heinemänner" in die Schmuddelecke bestenfalls weltfremder und sektiererischer Neutralisten, womöglich gar „fellow travellers" der Moskauer Weltrevolution abzudrängen.[256]

Die GVP lieferte dazu noch die passenden Vorlagen, vor allem im Bundestagswahljahr 1953. Die Partei mit ihren paar hundert Mitgliedern aus den akademischen Schichten agierte organisatorisch amateurhaft, entbehrte ausreichender Finanzen und erfahrener Funktionäre, die Fünf-Prozent-Hürde drohte. Insofern suchte man nach Partnern, die Geld, Wahlkampffertigkeiten, Mobilisierungskompetenz, Stimmen beibringen konnten. Und so kam man auf den „Bund der Deutschen", einer ebenfalls neutralistischen Organisation mit erkennbaren, wenngleich durchaus dezent verhüllten Sympathien für den Osten Deutschlands. Seit 1990, seit dem Zugang zu SED und Stasi-Akten, weiß man gewiss genauer als 1953, in welchem Maße dieser Verein von der SED gesteuert und alimentiert wurde. Aber man brauchte es auch schon damals nicht zu übersehen. Doch gab es im 20. Jahrhundert gerade unter linksprotestantischen Lehrern, Professoren und Pfarrern einen bemerkenswert konstanten wie verblüffend naiven Anti-Anti-Kommunismus, den die kühlen Strategen in KPD/SED beherzt und planvoll nutzten. Natürlich hatte niemand aus der GVP-Prominenz auch nur die geringste Passion für den östlichen Kommunismus, aber ihre verzweifelt-fahrlässige Wahlkooperation mit dem „Bund der Deutschen" machte es der CDU/CSU leicht, eben dies gnadenlos häufig zu behaupten. Die Zusammenarbeit wurde zum Desaster für die GVP. Mehrere Mitglieder verließen wütend die Partei und am Abend des Wahlkampfsonntags, am 6. September 1953, stand fest, dass die GVP auf ganzer Linie gescheitert war. Lediglich 1,16 Prozent der Wähler – 318.823 Bundesbürger

---

[256] Josef Müller, Die Gesamtdeutsche Volkspartei. Entstehung und Politik unter dem Primat nationaler Wiedervereinigung 1950-1957, Düsseldorf 1990, S. 281-326.

– hatten sich hinter ihre Konzeption gestellt.[257] Die Union des Konrad Adenauer hingegen feierte einen Triumph – ihr Stimmenanteil erhöhte sich um 14,2 Prozentpunkte. Im Ergebnis bedeutete das eine absolute Mehrheit der Mandate im Bundestag – und ein überwältigendes plebiszitäres Votum für die Sicherheits- und Westpolitik des Bundeskanzlers.

Vorausschauende „Gesamtdeutsche" wie Erhard Eppler machten sich fortan nur noch wenig Illusionen über die Zukunftsaussichten ihrer Kleinstpartei. Im Oktober 1955 schied Eppler aus der GVP aus, im Januar 1956 trat er den Sozialdemokraten bei.[258] Gustav Heinemann und Johannes Rau brauchten dazu länger, aber ein gutes Jahr später gingen auch sie den Weg Epplers, zusammen mit der großen Mehrheit der Partei. Auf dem letzten Parteitag der GVP, Mitte Mai 1957 in Essen, beschlossen die Delegierten die Auflösung der Organisation und fassten dann ein Votum für den Anschluss an die Ollenhauer-SPD, der man bereits in der so genannten Paulskirchen-Bewegung 1955 außerparlamentarisch ein schönes Stück näher gekommen war. Ganz großes Aufsehen erregten diese Vorkommnisse zeitgenössisch allerdings nicht, dafür war die GVP einfach zu unbedeutend geblieben.

Doch in der langen historischen Perspektive werden die keineswegs unbeträchtlichen Auswirkungen auf die Parteienkonstellation in Deutschland augenfälliger. Die „Gesamtdeutschen" verloren sich nicht spurlos im Fußvolk der SPD, begnügten sich nicht mit Positionen in der vierten oder fünften Reihe der Parteihierarchie, sondern eigneten sich prägende Rollen an. Unter dem Einfluss früherer GVPler wurde die SPD zwischen den 1960er und 1980er Jahren in ökologischer und sicherheitspolitischer Hinsicht, auch in Grundsatzfragen dezidiert protestantischer, gewissermaßen linksbürgerlicher – ob in jedem Falle zum Nutzen der Partei, das ist gewiss strittig. Die Union verlor demgegenüber in langer Sicht das christliche Vertretungsmonopol in der Parteienkonkurrenz. Und so wird im weiten historischen Rückblick immer schärfer erkennbar, wie sehr die CDU/CSU schon in den 1950er Jahren, auf dem Höhepunkt ihrer Sammlungspolitik, wichtige Schlachten um die Einheit des Bürgertums verlor: 1957 mit dem Protest der bedeutendsten Nobelpreisträger und Atomforscher gegen die Rüstungspläne Adenauers, kurz darauf mit der Konversion exponierter Protestanten zur SPD.

---

[257] Barbara Jobke, Aufstieg und Verfall einer wertorientierten Bewegung. Dargestellt am Beispiel der Gesamtdeutschen Volkspartei, Freiburg i. Br. 1974, S. 151 f.
[258] Siegfried Heimann, Die Gesamtdeutsche Volkspartei, in: Richard Stöss (Hrsg.), Parteien-Handbuch, Die Parteien der Bundesrepublik Deutschland 1945–1980, Bd. II: FDP bis WAV, Opladen 1984, hier S. 1487 ff.

Und Adenauer hatte in dieser Zeit seine Gegner in der FDP vermehrt. Für die so genannten Jungtürken aus Düsseldorf um Willi Weyer und Wolfgang Döring wurde er gar zum Hauptfeind in der Politik schlechthin. Mitte der 1950er Jahre hatte Adenauer ständig Druck auf den freidemokratischen Koalitionspartner ausgeübt, hatte ihnen gedroht, hatte sie erpresst. Ganz offenkundig ging es ihm darum, die Liberalen zu spalten, den CDU-nahen Flügel des Bundesministers für wirtschaftliche Zusammenarbeit Franz Blücher zur CDU herüberzuziehen, das Adenauer-feindliche Spektrum der FDP um Thomas Dehler dagegen zu marginalisieren und abzudrängen. Als Adenauer zudem noch Pläne für eine Wahlrechtsreform lancierte, die wohl, wären sie realisiert worden, das parlamentarische Aus der FDP bedeutet hätten, reagierten die Jungtürken aus Nordrhein-Westfalen hart und kühl. Sie ließen die christdemokratisch-liberale Landesregierung in Düsseldorf platzen und bildeten jäh eine Koalition mit den Sozialdemokraten.[259]

Das bedeutete in der Tat eine Zäsur. Denn ausgerechnet der einige Jahre zuvor noch am weitesten rechts angesiedelte Landesverband der FDP kündigte in diesem zutiefst bürgerlichen Jahrzehnt die bürgerliche Geschlossenheit auf und probte die Allianz mit den bis dahin auch und gerade in den eigenen Reihen streng verfemten Sozialisten.[260] Der Coup der freidemokratischen Jungtürken markierte allerdings mehr als nur eine bockige Reaktion auf die Wahlrechtspläne des Kanzlers, die unterdessen sowieso rasch wieder in den Schubladen verschwanden; der Düsseldorfer Koalitionswechsel sollte künftig die Stellung im Parteiensystem verändern, den Liberalen neue Beweglichkeiten eben auch nach links verschaffen. Eine sozialliberale Idee – wie später unter Werner Maihofer mit seinem Credo vom „historischen Bündnis" – lag der Rochade indes keineswegs zugrunde. Doch sollte dieses Manöver die politische Landschaft in der Bundesrepublik auf mittlerer Frist erheblich – und durchaus zuungunsten der CDU – verändern. Und die Verantwortung dafür lag beim Alten aus Rhöndorf, dem schlauen Fuchs der bundesdeutschen Nachkriegspolitik, der im Falle der FDP seine taktischen Tricks aber weit überstrapaziert hatte. Er bewirkte das Gegenteil von dem, was er ursprünglich beabsichtigt hatte. Adenauers rücksichtsloses Vorgehen hatte die Gegner des Kanzlers in der FDP gestärkt, nicht geschwächt. Der bundesdeutsche Regierungschef hatte somit diejenigen Kräfte freigesetzt, die aus

---

[259] Vgl. Gerhard Papke, Liberale Ordnungskraft und nationale Sammlungsbewegung oder Mittelstandspartei?, Die FDP-Landtagsfraktion in Nordrhein-Westfalen 1946-1966, Düsseldorf 1998, S. 228.
[260] Vgl. Peter Lösche/Franz Walter, Die FDP. Richtungsstreit und Zukunftszweifel, Darmstadt 1996, S. 41 ff.

dem bürgerlichen Lager ausscherten und mit den Sozialdemokraten Bündnisse zumindest testen wollten – auf Kosten der Union. Ein bis dahin stabiles Tabu der prononcierten Distanz zu den „Roten" war dadurch innerbürgerlich im rechten Liberalismus gebrochen. Die Schranke zwischen den akademischen und gewerblichen Bürgern und den sozialdemokratischen Arbeitern war zwar noch keineswegs beseitigt, aber doch ein beachtliches Stück zur Seite geräumt worden.

Kurzum: Schon in den 1950er Jahren taten sich die ersten Risse zwischen Teilen des Bürgertums und der politischen Leitformation des „bürgerlichen Lagers" auf. In den folgenden Jahrzehnten vertiefte sich diese Kluft weiter und weiter, über die „Spiegel-Affäre", den antibürgerlichen Protest der bürgerlichen Studenten in APO-Zeiten, die Bildung und Ausbreitung der Grünen vorwiegend in den akademischen Milieus der Republik. Friedens- und Umweltfragen spielten in diesen innerbürgerlichen Konflikten stets eine gewichtige Rolle. Und in den letzten Jahren waren die Parteien des traditionellen bürgerlichen Lagers – CDU/CSU und FDP – gerade in den Schichten mit Hochschulzertifikaten weit abgehängt. Sozialdemokraten, Linke und Grüne hingegen kamen in den bildungsbürgerlichen Quartieren häufig auf rund sechzig Prozent der Stimmen.[261]

Ihren Ausgang nahm diese Entwicklung bereits in der Ära Adenauer.

Das liberale und libertäre Neubürgertums: Launisch, prätentiös, untreu

Es sind rosige Zeiten für die liberalen und libertären Parteien der bürgerlichen Mitte. Sie brauchen keinen großartigen Budenzauber zu veranstalten. Sie können gelassen zuschauen, wie sich die Rivalen der früheren Großparteien mühen und strampeln. Werte über zehn Prozent der Wählerstimmen scheinen Freidemokraten und Grünen gewiss zu sein. Die Dinge laufen gleichsam wie von selbst.

So neigt man dazu, hinter dem Aufschwung der früheren Kleinparteien der Mitte einen mächtigen soziologischen Trend zu sehen. Die Volksparteien waren Produkte der Industriegesellschaft. Und mit dem Ende der Industriegesellschaft starben auch die sozialen und politischen Organisationen dieser Ära ab: Gewerkschaften, Großparteien, Funktionäre, straff geführte Zentraleinrichtungen. Die neue Wissensgesellschaft verlangt nach beweglichen Einzelnen, kreativen Klein-

---

[261] Vgl. Franz Walter, Baustelle Deutschland. Politik ohne Lagerbindung, Frankfurt a. M. 2008, S. 166.

gruppen, elastischen Netzwerken. Autonomie löst die früheren Tugenden von Ein- und Unterordnung ab. Das befristete Projekt ersetzt die einstigen Erlösungs- utopien und Glaubensbekenntnisse. Die souveräne Entscheidungsfähigkeit der freien Individuen ist wichtiger als die bedingungslose Subalternität gefügiger Massen. Wer in diesen postindustriellen Mustern aufwächst, hat wenig Neigung, sich politisch den klassischen Volksparteien mit ihren Stallgerüchen und Ochsen- touren zu verschreiben. Für ihn oder sie sind die kleineren, dadurch weniger star- ren, innovationsfreudigeren Parteien der bildungsbürgerlichen bzw. gewerblichen Mitte erheblich attraktiver, gewissermaßen anschlussfähiger zum eigenen Alltag.

So oder ähnlich wird in der Regel argumentiert, wenn man die Baisse der Sozial- und auch der Christdemokraten, den Höhenflug der kleinen Parteien zu begründen versucht. Das ist nicht rundum falsch. Aber es ist auch nicht vollauf richtig. Schließlich kannte die klassische Industriegesellschaft zwischen 1850 und 1930 keine Volksparteien, erlebte dafür aber eng zugeschnittene Milieu- und Weltanschauungsparteien. Die Zeit der großen Volksparteien war in der Parla- mentsgeschichte nur knapp bemessen, reichte lediglich von der zweiten Hälfte der 1950er bis in die frühen 1980er Jahre. Vor 1950 zerfiel die deutsche Gesell- schaft einfach zu sehr in grundlegend andersgeartete Sonderexistenzen, Alltags- erfahrungen und Einstellungen. Zwischen einem Pommerschen Bauern, einem Leipziger Industriearbeiter, einem Frankfurter Kaufmann und Cochemer Winzer des Jahres 1910 existierte nicht viel Gemeinsames, was volksparteilich füglich integrierbar gewesen wäre.

Erst das öffentlich-rechtliche Fernsehen vermittelte Gemeinsamkeit, welche die früheren Eigenkulturen und ihre lebensweltlichen Besonderheiten sukzessive aushöhlte und verdrängte. In den 1960er und 1970er Jahren vereinten und homo- genisierten ARD und ZDF die vormals streng separierten Schichten und Traditi- onen. Die Nation schaute dieselben Sendungen, stritt unisono darüber, fieberte kollektiv mit, verständigte sich, sei es auch kontrovers, gemeinsam darüber. Das – und nicht die Industriegesellschaft – war Humus und Voraussetzung der volks- parteilichen Integration. Vorbei war es damit, als private Fernsehanbieter die national kollektivierte Telezuschauerschaft wieder neu tribalisierten, gewisser- maßen nach vorne zurück in disparate Schichten, Milieus, Generationen zerlegten und diese mit unterschiedlichen Codes und Zeichen ansprachen. Die Kommuni- kation spaltete sich neuerlich auf. Die Gesellschaft desintegrierte auch dadurch. Die Hochzeit der Volksparteien lief infolgedessen ab.

Und so boten sich neue Gelegenheiten für die zuvor sozial oft feinen, aber durchweg sehr kleinen Honoratiorenparteien der bürgerlichen Mitte. Früher als jeder andere hatte schon vor gut vierzig Jahren der Journalist und Liberale, Karl-

Hermann Flach, die Chancen jenseits der Volksparteistruktur gewittert.[262] Flach war damals einer der klügsten Analytiker und Strategen der deutschen Politik; er war zugleich aber auch ein operativ gewiefter Praktiker. Schon 1961 hatte er als Bundeswahlkampfleiter seine freidemokratische Partei durch kluge Appelle an eine neue Mitte aus Angestellten und Beamten in einem virtuos geführten Wahlkampf auf 12,8 Prozent der Wählerstimmen hochkatapultiert. Doch zog er sich dann, enttäuscht über die zählebige Biederkeit freidemokratischer Politik, vorübergehend aus der aktiven Parteiarbeit zurück und machte stattdessen Karriere in der Chefredaktion der „Frankfurter Rundschau". Aber auch von dieser Position aus nahm er durch zahlreiche, eindringlich verfasste Kommentare Einfluss auf seine Partei.

Flach war von einer weitreichenden Transformation der gesellschaftlichen Mitte überzeugt. Diese werde breiter, besser gebildet, libertärer und transnationaler sein als der alte selbstständige, dabei fortschreitend schwindende Mittelstand. Diese neue Mitte platzierte Flach in Fragen der Kultur, der Justiz- und Rechtspolitik, selbst der Bildungsreform links von beiden Volksparteien. Sein Vorbild war die gerade gegründete radikaldemokratische Partei D'66 in Holland. Einer solchen Variante prognostizierte er für Deutschland ein prinzipielles Anhängerpotenzial von bis zu zwanzig Prozent der Wähler. Zwar avancierte Flach 1971 zum Generalsekretär seiner Partei, starb dann aber (1973) früh, ohne sein linksliberales Parteienprojekt im Rahmen der FDP hinreichend durchgesetzt zu haben. Spätestens mit Hans-Dietrich Genscher war das kurze und letztlich halbherzig begonnene Experiment eines radikaldemokratischen Liberalismus zu Ende. Und doch behielt Flach recht. Die Grünen füllten eine Dekade später exakt das aus, was Flach als neuen sozial-kulturellen Raum politischer Möglichkeiten vorkonzipiert hatte. Mit prächtigem Erfolg, wie wir wissen.

Eine Zeitlang schien es, als müssten Entstehung und Erfolg der Grünen zwingend zulasten der FDP gehen. Selbst das parlamentarische Aus der Liberalen hielt man in den Anfangsjahren der Ära Kohl für möglich. Zwischen den beiden Großparteien sei, hieß es allenthalben, nicht genügend Platz für zwei weitere Formationen. Doch dann, zwischen 1985 und 1987, drehte sich der Wind der Interpretation vollständig. In diesen Jahren – vor einem knappen Vierteljahrhundert also – begann der seither nicht mehr verstummende Abgesang auf die Volksparteien, das Hosianna auf die individualisierte Gesellschaft. In der Tat: Damals gewannen bei den Landtags- und Bundestagswahlen Grüne ebenso wie

---

[262] Vgl. hierzu und im Folgenden Peter Lösche/Franz Walter 1996, S. 68 ff.

freie Demokraten kräftig hinzu. Und sie reüssierten in den urbanen Zentren der
Republik, in ihren prosperierenden, wirtschaftlich modernen Bereichen, während
eben dort die Volksparteien erhebliche Verluste verzeichneten.

In dieser Zeit erfreute sich ein vulgärsoziologischer Determinismus großer
Beliebtheit. Es galt als ausgemacht, dass das Alte unweigerlich erodieren müsste,
dass in der durchpluralisierten Postmoderne Bindungslosigkeiten prämiert, tradi-
tionsgestützte Einstellungen hingegen ihre Grundlagen verlieren würden. Doch
die Geschichte kennt nicht solcherlei lineare Fortschrittsbewegung. In der realen
Historie geht es verwirrender, auch widersprüchlicher zu. 1987 deutete man die
grüne Partei noch als Avantgarde eines sich zunehmend ausbreitenden Postmate-
rialismus. 1990 waren die Grünen zur Nachhut einer schon als überkommen
bewerteten Nationalstaatlichkeit geschrumpft und im Westen Deutschlands an
der Fünf-Prozent-Hürde gescheitert. Auch die zweite bewegliche Partei bürgerli-
cher Individualität in der pluralisierten Gesellschaft, die FDP, geriet ein Jahr
darauf ein ganzes Jahrzehnt in schwere Gewässer. Die Freien Demokraten verloren in den 1990er Jahren Landtagswahl auf Landtagswahl, schafften weithin den
Einzug in die Parlamente nicht mehr, büßten nahezu flächendeckend an gouver-
nementaler Macht ein.

Es waren bittere frühneunziger Jahre für Grüne und Liberale. Der soziologi-
sche Trend mochte zwar günstig sein für neue Mitte-Parteien. Aber nach wie vor
kam es auf politische Führungskunst, situationsangemessene Entscheidungen,
zugkräftige Spitzenleute, eigene zündende Ideen an. Hatte man davon zu wenig,
nutzten die besten gesellschaftlichen Voraussetzungen nichts. Für Grüne und
Liberale galt das besonders. Natürlich profitierten die beiden Parteien vom Zerfall vormals selbstverständlicher Loyalitäten durch Klassen- und Konfessionszu-
gehörigkeiten. Der Verlust an überlieferten Ligaturen hatte die beiden Volksparteien ausgedünnt und als Folge davon Potenziale einer neuen Bürgerschaft freigesetzt, die nicht von der Wiege an politisch für ein ganzes Leben lang geprägt
und dadurch festgelegt war, sondern sich durch abwägende Reflexionen politisch
und kulturell in Bewegung hielt. Das eröffnete politisch vorzügliche Möglichkeiten für liberale und libertäre Parteien selbstständiger Existenzen im mittleren
Bürgertum.

Indes: Die neuen Möglichkeiten waren und sind keineswegs leicht zu hand-
haben. Die aus den Wagenburgen der Volksparteien herausgetretenen Bürger
bilden eine durchaus schwierige, immer wieder neu zu überzeugende Klientel.
Diese Gruppe verhält sich launisch, anspruchsvoll, bildet keine verlässliche
Stammkundschaft. Gefällt ihr die politische Speisekarte nicht mehr, wechselt sie
ungerührt das Restaurant, sprich: die bisherige Parteipräferenz.

Die potenziellen Wähler von Grünen und Liberalen wünschen Exklusivität, streben nach Distinktion, nach sichtbarer Differenz zur „Masse". Deshalb haben sie sich von den nivellierenden Volksparteien abgewandt. Daher suchten sie gleichsam nach Boutiqueausgaben der Politik anstelle gleichförmiger Großmärkte des Politischen. Die prätentiöse Kundschaft von liberalen und libertären Parteien erwartet jederzeit spezifisches Flair von ihrer politischen Boutique. Doch das ist wie jede Aura des Besonderen nun einmal kaum zu veralltäglichen, nicht zu einem dauerhaften Signum zu verstetigen. Der Distinktionstrieb der Besserverdienenden kann so zum Damoklesschwert für die klein-feinen Parteien avancierter Bürgerlichkeit werden.

Schließlich haben das Liberale und Grüne besonders in den letzten Jahren im letzten Jahrzehnt des 20. Jahrhunderts mit Aplomb zu spüren bekommen, da beide bei Wahlen seinerzeit nicht hinzugewannen, sondern von ihrer verwöhnten Klientel erbarmungslos abgestraft wurden: Die Liberalen für die Sünden in der zum Schluss maroden Kohl-Regierung, die Grünen dafür, dass unter dem rotgrünen Kabinett die Aufbrüche nicht gar so leuchtend waren, wie sie im vorangegangenen Projektdesign noch illuminiert wurden.

Natürlich, der vorübergehe Liebesentzug trug eine Menge unpolitischer Merkmale.[263] Gerade das ist ein – schwieriges – Charakteristikum der sozial bessergestellten, formal gut gebildeten, artikulationsfreudigen Boutiquenkundschaft von Grünen und Liberalen: Vom Wesen des politischen Prozesses verstehen sie häufig nichts, wollen es oft auch ganz explizit nicht. Als die Grünen Mitte der 1990er Jahre über ihr früheres Protestmilieu hinauswuchsen und Anhang jetzt ebenfalls in den Villenvierteln der Republik fanden, stellten die Meinungsforscherinnen des Allensbach-Instituts einigermaßen verblüfft fest, dass sich in der grünen Wählerschaft mittlerweile der größte Anteil politisch desinteressierter Menschen angesammelt hatte. Hier galten Grüne und Joschka Fischer einfach als schick und cool, zumindest als nicht so bräsig und steif wie Kohl, Kinkel oder Scharping. Ein pointiertes Votum für eine radikale sozialökologische Strukturreform bedeutete diese Haltung keineswegs. Folglich ergriff dieser Teil der zwischenzeitlichen Grünen-Wähler im Frühjahr 1998 geradezu panikartig die Flucht, als die Öko-Partei die Erhöhung des Benzinpreises auf fünf DM postulierte. Da die Aussichten auf eine grüne Regierungsbeteiligung in Bonn für den Herbst des gleichen Jahres nicht schlecht standen, musste man die drastische Benzinpreiserhöhung ernst nehmen – und jäh empfanden die Wähler des politischen Chics nun

---

[263] Vgl. Franz Walter/Tobias Dürr 2000, S. 23 ff. u. S. 47 ff.

als bedrohlich, was zuvor noch spielerisch als unkonventionelle Authentizität
goutiert wurde.

Der Zuwachs, dessen sich die freien Demokraten seit 2005 erfreuen können,
ist ebenfalls – wenn auch auf andere Weise – nicht sonderlich politisch und daher
in seiner Loyalität für die Liberalen äußerst fragil. Man kann diese Gruppe neu-
freidemokratischer Wähler als „zornige", „ungeduldige" oder als „hochbetrieb-
same Bürger" bezeichnen. In früheren Jahren hatten sie bevorzugt die Christliche
Union gewählt. Spätestens seit der Großen Koalition sind sie über CDU und CSU
in Fragen der Wirtschafts- und Gesellschaftspolitik allerdings schwer enttäuscht.
Die freien Demokraten wurden so zum Ventil dieser gewerblich-bürgerlichen
Frustrationen und Bitterkeiten. Oft waren die Väter oder Großväter der ungedul-
digen Globalisierungsbürger lokal in der Gemeindepolitik selbst noch engagiert,
wussten deshalb um die Mühseligkeit und Langwierigkeit politischer Aushand-
lungs- und Einigungsprozesse. Das neue zornige Bürgertum wirkt kommunalpo-
litisch längst nicht mehr mit, steht den Verfahrensregeln dort fremd gegenüber,
klagt lauthals und apodiktisch die zeitfressende Kleinteiligkeit politischer Kompromissbildung an. Stammwähler der FDP sind sie durchaus nicht. Aber sie haben sich zuletzt hinter Westerwelle geschart, weil er als Einziger während der
vergangenen Monate trotzig die Fahne uneingeschränkter Eigentumsrechte,
grundsätzlicher Renditeansprüche und prinzipieller Steuerminderungen hoch-
gehalten hat.

An diesem Maßstab allerdings wird ihn das Globalisierungsbürgertum auch
in Regierungszeiten messen. Wie rasch Erwartungen dann in Enttäuschungen
und anschließenden Exodus umschlagen können, erlebte die FDP schon einmal in
den frühen 1990er Jahren mit dem großen ordnungspolitischen Verkünder Otto
Graf Lambsdorff. Als die Freien Demokraten in der Bundesregierung dann Steu-
ererhöhungen nicht verhindern konnten, die Pflegeversicherung schlucken mussten, reagierte das rechtsliberale Bürgertum in Deutschland wütend und schickte
die FDP elektoral fast an den Abgrund der Bedeutungslosigkeit.

Kurzum: Mit einem linearen Aufwärts sollten libertäre und liberale Parteien
besser nicht zuversichtlich kalkulieren. In volksparteiliche Dimensionen wird es
sie schon gar nicht tragen. Denn dann würde sich ihr entscheidendes Versprechen, nämlich Distinktion und Besonderheit zu garantieren, nicht mehr erfüllen
lassen. Grüne und liberale Anhänger lieben es schließlich, „entre nous" zu bleiben, sorgsam auf Abstand zu den Massen zu achten. Zu groß also sollte ihre Partei nicht werden. Exklusivität darf nicht zur Disposition stehen.

Über Polster aus Tradition und Bindung verfügen die Parteien der alt- und
neubürgerlichen Besserverdienenden nicht. Das hat Liberale und Grüne vom oft

hinderlichen Ballast der Volksparteien befreit und ihre rasche Hausse begünstigt. Aber in schwierigen Zeiten müssen sie sich dann ohne das Netz tragender Loyalitäten in der politischen Arena bewähren. Abstürze sind nicht auszuschließen. Und sie werden unzweifelhaft schmerzhaft sein.

Was gilt noch in der Merkel-CDU?

Auch die gegenwärtige Welt der deutschen Christdemokraten ist alles andere als in Ordnung. Schaut man genauer hin, müssten dort die Sirenen ähnlich schrill heulen wie beim sozialdemokratischen Pendant.[264] Gehen wir die Faktenlage rasch und möglichst schnörkellos durch.

Erstens: Seit über einer Dekade gelingt es der CDU in den fünfzehn Bundesländern, in denen sie für den Bundestag zur Wahl steht, im Durchschnitt nicht mehr, die Dreißig-Prozent-Hürde zu überwinden; sie ist auf dieser Ebene genauso im Zwanzig-Prozent-Turm eingesperrt wie die SPD. Zweitens: Auf Werte über vierzig Prozent ist sie zu zuletzt bei den Bundestags- und Landtagswahlen allein noch bei den über 60-Jährigen gekommen; doch selbst in diesem Altersbereich sinken die Anteile der CDU seit den 1980er Jahren kontinuierlich. Drittens: Bei den unter 45-jährigen Wählerinnen und Wählern erreicht die CDU keine dreißig Prozent mehr; je höher die Bürger dieser Jahrgänge qualifiziert und gebildet sind, desto geringer fällt gar die Präferenz für die Christdemokraten aus. Viertens: Keine andere Parteianhängerschaft ist derart stark dominiert durch die Gruppe von Transferbeziehern wie die der CDU; nur die Hälfte der christdemokratischen Wähler steht aktiv im Beruf und Erwerb. Als vitaler Träger dynamischer Marktreformen taugt das CDU-Lager daher schon sozialstrukturell nicht.

Fünftens: Eben das dürfte ein entscheidender Grund dafür sein, warum der Reformkatalog des Leipziger Parteitages der CDU von 2003 sang- und klanglos in der Versenkung verschwunden ist. Der enttäuschende Ausgang der Bundestagswahl 2005 hat lediglich markant bestätigt, was sich in Soziologie und Mentalität der christdemokratischen Sympathisanten längst abgezeichnet hatte: Gerade in ihren ländlich-katholischen Hochburgen waren Befürworter staatsentzogener Wettbewerbsdynamiken und Deregulierungspostulate denkbar rar. Sechstens:

---

[264] Vgl. hierzu und im Folgenden mit weiteren Belegen Franz Walter, Zurück zum alten Bürgertum: CDU/CSU und FDP, in: Aus Politik und Zeitgeschichte, H. 40/2004 (Jg. 54), S. 32 ff.; ders.: Herbst der Volksparteien 2009, S. 37 ff.

Das bedeutete das Ende des neuliberalen Furors in der CDU. Aber – und hier findet sich eine weitere Parallele zum inneren Zerfall der SPD – das wurde nie von der christdemokratischen Führung erklärt und erläutert. Vor allem: Niemand weiß, welche Idee oder Philosophie des Christdemokratischen an die Stelle des „Leipziger Geistes" getreten ist oder treten wird.

Siebtens: Die Begründungslosigkeit des christdemokratischen Schwenks unter Merkel hat gerade die über Jahrzehnte treuesten und aktiven CDU-Mitglieder sprachlich wie ideell enteignet; auch darin ist die Analogie zur SPD seit 1999 auffällig. Gerade der Mittelbau von Multiplikatoren vermag nicht mehr auf den Marktplätzen inbrünstig überzeugt die Ziele seiner Partei darzulegen. Denn er kennt sie nicht, weiß selbst nicht, was noch gilt, was wesentlich und unverzichtbar ist. Denn unter Merkel ist wie unter Schröder alles möglich, alles denkbar. Nicht nur die früheren sozialdemokratischen Aktivisten haben sich resigniert mehr und mehr zurück gezogen. In der CDU wird dieser Vorgang ganz ähnlich beobachtet – und derzeit eisern beschwiegen. Achtens: Wo die Botschafter einer Partei nach außen zunehmend verstummen, versiegt die Aktivierungskraft. Seit 2005 plagt sich infolgedessen die CDU am stärksten von allen Parteien mit dem Nichtwählerproblem, das zuvor noch eine genuin sozialdemokratische Herausforderung zu sein schien. Auch in diesen Wochen ist schwer zu übersehen, dass die CDU keine sonderlich mobilisierte Partei ist. Zusammen: Der Erosionsgrad ist im Jahr 2009 innerhalb der SPD wohl erheblich weiter fortgeschritten; das Erosionstempo aber dürfte in mittlerer Zukunft bei den Christdemokraten keineswegs geringer ausfallen.

Im Übrigen ist der christdemokratische Schwund ein europaweites, bereits länger währendes Phänomen. In den 1950er Jahren stand die europäische Christdemokratie in den Ländern, in denen es sie gab, im Durchschnitt bei fünfzig Prozent. In den letzten Jahren bewegte sie sich auf die zwanzig Prozent zu und zurück. Außerhalb Deutschlands begann der Schrumpfungsprozess der katholischen beziehungsweise interkonfessionellen C-Parteien schon in den 1980er Jahren, teilweise früher. Wahrscheinlich haben auch deshalb die programmatischen Diskussionen über eine Erneuerung christlicher Politik oder der Mitte-Rechts-Parteien dort eher angefangen und tiefer angesetzt als hierzulande, da weder Kohl noch Frau Merkel dergleichen Debatten goutierten.

In den Niederlanden gibt es im zuvor zeitweise schwer gebeutelten Christdemokratischen Appell unter Jan Peter Balkenende interessante Überlegungen zu einem christlich durchwirkten Kommunitarismus, die unter der Überschrift

„Souveränität der Bürger im eigenen Kreis" stehen und vom Ministerpräsidenten selbst immer wieder angestoßen werden.[265] Die schwedischen Konservativen – die allerdings wie die anderen Konservativen nicht im strengen Sinne zur christdemokratische Parteifamilie zu rechnen sind – in der Moderaten Sammlungspartei des Regierungschefs Frederik Reinfeld haben ihre frühere rigide Anti-Wohlfahrtsstaatlichkeit unterdessen auch konzeptionell überwunden und basteln programmatisch an einem „sanften Konservatismus". Die französischen Gaullisten unter dem Staatspräsidenten Nicolas Sarkozy – dem „Patron der Tüchtigen", wie er sich selbst tituliert – haben ihre Neuerungsenergien mehr auf den politischen Stil, auf die Methode politischer Führung gelenkt. Kundige Beobachter bezeichnen den Auftritt von Sarkozy als „Diskurs des Willens", der sich gravierend von der vorsichtigen Sachzwangargumentation und Variablenfixierung der deutschen Kanzlerin unterscheidet. Bemerkenswert ist überdies, wie die französischen Konservativen sich mehr und mehr auf die Heldengestalten des Sozialismus in ihrem Land beziehen, auf Jean Jaurès und Léon Blum, dazu bewusst frühere prominente Sozialisten in ihr Regierungshandeln einbezogen haben.[266]

Den größten programmatischen Erneuerungsehrgeiz unter den Mitte-Rechts-Parteien in Europa entfaltete der Anführer der britischen Konservativen, David Cameron. Unter Blair schien seine Partei bereits hoffnungslos abgeschlagen, geradezu isoliert als elitäre Interessenagentur arroganter Oberschichtengländer. Cameron achtete zunächst auf eine neue, weichere Tonlage, veränderte überdies die Parteisymbolik: Statt der martialisch hochgereckten Faust, die eine Fackel trug, kennzeichneten die Konservativen sich nun mit einem grünen Baum. Man wollte ökologisch erscheinen. Eine Zeitlang ließ Cameron den Konservatismus durch den Theologen Phillip Blond neu vordenken.[267] Das war der sicher spektakulärste Diskurs im Konservatismus der letzten Jahre. Unter dem Einfluss von Blond forderte auch Cameron eine „Rekapitalisierung der Armen"[268], sprach von einem „ethical capitalism". Blond selbst setzte sich für einen neuen Lokalis-

---

[265] Vgl. Mark Kranenburg, De wraak van Aantjes. Het politieke denken van Jan Peter Balkenende, in: NRC Handelsblad, 02.11.2001.

[266] Vgl. Alain Bergounioux, Nicolas Sarkozy – ein Prototyp der neuen europäischen Rechten?, in: Frankreich-Info, hrsg. von der Friedrich-Ebert-Stiftung, Bureau de Paris, September 2007; auch: Winfried Veit, Konservative Revolution à la francaise, in: Frankreich-Info, hrsg. von der Friedrich-Ebert-Stiftung, Bureau de Paris, Mai 2007; Christian Müller, Frankreich in Reformgalopp, in: Neue Zürcher Zeitung, 26.05.2008.

[267] Vgl. Gerry Hassan, The Limitation of Progressive Conservatism and "Red Toryism", in: Open Democracy News Analysis, 13.07.2009.

[268] Vgl. Georg Eaton, Has Red Toryism peaked already?, in: New Statesman, 24.07.2009.

mus, für eine Selbstregulierung autonomer Bürgergemeinschaften, für eine De-
zentralisation der Exekutive und die Stärkung der Zivilgesellschaft ein. Über
Monate beschäftigten die Ideen Blonds und des „Red Toryism" die intellektuelle
Debatte auf der Insel; auch Teile der Linken waren fasziniert davon.[269] Zuletzt hat
Cameron allerdings Angst vor der eigenen Courage bekommen und sich von
Blond abgesetzt.[270] Cameron bevorzugt jetzt einen gemäßigteren „Progressive
Conservatism" statt des gewagteren kapitalismuskritischen roten Toryismus.

Einiges an dieser Debatte war also gewiss auch Schaumschlägerei, war se-
mantische Kosmetik für konservative Politiker, die sich vom nicht zuträglichen
Etikett sozialer und ökonomischer Kälte lösen wollten. Doch manches ist unzweifelhaft originär und ernsthaft. Allein, in Deutschland ist von solchen Anstößen
und Reflektionen innerhalb der Christdemokratie kaum etwas zu erkennen. Der
„Kohlismus", der den Dingen seinen Lauf ließ, scharf geschnittene Analysen und
präzise Begriffe in eindringlichen Diskussionen mied, stattdessen das Vage und
Unentschiedene präferierte, dieser „Kohlismus" ist keineswegs überwunden.
Und das gilt nicht nur für die CDU. Das gilt ebenso für die deutsche Gesellschaft
insgesamt.

---

[269] Vgl. etwa Dominic Sandbrook, The death of ideas, in: New Statesman, 06.08.2009.
[270] Siehe Tom Clarc, The red Tory delusion, in: Guardian, 23.07.2009.

V. Prekäre Lebenswelten

Prekäre Lebenswelten

Unten, Oben, Mitte

Die Lebensweltanalysen des Heidelberger Sinus-Sociovisions-Instituts machen die soziokulturellen Ungleichzeitigkeiten von gleichzeitig auftretenden Milieus deutlich.[271]. Die Ungleichzeitigkeiten rühren zunächst aus den verschiedenartigen historischen Orten ihrer Entstehung und Prägung. Die 1950er Jahre haben einen ganz anderen Lebensstil hervorgebracht als die 1970er Jahre, deren Zeitgeist wiederum in den 1990er Jahren nachgerade anachronistisch auf die hier nachwachsenden Kohorten wirkte. Die Heterogenitäten der sozialen Lagen begründen nach wie vor – vielleicht sogar stärker als dreißig Jahre zurück – ungleiche Chancen, Möglichkeiten, Optionen, kulturelle und materielle Realitäten. So differieren die Milieus im Deutschland des frühen 21. Jahrhunderts nach Demographie, sozialer Lage, Habitus, Freizeit, Medienbenutzung, Ästhetik, Lebensstil, Werten, Sprachcodes und Sinnperspektiven.

Blicken wir einmal genauer hin. Beginnen wir demographisch. Sehr alt, überwiegend über sechzig Jahre, sind die Menschen im *konservativen* und *traditionsverwurzelten* Milieu. Ziemlich jung, so um die dreißig Jahre, sind *Moderne Performer* und *Experimentalisten*. Repräsentanten der Lebensmitte, mit einem Alter von durchschnittlich etwa 45 Jahren, sind *Etablierte, Postmaterielle*, die *Bürgerliche Mitte* und auch die *Konsummaterialisten*. Dort findet man in aller Regel auch die Familien mit Kindern im Haushalt, mit einer Ausnahme: Das *konsummaterialistische* Milieu zeichnet sich durch besonders zahlreiche Beziehungsbrüche aus, durch Trennungen, Scheidungen und durch Single-Existenzen. Meist noch sehr klein sind die Kinder der *Postmateriellen* – ein Zufall also war es nicht, dass die Partei der Grünen seit 2002 programmatisch die Familie positiv entdeckte, die

---

[271] Alle Informationen sind im Folgenden den Forschungsergebnissen von Sinus Sociovision entnommen; vgl. http://www.sociovision.de.

zuvor dort zuweilen als kleinbürgerliche und auslaufende Gesellungsform mit deformierten Sozialisationsfolgen negativ qualifiziert wurde.

Ohne Kinder hingegen sind die ganz „alten" und die sehr „jungen" Milieus. *Konservative* und *Traditionsverwurzelte* leben oft allein, da ihre Ehepartner bereits verstorben sind. Ebenfalls allein, aber eher freiwillig, wohnen *Experimentalisten* – von denen indes nicht ganz wenige unter dem schützenden Dach des Elternhauses ihr Nest behalten haben, von dem aus sie ihre Ausflüge in die Szene starten – und *Hedonisten*. Das gilt schließlich auch für die *Modernen Performer*, die allmählich aber in ihren älteren Rängen in die Familienphase hinübergleiten.

Performer und *Experimentalisten* haben von sich den festen Eindruck, Trendsetter zu sein, mit ihrem Lebensstil der Gesellschaft avantgardistisch voranzugehen. Die Freizeit wird „outdoor" verbracht, wie es im Jargon der Sinus-Experten heißt. *Performer* und *Experimentalisten* sind prononcierte Individualisten, teils durchaus auch narzisstisch, von den eigenen Stärken und Begabungen überzeugt, dabei hoch kommunikativ. In der Gruppe der *Performer* herrscht mehr Optimismus, eine größere Akzeptanz der gesellschaftlichen und ökonomischen Ströme als bei den *Experimentalisten*. Dort stößt man vielfach auf Gesellschaftskritik und Protest, auf die Negation einer ungesteuerten Globalisierung.

Einen radikal gegensätzlichen Lebensstil praktizieren *Hedonisten* und *Konsummaterialisten* auf der einen, *Konservative* und *Postmaterielle* auf der anderen Seite. *Hedonisten* und *Konsummaterialisten* huldigen dem schnellen Konsum, können ihn sich aber auf Grund hoch prekärer sozialer Existenzen kaum leisten. Sie handeln gegenwartsbezogen, treffen auch mangels üppiger Ressourcen wenig Vorkehrungen für die Zukunft. Ihr sehnsüchtiger Blick gilt neuen Trends und neuen Marken; Zigaretten, Alkohol, Süßigkeiten werden reichlich – oft überreichlich – konsumiert. Doch ist vor allem für die Männer dieser beiden Milieus die Inszenierung ihres in Fitnessstudios hoch getrimmten Körpers wichtig.

Konservative und *Postmaterielle* sind demgegenüber kopflastiger, legen Wert auf Intellektualität, Bildung, Belesenheit. Überhaupt ist – auf den ersten Blick – überraschend, wie sehr sich die Selbstdeutung von *Postmateriellen* und *Konservativen* (man kann noch die *Etablierten* hinzunehmen) – die sich vor drei Jahrzehnten einen erbitterten Kulturkampf geliefert hatten – ähneln.

Konservative und *Postmaterialisten* sind intensive Leser, nicht nur von Zeitungen und Zeitschriften, sondern auch von Romanen der klassischen und modernen Literatur. Zu den lesenden Milieus gehören ebenfalls die *Etablierten* und *Modernen Performer* (sowie die *Experimentalisten*), aber ihr Verhältnis zu den Druckerzeugnissen ist instrumenteller, weniger schöngeistig als im klassisch bildungsbürgerlichen Ambiente. *Etablierte* und *Performer* verschlingen (Fach)Zeitschriften, um stets auf dem Stand der jeweils aktuellen Debatte zu sein. Für die Lektüre „dicker Wälzer" aber fehlt den *Etablierten* die Muße; sie selbst würden wohl wonnevoll stöhnen: die Zeit. *Performer* bewältigen umfangreiche Romane und Sachbücher eher, orientieren sich beim Kauf aber – weit stärker als *Postmaterielle* und *Konservative* – an den Top-Ten der Bestsellerlisten.

In der Freizeit der *Konsummaterialisten* und *Hedonisten* spielt das Buch keine Rolle. Das Leben nach der Arbeit wird stärker durch die elektronischen Unterhaltungsmedien ausgefüllt. Man zappt sich durch die Programme, legt sich Videos und DVDs ein, gibt sich Computerspielen hin. *Hedonisten* sind insofern noch ein wenig aktiver als ihre konsummaterialistischen Geschwister, da sie daneben noch von Zeit zu Zeit in subkulturelle Aktivitäten eintauchen, in Techno-Szenen, Rap-Kulturen, Graffiti-Cliquen.

Ausgewiesen bildungsbürgerlich geht es auch diesseits des Buches bei *Konservativen* und *Postmateriellen* zu. Man musiziert. Zumindest geht man regelmäßig in Konzerte. Hochkulturelle Ambitionen zeigen ebenfalls *Moderne Performer*, aber weniger selbstverständlich, stärker außengesteuert und demonstrativ. *Etablierte* sind im Grunde natürlich zwar auch Träger, oft Mäzene hochkultureller Ereignisse, aber es fehlt ihnen – wie sie gerne klagen – einfach die Zeit für den Besuch von Vernissagen und Galerien, für den Genuss von Sonaten und Symphonien. Ein bisschen von der verblassten Alternativität der 1970er Jahre haben sich die *Postmateriellen* bewahrt, da sie weiterhin Programmkinos und Kleinkunstbühnen schätzen. *Moderne Performer* inszenieren zwar gerne ihre Kenntnisse und Passionen im Bereich der klassischen Kunst, im musikalischen Alltag aber stehen ihren originären Bedürfnissen Techno-Events, Rock-Konzerte und Diskothekenclubs wohl näher. Dorthin zieht es auch *Experimentalisten*, aber auffällig ist doch deren Neigung zum bewussten Alleinsein. *Experimentalisten* sind zur einen Hälfte ihres Seins hoch kommunikativ, insofern durchaus gesellig; aber sie lieben es zugleich, nur für sich stundenlang mit einem Buch, einer Zeitung oder lediglich vor sich hingrübelnd im Café zu sitzen.

Am reisefreudigsten sind *Performer* und *Experimentalisten*. Oft stöhnen sie mittlerweile schon ein bisschen kokett, doch eigentlich alles bereits gesehen zu haben, bei ihren Expeditionen durch afrikanische Wüsten, Wanderungen durch Neuseeland, auf Zugfahrten durch die Weiten Amerikas, beim Tramp durch Indien. Sesshafte Menschen sind demgegenüber *DDR-Nostalgiker* und *Traditionsverwurzelte*. Auch *Konsummaterialisten* kommen oft – obgleich sie schon gern möchten – mangels Geld nicht aus der engen Wohnung fort, wo das Sofa ein wichtiger Ort ist. Mit mehr Antrieb ist die Häuslichkeit der Traditionsverwurzelten verbunden. Sie hobeln, schreinern und basteln, tapezieren hier, pflanzen dort. Die Pflege, mehr noch: das Herausputzen des Eigenheims steht ebenfalls im Mittelpunkt der Aktivitäten der Menschen in der *Bürgerlichen Mitte*. An warmen Sommerabenden wird in den Gärten der Mitte-Milieus mit großer Leidenschaft gegrillt; Kegeln mit Freunden stehen bei vielen von ihnen fest im Freizeitprogramm.

Moderne Performer und *Experimentalisten* hingegen – folgt man den Experten der Heidelberger Sinus-Gruppe – spielen mit extremen Belastungen, wollen an die Grenze gehen, versuchen sich daher als Bergsteiger, Drachenflieger, Fallschirmspringer. *Postmaterielle* suchen demgegenüber stärker ihre „innere Mitte", auch Stressabbau und Kontemplation. Sie exerzieren Yoga, meditieren, nehmen an Tai-Chi-Kursen teil. *Etablierte* wiederum haben es in jeder Hinsicht gern luxuriös, in bewusster Distinktion zur Massenkultur, zum Massensport, zum Massentourismus. Golf, Tennis, Skifahren, Segelfliegen, Fitness im eigenen häuslichen Trainingsraum – das sind die bevorzugten Körperertüchtigungs- und Freizeitweisen ganz oben in der Gesellschaft. Im Urlaub werden gern 5-Sterne-Wellnesshotels gebucht, auch Expeditionen ab und an durch kanadische Wälder gelten als standesgemäß. Exklusiv sind zudem die Assoziationen im ganz gewöhnlichen Alltag der etablierten Elite: Rotarier-, Lions- und Golfclubs.

Große Fernsehkonsumenten sind die *DDR-Nostalgiker* und die *Traditionsverwurzelten*, die täglich über vier Stunden vor dem Bildschirm hocken. Den geringsten Stellenwert nimmt die „Glotze" bei *Postmateriellen* und *Modernen Performern* ein, wenngleich auch diese Milieus pro Tag im Durchschnitt um die drei Stunden auf Sendung sind. Bei ARD und ZDF in der ersten Reihe sitzen lediglich noch die *Etablierten, Konservativen und Postmateriellen* – vor allem, wenn „Tageschau", „Tagesthemen" und „Heute" auf dem Programm stehen –, während in den übrigen Milieus die Privatanbieter bevorzugt werden. *Traditionsverwurzelte* lieben „Wer wird Millionär", *DDR-Nostalgiker* und *Bürgerliche Mitte*-Menschen goutieren „Gute Zeiten, schlechte Zeiten"; *Konsummaterialisten* begeistern sich für Formel-1-Übertragungen; *Experimentalisten* vergnügen sich bei „TV Total"; *Hedonisten* sind bei „Big Brother" dabei; *Moderne Performer* schalten bei „Sex and the City" zu.

Die *Modernen Performer* stehen auch als Onliner an der Spitze der Modernität. Fast achtzig Prozent von ihnen benutzen das Internet. In der *Bürgerlichen Mitte* hat rund ein Drittel Zugang zum Netz, worin sie auch hier einen Mittewert einnehmen. Am weitaus meisten fremdeln *Konservative* und *Traditionsverwurzelte* – die nur zu fünf Prozent die PC gestützten Kommunikationssysteme verwenden – mit den neuen Medien.

Gerade in diesen Milieus aber sammelt sich das Gros der Wähler der CDU/CSU. Nicht zuletzt deshalb dürfte der Modernisierungsfuror der CDU im Wahlkampf 2005 so eklatant gescheitert sein; und wohl auch darum schlägt die Union heute ein so moderates, nachgerade ängstliches Tempo in ihrer Politik der Veränderung an. Die Großpartei des „bürgerlichen Lagers" und der „bürgerlichen Sozialreformen" ist eben vorwiegend in solchen Milieus präsent, die sich am stärksten vor der neuen Welt moderner Techniken, deregulierter Arbeitsmärkte und bindungsschwächerer Lebensgemeinschaften jenseits von klassischen Ehen und Traditionsfamilien fürchten.

Junge Männer in Deutschland. Porträt einer verunsicherten Generation

Deutschland vergreist. In diesem knappen, in der Regel alarmistisch gemeinten Urteil treffen sich die meisten Interpreten der gesellschaftlichen Zustände. Ein bisschen wundern darf man sich schon, dass gerade die Deutschen dem Kult der Jugend nicht etwas resistenter gegenüberstehen. Schließlich ist es noch nicht gar so lange her, dass die Deutschen in Europa die jüngste Nation bildeten, dass sie das rasanteste Bevölkerungswachstum auswiesen – und nicht zuletzt dadurch eine Menge martialischer Schrecken verbreiteten. Zum Ende des 19. Jahrhunderts war keine Bevölkerung auf diesem Erdteil jünger als die deutsche, mit einer Ausnahme: die des zaristischen Russlands. In beiden Gesellschaften fand man – hier ökonomisch, dort kulturell – fraglos ungewöhnlich vitalistische Bewegungen, aber eben auch bedenklich gereizte, nervöse, überspannte, aggressive Mentalitäten. Das führte ziemlich direkt in den Ersten Weltkrieg und in die „Große Sozialistische Oktoberrevolution".

In Deutschland strömten die Angehörigen des riesigen Geburtenberges der Jahrhundertwende dann in den Zeiten der Weimarer Republik auf den Arbeitsmarkt. Präziser: Sie versuchten dorthin zu strömen. Aber der überfüllte Markt wies sie rigide ab. Die Frustration der kraftstrotzenden, aber ökonomisch nicht nachgefragten jungen deutschen Menschen nährte sodann den juvenilen Politikextremismus von NSDAP und KPD. Und ganz ähnliche Erscheinungen findet man auch aktuell in den jungen Nationen jenseits von Europa. Die überschüssigen Kräfte einer oft nicht gebrauchten männlichen Jugend übersetzen sich abermals in Bandenmilitanz verschiedenster Couleur.

Kurzum: In der „Jeunesse" einer Nation liegt nicht nur Glück und Segen. Mehr noch: Hätte die Berliner Republik in den letzten fünf Jahren über eine ähnliche demographische Struktur wie die der Weimarer Gesellschaft verfügt – rund ein Viertel der Bevölkerung war seinerzeit zwischen vierzehn und 25 Jahren – dann hätten wir uns vermutlich mit einigen zusätzlichen sozialen und politischen

Problemen von denkbar höchster Brisanz herumschlagen müssen. In den 1970er und 1980er Jahren war der Frauenförderungsplan gewissermaßen die Chiffre schlechthin für die damalige Emanzipationsfortschrittlichkeit. Mittlerweile aber wären vielleicht Förderungsprojekte für junge Männer angeraten; zumindest fühlen sich die heute 20-Jährigen männlichen Geschlechts mit Abitur denkbar verunsichert. Das jedenfalls zeigen die Ergebnisse einer Untersuchung, die das Bundesministerium für Familie, Senioren, Frauen und Jugend beim Heidelberger Sinusinstitut in Auftrag gegeben hat.[272]

Junge Männer – so erfährt man durch diese und einige weitere neuere Expertisen – trauen der Zukunft nicht. Bei ihnen grassiert die Angst davor, sich falsch zu entscheiden; es kursiert die Furcht vor dem Scheitern. Seit der Oberstufenzeit werden sie von Lehrern und Eltern gemahnt, an gute Noten zu denken, ein beruflich aussichtsreiches Studienfach auszuwählen, nicht – wie ganze Studentengenerationen vor ihnen – schweifend nach Erkenntnis und auch ein bisschen trinkseligem Lebensgenuss zu suchen, sondern ohne Verzug zielstrebig den Abschluss anzugehen.

Einiges davon werden auch die jungen studierenden Frauen von ihren Eltern zu hören bekommen. Doch reagieren sie darauf erkennbar gelassener, weniger bedrückt als ihre männlichen Pendants, die sich im Jahr 2008 mental auf eine Weise überfordert fühlen wie selten zuvor in den zurückliegenden Jahrzehnten. In der Tat: Die Erwartungen, die an sie gerichtet werden, sind gewachsen, sind vor allem erheblich widersprüchlicher geworden. Und für die neue Heterogenität nicht ganz leicht kombinierbarer Rollen fehlen noch die orientierenden Maßstäbe. So wächst sich bei den 20-jährigen jungen Männern eine spezifische Bangigkeit fast schon zum Trauma aus: Sie halten es für möglich, mit größten Anstrengungen zwar sämtliche an sie gerichteten Erwartungen zu realisieren – am Ende aber doch als Gescheiterte dazustehen.

Die Paranoia des Scheiterns bezieht sich dabei keineswegs allein auf die Berufsperspektive, sondern in erheblichem Maße auf das Verhältnis zu den gleichaltrigen Frauen. Die 20-jährigen Männer tragen nach wie vor am Anspruch, künftig als Haupternährer der Familie agieren, Karriere machen, sich in einer unsentimentalen Leistungsgesellschaft mit Härte durchzusetzen zu müssen. Zugleich aber wissen sie, dass ihre (potenziellen) Partnerinnen zudem andere Eigenschaften und Verhaltensweisen von ihnen verlangen. So sollen sie später die Familie

---

[272] Vgl. Bundesministerium für Familie, Senioren, Frauen und Jugend (Hrsg.), 20-jährige Frauen und Männer heute. Lebensentwürfe, Rollenbilder, Einstellungen zur Gleichstellung, Berlin 2007.

nicht dem Beruf unterordnen, sollen natürlich in gleichen Teilen wie die Frau am Haushalt mitwirken, sollen sich gleichverantwortlich um Aufzucht und Erziehung der Kinder kümmern, haben einfühlsame Problemversteher und aufmerksame Zuhörer zu sein.

Diesen 20-jährigen Männern bereiten die disparaten Rollenanforderungen erkennbar die größten Probleme. Denn schließlich: Ein bisschen haben sie auch weiterhin Machos zu sein, nach überlieferter Art auf die Jagd um die Beute zugehen; doch sollen sie ebenso Zartheit zeigen, Empathie beweisen. Man(n) hat als As im unerbittlichen Wettbewerb der Karrieren den Rivalen rüde aus dem Feld zu schlagen; zugleich aber auch als Vorbild am Wickeltisch sowie bei den Kindern als phantasievoller Erzähler von Märchen zu überzeugen. Und selbst wenn sie all diese Rollen virtuos miteinander kombinieren, könnten sie – so die tiefsitzende Grundbesorgnis der 20-jährigen Männer – am Ende dann doch von ihrer (künftigen) Partnerin die Koffer in die Hand gedrückt bekommen.

Junge Männer haben infolgedessen nicht mehr den Eindruck, dass sie die souveränen Autoren ihrer eigenen Biographie sind. Andere, so empfinden sie es bedrückt, schreiben und definieren ihnen ihre Rolle für das Drehbuch des Lebens. Und den jungen Männern zu Beginn des Studiums fehlt die frühere gymnasiale „Clique", welche Peer Group, Netzwerk, Refugium war, ihnen Halt bot, für Stabilität und Orientierung sorgte. Doch das Netz überdauerte die Zeit nach dem Oberschulabschluss nicht. Der Zusammenhang zerfiel, die Freunde aus der Pubertät agieren nun als Einzelkämpfer, jeder für sich verzweifelt darum bemüht, den eigenen Weg zu finden, sich im wilden Gerangel um Positionen und Geltung zu behaupten.

Etliche junge Männer ziehen sich im Zuge dieser Entwicklung mutlos und ängstlich aus den öffentlichen Prozessen zurück. In Japan wird dieses Phänomen des jung-männlichen Eskapismus als „Hikikomori" bezeichnet.[273] Dort wird es mittlerweile als besorgniserregende Pathologie entstrukturierter Gesellschaften behandelt, in denen individuelle Fehlentscheidungen nicht mehr durch traditionsgestiftete Vergemeinschaftungen und Loyalitäten aufgefangen und in ihren Folgen abgemildert werden, was gerade jungen Männern, die untergründig noch die klassischen Bilder und verantwortungsschweren Leiterwartungen in sich tragen, schwer zu schaffen macht. Man mag über solcherlei Leidenssyndrome den Kopf schütteln, auch spotten. Aber in der Befindlichkeit dieser Gruppe deu-

---

[273] Florian Coulmas, Die Unfähigkeit allein zu bestehen – Hikikomori – der pathologische Rückzug junger Menschen aus der alternden Gesellschaft, in: Neue Zürcher Zeitung, 29.06.2007.

ten sich Schlüsselprobleme des 21. Jahrhunderts an: Die Vermehrung individuel-
ler Optionen bedeutet stets auch die Multiplikation von individuell zu ertragen-
den Irrtümern und Fehlgriffen. Großartige Chancen werden mit verheerend ver-
passten Gelegenheiten korrelieren. Auch und vor allem: Die Rollen werden mul-
tipler und immer schwieriger auszubalancieren.

Doch natürlich muss man sich hüten, Lebenslagen und Einstellungen allein
aus der Perspektive und Selbstdeutung akademischer Akteure zu bewerten. Die
Vorstellungen über das angestrebte Leben nach der Schule und Ausbildung sehen in Kreisen von jungen Männern der so genannten „Mitte" – also bei denjenigen mit mittleren schulischen Zertifikaten und mittleren beruflichen Karriereaus-
sichten – in vielerlei Hinsicht anders, im Übrigen oft durchaus höchst traditiona-
listisch aus.

Junge Männer der Mitte stoßen bei ihren (künftigen) Partnerinnen auf nicht
ganz so ambitionierte Aspirationen wie im akademischen Sektor. Schließlich
streben die Frauen der mittleren sozialen Lage auch selbst nicht in die obersten
Etagen der Berufswelt. Sie wollen eine vernünftige Ausbildung, legen Wert auf
einen sozial anerkannten Beruf, hätten auch gerne realistische Aufstiegsmöglichkeiten – fürchten aber, dass die Kletterseile nach oben für Menschen ohne Abitur
weniger zahlreich verfügbar sind als noch in den 1960er bis 1980er Jahren.

Dennoch: Der Lebensplan auch junger Leute der „Mitte" ist präzise durch-
komponiert: erst die gediegene Ausbildung, darauf eine möglichst unbefristete
berufliche Anstellung, Partnerschaft und Ehe, dann Wohnung mit Ziel eben auf
das eigene Haus, schließlich Kinder. Man vertraut, dass bei dieser durchaus harten und langen Strecke die Eltern, Schwiegereltern, Großeltern behilflich sind,
dass also das Modell Familie seine Lebens- und Solidaritätskraft unter Beweis
stellt. Für all das muss gewissenhaft gespart werden, die eigene Position gesichert
sein, dann erst sollte man Kinder in die Welt setzen, denen schließlich etwas
geboten werden muss, sollen sie sich hernach in der harten Konkurrenz der modernen Gesellschaft behaupten können.[274] So denkt, so sorgt sich die Mitte. Auch
in dieser Lebenswelt sind die Ängste der jungen Männer ein Stückchen größer als
die der Frauen. Gerade die Männer sehnen sich nach Stabilität, partnerschaftlich:
nach einer sicheren, lebenslang andauernden Bindung in einer intakten Familie.
Die Aussicht, dass ihre Ehe scheitern könnte, ist ihnen mit ihren zwanzig Jahren
bereits schrecklich.

---

[274] Hierzu auch allgemein: Tanja Merkle/Carsten Wippermann, Eltern unter Druck. Selbstverständnisse, Befindlichkeiten und Bedürfnisse von Eltern in verschiedenen Lebenswelten,
Stuttgart 2008.

Dabei entsprechen sich die jungen Frauen und Männer der Mitte in ihren Lebensträumen und Lebensängsten mehr als die Gleichaltrigen mit akademischen Aspirationen. Die Frauen der Mitte setzen den Primat nicht im Beruf. Ganz überwiegend ist es ihnen wichtig, nach der Geburt der Kinder für Jahre mit ihrem Job auszusetzen, zu Hause zu bleiben, die Kinder intim zu betreuen, zu fördern, sie anzuregen – um den weiteren Lebensweg der Töchter und Söhne energisch zu bahnen. Erst dann wollen sie wieder durch Rückkehr in den Job verstärkt zum Familieneinkommen beitragen.

Insofern befinden sich Frauen dieser Lebenswelt in einer Position, die im fortschrittlichen Feuilleton wenig Beifall findet. Insofern müssen die jungen Mitte-Frauen ihre Position subjektiv aufwerten. Dies geschieht in historisch vielfach erprobter Manier der Mitte durch Abwertung der Lebensmuster ober- wie unterhalb des eigenen sozialen Orts. Mitte-Menschen wähnen sich gern als Fels in der Brandung moralischen Zerfalls. Und die jungen Mitte-Frauen des Jahres 2007 schimpfen über die verantwortungslosen Mütter unten, die ihre Kinder durch Fast-Food und unbegrenzten Fernsehkonsum verwahrlosen lassen. Und sie ereifern sich mindestens ebenso heftig über die „karrieregeilen Frauen" oben, denen pure Egozentrik unterstellt wird, da sie, um beruflich zu reüssieren, ihre Kinder bedenkenlos in Horte und andere Ganztagseinrichtungen „abgeben".

Die jungen Mitte-Männer goutieren das. Sie verstehen sich im überlieferten Sinn als Haupternährer der Familien und „Kämpfer draußen". Zwar ist ihnen wichtig, ein wenig mehr Zeit für die Kinder aufzubringen, als es noch bei den eigenen Vätern der Fall war. Man möchte schon gerne mit dem eigenen Nachwuchs an Sonntagnachmittagen in den Zoo gehen, im Kino einen Kinderfilm sehen, einige Stunden im Spaßbad verbringen. Gleichwohl hofft man, wie jüngere Untersuchungen pointiert aufgezeigt haben, dass es auch in der eigenen künftigen Partnerschaft so weitergehen mag, wie viele es aus dem Elternhaus kennen: Für Wäsche, Raumpflege, tägliche Mahlzeiten möchte der Jungmann der Mitte primär die Frauen zuständig sehen. Doch wissen die jungen Mitte-Männer schon, dass es so einfach für sie nicht wird, richten sich vielmehr darauf ein, den Dispens von lästigen Haushaltsangelegenheiten ihren Partnerinnen dereinst tagtäglich zäh wie listig abringen zu müssen. Eine gleichgewichtige Aufgabenverteilung jedenfalls möchten sie keinesfalls akzeptieren.

Ganz und gar schlecht stehen die Chancen, damit durchzukommen, nicht. Denn die jungen Frauen in den deutschen Mitte-Milieus sind eher geneigt, die Rechtfertigungen ihrer potenziellen männlichen Partner für die zurückhaltende Bereitschaft, an Erziehungs- und Haushaltsaufgaben gleichgewichtig zu partizipieren, mit Verständnis zu begegnen. Denn das Männer-Bild der jungen Mitte-

Frauen trägt, wie die Erhebung aus dem von der Leyen-Ministerium zeigt, noch bemerkenswert traditionelle Züge: Der Mann bleibt Hauptversorger, dessen Aufgabe es ist, durch beruflichen Erfolg für ein stabiles Auskommen und gutes Ansehen der Familie im nachbarschaftlichen und verwandtschaftlichen Umfeld zu sorgen. Und da es in der Berufswelt heute denkbar rau zugeht, da dort mit rüden Rivalen jederzeit zu rechnen ist, daher kann der Ehemann und Vater der Kinder der Mitte-Frauen nicht sorglos gut-häuslich sein, Säuglingen fröhlich die Pampas anlegen oder beflissen den Flur schrubben.

Vielmehr gilt ein solch unkonventioneller Mann bei jungen Frauen der bundesdeutschen Mitte in erster Linie als beträchtliches Risiko für das genuine Lebensziel: eigenes Haus, großer Garten und Kinder, die es einmal weit bringen sollen. Sie wissen: Der Rutsch nach unten ist realistischer als der Sprung nach oben. Mitte-Menschen haben das in den letzten Jahren hochsensibel wahrgenommen. Fast jeder in der Mitte hat während der letzten Jahre in seinem Nahbereich den sozialen Absturz eines Zugehörigen der eigenen Schicht bestürzt verfolgt. Und so bildet die Abstiegsgefahr das Trauma schlechthin für die Mitte – auch hier: am stärksten für die Männer, die stets das Menetekel des Scheiterns in ihrer heterogen Rollenvielfalt vor Augen haben.

„Man kann ja doch nichts machen."

Die Mitte ist müde, fühlt sich zuweilen überfordert. „Schutz der Umwelt" – auf Begeisterung stößt man nicht in der deutschen Mitte, wenn man beispielweise mit diesem Imperativ kommt. Im Gegenteil, man hat durchaus mit genervten Reaktionen zu rechnen. Tätiger Umweltschutz ist alles andere als sexy. Nicht ganz wenige Bürger denken bei diesem Begriff an Gängelung, Einschränkung, Bedrohung von Individualität und Lebensgenuss.[275]

Man stieß zumindest im Sommer 2009 in weiten Teilen auf eine tiefgreifende Skepsis, wann immer von „Umwelt", „Öko" oder auch (und gerade) „Bio" die Rede war. Besonders in der bürgerlichen Mitte – Menschen mit mittleren Einkommen, mittlerer Bildung, überwiegend im mittleren Alter – finden sich auffäl-

---

[275] Die folgende Darstellung basiert auf den Ergebnissen einer sozialwissenschaftlichen Untersuchung zu „Alltagseinstellungen in der Bevölkerung zu Umwelt und Umweltpolitik", die eine Göttinger Forschungsgruppe des Verf. zusammen mit dem Heidelberger Sinus-Institut im Frühjahr 2009 für das Bundesministerium für Umwelt, Naturschutz und Reaktorsicherheit durchgeführt hat.

lig Beispiele, dass man es als hochnotpeinlich empfindet, beim Kauf von Biopro-
dukten im Supermarkt von Nachbarn oder Freunden erkannt und identifiziert zu
werden – als „Spinner" nämlich. Oder noch schlimmer: als leichtgläubiger Kon-
sumist, der auf einen Siegel hereinfällt, das doch nur die eine Aufgabe besitze,
den Kunden das Geld aus der Tasche zu ziehen. Wo Bio draufsteht, ist Bio längst
nicht drin. Das ist so ein milieuübergreifender Verdacht unter deutschen
Verbrauchern. Dabei ist der Trend nach gesunden und dabei geschmacklich über-
legenen Produkten unzweifelhaft, vor allem wenn Kinder mit ins Spiel kommen,
um deren Ernährungsweise bürgerliche Eltern höchst besorgt sind.

Als vertrauenswürdig gilt der Landwirt um die Ecke. Dort kann man sich
selbst davon überzeugen, dass die Hühner Freilauf haben, wie die Schweine
gemästet werden, ob der Bauer mit Chemikalien über seine Äpfel- und Birnbäu-
me geht. Produkte aus der Region liegen in der Wertschätzung der Bundesbürger
vor solchen Bioangeboten, von denen man nicht weiß, wie der Weg von der Herstellung in das Ladenregal denn nun wirklich verlaufen ist.

Den größten Bogen um Artikel, die das Bio-Etikett tragen, macht erwar-
tungsgemäß die „neue Unterschicht". Dort wird über die unerschwinglichen
Preise geklagt. Und überhaupt: Auf diese „Verarsche" falle man nicht herein.
Ökologie sei etwas für Reiche, für die grün wählenden Heuchler, die Verzicht
predigten, selbst aber wie Gott in Frankreich lebten. Umweltappelle halten vor
allem die jungen Zugehörigen der sozial an den Rand gedrängten Schichten für
Attacken auf die wenigen Freuden, die ihnen noch geblieben sind, vom Auto
über den Grillabend im Park bis hin zum Tabak.

Als Kontrastgruppe dazu gilt gemeinhin die „postmaterielle" Lebenswelt.
Hierzu rechnet man diejenigen überwiegend akademisch qualifizierten und gut
verdienenden Schichten, welche durch die neuen sozialen Bewegungen der
1970er/1980er Jahre geprägt worden sind, eben auch durch die Anti-AKW-
Kampagnen und die Gründung der neuen grünen Partei. Doch auch in diesem
gewissermaßen originären Öko-Milieu mit erheblichen Wahlpräferenzen für die
Partei von Frau Künast und Herrn Trittin findet man wenig umweltschützende
Leidenschaft, jedenfalls kaum noch Bereitschaft zur Aktivität. Man ist zwar stolz
auf den früheren Idealismus („haben die Jungen ja nicht mehr"), aber aus dem
Protestmilieu von ehedem ist mittlerweile ein gehobenes Status- und Relativie-
rungsmilieu geworden. Früher teilte es die Welt in Schwarz und Weiß auf, wusste genau, was richtig und was falsch war. Der/die Postmaterielle von heute dagegen zweifelt an allem und jedem, sagt weder „ja" noch „nein", kennt immerzu
einen klugen Einwand gegen jedweden Aufruf, aktiv zu werden, sich für eine
Sache mit Eifer einzusetzen. Postmaterielle verfügen über ein riesiges Arsenal

von Argumenten, warum alles umweltpolitische Engagement „letzten Endes doch nichts bringt". Daher wirkt ein Teil von ihnen wie gelähmt. Man kann natürlich auch vermuten: Viele haben sich ein schönes Legitimationspolster dafür zugelegt, um allen, oft naturgemäß unbequemen Handlungen aus dem Weg gehen zu dürfen.

Ganz ähnlich fallen die Reaktionen auch in den anderen Segmenten des gesellschaftlichen Establishments aus. Je mehr die Personen über breites Wissen verfügen, desto stärker reduzieren sich paradoxerweise die Gewissheiten. Und je geringer die Gewissheiten geworden sind, desto größer fallen die inneren Handlungsblockaden aus. Man mag dies als eine Crux der Moderne ansehen, in der sich die Informationsfülle multipliziert, die unleugbaren Einsichten und fraglosen Erkenntnisse aber – nicht zuletzt eben durch die Informationsexplosion – schrumpfen.

Die so genannten Eliten in Deutschland jedenfalls weigern sich, individuell weitere, anstrengende Beiträge zum Schutz der Umwelt zu leisten. Stattdessen herrscht hier die Devise vor: Erst einmal seien die anderen Länder dran; auch: die Müllsortierung beispielsweise diene sowieso nur als Arbeitsbeschaffungsmaßnahme; und überhaupt: Allein in globaler Abstimmung könne ökologisch ernsthaft etwas bewegt werden. Unterfüttert wird die umweltpolitische Indifferenz vor allem bei den ganz Jungen in den Spitzenetagen der sozialen Hierarchie durch allerlei Hohngesänge auf „ewig-gestrige Ökos", „Freaks in Wollpullovern" und „lebensfremde Wasserläufer". Andererseits: Umweltprodukte können der Distinktion dienen – wenn sie ästhetisch gelungen zubereitet sind, über den Preis auch Exklusivität garantieren, wird das von Alt- und Neuetablierten nicht ungern zum Zwecke der Abgrenzung und Alleinstellung eingesetzt.

Und weiter: Die Haute volée schaut neugierig, wenngleich noch skeptisch, aber nicht ohne gespannte Erwartungen auf die Möglichkeiten einer alternativen, nachfossilen Energieökonomie, die vielleicht einen elementaren Wachstumsschub in einem neuen wirtschaftlichen Zyklus auszulösen vermag. Sollte sich das als realistisch herausstellen, werden die Elitenmilieus mit Verve dabei sein.

Indes: Nur in einer bundesdeutschen Lebenswelt skandierte man nicht den gegenwärtig ganz dominanten Entlastungsrefrain vom „Man-kann-ja-doch-nichts-machen". Während die so genannten Leitgruppen derzeit alles andere als eine Vorbildrolle einnehmen, ragt in dieser Frage ausgerechnet das „traditionsverwurzelte Milieu" durch exemplarisches umweltschonendes Alltagsverhalten heraus. In aller Regel genießen die „Traditionsverwurzelten" kein großes Renommee bei den Lebensweltforschern. Denn besonders modern und marktfähig geriert sich diese Gruppe nicht. Der Sozialisationsort der Traditionsverwurzelten lag überwiegend in den 1950er/60er Jahren. Viele sind heute Rentner, hängen weiterhin alten, vermeintlich überkommenen Einstellungen an, legen Wert auf Sparsamkeit, Fleiß, Disziplin, Häuslichkeit, Familie, aber auch ehrenamtlich gestützte Vereinsgeselligkeit. Hier lagern noch letzte Reste der alten sozialdemokratischen Gewerkschafts- und Solidaritätskultur, auch der sozialkatholischen Subsidiaritätsprinzipien christdemokratischer Façon. Es ist das klassische „Kleine-Leute-Milieu", weit entfernt von den Mentalitäten der so genannten modernen Unterschichten, Mittelklassen oder Elitesektoren der bundesrepublikanischen Gesellschaft. Die Partei der Grünen etwa würde unter den Traditionsverwurzelten die Fünf-Prozent-Hürde nicht meistern können.

Der Begriff „Nachhaltigkeit" kommt in der Rhetorik der Traditionsverwurzelten nicht vor. Doch sie leben in der täglichen Praxis nachhaltiger als andere sonst. Mit Wasser geht man behutsam um. Der Komposthaufen im Garten ist selbstverständlich. Das Obst und Gemüse wird nicht gespritzt. Das Haus ist oft gedämmt, die Heizung sparsam eingestellt. Die Flugreise – auf die weder ergraute Postmaterielle noch neuliberale Performer verzichten wollen – ist ihnen gut entbehrlich. Man nimmt die Bahn oder fährt ein ressourcensparendes Auto, benutzt häufig jedoch das Fahrrad. Alte Möbel werden zu Regalen neu geschnitten und weiter gebraucht. Lockere Wegwerfneigungen sind verpönt, wie aber auch Parolen à la „Geiz ist geil". Traditionsverwurzelte sind gewiss sparsam, aber nicht geizig auf Kosten anderer. In Fragen der Umwelt ist man firm, denn man hat mit den Kindern oder Enkeln die „Sendung mit der Maus" geschaut, in der solche Probleme kompetent und mit großer Ernsthaftigkeit dargestellt worden sind.

Die Familie steht überhaupt im Fokus der Traditionsverwurzelten. Man versucht, dort Werte weiterzuvermitteln. Einzig in diesem Milieu ist die Philosophie präsent, dass man in einem großen Kosmos gewissermaßen seinen Platz und seine Aufgabe zugewiesen bekommen hat und die daraus resultierenden Pflichten schlicht selbstverständlich erfüllen muss. Und man delegiert die Verantwortung nicht fort, auch nicht im Bereich der Umwelt, beim Schutz der Natur. „Viel Kleines gibt ja auch was Großes" – heißt es wieder und wieder zur Begründung dafür, das bei ihnen das Wasser beim Zähneputzen nicht läuft. Die Elitegruppen pflegen dergleichen Naivitäten süffisant zu belächeln.

In der Sozialforschung firmiert das „traditionsverwurzelte Milieu" als erodierendes oder gar absterbendes gesellschaftliches Segment. In der Tat: Diese Gruppe ist in den letzten dreißig Jahren quantitativ kräftig zurückgegangen. Sie war (und ist noch) Hort der beiden Volksparteien. Wenn die Quellen der Traditionsverwurzelung versiegen, wird es nicht leicht für die Sozial- und Christdemokraten.

Migranten in Deutschland

Die Gruppe der Migranten dagegen expandiert. Dabei hatte man verblüffend lange warten müssen, bis man in Deutschland den Pauschalbegriff von den Personen mit „Migrationhintergrund" durch Differenzierung aufgelöst bekam. Genauer: Es dauerte bis zum September 2007, als endlich eine erste umfassende Lebensweltanalyse der verschiedenen Migrationmilieus in Deutschland durch das Heidelberger Institut „Sinus Sociovision" vorgelegt wurde.[276] Die Forschungen dazu sind seither weiter fortgesetzt und durch quantitative Befragungen repräsentativen Charakters zusätzlich fundiert worden.[277]

Zugrundegelegt sind acht verschiedene Milieus:

- Religiös-verwurzeltes Milieu (sieben Prozent): vormodern, patriarchalisch und religiös
- Traditionelles Arbeitermilieu (sechzehn Prozent). Klassische Handarbeiter, sicherheitsorientiert
- Statusorientiertes Milieu (zwölf Prozent): Aufsteiger, leistungs- und anerkennungsorientiert
- Entwurzeltes Milieu (neun Prozent): Prekariat ohne klare Identität
- Intellektuell-kosmopolitisches Milieu (elf Prozent): globalorientiertes Bildungsbürgertum
- Multikulturelles Performermilieu (dreizehn Prozent) : bi-kulturell, westlich, erfolgsorientiert
- Adaptives Bürgerliches Milieu (sechzehn Prozent): sicherheits- und harmonierorientierte Mitte
- Hedonistisch-subkulturelles Milieu (fünfzehn Prozent): unangepasstes, resistentes Jugendmilieu

---

[276] Vgl. Franz Walter, Einwanderer-Elite beflügelt Deutschland, in: Spiegel Online, 16.10.2007, http://www.spiegel.de/politik/deutschland/0,1518,511474,00.html [eingesehen am 10.09.2009] und: http://www.sociovision.de/uploads/tx_mpdownloadcenter/Zentrale_Ergebnisse_16102007.pdf [eingesehen am 10.09.2009].
[277] Siehe http://www.caritas.de/57946.html [eingesehen am 10.09.2009] und http://www.migration-online.de/data/sinus1.pdf [eingesehen am 10.09.2009].

Wir reden von immerhin 15,3 Millionen Deutschen, wenn wir den Begriff „Migrationshintergrund" verwenden. Das sind 18,6 Prozent der Wohnpopulation hierzulande. Der Anteil steigt, je jünger die Bevölkerung sich präsentiert. Von den Kindern bis zu fünf Jahren wird jedes dritte in einer Familie mit Migrationsbiographie groß. In der Gesamtbevölkerung Deutschlands befinden sich dreizehn Prozent im Alter zwischen zwanzig bis 29; in der Migrationskultur liegt die Quote bei 23 Prozent. Fünfzehn Prozent aller Bewohner in Deutschland sind über siebzig; aber nur drei Prozent der Bürger, deren Familien zugewandert sind. In den alten Bundesländern gehört bereits ein Fünftel der Bewohner zur Gruppe mit einer Migrationsgeschichte; in der ostdeutschen Region liegt der Anteil nur bei sieben Prozent. Weit überproportional findet man die Migrationskultur mit einem Viertel aller dort lebenden Einwohner in den Großstädten, während in Dörfern und Kleinstädten lediglich drei Prozent eine solche Provenienz aufweisen. Das Herkunftsland Nummer Eins ist die frühere Sowjetunion mit 21 Prozent der Migration in Deutschland, gefolgt von der Türkei mit neunzehn Prozent. Zwölf Prozent kommen aus südeuropäischen Ländern, elf Prozent aus Polen.

Die Migration ist also keineswegs mehrheitlich muslimisch, wie man zuweilen annehmen könnte, wenn man aufgeregte Kommentare zum Kampf der Kulturen liest. Vielmehr dominieren die Katholiken, die ein Drittel der Zuwanderungsmilieus ausmachen. Zu den Muslimen zählt dagegen lediglich ein Fünftel. Religiöser Fundamentalismus ist es offensichtlich nicht, was die Migration in Deutschland charakterisiert: 84 Prozent der jüngst von Sinus Befragten vertraten die Meinung, dass Religion eine reine Privatsache sei. Noch dezidierter fiel die Zustimmung zu der Aussage aus, dass die Gesetze des Staates wichtiger seien als die Gebote auch der eigenen Religion.

Insofern scheinen die weltanschaulich-religiösen Barrieren, welche kulturelle und gesellschaftliche Integration vereiteln könnten, nicht ganz so groß zu sein, wie häufig ängstlich unterstellt wird. Hält man sich nur an die Ergebnisse der vorliegenden Studie, dann wäre im Gegenteil praller Optimismus angesagt. Für das Gros der Bürger aus Migrationsmilieus ist die Integration weder eine offene Frage noch ein ungelöstes Problem. Dieses Gros ist längst in einem postintegrativen Stadium angekommen. Bemerkenswert ist in der Tat, dass der Anteil formal Hochgebildeter in den Gruppen der Migration höher liegt als im Rest der Bevölkerung, übrigens auch die Quote der Besserverdienenden. Dazu: Über achtzig Prozent äußern, dass sie „gerne" oder „sehr gerne" in Deutschland leben; und nur ganz wenige bezeichnen ihr Herkunftsland als „eigentliche Heimat".

Die neue Studie legt den Schluss nah, dass aus der Migration heraus ein produktiver und innovativer Leistungsnukleus für die deutsche Gesellschaft erwächst. Vor allem bildet sich in den „intellektuell-kosmopolitischen" und „multikulturellen Performermilieus", wie sie von den Milieuanalytikern etwas sperrig bezeichnet werden, eine neue, für das 21. Jahrhundert formative Elite heraus, die immerhin schon ein Viertel der Gesamtmigration umfasst. Deren Träger – mehr Frauen als Männer übrigens – sind stolz auf ihre Bikulturalität, ihre Mehrsprachlichkeit, ihre lebensgeschichtliche Inspiration durch sehr verschiedenartige Philosophien. Aus diesem multidimensionalen Erfahrungsreichtum ziehen sie ihr Selbstbewusstsein und begründen damit den Anspruch, als Leitformation einer kulturell spannungsreichen Weltgesellschaft eine Art Pionierrolle einzunehmen. In diesen beiden Milieus verfügt die Mehrheit über die deutsche Staatsbürgerschaft, während das im traditionell religiös-verwurzelten Milieu nur auf sechzehn Prozent der Zugehörigen zutrifft.

In vielerlei Hinsicht steht die Mehrheit der Migration der Aufsteigermentalität in der deutschen Nachkriegsgesellschaft außergewöhnlich nah, ja verkörpert diese frühere deutsche Leitkultur inzwischen kraftvoller und vitaler als der Rest der autochthon deutschen Nation. Fast siebzig Prozent der Menschen in Deutschland mit Zuwanderungsvergangenheit sind überzeugt davon, dass jeder, der sich anstrengt, auch nach oben zu gelangen vermag. Die deutsche Mitte sonst ist da mittlerweile weit skeptischer, auch resignierter, eher in Furcht vor dem Abstieg gefangen als durch Hoffnungen auf Aufstieg beseelt. Insofern haben es Apologeten des alten Sozialstaats in den neuen Migrationsgruppen künftig allerdings nicht leicht. Denn dort wird mehrheitlich sehr dezidiert das Postulat abgelehnt, dass es eine vorrangige Aufgabe des Staates zu sein habe, die sozial Schwachen verlässlich abzusichern.

Es ist ein bisschen so wie mit der neuen SPD unserer Tage. Nicht ganz wenige Kinder aus dem berufsstolzen, disziplinierten, traditionellen Arbeitermilieu der seinerzeit so genannten „Gastarbeitergeneration" haben sich mittlerweile stärker nach oben gerobbt, ein wenig streberhaft, ziemlich ehrgeizig, jederzeit anpassungsbereit. Und wie die Parvenüs in der SPD hat man sich auch in der neumittigen Migration von den Zurückgelassenen unten getrennt und kulturell distanziert. Die neue Mitte der Einwanderung ist ebenso wie das Zentrum der klassischen Mehrheitsgesellschaft darauf erpicht, sich nur in solchen Wohnquartieren niederzulassen, in denen der Ausländeranteil gering ist.

Und so bleiben auch in der Migration nicht ganz wenige – rund ein Viertel dürften es wohl mindestens sein – zurück. Der Aufstieg der einen lässt die anderen ihr Scheitern und ihre Rückständigkeit als noch schmerzhafter empfinden. In der Sinus-Studie firmieren sie als „entwurzelte" bzw. „hedonistisch-subkulturelle Milieus". Hier wird am stärksten die Aussage bekräftigt, dass „Menschen mit einem Migrationsintergrund gerade in Deutschland Bürger zweiter Klasse" seien. In beiden Lebenswelten des Migrationssouterrains dominieren Männer, mit geringer schulischer Qualifikation, unzureichender beruflicher Ausbildung. Das „entwurzelte Milieu" speist sich vor allem aus der meist nur wenige Jahre zurückliegenden Einwanderung aus der früheren Sowjetunion und dem Ex-Jugoslawien. Die Deutschkenntnisse sind sehr gering; weder im Familien- noch im Freundeskreis wird hauptsächlich deutsch gesprochen. Man bleibt mithin unter sich, pflegt keine oder kaum Außenkontakte zu anderen Lebenswelten. Fast die Hälfte identifiziert sich mit dem Satz: „Mein Herkunftsland ist meine eigentliche Heimat; in Deutschland verdiene ich nur mein Brot." Das „hedonistisch-subkulturelle Milieu" hingegen – wo nur ein Viertel ein derartiges Bekenntnis abgibt – wird eher von jungen männlichen Türken geprägt, die größtenteils während der 1990er Jahre nach Deutschland gekommen sind, von denen aber auch überproportional viele hier bereits geboren wurden. Über die Hälfte besitzt nicht die deutsche Staatsbürgerschaft, aber ihre Kenntnisse der deutschen Sprache sind bemerkenswert gut.

Wahrscheinlich ist dies der brisanteste Lebenszusammenhang, der die signifikant positive Integrationsperspektive der neuen Migrations-Studie bricht und relativiert. Es ist das Milieu junger, sich ihrem Selbstverständnis unsicherer Menschen, von denen sich viele vehement dagegen sträuben, in der deutschen Mehrheitsgesellschaft adaptiv aufzugehen. Sie wollen sich nicht unter Druck assimilieren, verhalten sich renitent, demonstrativ provokativ. Nach wie vor trifft wohl zu: Diese Eigenkultur ist unzweifelhaft modern, aber sie akkulturalisiert mindestens Spuren oder Teileelemente auch der Traditionalität, des Rückgriffs auf Ethnie und religiösen Eigensinn, um sich von der verhassten Mehrheitsgesellschaft abzugrenzen und dadurch vielleicht eine eigene, gewiss schwierige Identität zu konstruieren.

Was macht eigentlich das Prekariat?

Diesseits der Migrantendebatte machte im Herbst 2006 ein Begriff aus der Soziologie jäh Karriere: Prekariat. Durch eine Studie der SPD-nahen Friedrich-Ebert Stiftung geriet für einige Wochen die Schicht ganz unten in der sozialen Hierarchie ins Visier der Öffentlichkeit. Aber die Debatte verebbte so schnell wie sie zuvor aufgekommen war. Hernach war vorwiegend die Abstiegsangst der gesellschaftlichen Mitte ein Thema von Politik und Publizistik. So ist es auch und gerade in der Krise des Finanzkapitalismus geblieben.

Dabei: Die Wut, aber mehr noch: Frustration und Resignation sind in den letzten drei Jahren weiter gewachsen.[278] Die Zeiten eines hochqualifizierten, selbstbewussten, gar klassenkämpferischen „Proletariats" sind offensichtlich auf immer vorbei. Die Menschen im unteren Drittel sind mutlos, keineswegs zukunftsgewiss, sondern voller Furcht vor dem, was noch kommen mag. Die „kleinen Leute" im mittleren oder höheren Alter sind konservativ in dem Sinne, dass ihr Fluchtpunkt stets die Verhältnisse von „früher" sind. „Früher" – da galten sie und ihre Fähigkeiten noch etwas. Früher, da kam man auch mit einem ordentlichen Volksschul- oder Realschulabschluss weiter. „Heute muss man doch mindestens Abitur haben, sonst brauchst Du Dich gar nicht erst vorzustellen" – lautet die immerwährende Klage der Menschen in prekären Lebensverhältnissen.

Mit dem Begriff der „Chance" können sie nichts anfangen. Auf die Formel „Chance durch Bildung" reagieren sie gar wütend. Jeder oder jede von ihnen, der/die – sagen wir – über 16 Jahre ist, erfasst ganz realistisch, dass die Chancen-Bildungs-Gesellschaft für ihn oder sie bedeutet, in den nächsten Jahrzehnten ohne Aussichten, ohne Ansehen, erst recht ohne Möglichkeiten des Weiterkommens zu bleiben. Denn Bildung war ja der Selektionshebel, der sie in die Chancenlosigkeit hineinsortiert hatte. Bildung bedeutet für sie infolgedessen das Erlebnis des Scheiterns, des Nicht-Mithalten-Könnens, der Fremdbestimmung durch andere, die mehr gelesen haben, besser reden können, gebildeter aufzutreten vermögen. Mehr Bildungschancen mag ein Rezept für ihre ganz kleinen oder noch nicht geborenen Kinder sein – aber selbst daran glauben sie nicht –, für sie selbst heißt die Konzentration staatlicher Anstrengungen auf Bildung statt sozialer Transfers die Verfestigung von sozialer Labilität, ja Marginalität. Ganz illusionslos sehen sie, dass es für sie nicht eine einzige plausible Idee für ein sozial gesichertes und respektables Leben in den nächsten Jahrzehnten gibt. Daher klammern sie sich stärker als alle anderen Gruppen an den Staat. Zugleich aber beschweren sie sich bitter über die Bürokratie, mit der sie bei ihren täglichen Behördengängen zu tun bekommen, von der sie sich gegängelt, überwacht, schikaniert fühlen.

Signifikant ist die dominante Fortschrittsangst. Der Fortschritt bedeutet Bedrohung, übt einen permanenten Druck aus, den man nicht zu bewältigen vermag, der hilflos und klein macht, der die eigene Entbehrlichkeit und Nutzlosigkeit

---

[278] Die folgende Darstellung basiert auf den Ergebnissen einer sozialwissenschaftlichen Untersuchung zur „Politikwahrnehmung in der Unterschicht", die eine Göttinger Forschungsgruppe des Verf. zusammen mit dem Heidelberger Sinus-Institut im Winter 2008/09 für die Staatskanzlei Nordrhein-Westfalen durchgeführt hat.

grell ausleuchtet. Auch hier ist pessimistischer Fatalismus spürbar, das allgegenwärtige Gefühl, die Dinge nicht mehr in der Hand zu haben, erst recht nicht steuern zu können, weshalb sich gerade die überforderten Unterschichten in ihre Refugien von Couch und Fernsehzimmer zurückziehen, um ihre Hilflosigkeit nicht noch öffentlich preisgeben und sich der Lächerlichkeit aussetzen zu müssen.

Bezeichnend an der Selbstinterpretation der unteren Schichten ist, dass sie die schlimmste Zeit, die fatalsten Brüche in ihrer Lebensgeschichte in den 1980er/90er Jahre verorten, als nicht nur die schon zuvor existente Arbeitslosigkeit drückte, sondern als überdies die neuen Medien, die neuen Technologien, die deutsche Einheit, die neue Währung, die neuen Ansprüche im Geschlechter- und Familienverhältnis, die Appelle zur fortwährenden Bildung ihnen auf den verschiedensten Ebenen zusetzten. Mit einem Problem fertig zu werden, hätte ihnen noch gelingen mögen. Doch nun bündelten sich die Wandlungen und Zumutungen auf allen Seiten der Alltagsbewältigung. Der Soziologe M. Rainer Lepsius hat in anderer Angelegenheit darauf hingewiesen, dass Nationen kaum dazu in der Lage sind, mit sich überlappenden Basisproblemen, die sämtlich zeitgleich auftreten, auf zivile Weise fertig zu werden. Auch ein gut funktionierendes System kann in der Regel jeweils nur ein Großproblem konstruktiv lösen, denn jede Organisation – eben auch der Staat – besitzt eine beschränkte Leistungsfähigkeit. Für die mit kulturellen Ressourcen minderausgestatteten Unten-Milieus gilt das erst recht.

Politiker bilden für diese Gruppen eine hermetisch abgeschlossene Kaste, die vom Volk nichts weiß, die quasi hinter Mauern lebt und sich auf Kosten des Steuerzahlers mit teuren Delikatessen ein angenehmes Leben macht. Bemerkenswert allerdings ist, dass viele aus den vernachlässigten sozialen Souterrains, die schon einmal einem Politiker „live" begegnet sind, diesen – aber eben nur diesen – als „sympathisch", „normal geblieben", „verständnisvoll" empfanden. Ansonsten sind es bestenfalls Politiker wie Merz, Clement, mitunter auch Westerwelle, denen Lob zuteil wird, weil sie sich nicht „verbiegen" lassen, „echt" und „ehrlich" agieren, die Dinge „aussprechen", wie sie sind. Nun verkörpern diese drei Politiker bekanntlich nicht die staatliche Schutzmacht der kleinen Leute. Die Bruce-Willis-Haltung also scheint zugkräftiger als die wackere Sozialstaatlichkeit etwa der Schreiners oder Blüms.

Bezeichnend ist, dass man in den jüngeren Teilen des „neuen Unten" überhaupt nur noch den politischen Typus akzeptiert, der mit Geradlinigkeit verbunden wird, die politische Spezies des lonesome cowboys gleichsam, der sich auch durch Abstrafungsaktionen oder gar Ausschlussandrohungen von oben nicht einschüchtern lässt. Es ist der Typus des harten Mannes, der ohne Schleimereien und ohne Parteipatronage „seinen Weg geht", „für etwas steht", seiner Sache

„nicht untreu" wird. Darin spiegelt sich nicht nur das in der Tat große Bedürfnis nach Politikern, die wirklich machen, was sie sagen, die einen also nicht – wie so viele andere im bisherigen Leben – enttäuschen, betrügen oder verraten, sondern die Hoffnungen aufrechterhalten, dass man es doch schaffen kann: mit Trotz und Eigensinn.

Bedrückend ist die Bilanz, die von älteren Menschen der „Kleine-Leute-Milieus" gezogen wird. Sie haben in der Regel hart gearbeitet, waren sparsam und nachhaltig. Sie haben Kinder in die Welt gesetzt und versucht, aus ihnen ordentliche Menschen zu machen. Sie haben rechtschaffend und fleißig gelebt. Aber irgendwann vor rund zwanzig Jahren verloren ihre einfachen Bildungsabschlüsse, ihre manuellen beruflichen Fertigkeiten und ihre traditionell geprägten biographischen Erfahrungen an Wert, jedenfalls im Ansehen derjenigen, die gesellschaftlich jetzt den Ton angaben und seither dominant definierten, was als „Leistung" zu gelten habe und was nicht. Das Leben und die Arbeit der früheren Schreiner, Tischler, Bergarbeiter, Hausfrauen und Näherinnen wurde so aus der „Leistungsgesellschaft" der postindustriellen Eliten verbannt. Seither ist an der früheren, alt gewordenen Basis der arbeitsamen Industriegesellschaft eine Verbitterung zurückgeblieben, die auch die Erosion der Volksparteien in Teilen erklärt. Denn diese waren nicht mehr die Schutzmächte der „kleinen Leute", als die sie ursprünglich Stimmen gesammelt hatten.

Im unteren Drittel der Gesellschaft existiert die Vorstellung von einer „an sich richtigen" Politik, von generell unzweifelhaften Lösungen gesellschaftlicher Probleme – und dadurch auch von dem einen unstrittig richtigen Lösungsweg. Daher bleibt ihnen unverständlich, warum in der Politik dieser Weg nicht unverzüglich und zielstrebig beschritten wird, warum alles so lange dauert, vor allem: warum die Parteien überhaupt ständig streiten. Konflikte sind in dieser Perspektive – die auch und gerade in der gesellschaftlichen Mitte zu finden ist – nicht Ausdruck verschiedener Interessen und legitimer unterschiedlicher Sichtweisen, sondern Profilgehabe, Deformation einer politischen Klasse, der es gut geht und die sich schon deshalb keine Gedanken darüber machen muss, was für Folgen ihre in die Länge gezogenen Querelen für den Rest des Volkes haben. Hauptsächlich bei den älteren Zugehörigen der unteren Schichten herrscht ein auch in anderen Fragen immer wieder durchschimmerndes Harmoniestreben: „Alle Parteien an einen Tisch" – das trifft die Projektion der älteren „Kleinen Leute" wohl am besten.

Geld ist ein zentrales Thema in den unteren Schichten. Denn in der Regel reicht es nicht oder kaum. Und die Sorge, dass der Lohn oder die Rente, die man derzeit noch bekommt, bald gemindert werden oder gar wegfallen könnten, ist durch die aktuelle ökonomische Krise übermächtig. Das führt zu einer massiven

Einigelung in das unmittelbare Lebensumfeld bei erheblichen Aggressionen gegen „die Ausländer". Ältere Unterschichtfrauen mit altbundesdeutscher Biographie äußern sich zudem denkbar erregt über Rentnerinnen aus der ehemaligen DDR, die eine weit höhere Altersversorgung genießen: „Die konnten ihre Kinder damals bei Honecker ja einfach wegeben". Es ist bemerkenswert, welch immense Aggression hier schwelt.

In dieser Lebenswelt sind konstruktiv gewendete Ideen, wie man es politisch oder gesellschaftlich denn anders machen könnte, kaum bis gar nicht vorhanden. Von der Politik erhofft man sich mittlerweile überwiegend nichts mehr. Es gibt auch keinen Ansehenszuwachs der Politik durch die Diskreditierung von Wirtschaftsführern und Bankern während der letzten Monate zu verzeichnen. Sie alle, Unternehmer, Politiker *und* Medienmenschen, gelten als ein miteinander verbandelter Haufen, der sich gegen die da „unten", den „kleinen Mann" oder die „kleine Frau" unheilvoll verschworen hat. Konspirationsvermutungen solcher Art zirkulieren in der Vorstellungswelt der unteren Schichten in einem opulenten Ausmaß. Dass Deutschland noch eine „wirkliche Demokratie" ist, glauben die meisten dort jedenfalls nicht mehr.

Immer wieder dokumentieren die „Prekarisierten" ihre Müdigkeit und Hoffnungslosigkeit. Selbst die wenigen Freuden, die ihnen geblieben waren, wie insbesondere das Rauchen, wurden ihnen von denen, die überall das Sagen haben, durch Verbote genommen. Bemerkenswert ist, dass sie die Zeit vor zehn oder fünfzehn Jahren als noch „normal" erinnern. Seither aber sind nur noch, geradezu pausenlos Unsicherheiten, Zumutungen, Bedrohungen über sie hereingebrochen. Es ist signifikant die Zeit sozialdemokratischer Regierungsbeteiligung, in der sie sich mehr denn je zuvor abgewertet, bedrängt, ja bedroht fühlen.

Doch sind Generationsdifferenzen erkennbar. Diejenigen, die seit den 1960er Jahren geboren wurden, lassen ihrer Wut ungezügelt freien Lauf. Diejenigen hingegen, die zumindest als Kinder noch Krieg, Vertreibung und unmittelbare Nachkriegszeit erlebt haben, treten besonnener auf, wirken dem Staat und der Demokratie nach wie vor positiver zugewandt. Doch sind viele Ältere bitter darüber, dass sie trotz eines seinerzeit soliden Schulabschlusses, trotz oft auch ordentlich absolvierter Lehre und dann jahrzehntelanger harter Arbeit nun eine lediglich marginale, fragile Stellung in der Gesellschaft zugewiesen bekommen haben. Im letzten Fünftel des Lebens nach vielen beschwerlichen Jahren der Kinderaufzucht und der oft körperlich anstrengenden Erwerbsarbeit nun von „jungen Schnöseln" als überflüssige Vergangenheitslasten verworfen zu werden, das erscheint ihnen höchst ungerecht und deprimiert sie zutiefst. Das oft leise vorgetragene Satzfragment dafür lautet „Das darf doch nicht sein." Dieser Legitimitätskern von hart erbrachten Erwerbsleistungen fehlt den meisten jüngeren Zugehörigen dieser Schicht, weshalb Resignation, sarkastischer Fatalismus oder auch ziellos wirkende Hasstiraden hier weitaus stärker anzutreffen sind.

Dort vagabundiert überdies eine massive Krise der Männlichkeit. Alles, was einst den „starken Mann" ausgemacht hat, ist in der gesellschaftlichen Bedeutung während der letzten Jahre geschrumpft. Das Manuelle, die kesse Lippe, Sexprotzereien, die Kraft der Faust, die vitale körperliche Unmittelbarkeit. Stattdessen wird nun wertgeschätzt: Wissen, Bildung, Kultur, Sprachfähigkeit, körperlose Interaktivität. Das Gros der politischen und interpretierenden Klasse steht für die zweite Variante, verkörpert und postuliert also all das, was das Selbstwertgefühl des männlichen Teils der unteren Schichten täglich in Frage stellt.

Noch herrscht die Stimmung vor: „Ich schaffe es gerade noch". Doch wächst die Furcht, dass bald „gar nichts mehr geht". Und alle ahnen, dass sie dann den oft durchaus noch langen Rest ihres Lebens nicht mehr aus der Aussichtslosigkeit herauskommen. Dennoch findet man keine Bereitschaft, auch keine organisatorische oder ideelle Grundlage zur Gegenwehr. Dafür ist der Fatalismus – „es hat keinen Sinn, sich aufzuregen"; „man kann eh nichts machen" – dominant. Die kleinteilige Binnenperspektive überwiegt ganz: Man grübelt nicht über die Umwelt, erregt sich nicht einmal über die Finanzkrise, hofft erst recht nicht auf Chancen durch Bildung, glaubt auch nicht an die segensreiche Wirkung von „Konjunkturprogrammen" – im Gegenteil: darin sehen die „Prekarisierten" ein weiteres raffiniertes Manöver von Politikern und Wirtschaftsbossen, sich selbst die Taschen zu füllen. Politiker sind für etliche von ihnen schlicht: „Drecksäue". Als personelle Alternative kann man sich dafür Günther Jauch vorstellen; der sei „seriös", „hört zu", „gibt einem immer eine Chance". Jauch als Kandidat in einer plebiszitären Demokratie hätte allerbeste Chancen. Denn auch in der Mitte der Gesellschaft wird er gern als Wunschfigur für die politische Arena genannt.

Wie ein roter Faden durch all die Frustrationen und Erbostheiten im unteren Segment der Gesellschaft zieht sich das Gefühl, überhaupt nicht mehr zu überblicken, wohin das alles führen mag, ob das, was jetzt noch gilt oder zugesagt wird, auch morgen weiterhin Bestand hat. Die Vermehrung von Komplexität ist bekanntlich ein Signum der Moderne. Sie macht auch anderen Milieus zu schaffen, die aber durch ihr kulturelles Kapital über Methoden und soziale Verhaltensweisen verfügen, um die Problemvielfalt im Alltag handhabbar zu machen. Diese Fähigkeiten fehlen den meisten Zugehörigen der niedriger angesiedelten Milieus. Daher sind für diese Milieus im Prinzip Institutionen oder Personen, die Maßstäbe von längerer Gültigkeitsdauer begründen und Ziele weisen können, elementar wichtig. Dass die Politik diese Repräsentanz- und Orientierungsfunktion nicht mehr verlässlich ausfüllt, ist sicher konstitutiv für das Beziehungsdesaster zwischen dem „politischen Oben" und dem „sozialen Unten".

Und dieses Defizit muss sich keineswegs zuletzt die politische Linke zurechnen. Einst hatte sie Begriffe, Erklärungen und Erzählungen zur analytischen Beschreibung der Gegenwart wie für das Porträt von Zukunft. Die Linke deutete dadurch den unteren Schichten die Lebensrealität, kollektivierte die sonst vereinzelten Individuen durch einleuchtende Narrative, bindende Organisationen und sinnstiftende Alltagskulturen. Die Sozialdemokraten des Franz Müntefering haben von alledem nichts mehr. Doch auch die Partei, die sich „die Linke" nennt, fällt in der Krise des Jahres 2009 durch Sprachlosigkeit, Interpretationsunfähigkeit und Mobilisierungsschwäche auf. Das Prekariat in Deutschland ist sozial und kulturell verwaist, ist in dieser Beziehung buchstäblich obdachlos.

Rückkehr oder Implosion des Staates?

So steht das Land – und bekanntlich nicht nur dieses – vor gewaltigen sozialen Problemen. Schon vor dem Crash drängten etliche hunderttausend Bundesbürger Tag für Tag in die Suppenküchen der Wohlfahrtsverbände. Über ein Zehntel der Deutschen lebte bereits damals in ständiger Armut. Die oberen zwei Prozent der bundesrepublikanischen Haushalte verfügten über dreißig Prozent des Gesamtvermögens; die unteren fünfzig Prozent müssen sich mit knapp fünf Prozent begnügen. Und die ökonomischen Eliten hatten sich seinerzeit bereits mehr und mehr von ihrer gesellschaftlichen Verantwortung verabschiedet. Zum Ende der Adenauergesellschaft betrug der Anteil der Gewinnsteuern am steuerlichen Gesamtaufkommen noch mehr als ein Drittel; in den Schröder-Merkel-Jahren waren es kaum noch fünfzehn Prozent. Und die sozialen Abschließungstendenzen von oben gegen unten nahmen wieder erheblich zu.

Während all der Zeit herrschte – von SPD bis CDU, von Grünen bis zur FDP – eine verblüffende Einheitsfront wettbewerbskultivierender „Reformer". Historisch war dieser nachgerade sakrale und zugleich flächendeckende Dogmatismus der „Reform" neu. Dabei: Die Geschichte kennt wohl viele Reformperioden; aber sie kennt keine Reformära, aus der alle Menschen und Klassen als Gewinner hervorgegangen wären. Am Ausgang von Reformprozessen stehen Verlierer und Geschädigte, stehen tiefe Einrisse und schwere Trümmer. Doch mehr noch: Es gibt kein Reformprojekt in der Weltgeschichte, das nicht am Ende auch das Gegenteil von dem schuf, was ursprünglich beabsichtigt war. Es gibt genügend Reformelaborate, die mehr Schaden als Nutzen stifteten – und dadurch Voraussetzung für eine nächste, nun gegenteilig begründete Reformsequenz wurden. Soziologen sprechen in solchen Fällen gern von nichtintendierten Folgen gut gemeinter Absichten. Kurzum: Reformen stiften keineswegs per se Glück, Wohlfahrt, Befreiung; sie produzieren oft genug neue, andere Formen von Abhängigkeit, Ungleichheit, Begrenzung und Bedrückung. Und am Ende des apodiktisch marktzentrierten, antietatistischen Reformprozesses stand schließlich eine massive Entinstitutionalisierung mit dem Resultat: weniger Staat, weniger Solidargemeinschaften, weniger Großorganisationen, weniger kollektive Lösungen. Die integrativen Strukturen wurden dezimiert, die sozialen Räume von vergemeinschaftenden Normen, Einrichtungen und Assoziationenwaren sind geschrumpft.

Wo die Puffer von Strukturen, Institutionen, Repräsentanz und kollektiven sozialmoralischen Verbindlichkeiten aber fehlen[279], entlädt sich Unmut, artikulieren sich Stimmungen unmittelbar, ungefiltert, aggressiv – ziellos. Mithin: Die Republik bräuchte wohl eine intelligente, sicher effiziente, gewiss moderne, aber doch auch robuste Re-Regulierung von Institutionen, bräuchte die empathische Rekonstruktion von integrativer Sozialmoral und kooperationsdemokratischen Normen des Gemeinwohls. Ein großer Teil der bundesdeutschen Gesellschaft wird all dies wahrscheinlich zunehmend und heftig einfordern. Doch könnte das die allergrößten Frustrationen auslösen. Und damit ist nicht einmal gemeint, dass der Neo-Etatismus natürlich Legitimationsprobleme der Demokratie aufwerfen würde.[280] Denn wo das Postulat vorherrscht, staatliche Politik planvoll und präventiv zu gestalten, da kann schnell der Interessenpluralismus, selbst die kontroverse Debatte im Parlament in Frage gestellt, ja: jede subjektive Dissidenz zugunsten einer Homogenisierung des stringent angelegten, prophylaktisch vorsorgenden Staats getilgt werden. Auch ein neuer, stärker staatsbezogener Reformismus birgt mithin Gefahren.

Doch ist mit einem solchen Szenario gar nicht zu rechnen, wenn man dem Direktor des Kölner Max-Plank-Instituts für Gesellschaftsforschung, Wolfgang Streeck, folgt. Sein Szenario ist ganz anders, aber keineswegs weniger bedrückend. Streeck glaubt nicht an eine Rückkehr des souverän operierenden Staates. Im Gegenteil: Mit dem – erzwungenen – Kraftakt der letzten Monate habe sich dieser vermutlich endgültig verausgabt. Die zuvor schon alarmierende und systematische Staatsverschuldung habe sich dadurch noch einmal drastisch ausge-

---

[279] Vgl. zu dieser Problematik Reiner Weinert, Intermediäre Institutionen oder die Konstruktion des „EINEN", in: Birgitta Nedelmann (Hrsg.), Politische Institutionen im Wandel, Sonderheft 35/1995 der Kölner Zeitschrift für Soziologie und Sozialpsychologie, S. 237 ff.
[280] Vgl. Gabriele Metzler 2003, S. 777 ff.

weitet. Die – krisenbedingt verringerten –Steuereinnahmen gehen überwiegend für die Tilgung der Schulden weg. Für politische und gesellschaftliche Gestaltung, gar für gezielte Umverteilungsstrategien sei keinerlei Finanzmasse mehr da. Streeck hat keinen Zweifel. Das finale „Ende der Handlungsfähigkeit des Staates" sei „absehbar".[281] Auch die Politikwissenschaftlerin und zweimalige sozialdemokratische Kandidatin für das Bundespräsidialamt, Gesine Schwan, fürchtete, dass man mit den Stabilisierungsaktionen seit 2008 vielleicht Unternehmen gerettet, dem Sozialstaat aber alle elementaren Mittel genommen habe. „Auf diese Weise könnte die Krise auch zu einer Krise der Staatlichkeit werden", ja: sich gar zur „Systemfrage" ausweiten.[282]

Doch was würde passieren, wenn die entscheidende Institution der Zivilisation, mit der Gesellschaften auf sich selbst ordnend einwirken konnten, die Regeln gesetzt, in sozialstaatlichen Zeiten Ausgleich hergestellt und Schutz geboten hatte, in ihren Fundamenten beschädigt, zumindest aber – um es nicht ganz so düster apokalyptisch auszumalen – wichtiger Instrumente entledigt wäre? Käme es dann im Zuge der Entinstitutionalisierung purer Wettbewerbsgesellschaften zum Clash, zum großen, nicht mehr klassisch parteiförmig domestizierten sozialen Konflikt? Indes: Wer sollte das „Subjekt" des Aufbegehrens sein? Mit den neuen Unterschichten, den oft so charakterisierten „Überflüssigen" ist weiterhin nicht unbedingt zu rechnen. Deren markantes Kennzeichen chronisch gewordener Überflüssigkeit hat es in der Industriegesellschaft über 140 Jahre hinweg zuvor kaum einmal gegeben. Denn anders als die vorindustriellen Unterschichten war die moderne Arbeiterklasse für die kapitalistische Produktion und Mehrwertgewinnung lange Zeit konstitutiv. Daher war die gewerbliche Arbeiterklasse auch, gewissermaßen von 1870 bis 1970, durchaus ressourcenstark, hatte Selbstbewusstsein, besaß Organisationsfähigkeit, brachte kluge, ehrgeizige, über den Status quo hinausstrebende Anführer mit ambitionierten Zukunftsideen hervor. Die neuen Unterschichten der Überflüssigen haben davon nichts: keine kollektive Zusammengehörigkeit, kein Selbstbewusstsein, keine Idee von sich selbst, keine Ressourcen für Organisation, für politische Projekte und für disziplinierte, langfristige Aktionen. Im „neuen Unten" bleiben die Einzelnen – gleichsam negativ individualisiert – für sich, netzwerkunfähig, handlungsgehemmt und ungehört.[283] Sie mögen in Zeiten weiterer sozialer Verschlechterung zum

---

[281] Wolfgang Streeck, Eine Last für Generationen, in: Handelsblatt, 20.03.2009.

[282] Gesine Schwan, Auch der Staat hat Grenzen, in: Financial Times Deutschland, 05.03.2009.

[283] Vgl. besonders Martin Kronauer, „Soziale Ausgrenzung" und „Underclass": Über neue Formen der gesellschaftlichen Spaltung, in: Leviathan, H. 1/1997 (Jg. 25), S. 28 ff.

Resonanzboden für erratische antikapitalistische Affekte, für strohfeuerartig
aufflammende Tumulte gegen „die Reichen da oben" taugen, aber sie werden
wohl nicht zu einem zielbewussten politischen Träger organisierten Protests.
Erfolgreicher politischer Protest wird in der Regel von anderen sozialen
Gruppen initiiert und angeführt. Fast durchweg handelt es sich um enttäuschte,
von ihrer primären Klasse abgefallene Eliten. Die Kritik am neuen Kapitalismus
wird nur dann Aplomb, Zielstrebigkeit und Originalität bekommen, wenn sie
von ressourcenstarken Gegeneliten, die bislang nicht zum Zuge gekommen sind,
aufgenommen wird. Solche ausgebremsten Gegeneliten sind stets die Fahnenträger, Ideenlieferanten und Organisatoren großer sozialer Unmutsbewegungen.
Und immer ist es eine verbarrikadierte Zukunft, sind es frustrierte Hoffnungen,
die Gegeneliten in das Bündnis mit den Schwachen treiben – nicht Philanthropie
oder Altruismus. Die Soziologen sprechen in solchen Fällen nüchtern von einer
Statusinkonsistenz[284], also von der Diskrepanz zwischen hohem Leistungspoten-
zial und geringer gesellschaftlicher Position, welche die Revolte nährt. Kaum
etwas jedenfalls erschüttert eine politische Ordnung stärker als ein tiefgreifender
Dissens zwischen etablierten Eliten auf der einen Seite und den abgewiesenen
Repräsentanten neuer Ansprüche auf der anderen Seite. „Die Krise beginnt um
einer begrenzten Sache willen, zieht dann aber alle Unzufriedenen, allen Protest,
alle Negation in ihren Sog; es entsteht eine ‚blinde Koalition aller, die etwas anderes haben wollen' und die es – so kontrovers in sich und so wenig dauerhaft sie
auch sein mag – erst möglich macht, ‚einen alten Zustand aus den Angeln zu
heben'. Den Anfang machen nicht die im alten Zustand am elendsten Lebenden,
sondern die ‚Emporstrebenden'."[285] In der Regel dauert es, bis solche Gruppen
die neue Malaise auch für sich anerkennen. Die Psychologie hat dafür als Erklärung die Theorie der „kognitiven Dissonanz" zur Verfügung. Menschen möchten,
soll das heißen, in Seelenharmonie, also in Konsistenz mit ihren ursprünglichen
Einstellungen und Erwartungen leben, verdrängen daher zunächst dazu sperrige
Neu-Informationen und Erlebnisse. „Die Enttäuschung muss meist erst eine gewisse Schwelle überschritten haben, ehe man sie sich eingestehen kann – dann
jedoch kann sie gerade wegen der vorangegangenen Versuche (und gleichsam in

---

[284] Vgl. Gerhard E. Lenski, Power and Privilege. A Theory of Social Stratification, New York
u.a. 1966.
[285] Rudolf Vierhaus, Zum Problem historischer Krisen, in: Karl-Georg Faber/Christian Meier
(Hrsg.), Historische Prozesse, München 1978, S. 317. Vierhaus zitiert hier aus den "Weltge-
schichtlichen Betrachtungen" von Jacob Burckhardt.

Vergeltung für sie), dieses Eingeständnis hinauszuzögern, mit besonderer Heftigkeit hereinbrechen."[286]

Kurzum: Das Subjekt einer praktischen Kapitalismuskritik können nicht die Marginalisierten und Randständigen sein, sondern eher die hochqualifizierten Ingenieure und Informatiker, die bis vor kurzem noch an den Segen einer neuen Ökonomie glaubten, jetzt aber verunsichert oder gar freigesetzt worden sind; die Universitätsabsolventen dieser Jahre, die sich willig dem restriktiven Bologna-Prozess unterworfen haben, sich aber trotzdem mit unbezahlten Praktika durch das Leben schlagen müssen. Wenn diese Gruppen die oben beschriebene Adaptionsbereitschaft abstreifen und sich bewusst als Gegenelite begreifen, um die etablierten bürgerlichen Führungsgruppen herauszufordern, wenn sie dafür alternative Organisationen und Strukturen begründen, neue Gemeinwohlmetaphern erfinden und das taktische Wahlbündnis mit den Verlierern und Verlorenen nicht scheuen, dann könnte es tatsächlich zu einer Symbiose auf Zeit von „Laptop und Putzmob" jenseits der klassischen Parteienförmigkeit kommen.[287]

Wiederkehr des „Mobs"?

Schlägt damit die Stunde einer autonomen, militanten Linken? Interessant ist, wie wenig wir – wie wenig auch professionelle Sozialforscher des Protests – über die so genannten „Autonomen" wissen.[288] Woher kommen sie eigentlich; gibt es sie überhaupt noch in beträchtlichem Umfang; aus welchen Klassen, Schichten, Bildungsmilieus rekrutieren sie sich; wie gut oder schlecht sind sie tatsächlich organisiert; was exakt wollen sie den nun erreichen? Was ist ihr Projekt, ihre Idee, ihr Ziel, wer sind ihre Anführer oder Chefideologen – vor allem aber: Spielen dergleichen Dinge für sie überhaupt eine Rolle? Man weiß es nicht so richtig; und es gibt ein paar plausible Hinweise, dass selbst diejenigen, welche sich zu dieser Szene rechnen würden – Mitgliederausweise gibt es schließlich nicht –, es ebenfalls kaum erhellend erklären können. Wo der Wurf des Pflastersteins den koita-

---

[286] Albert Hirschmann, Engagement und Enttäuschung. Über das Schwanken der Bürger zwischen Privatwohl und Allgemeinwohl, Frankfurt a. M. 1984, S. 25.
[287] Vgl. auch Alessandro Pelizzari, Widerständiges Prekariat? Probleme der Interessenvertretung in fragmentierten Arbeitsmärkten, in: Rolf Eickelpasch u.a. (Hrsg.), Metamorphosen des Kapitalismus und seiner Kritik, Wiesbaden 2008, S. 193 ff.
[288] Vgl. auch Jan Schwarzmeier, Die Autonomen zwischen Subkultur und sozialer Bewegung, Norderstedt 2000.

len Gipfelpunkt des Protests bedeutet, gilt die dürre intellektuelle Begründung nicht einmal als lohnenswertes Vorspiel.

Natürlich, man kann das alles als ziemlich nebensächlich abhaken. Autonome liefern wohl die legitimatorische Munition für die Scharfmacher aus dem konservativen Ordnungslager; aber gefährliche Revolutionäre, überhaupt nur ernstzunehmende Gegner des „Systems" sind sie natürlich nicht. Und doch zeigt ihre Existenz, zeigen ihre Aktionsmethoden einen säkularen Wandel an: die allmähliche Auflösung etlicher industriegesellschaftlicher Strukturen, Organisationsformen und Bindemittel.

Das aber könnte bedeuten, dass einige der Sozialphänomene zurückkehren, welche die Geschichte bereits kannte, als eben diese Strukturen noch nicht existierten. Noch stärker zugespitzt: Es könnte die Wiederkehr des „Mobs" zur Folge haben. Der „Mob" war eine typische Sozialfigur der vorindustriellen Urbanität. Hierzu zählten die Tagelöhner, Bettler, die Armen und Ausgeschlossenen, die sich immer wieder, aber ganz erratisch zu militanten Protesten zusammenwürfelten. Charakteristisch war die direkte Aktion, die spontane Erregung, der jähe Aufruhr. Und bezeichnend war ebenfalls, dass es dafür keine festen Organisationsformen gab, erst recht keine ideologischen Zielsetzungen, kein politisches Programm. Der „Mob" tumultierte; er reflektierte und räsonierte nicht.[289] „Der Revolutionismus des ‚Mobs' war primitiv", lautet daher das Urteil des marxistischen Sozialhistorikers Eric Hobsbawm, eines Experten auf dem Gebiet geschichtsträchtiger Rebellionen. Der „Mob" aus der Zeit vor der Industriegesellschaft erhob sich für einige Tage, machte tüchtig Krawall, zündelte hier und randalierte dort, verlor aber alsbald die Energie und Lust – und versank danach für längere Zeit in purer Inaktivität.

Erst mit der industriellen Arbeiterklasse, mit ihrer Organisation in sozialistischen Parteien und Gewerkschaften verschwand der „Mob"; nun transferierte sich der rhapsodische Tumultismus früherer Zeiten in langfristige Strategien und einen kontinuierlichen Reformismus oder in weltanschaulich durchdrungene, kadermäßig zentralisierte Revolutionsanstrengungen. Kurzum: Die industriegesellschaftlichen und sozialstaatlichen Regulationen hatten den zuvor unförmigen, oft elementaren und plötzlichen Protest kanalisiert und dadurch auch pazifiziert. Die parlamentarische Vertretung linker Parteien, der in Regeln und Ausgleichs-

---

[289] Eric J. Hobsbawm, Sozialrebellen. Archaische Sozialbewegungen im 19. und 20. Jahrhundert, Darmstadt 1962, S. 157.

modalitäten eingefasste Tarifkampf der Gewerkschaften ersetzten den eruptiven, ungezügelten, rohen Volkszorn.

Doch die politischen Repräsentationen und hochzentralisierten Organisationszüge der Industriegesellschaft, der Arbeiterbewegung und ihrer Parteien schwinden seit einem Vierteljahrhundert rapide. Der Entstrukturierungseifer der postindustriellen Gesellschaftseliten hat politische Repräsentationen beschädigt, öffentliche Güter dezimiert, intermediäre Brücken zwischen Gesellschaft und Staat abgebrochen, Bindungen gelockert – und so kulturell-soziale Vakuen der Integration hinterlassen. Wo immer in den letzten zwanzig Jahren in Europa unorganisierte und unvorhergesehene Krawalle ausbrachen, dort wird man verlässlich auf solche gesellschaftliche Leerstellen, auf entbundene Räume, sodann: auf die Rückkehr des „Mobs" treffen.

Und man wird ebenfalls darauf stoßen, dass sich die politische Linke zuvor still und grußlos aus diesen Sozialquartieren der Gesellschaft verabschiedet hat. Die frühere Organisationskraft und -kontinuität der Linken hatte im 19. und 20. Jahrhundert noch dafür gesorgt, dass die Energien und Aktivitäten der Unterschichten nicht nach kurzen Höhepunkten rasch wieder abflachten und versandeten, sondern verstetigt und institutionell stabilisiert wurden. Die ideologischen Deutungsansprüche der Linken hatten dem Alltagsunmut, der Verbitterung und Wut in der „Underclass" Sinn, Richtung und Ziel gegeben. Indes: Zumindest die sozialdemokratische und linkslibertär-ökologische Linke ist zu solchen Organisations- und Sinngebungsleistungen seit Jahren bereits nicht mehr in der Lage

Und wo die Zukunftsversprechen der traditionellen Organisationen und Ideologien verschwunden sind, da kehrt der Kult des Augenblicks, die Befriedigung der Unmittelbarkeit, der Endorphinenausstoß der direkten Aktion zurück.[290] In diesen Aktionen erfährt der sonst Ohnmächtige einen kurzen, aber berauschenden Moment der Macht. Er sieht die Angst, den Schweiß, die Panik im Gesicht des verhassten Gegners. So wird der Straßenkampf zum Fest, die Gewalt zur Orgie gefühlter Omnipotenz. Politisch wird der postindustrielle „Mob" kaum einmal ernst genommen, sozial sind etliche darunter marginalisiert, aber nun stehen sie im Mittelpunkt der Medienaufmerksamkeit, sind Helden in den Aufnahmen der Straßenschlachten. Natürlich fehlt dann auch nicht das uralte Symbol des Feuers, das Licht in die Dunkelheit einer verabscheuten Gegenwart bringen soll, das alles Böse auslöscht, jegliche Privilegien in Asche verwandelt – auf

---

[290] Vgl. auch François Dubet, Die Logik der Jugendgewalt, in: Trutz v. Trotha (Hrsg.), Soziologie der Gewalt, Sonderheft 37/1997 der Kölner Zeitschrift für Soziologie und Sozialpsychologie, S. 220 ff.

diese Weise, für die Stunden des „Kampfes" jedenfalls, die ersehnte Egalität herstellt.

Auch die Medien lieben alle diese Bilder: Flammen, Kämpfe, zertrümmerte Autos, Schurken und Helden, die uniformierten Guten und die vermummten Bösen. Insofern trägt auch die Mediengesellschaft zur Wiederkehr des „Mobs" bei. Das Gefährliche daran ist: Die Gier des „Mobs" nach immer stärkeren Drogen der direkten Aktion, das Interesse der Medien an neuen, die Emotionalitäten noch verstärkenden Events der Provokation – all das enthält eine innere Dynamik der Dosissteigerung. Der Kapitalismus ist dadurch nicht bedroht. Aber für eine besonnen-liberale Innenpolitik wird es in einer solchen Atmosphäre der Erregungseskalation noch ein Stückchen schwieriger.

Nochmals: Gefährlicher wird es für die Träger der herrschenden Ordnung, wenn der Wachstumszyklus sich abschwächt und neuen, erwartungsfrohen, dynamisch vorpreschenden Eliten der Aufstieg plötzlich versperrt ist. Diese Kaderanwärter verfügen über enorme Qualifikationen und erreichen doch nicht das, wofür sie sozialisiert worden sind, was als Ziel aller individuellen Anstrengungen firmierte. Die Diskrepanz, das Ungleichgewicht, die aus den Fugen geratene Balance bringt den Brennstoff hervor, welcher das Feuer der Gesellschaftskritik und der Revolte entfacht.[291] Und die Diskrepanz zwischen exzellenter Bildung hier, trüber beruflicher Perspektive dort in ein- und derselben Person hat geschichtlich den Motor der massenhaften Insurrektion am stärksten ins Laufen gebracht.[292] Der blockierte Gebildete ist der Repräsentativtypus der flammenden revolutionären Rede und umstürzlerischen Programmatik.[293]

Kurzum: Wenn die Elitenzirkulation stockt, dann bekommen soziale Ordnungen einen Gegner aus der eigenen oberen Etage. Elitenrivalität und Elitendissens bilden regelmäßig die Ouvertüre für die geschichtlich großen gesellschaftlichen Konflikte. Ein Teil der Elite, dessen eigene Wahrnehmung seiner Werteposition nicht mit der realen gesellschaftlichen Rolle synchron geht, vollzieht den Frontwechsel, steigt aus, übt Verrat, begeht Fahnenflucht – oder wie auch sonst all die Metaphern lauten mögen, die man in der Literatur für die Konversion der unzufriedenen Intelligenz vom klassischen Bürgertum zur sozialkritischen

---

[291] Auch James C. Davies, Eine Theorie der Revolution, in: Klaus v. Beyme (Hrsg.), Empirische Revolutionsforschung, Stuttgart 1973, S. 185 ff.
[292] Vgl. schon Pitrim A. Sorokin, Die Soziologie der Revolution, München 1928, S. 99 ff.
[293] Vgl. auch Johan Galtung, Eine strukturelle Theorie der Revolution, in: Martin Jänicke (Hrsg.), Herrschaft und Krise. Beiträge zur politikwissenschaftlichen Krisenforschung, Opladen 1973, S. 121 ff.

Avantgarde der Gesellschaftsveränderung gewählt hat. Ob sich aus dem Abfall der gebildet-blockierten Nachwuchselite allein eine literarische Revolte von eher dilettierenden, meist wenig begabten Poeten und Schriftstellern ergibt oder ob das zur Ausgangslage weitreichender, fundamentaler Veränderungen wird, hängt davon ab, ob es zur großen, schwierigen *Begegnung* der geistigen Frondeure mit der Sozialopposition von unten kommt. Eine solche, bekanntlich eher rare Symbiose schwächt jedenfalls die Legitimationsgrundlagen und Loyalitätsreserven eines politischen Systems beträchtlich.

Die Erosion der Macht und die Courage zur Widerständigkeit der oppositionellen Kräfte schreiten dann massiv voran, wenn die Träger dieser Macht sich zugleich lässig oder gleichgültig gegenüber den staatlichen Institutionen verhalten haben. Das reduziert den Respekt vor den Ordnungsstrukturen und administrativen Pfeilern des Systems, senkt die Schwelle der Furcht der Herrschaftsgegner, mit ihren Attacken auf die öffentlichen Einrichtungen Chaos und Anarchie zu stiften. Massive Deregulierungen von oben fördern und rechtfertigen den fundamentalistischen Angriff auf den Staatsapparat von unten.

Ähnliches gilt für den Schwund der intermediären Strukturen in modernen Systemen. Mit der Schwäche der früher rekrutierungsmächtigen Großorganisationen nimmt die Kohäsion der Individuen durch kollektive Zugehörigkeiten ab. Für ressourcenschwache Einzelne bedeutet das oft Isolation, Marginalisierung, auch Apathie. Doch die organisatorische Bindungslosigkeit und sozialkulturelle Entwurzelung kann auch zu einer vergleichsweise raschen Mobilisierung für neue Massenbewegungen führen, die mit einfachen Slogans, mit der Parole der unmittelbaren Aktion und Tat Sinn in die Leere des organisatorisch verwaisten Individuums bringen mögen.

So könnte ein Stück vorindustrieller Protestgeschichte zurückkehren. Die großen Organisationen der Arbeiterbewegung hatten im 19. und 20. Jahrhundert die unförmigen, oft gewalttätigen Unterschichtenproteste abgelöst. Die sozialistischen Großverbände sahen sich zwar anfänglich programmatisch in Opposition zum Industriekapitalismus, integrierten indes durch notwendig immanente Sozialreformen ihre Anhänger in dessen gesellschaftlichen Funktionszusammenhang. Die Opposition zumindest der reformistischen Arbeiterbewegung blieb systembezogen, agierte kalkulierbar, kanalisierte Wut und Empörung ihrer Anhänger in die Bahnen konstruktiver Parteizugehörigkeit.

Mit dieser Phase des berechenbaren, pazifizierten Konflikts zwischen hoch formalisierten Großstrukturen im industriellen Kapitalismus könnte es bald vorbei sein. Die intermediären Puffer und Blitzableiter fallen mehr und mehr aus. Auch das wird die Schwelle sinken lassen, mit der sich Zorn und Frustration in

spontane, schwer einhegbare Militanz übersetzt. Einige Barrikaden und Feuer-
nächte in europäischen Vorstädten der letzten Jahre geben einen Vorgeschmack
darauf, dass in der Strukturlosigkeit der organisationsfreien Lebensräume – dann
von den integrierten Bürgern ratlos und ängstlich als „sinnlos" empfundene –
Gewalt eruptiv ausbrechen kann.

Zur Revolte kommt es vor allem dort, wo der Protest schon Tradition hat.
Auch in der Kultur der Aufständigkeit herrscht offenkundig in den Nationen eine
Pfadabhängigkeit.[294] Erfolgreiches Aufbegehren ermutigt auch die nächste Generation zur aktiven Obstruktion und radikalen Kritik der Verhältnisse. Militanz,
die zum Ziel geführt hat, wird zu einer legitimen Methode der Auseinandersetzung und führt sich fort.

Dagegen hat es massenhafter, militanter Protest nicht leicht in Ländern, in
denen die Revolutionen misslungen sind, wo die außerparlamentarische Gewalt
in Untergänge und Vernichtungen mündeten. Deutschland hat eben eine andere
Erinnerung an Straßenauseinandersetzungen als etwa Frankreich. In einigen
Ländern ist es überdies die Religion, die Revolten und Revolutionen vereitelt, da
sie den Verzweifelten metaphysischen Trost spendet und Erlösung im Jenseits
verspricht. Die englischen Arbeiter, so heißt es häufig, wären nur deshalb nicht
gegen die barbarischen Zumutungen des Frühkapitalismus revolutionär zu Felde
gezogen, weil sie fest im Banne der methodistischen Erweckungsbewegung standen. Im Übrigen erleben wohl nur Gesellschaften die Explosion rüde ausgetrage-
ner sozialer Konfrontationen, in denen die jungen Erwachsenenkohorten dominieren, die Aufwärtsmobilitäten durch massenhafte Konkurrenz in Frage stellen.

Aber selbst die innernationale Mobilitätsbarriere muss nicht zwangsläufig in
der Rebellion kulminieren. Mobilität nach außen ist seit langem weltweit ein
probates Revolten- und Revolutionskompensat. Die Despoten unterentwickelter
Länder exportieren ihre unterbeschäftigten Eliten kurzerhand, bevor diese das
Volk zum Sturm auf die Paläste treiben können. Auch der wilhelminische Obrig-
keitsstaat war froh, dass er etliche seiner Demokraten, Sozialisten und Anarchis-
ten durch Auswanderung loswurde.

Und so müssen die Regenten im gegenwärtigen Deutschland eigentlich wenig befürchten. Das Land ist alt und wird es für die nächsten fünfzig Jahre bleiben. Das schmälert die Konkurrenz zwischen den erfolgshungrigen Aufstiegseli-

---

[294] Vgl. hierzu Clausjohann Lindner, Theorie der Revolution. Ein Beitrag zur verhaltenstheoretischen Soziologie, München 1972, S. 100; auch Tedd R. Gurr, Ursachen und Prozess
politischer Gewalt, in: Klaus v. Beyme (Hrsg.), Empirische Revolutionsforschung, Stuttgart
1973, S. 277.

ten, mindert künftig wohl die Blockade von Karrieren. Und wem das alles trotzdem zu langsam geht, der kann auf den globalen Märkten individuell wandern – wenn diese Märkte ihn denn wollen, was für die akademischen Eliten jenseits der Ingenieur- und Naturwissenschaften nicht unbedingt der Fall sein dürfte. So wird man sehen, ob sich hier eine neue Form des Elitendissens entwickelt, ob daraus ein Bündnis der blockierten – sagen wir: geisteswissenschaftlichen – Intelligenz mit den übrigen Geschädigten und Bedrohten des mobilen Globalkapitalismus entstehen kann.

VI. Irrwege des Parteienstaats?

Irrwege des Parteienstaats?

Artikel 21 GG: Einfallstor für Parteienhybris?

Parteien sind nicht sehr beliebt. Das war bereits vor einhundert Jahren so. Auch vor fünfzig Jahren. Und das hat sich bis in das Jahr 2009 keineswegs geändert. Doch würde man den bundesdeutschen Bürgern in diesen Tagen den Artikel 21, Absatz 1 des Grundgesetzes – „Die Parteien wirken bei der politischen Willensbildung des Volkes mit" – vorlegen und dessen Akzeptanz erfragen wollen, dann müsste man nicht zwingend mit einer wütenden Ablehnungssuada rechnen. Eher wäre zu erwarten, dass eine knappe Mehrheit der Deutschen mürrische Zustimmung murmeln würde. Denn schließlich: Mitwirkung – das klingt recht harmlos. Und dass Parteien, die sich nun mal zuvörderst dem Politischen widmen, am diesbezüglichen Willensbildungsprozess beteiligt sind, scheint da fast trivial, jedenfalls unspektakulär und muss auch misstrauische Beobachter nicht unbedingt auf finstere Gedanken über hybride Anmaßungen oder omnipotente Ansprüche der professionellen Politikerklasse bringen. Universitäre Politologen zumal pflegen in Einführungskursen ihren Bachelor-Studierenden gar beizubringen, dass die grundgesetzliche Fixierung der Parteienfunktion den Verfassungsschöpfern von 1949 zum Lobe gereicht, jedenfalls im Vergleich zu ihren oft obrigkeitsstaatlich affizierten Vorgängern bedeutete, denen das Treiben der „Parteiungen" stets als Gefahr für den Zusammenhalt von Staat, Nation und Gemeinwohl erschien. Erst mit dem bundesdeutschen Grundgesetz war die elementare Stellung, ja der konstruktive Beitrag der Parteien im Prozess demokratischer Machtbildung anerkannt.

Natürlich, man kann mit guten Gründen daran zweifeln, ob der Artikel 21 wirklich unverzichtbar für die politische Stabilität der Bundesrepublik in den folgenden Jahrzehnten war. Parteien wirkten auch in vordemokratischen, aber parlamentarisch verfassten Gesellschaften seit Mitte des 19. Jahrhunderts politisch ganz selbstverständlich mit. Das Recht auf Vereinigungs- und Versammlungsfreiheit, das Recht, Volksvertreter zu wählen, hat die Parteien schließlich historisch konstituiert und fortan zu einem entscheidenden Akteur in der Arena politischer Öffentlichkeit, in der Weimarer Republik auch im Sektor des Staates gemacht. Indes: Darin lag nicht nur Segen. Man mag sich an das Jahr 1928 erinnern, als die sozialdemokratische Parteiorganisation ihre Reichsminister und ihren Reichskanzler dazu zwang, als Abgeordnete im Reichstag gegen den eigenen Kabinettsbeschluss zu stimmen. Schwierige Koalitionen sind durch eine weitreichende Mitwirkungsinsistenz der je beteiligten Parteien kaum effizient über die Amtszeit zu bringen. Wohl auch aus diesem Grund wurde der Artikel 21 mit dem Artikel 38, Absatz 1 spannungsreich ausbalanciert: Die Parlamentarier sind „Vertreter des ganzen Volkes, an Aufträge und Weisungen nicht gebunden und nur ihrem Gewissen unterworfen".

Allerdings herrscht auch bei den Experten des Staatsrechts die Auffassung vor, dass in der Verfassungswirklichkeit der Republik der Artikel 21 den Artikel 38 sukzessive bedroht habe. Eine Art Fanfarenstoß für diese Deutung war das Thema der Staatsrechtslehrer auf ihrer Jahrestagung Mitte der 1980er Jahre: „Parteienstaatlichkeit – Krisensymptome des demokratischen Verfassungsstaates?".[295] Seither spätestens mehrten sich die Stimmen, die in dunklen Farben die Penetrationsgier der Parteien ausmalten, diese als machtversessene Beutejäger in staatlichen Ämtern charakterisierten, gar die Inbesitznahme des Staatssektors durch die Parteien als bundesdeutsche Realität beschrieben.[296] Ein großer und steter Warner vor der krakenhaften Natur gelernter Parteifunktionäre war insbesondere in den 1990er Jahren der damalige Bundespräsident Richard von Weizsäcker, der metaphernreich den Expansionsdrang der Parteien in Bereichen, in die sie genuin nicht hineingehörten, beschrieb. „Fettfleckartig", so von Weizsäcker, hätten sich die Parteivertreter über alle staatlichen Institutionen ausgebreitet. Die Medien applaudierten dem Verdikt, das Volk war begeistert, der präsidiale Vorstoß dadurch plebiszitär legitimiert.[297] Und seither gehört die Parteienstaatskritik zur Grundmelodie der politischen Kultur dieser Republik. Auch der gegenwärtige Bundespräsident summt bekanntlich nicht ungern mit. Dass der Refrain so eingängig ist, liegt natürlich an den Erfahrungen und Erlebnissen, die man mit den Parteien tatsächlich schon hinreichend gemacht hat. Deren umtriebiger Patronage- und Versorgungseifer selbst in Schulleitungen, natürlich in Energieversor-

---

[295] Vgl. Richard Stöss, Parteienstaat oder Parteiendemokratie, in: Oscar W. Gabriel/Oskar Niedermayer/Richard Stöss (Hrsg.), Parteiendemokratie in Deutschland, Bonn 2001, S. 13.
[296] Hierzu auch Michael Stolleis u.a. (Hrsg.), Parteieinstaatlichkeit – Krisensymptome des Demokratischen Verfassungsstaates, Berlin/New York 1986.
[297] Vgl. Richard v. Weizsäcker, Krise und Chance unserer Parteiendemokratie, Aus Politik und Zeitgeschichte, H. 42/1982 (Jg. 32), S. 1 ff.

gungsunternehmen, erst recht in der Ministerialverwaltung, gern im öffentlich-rechtlichen Medienbereich, bevorzugt in Unternehmen und Banken mit staatlicher Beteiligung ist hinreichend bekannt und vielfach belegt. Und die Zweifel sind zuletzt massiv gewachsen, ob das alles durch die Mitwirkungsformel des Grundgesetzes wirklich zu rechtfertigen ist.

Leibholz und die Folgen

Doch was war schief gelaufen? Wie konnte aus bescheidener Mitwirkung ein Primatsbegehren der Parteien in allen öffentlichen Sektoren werden? Mindestens für Wilhelm Hennis oder auch für Hans Herbert von Arnim hat das „Verhängnis" einen Namen: nämlich Gerhard Leibholz.[298] In der Tat, Leibholz agierte von 1951 bis 1971 im zweiten Senat des Bundesverfassungsgerichts und wurde dort zum einflussreichsten Ausdeuter des Parteienrechts. Er verfügte dafür über ein in sich konsistentes, logisch scharf deduziertes Interpretationsmodell, das er bereits als junger Hochschullehrer – zunächst in Berlin und Greifswald, dann seit 1931 in Göttingen – entworfen hatte.[299] Leibholz, 1901 als Sohn eines jüdischen Tuchfabrikanten geboren, Schwager von Dietrich Bonhoeffer, wurde im April 1935 aus seinem Lehramt entfernt; 1938 war er zur Emigration nach England gezwungen. Doch hatte er noch bis 1936 in Deutschland publizieren können. Seine 1933 erschienene Schrift „Die Auflösung der liberalen Demokratie in Deutschland und das autoritäre Staatsbild"[300] war gar in das nationalsozialistische Schriftenverzeichnis aufgenommen worden. Schon seine Antrittsvorlesung von 1928 handelte vom italienischen Faschismus, dem er positiv die Vitalisierung des Staates attestierte und trotz der autoritären Repräsentation demokratisch-volksgebundene Züge gutschrieb.[301]

---

[298] Vgl. Wilhelm Hennis, Auf dem Weg in den Parteienstaat, Stuttgart 1998; Hans-Herbert v. Arnim, Parteiendefizite in der Parteiendemokratie, in: Matthias Schmitz (Hrsg.), Politikversagen? Parteienverschleiß? Bürgerverdruss? Stress in den Demokratien Europas, Regensburg 1996, S. 27 ff.

[299] Zu Leibholz vgl. Manfred H. Wiegandt, Norm und Wirklichkeit. Gerhard Leibholz (1901-1982), Baden-Baden 1995; Peer Unruh, Erinnerungen an Gerhard Leibholz (1901-1982) – Staatsrechtler zwischen den Zeiten, in: Archiv des öffentlichen Rechts, 2001 (Jg. 126), S. 60 ff.

[300] Gerhard Leibholz, Die Auflösung der liberalen Demokratie in Deutschland und das autoritäre Staatsbild, München/Leipzig 1933.

[301] Gerhard Leibholz, Zu den Problemen des faschistischen Verfassungsrechts, Berlin/Leipzig 1928; vgl. kritisch zu Leibholz: Susanne Benöhr, Das faschistische Verfassungsrecht

Leibholz war gewiss kein rechter Extremist. Aber ein Liberaler war er auch und erst recht nicht. Seine prononcierte Distanz zum Liberalismus – hier zeigten sich einige, auch sprachlich deutlich zu identifizierende Parallelen zu Carl Schmitt – bildeten gewissermaßen den Ausgangspunkt seiner eigenen Lehre zum modernen Staatswesen im massendemokratischen Zeitalter.[302] Leibholz hielt die liberal-parlamentarische Ära für abgelaufen; die Philosophie, die sie getragen hatte, für historisch überholt. In der Massendemokratie sah Leibholz keinen Platz mehr für die liberalen Honoratioren, die allein Kraft ihrer Persönlichkeit und Qualifikation ihre parlamentarische Stellung erlangt hatten und mittels ergebnisoffener Debatten diskursiv zu politischen Entscheidungen kamen. Mittlerweile hatte sich das Volk in allen seinen Teilen emanzipiert und in das politische Feld begeben. Dort allerdings konnte es nur in Gestalt der Parteien Wirkung auf die Politik und damit auf den Staat ausüben.[303] Allein die Parteien waren, so Leibholz, dazu in der Lage, die Aktivbürger zu aktionsfähigen Gruppen zu bündeln und ihren Willen gleichsam in rational plebiszitärer Form in den Staat zu transferieren. Parteien waren dabei mehr als nur Zwischenglieder. Sie waren die Repräsentanten des Volkswillens schlechthin, die Vollzugsinstanz des volonté général, über die sich die Identität von Volk und Staat herstellte.[304] Im Parteienstaat erfüllte sich Leibholz zufolge die moderne Demokratie.[305] Parteien wirkten demnach nicht nur am politischen Willensakt *mit*; in ihrem Binnenraum *allein* konnte er sich vollziehen. Im Grunde kam es in letzter Konsequenz, wie Leibholz ausführte, auf Wahlen gar nicht mehr an. Denn die Demokratie entfaltete sich eben in den Parteien – und auch das war denkbar, vielleicht sogar wünschenswert: in der einen und einzigen großen Volkspartei. Die Demokratie Leibholzscher Denkart sah keineswegs zwingend ein Mehrparteiensystem vor.

Italiens aus der Sicht von Gerhard Leibholz. Zu den Ursprüngen der Parteienstaatslehre, Baden-Baden 1999, S. 62 ff.; anders deutet Christoph Strom, Theologische Ethik im Kampf gegen den Nationalsozialismus. Der Weg Dietrich Bonhoeffers mit den Juristen Hans von Dohnanyi und Gerhard Leibholz in den Widerstand, München 1989, S. 54 ff.

[302] Vgl. Gerhard Leibholz, Das Wesen der Repräsentation unter besonderer Berücksichtigung des Repräsentativsystems, Berlin/Leipzig 1929.

[303] Vgl. Gerhard Leibholz, Der Parteienstaat des Bonner Grundgesetzes, in: Recht, Staat, Wirtschaft, 1951 (Jg. 3), S. 99 ff.

[304] Vgl. Gerhard Leibholz, Die freiheitliche und egalitäre Komponente im modernen Parteienstaat, in: Führung und Bildung in der heutigen Welt, Stuttgart 1964, S. 247 ff.

[305] Vgl. hierzu Gerhard Leibholz, Das Wesen der Repräsentation und der Gestaltwandel der Demokratie im 20. Jahrhundert, Berlin 1966, S. 211.

Vor allem verabschiedete sie sich ganz vom Repräsentativmodell des liberalen Parlamentarismus. Die Partei ersetzte das Parlament. Die Volksvertreter durften sich im Parteienstaat nicht mehr als freie, dem ganzen Volk verpflichtete und dem eigenen Gewissen unterworfene Parlamentarier fühlen. Die Abgeordneten waren nur noch Beauftragte ihrer Parteien, hatten deren Willen im parlamentarischen Plenum lediglich registrieren zu lassen. In der Rechtsinterpretation von Leibholz wären die vier hessischen Abweichler zum Ypsilanti-Kurs der Landes-SPD fraglos nicht die Helden, sondern unzweifelhaft die Schurken gewesen.

Nochmals: Das Fundament dieser ausgefeilten Parteienstaatsdoktrin war bereits in den späten 1920er Jahren gelegt. Substanziell war nach 1945 beim Göttinger Staatsrechtler und Politikwissenschaftler Leibholz auf diesem Gebiet Neues nicht hinzugekommen. Aber die konstituierende Wirksamkeit seiner Lehre lag in den 1950er Jahren, im ersten Jahrzehnt der Tätigkeit Leibholz' am Bundesverfassungsgericht. 1952 konstatierte das von ihm geprägte Gericht in Karlsruhe: „Heute ist jede Demokratie zwangsläufig ein Parteienstaat"[306]. Und in Anlehnung an seine grundsätzlichen Überlegungen stellten die Richter ebenfalls fest, dass die Parteien aus dem Bereich der Gesellschaft nun auch in den „Rang einer verfassungsrechtlichen Institution erhoben" worden seien, ja als integraler „Bestandteil des Verfassungsaufbaus" zu gelten haben. Erst in den 1960er Jahren ging der dominierende Einfluss von Leibholz auf die Parteienrechtsanalyse zurück. Verfassungsrichter wie Ernst Böckenförde, Konrad Hesse, Dieter Grimm u.a. beharrten auf einer zurückhaltenderen Auslegung des Artikels 21 GG, auf der Stellung der Parteien als „Hilfsorgane des Staates" und „Vermittlungsinstanzen" (Dieter Grimm). Sie mahnten, den Parteienstaat zurückzubilden, reduzierten die zentrale Aufgabe der Parteien auf die Rekrutierung der politischen Eliten und die Legitimationsherstellung durch Wahlen.[307] Kurzum: Von der großen phänomenologischen Konstruktion des dezidierten Antipositivisten Leibholz ist in der Staatsrechtswissenschaft nicht viel übrig geblieben. Gleichwohl: Auf dem elementaren Gebiet der Parteienfinanzierung, von der die gesellschaftlich zunehmend erschlafften Parteien sich nähren, sind die Axiome von Leibholz zur Entfaltung gekommen, wie insbesondere die Karlsruher Parteifinanzierungsurteile von 1977 und 1992 zeigen.

---

[306] Zit. nach Richard Stöss 2001, S. 13.
[307] Vgl. etwa Ernst-Wolfgang Böckenförde, Die Krise unserer Demokratie verlangt eine Rückbildung des Parteienstaates, in: Günther Nonnenmacher (Hrsg.), Die gespendete Macht. Parteiendemokratie in der Krise, Berlin 2000, S. 55 ff.

Für den früheren Professor an der Deutschen Hochschule für Verwaltungs-
wissenschaften in Speyer Hans Herbert von Armin ist das ein „Faszinosum". Ihm
will nicht in den Kopf gehen, wie eine „derart abwegige Doktrin" eine zeitweise
beherrschende Rolle in der staatsrechtlichen Debatte einnehmen konnte. Auch
der Politikwissenschaftler Peter Haungs geißelte die Lehren Leibholz' zu Lebzeiten häufig als „verstiegene", „primitive dogmatische Konstruktionen".[308] In der
Tat wird man es wohl auf die tiefe Orientierungslosigkeit und politische Verunsi-
cherung nicht weniger akademischer Staatsrechtsexperten in der Nachkriegszeit
zurückführen müssen, dass Leibholz das geistige Vakuum mit seinen gegenüber
jeder Empire ganz gleichgültigen Identitätsspekulationen von Volk-Partei-Staat
füllen konnte. Andererseits weisen einige Historiker und wenige Politologen darauf hin, dass die kräftige parteienstaatliche Apologie von Leibholz erheblich zur
Stabilisierung und gedeihlichen Entwicklung der Bundesrepublik in ihren
schwierigen Anfangsjahren beigetragen hat. Rundum abwegig ist eine derartige
Sichtweise nicht. Dass in modernen und hochkomplexen Gesellschaften Organisationen zur Verfügung stehen müssen, die sich zum Zwecke politischer Wirksamkeit um eine Verstetigung von Willensbildung, Handlungsfähigkeit und
Einflussnahme auf staatliche Macht bemühen, erst dadurch überhaupt Individu-
en und Gruppen aktionsfähig machen und aus einer unübersichtlichen Vielstim-
migkeit von Meinungen und Ansichten entscheidungsfähige Vorschläge herstellen können, dies alles war in der politischen Kultur der Deutschen im 19. und 20.
Jahrhundert keine selbstverständliche Einsicht. Und Leibholz erkannte gewiss
nüchterner als viele seiner Kritiker, dass eine Trennung von Parteifunktion und
Staatsamt als normativer Appell vielleicht gefällig klingen mag, in der politischen
Realität aber weder möglich noch wünschenswert ist. Wenn sich aus den Parteien
die politischen Eliten herauszuschälen haben, dann können sie sich als Akteure in
staatlichen Institutionen des politischen Elixiers ihrer Prägungen und Bestrebun-
gen nicht einfach entledigen. Und in der Verklammerung von staatlichem Amt
und politischer Basis liegt zudem die Voraussetzung von Stabilität und Berechenbarkeit, auch die Chance der Interdependenz sonst eigenförmig getrennter
Sektoren.

Weiter: Zwar sorgt die Personalpatronage durch Parteien verlässlich für
Wutausbrüche im Volk und empörte Kommentare in den Medien. Dabei ist sie

---

[308] Peter Haungs, Die Bundesrepublik – ein Parteienstaat? Kritische Anmerkungen zu einem
wissenschaftlichen Mythos, in: Zeitschrift für Parlamentsfragen, H. 4/1973 (Jg. 4), S. 502 ff.;
ders., Bilanz zur Parteiendemokratie, in: ders./Eckhard Jesse (Hrsg.), Parteien in der Krise?,
Köln 1987, S. 90-96.

gerade aus der Perspektive demokratiestabilisierender Imperative gar so verwerflich nicht. Die Weimarer Republik wäre institutionell gewiss gefestigter gewesen, hätten die demokratischen Parteien die Verwaltungsbürokratie, die Polizeimannschaften und das Militär mit tüchtigen und verlässlichen Personen aus ihren Reihen besetzt und so die vordemokratischen „Fachleute" allmählich verdrängt.[309] Die Geschichte der Bundesrepublik ging auch deshalb anders, eben besser aus, weil in den Übergangsjahren 1945 bis 1949 Repräsentanten der nach 1933 verbotenen Parteien von den Besatzungsmächten für Verwaltungsaufgaben im Neuaufbau bevorzugt wurden. Die vehementen Kritiker des Parteienstaats weisen gern auf den parteipolitisch strikt ungebundenen Civil Service in England hin. Doch bemerkenswerterweise finden umgekehrt gerade britische Politologen oft lobende Äußerungen über die symbiotische Verschränkung von Parteipolitik und öffentlichem Dienst in Deutschland, durch welche administrative Kompetenz und politischer Sinn alliieren können. Im Übrigen hat die gezielte Patronageaktivität der Parteien auch „Außenseiter" aus sozial unterprivilegierten Schichten in exponierte Ämter gebracht, was in den sozial exklusiven Karriereverläufen Englands oder auch Frankreichs weitgehend ausgeschlossen ist.

Überhaupt: Empirische Studien über das wirkliche Ausmaß der Patronagepraxis im „wuchernden Parteienstaat" gibt es bezeichnenderweise nicht. Auch deshalb dürfte es ratsam sein, die schrille Anti-Parteien-Rhetorik ein wenig zu dämpfen. Schließlich: Von einer Omnipotenz der Parteien kann ernsthaft nicht die Rede sein, nicht einmal von einer alles beherrschenden Rolle im Beteiligungsakt der „politischen Willensbildung".[310] Dass in diesem Prozess auch die Medien mehr als nur ein kleines Wörtchen mitzureden haben, ist gewiss evident. Und im Vergleich zu den 1890er bis 1950er Jahren, als sie noch über hunderte von Tageszeitungen verfügten, ist der Einfluss der Parteien zumindest auf die Printmedien erheblich zurückgegangen. Auch Verbände, Interessenorganisationen, NGOs spielen als Mitbewerber zielgenau ihre politischen Bälle, sind dabei oft weit besser ausgestattet als die Parteien und sehr viel weniger auf zähe und langwierige Kompromisse angewiesen als diese. Chronisch überschätzt werden überdies stets die Parteizentralen, ja die Parteibürokratien schlechthin. Die Mitarbeit im hauptamtlichen Apparat der Parteien gilt für hier organisierte politische Begabungen

---

[309] Etwa Karl Dietrich Bracher, Der parlamentarische Parteienstaat zwischen Bewährung und Anfechtung, in: Walter Scheel (Hrsg.), Nach dreißig Jahren. Die Bundesrepublik Deutschland – Vergangenheit, Gegenwart, Zukunft, Stuttgart 1979, S. 29 ff.
[310] Insgesamt hierzu auch Hermann Scheer, Parteien kontra Bürger. Die Zukunft der Parteiendemokratie, München/Zürich 1979.

keineswegs als erstrebenswert. Die genuin politischen Befugnisse dort sind gering, die Reputation ebenfalls. Planvolle oder strategische Aktivitäten gehen von
Parteibüros längst nicht mehr aus. In früheren – vorparteistaatlichen – Zeiten
mag der Parteisekretär – und auch das nur in der Sozialdemokratie – ein mächti-
ger Mann gewesen sein, heute ist es an seiner statt der Geschäftsführer oder die
Geschäftsführerin in der Fraktion. Die Fraktionen sind in der Tat die Gewinner
des von Leibholz induzierten verfassungsrechtlichen Prozesses. Sie im Wesentlichen haben die großzügigen staatliche Alimentationen, die sich aus dem Artikel
21 GG begründeten, beherzt abgeschöpft.

Kurzum: Die üppige Finanzierung der Fraktionsebene in der Parteiendemokratie geht sicher nicht zu geringen Teilen auf Leibholz zurück. Aber die Konse-
quenzen, die daraus entstanden, haben dem Parteienstaatsmodell von Leibholz
die Basis entzogen. Leibholz ist so an Leibholz gescheitert. Denn seine ganzen
Überlegungen beruhten auf der gedanklich vorausgesetzten wurzeltiefen Einbin-
dung der Parteien in den Lebenswelten der Bevölkerung. Nur deshalb konnten
und durften Parteien als Ausdruck des Volkswillens gelten, konnten ihre Willensbildung im Staat als plebiszitäres Mandat des Souveräns beanspruchen. In
dem Maße aber, in dem die Parteien sich als verfassungsrechtlich legitimierte
Teile der Staatlichkeit etatisierten und öffentliche Gelder bezogen, in dem Maße
lösten sie sich vom Wurzelgrund der gesellschaftlichen Basis, auf deren Ressourcen an Beiträgen und Loyalitäten sie durch die staatlichen Zuwendungen nicht
mehr angewiesen waren. Die parteistaatlichen Erfolge, deren Vater Gerhard
Leibholz war, unterminierten den Legitimationskern des gesamten Konzepts: die
identitäre Vitalbeziehung zwischen Parteien und Volk. Aus der Leibholz'schen
Dreieinigkeit Volk-Partei-Staat fiel die Ursprungsquelle demokratischer Parteienstaatlichkeit mehr und mehr heraus. Das Volk sah sich in den Parteien nicht ver-
wirklicht, sondern Zug um Zug von ihnen entfremdet und abgekoppelt.

Das ist der Zustand sechzig Jahre nach Verabschiedung des Grundgesetzes.
Dass etwas schief läuft in der Beziehung zwischen dem Volk und seinen Parteien,
ist mittlerweile häufig genug formuliert und an vielen Beispielen illustriert worden. Weit wortkarger geht es indessen zu, wenn die Debatte auf die Alternativen
kommt. Mehr als die Schlagworte „Zivilgesellschaft", „Bürgerteilhabe", „direkte
Demokratie", „Volksgesetzgebung" sind in der Regel anlässlich solcher Erörte-
rungen nicht zu vernehmen. Wie Trompetenstöße zum freudigen Aufbruch klingen all diese Losungen aber längst nicht mehr. So reiht sich die Parteienkritik in
die allgemeine Stimmungslage des Jahres 2009 ein: Wir verfügen über sehr luzide
Analysen gesellschaftlicher Fehlentwicklungen und politischer Defizite. Doch ein

Bild vom Anderen und Besseren besitzen wir nicht. Daher bleibt die richtungslose Verdrossenheit.

Parteien und Parteienforschung. Zu den Aporien der Politikberatung

Bemerkenswert ist, dass die Parteien bislang so gut wie gar nicht Untersuchungsgegenstand der mittlerweile höchst umfangreichen Politikberatungsliteratur geworden sind.[311] Wäre der Topos vom „wuchernden Parteienstaat" und dessen Omnipotenzgebaren rundum richtig, dann hätte sich hier, in diesem Expansionszweig, ja die Politikberatungsbranche bevorzugt ansiedeln und ein lohnendes Objekt der Analyse bieten müssen. Aber das ist nicht der Fall. So mag auch die geringe Intensität externer Beratung signalisieren, dass die Parteien vielleicht doch noch, ein wenig zumindest, zur genuinen und autonomen Ausübung ihrer primären Funktion in der Lage sind.

Parteien sind für die Mehrheit der Sozialwissenschaftler kein sonderlich attraktives Beratungsfeld. Weit mehr lockt die Regierungsberatung. Ruft ein Bundesminister an, gar das Kanzleramt oder ist eine Enquetekommission des Deutschen Bundestages zu besetzen, dann pflegen die meisten Wissenschaftler beherzt zuzugreifen. Denn das scheint ihnen Renommee zu bringen. Fragt dagegen der Bundesgeschäftsführer einer Partei an – wer kennt schon auch nur deren Namen? – dann fällt der Eifer erheblich gedämpfter aus.

Nicht nur das Renommee für Beratung von Parteien ist gering, auch die Bezahlung. Die Uni-Profs machen das, so höhnte unlängst ein Referent der SPD-Zentrale im Interview mit einem jungen Forscher, für ein „Vergelt's Gott". Nun wird man das insofern ein wenig relativieren müssen, als es auch bei den Sozialdemokraten zuweilen eine Tasse Kaffee und ein paar Kekse gibt, bei der Christli-

---

[311] Vgl. hierzu und im Folgenden etwa: Steffen Dagger (Hrsg.), Politikberatung in Deutschland: Praxis und Perspektiven, Wiesbaden 2004; Svenja Falk u.a. (Hrsg.), Handbuch Politikberatung, Wiesbaden 2006; Leonard Novy, Die Wiedergeburt der Politikberatung, in: Carta, 25.02.2009, http://carta.info/5564/die-wiedergeburt-der-politikberatung/ [eingesehen am 10.09.2009]; Dominik Meier/Marco Althaus (Hrsg.), Politikberatung: Praxis und Grenzen, Münster 2004; Susanne Cassel, Politik und Politikberatung – welche Fortschritte bringt die Wissenschaft?, in: Uwe Jens/Hajo Romahn (Hrsg.), Glanz und Elend der Politikberatung, Marburg 2005, S. 175 ff.

chen Union ist gar mit einer warmen Mahlzeit zu rechnen. Die verbreitete Außensicht ist, dass Parteizentralen sehr mächtig sind und über Riesenmengen öffentlicher Zuwendung verfügen. Daran ist nicht viel richtig. Parteien sind finanziell gar nicht dazu in der Lage, Aufträge für wissenschaftliche Expertisen zu vergeben, Erhebungen durchzuführen, sorgfältige empirische Studien zu betreiben.

Auch deshalb sind Parteien nicht sonderlich interessant für Soziologen oder Politologen; von anderen Fachrichtungen ganz zu schweigen. Überdies: Parteien wollen Ratschlag für Kampagnen, für Taktiken und Strategien des Machterhalts und Machterwerbs. Das stößt sich mit dem Ethos der meisten Wissenschaftler. Infolgedessen fließt das Geld, das Parteizentralen für den Posten „Beratung" zur Verfügung steht, in Richtung *kommerzieller* Beratung, an Kommunikationsexperten, Werbefachleute, Kampagnespezialisten, Fotografen und Plakatdesigner. In Wahlkampfzeiten wird geklotzt; danach – wenn eher wieder die ruhige analytische Reflektion angesagt ist – wird gespart.

Reflektionsrunden mit Experten aus den Universitäten organisieren eher die parteinahen Stiftungen. Inwieweit sie da auch auf Zuruf und in kohärenter Abstimmung mit den Parteizentralen handeln, bleibt weiterhin unscharf. Die Skandale früherer Jahre haben dazu geführt, dass die Stiftungen – aus Furcht vor dem Strafbestand verdeckter Parteienfinanzierung – sich in hermetisch abgeriegeltes Schweigen darüber hüllen. Die Stiftungen spielen eine gewiss bedeutende Rolle in der deutschen Politik. Aber auch die Forschung weiß hierzu wenig Genaues.

Im Übrigen jedoch: Für Parteien, die über staatliche Regierungsmacht und Regierungsapparate disponieren können, sind weder Stiftungen noch Parteizentralen allzu wichtig. Man hat seine eigenen Stäbe, gegenüber denen die Referenten- und Sacharbeitercrew in den parteieigenen Hauptquartieren geradezu mickrig wirkten. Ein Blick vor allen nach Bayern bis in das Jahr 2008 illustriert das prägnant. Die CSU-Spitze in der Münchner Staatskanzlei stellte sich im Domizil des Ministerpräsidenten die eigene Expertise her, gab nichts auf Prognosen und Ratschläge der Hanns-Seidel-Stiftung oder der Parteizentrale in der Nymphenburger Straße.

Andersrum, man darf es nicht übertreiben. Natürlich gibt es nicht ganz wenige, auch sehr renommierte Ordinarien der Politologie, die in Parteizentralen zu sehen sind. Schließlich sind ja Parteivorstandsmitglieder häufig Minister oder Staatssekretäre, über sie lassen sich Brücken von der Partei- zur Regierungsberatung schlagen. Interessant ist – so hat gerade die bisher wohl einzige wissenschaftliche Untersuchung zur Politikberatung in Parteien herausgestellt – dass besonders in der SPD-Zentrale die Ablehnung, ja geradezu die Verachtung gegenüber der universitären, zugleich teleaktiven Politologie überwiegt. Man neh-

me diese Leute „nicht mehr ernst"; denn man könne von denen „kaum was lernen".[312] Allein in Programmdebatten und Programmkommissionen wird Rat und
Formulierungshilfe durch Sozialwissenschaftler bevorzugt geholt.

Insgesamt also ist Politikberatung weniger parteien- als viel mehr exekutiv-
fixiert. Als Konsultation der Exekutive aber hat die Politikberatung seit der zweiten Hälfte der 1990er Jahre, wie es allseits heißt, „Konjunktur". Deutschland ist
für freie Politikberatung wohl nicht ein Eldorado wie die USA oder auch Großbritannien, wo think tanks eine hoch einflussreiche Position im politischen Ent-
scheidungsprozess innehaben. Aber sie ist hierzulande doch stärker ausgeprägt
als etwa in Frankreich.

Seinen Anfang hat der Beratungsaufschwung besonders in den späten
1960er und frühen 1970er Jahren genommen, zur Zeit des Planungsgrundver-
trauens der Großen und der sozialliberalen Koalition. Eine ganze Reihe der heute
viel belobigten Nestoren und Autoritäten aus Soziologie und Politologie haben
ihre bemerkenswerte Karriere ganz vornehmlich der institutionellen Patronage
von Horst Ehmke oder auch Volker Hauff zu verdanken. Da nur wenig von dem,
was die jungen professoralen Planer seinerzeit aussheckten, transferfähig war,
flaute der erste Boom der wissenschaftlichen Politikberatung ab. In den folgenden zwanzig Jahren stagnierte das Gewerbe. Doch spätestens mit dem Umzug
der Bundesregierung von Bonn nach Berlin kehrte das große Versprechen der
Politikberatung zurück. Angeblich befinden sich derzeit rund 600 wissenschaftliche Beratungsunternehmen für das Politische in der Bundeshauptstadt. Bekannt
ist gewiss das Wissenschaftszentrum in Berlin. Der Beratungsmarkt ist derzeit
heiß umkämpft; die exekutiven Aufträge bringen viel Geld. Und es ist hier wie in
solchen Fällen stets: neben seriösen Anbietern, nicht nur aus dem universitären
Sektor, tummeln sich allerlei windige Gestalten, welche das Beratungsgeschäft in
den letzten Jahren immer wieder diskreditierend ins Gerede gebracht haben. Doch
insgesamt steht der Nutzen oder gar die Notwendigkeit der Politikberatung nicht
grundsätzlich zur Debatte. Im Gegenteil. Die Zeiten und gesellschaftlichen Verhältnisse seien hochkomplex geworden, lautet die übliche Begründung für den
gestiegenen Beratungsbedarf (ja nicht nur in der Politik). Die Politik allein könne
das Wissen nicht mehr überschauen, gewichten und bewerten. Für höhere Rationalität und größere Entscheidungssicherheit benötige die politische Führung
daher zwingend den Rat ausgewählter Experten.

---

[312] Clemens Kuhne, Politikberatung für politische Parteien. Akteure, Formen, Bedarfsfaktoren, Wiesbaden 2008, S. 121.

Aber leicht sei die Verständigung nicht, zwischen Politik hier und Wissenschaft dort. Es würden „zwei Welten" aufeinander prallen, lautet das Stichwort, das in diesem Zusammenhang nahezu unweigerlich fällt.[313] Die einen seien die „Macher", die anderen die „Theoretiker"; in der gegensätzliche Wahrnehmung der jeweiligen Seite: Die einen sind die puren Machtopportunisten, die anderen die weltfremden Bewohner des Elfenbeinturms. Man spricht eine andere Sprache, denkt in anderen Kategorien, handelt in anderen Zeitstrukturen. Es ist in der Tat, insbesondere seit dem Herbst 2008, nicht schwer, eine ganze Anzahl von Politikern zu finden, die sich abfällig über Universitätsprofessoren äußern. Derzeit ist der Hohn über prognostisch irrende Ökonomen wohlfeil. Ebenso leicht hat man etliche Wissenschaftler zusammen, die ihre Frustrationen über „beratungsresistente" Politiker lautstark vortragen.

Nun mögen Sozialwissenschaftler nicht, wenn solche Differenzen gewissermaßen menschelnd erklärt werden, gleichermaßen als Sprachverständigungsproblem zwischen Praktikern hier und Grüblern dort. So haben sie sich also begierig der systemtheoretischen Erklärungen des Soziologen Niklas Luhmann bedient, der ausgeführt hat, dass die modernen Gesellschaften sich in autonomen Subsystemen ausdifferenzieren, in denen je eigene Rationalitäten herrschen, die den Logiken der anderen Systeme widersprechen und auch nicht zu einer gemeinsamen Kommunikation oder gar befruchtenden Kooperation zu verbinden sind. Einfacher ausgedrückt: In der Politik dreht sich alles um die Macht; in der Wissenschaft aber gelte alleine das Gebot der Wahrheitsfindung. Noch einfacher ausgedrückt: Hemmungslose Machtgier hier und tiefe Wahrheitssuche dort lassen sich schwer harmonisieren.

So jedenfalls legitimieren nicht wenige Wissenschaftler ihren Abstand zu der Politik. Doch muss man den Luhmannschen Systemaphorismen nicht folgen. Zudem: Natürlich geht es auch in der Universität handfest und brutal um Interessen, um Renommee, ein wenig auch um Macht. Es geht um Geld, um Einfluss, um Reputation, um Rang und Bedeutung, nicht nur um Wahrheit. Auch an Universitäten werden Intrigen gesponnen, Netzwerke und Seilschaften geknüpft, Denunziationen lanciert, Verteilungskämpfe ausgefochten, nicht zuletzt: Lobby-

---

[313] Gerhard Kümmel, Wenn Welten aufeinander prallen: Die Wissenschaft, die Politik und das Geschäft der wissenschaftlichen Politikberatung – Eine Einleitung, in: ders. (Hrsg.), Wissenschaft, Politik und Politikberatung. Erkundungen zu einem schwierigen Verhältnis, Strausberg 2002, S. 7-27.

arbeit bei der Politik für Projekte und Institute organisiert. Mit Wahrheit hat das alles wenig zu tun, mit Einfluss hingegen eine Menge.

Schon Friedrich II, oft auch als der Große tituliert, registrierte dergleichen in aller Schärfe. Um aus einen Brief von ihm vom 18. Oktober 1752 zu zitieren: „Ich hatte immer geglaubt, dass das Studium der Weisheit weise machen müsse: Ich gebe zu, dass ich mich getäuscht habe. In Wirklichkeit bemerkt man in keinem Berufe oder Stande so viele jämmerlichen Zänkereien, so viele verleumderische Beschuldigungen und so viele verschwenderische beredte Beleidigungen wie unter den Männer der Wissenschaft."[314]

Hier ist gar Friedrich August von Hayek zuzustimmen, der bekanntlich die „Anmaßung von Wissen" kritisiert.[315] In einer gewissen Weise liegt hier auch die Achillesferse aller wissenschaftlichen Politikberatung, vielleicht sogar des Selbstbewusstseins der gegenwärtigen Wissensgesellschaften schlechthin. Die Annahme, dass man durch die Produktion von Mehr-Wissen eine höhere Rationalität verbindlicher Entscheidungen herstellen kann, dürfte in der Tat trügerisch sein. Die Politik ist durch Wissensvervielfältigung sich ihrer nicht sicherer und im Handeln nicht zielstrebiger geworden, sondern ängstlicher und oft auch entscheidungsärmer. Denn jedes Wissen multipliziert Nicht-Wissen, auch nichtbeabsichtigte Resultate von Wissensanwendungen, gar mit hohen Risikofolgen. Auch dies relativiert, ja negiert das Wahrheitsversprechen der Wissenschaft. Überdies: Auf den einen Experten antwortet stets der Gegenexperte; der Expertise folgt der Alternativvorschlag – alles im Gewande strenger Wissenschaftlichkeit.

Kurzum: Es gibt die *eine* Wahrheit nicht. Die Wahrheit der einen ist nicht die Wahrheit der anderen. Was den einen klugen Köpfen einsichtig erscheint, werden die anderen trotz gleichermaßen hoher Intelligenz unbegreiflich finden. Denn natürlich leben wir nicht in *einer* sozial und normativ unstrittigen „Rationalität". Überhaupt: Wie rational ist die Rationalität? Unterschiedliche Menschen mit unterschiedlichen Erfahrungen und unterschiedlichen Lebensgeschichten haben unterschiedliche Rationalitäten, auch Wahrheiten, besonders wenn es sich um gesellschaftliche Entwürfe handelt. Auch Rationalität wird subjektiv ausgelegt, durch verschiedenartige Perspektiven, soziale Orte und kulturelle Werte der Betrachter und Interpreten. Auch vermeintliche Wirklichkeiten werden konstruiert – und das keineswegs emotionsfrei, nicht allein durch den puren, verläss-

---

[314] Zit. nach Peter Wapnewski, Mit dem anderen Auge. Erinnerungen 1922-1959, Berlin 2005, S. 221 f.
[315] Friedrich A. v. Hayek, Die Anmaßung von Wissen. Neue Freiburger Studien, Tübingen 1996.

lich, objektiven Verstand. Im Übrigen gibt es nicht die geringste rationale Begründung dafür, dass allein Rationalität Gesellschaften voranbringt, sie humaner,
friedlicher, gerechter, tüchtiger oder auch: poetischer, musischer, literarischer,
leidenschaftlicher, nachsichtiger macht. Die Geschichte kennt mindestens ebenso
genügend Beispiele barbarischer Rationalität.

Daher bleibt die Frage, inwiefern – ob überhaupt – Wissenschaft Politik ziel-
gerichtet und empirisch gesichert anleiten kann und soll. Und das hat nicht nur
mit den Ambivalenzen des Wissensherstellungs- und Wissensvermittlungsprozes-
ses zu tun. Es ist auch die Folge der Enthierarchisierung von Politik. Ein bisschen
hat Luhmann dann doch Recht. Den zentralen Steuerungsort im Zentrum einer
Kapitale, von dem aus die Gesellschaft „durchregiert" wird, gibt es nicht (mehr).
Im gestanzten Jargon der Politologie pflegt man von multiplen Akteuren in Ver-
handlungssystemen zu sprechen. Etliche Vetospieler tummeln sich in der Arena;
und man bewirkt meist nur etwas, wenn man sie von Fall zu Fall zusammen-
bringt, ihre Kommunikation und ihre Interessen „koppelt", wie wohl wiederum
die Soziologen fabulieren würden. Gezielt geht da wenig; generalstabsmäßig steuern lässt sich nichts; planvoll gestalten ebenfalls nicht. Zwar lieben Politiker und
politische Kommentatoren das Geraune über „Strategie", doch geht es sonst kaum
irgendwo so mäßig strategisch zu wie in der Politik, sieht man vielleicht von
Wahlkampfzeiten ab. Auch das ist ein Grund, warum Politiker den Professoren,
ob nun aus Heidelberg oder sonst woher, misstrauisch gegenüber stehen: Politiker
verlassen sich auf ihre Intuition, ihren Gefahreninstinkt, ihren Möglichkeitssinn.
Sie handeln als Situationisten, denken nicht wie Konzeptionalisten.

Für Parteien gilt all dies erst recht. Parteien sind ebenfalls nicht einfach sach-
rational zu leiten. Der Politologe Peter Lösche charakterisiert Parteien gern als
„lose verkoppelte Anarchien".316 Er meint damit, dass der Binnenbetrieb von
Parteien sich keineswegs streng vernünftig an Machtkriterien orientiert, sondern
oft dysfunktional dazu ist, amateurhaft, introvertiert, an bloßen Geselligkeiten
ausgerichtet. Parteien mögen zuweilen kluge und weitsichtige Strippenzieher
oben haben, aber auch diese besitzen keine Handhabe, die Mitglieder auf Einstellungen oder Verhaltensweisen, also auf Losungen und Kampagnen festzulegen.
Ihnen fehlt dazu jede Sanktions- und Disziplinierungsmöglichkeit. Auch hier
stoßen wir auf die Grenzen sachrationaler Strategiebildung und somit Politikberatung.

---

316 Vgl. Peter Lösche, „Lose verkoppelte Anarchie". Zur aktuellen Situation von Volksparteien am Beispiel der SPD, in: Aus Politik und Zeitgeschichte, H. 43/1993 (Jg. 43), S. 34 ff.

Wie aber lässt sich wenigstens in den *gegebenen* Grenzen beraten? Was muss ein Wissenschaftler können und leisten, um seinen politischen Adressaten zu erreichen? Auch hier tun sich rasch Grenzen auf, in diesem Fall subjektiv vor allem für den Wissenschaftler, der als Berater mit seinem eigenen Ethos des unabhängigen Forschers und gründlichen Denkers in Konflikt gerät. Schließlich taugt er zur Beratung nur, wenn er die Eigeninteressen des zu Beratenden am Erwerb oder der Bewahrung von Macht anerkennt, ja dem beratenden Tun voraussetzt. Denn er findet nur Gehör, wenn er Sachfragen *und* Machtfragen zu verknüpfen weiß, zumindest ihre Bedeutung für das Politische im Blick behält. Er muss wissen, wie es im politischen Geschäft zugeht, muss die Winkelzüge und Nicht-Gradlinigkeiten des politischen Prozesses reflektieren, wenn er Empfehlungen anbietet.

Man ist dann nicht mehr einfach lediglich Wissenschaftler. Man steht mit einem Fuß schon in der Politik, denkt mit anderen Personen, oft ohne wissenschaftlichen Hintergrund, darüber nach, wie man Mehrheiten sammelt, wie man taktisch vorgeht, um das – vielleicht durchaus seriös wissenschaftlich begründete – Vorhaben gegen die Projekte der „anderen" zu „kommunizieren" und „durchzusetzen". Schließlich erwartet Politik den Rat darüber, *was wie* zu *tun* ist. Auch das ist in diesem Umgang fast unvermeidlich: ein Stück Identifikation. Ist dem Berater der Wertehimmel, die Mentalität des zu Beratenden (und seiner politischen Formation) gänzlich fremd, dann wird sich daraus keine gedeihliche Beziehung entwickeln. Immer noch hat Politik mit Emotionen, auch Weltanschauungen, Überzeugungen zu tun. Sie bilden eine Prämisse, auch für den Einfluss des wissenschaftlichen Politikberaters.

Doch das ist es auch hier nicht allein. Stimmt die persönliche Chemie zwischen dem Berater und dem Beratenden nicht, dann entsteht kein Vertrauen und kein fruchtbares Arbeitsverhältnis. Politologen beschäftigen sich wenig mit solchen Aspekten des Persönlichen. Dabei sind sie elementar. Spitzenpolitiker sind misstrauische Menschen, müssen es sein. Sie stehen unter unfreundlicher, sezierender öffentlicher Beobachtung wie wohl keine andere Berufsgruppe. Ein kleiner Fehler, eine ungeschickte Redewendung kann sie jäh die Karriere kosten. Daher suchen gerade sie die intime Runde von Vertrauten, oft langjährig bewährter Art. Auf Verschwiegenheit sind sie angewiesen. Eitle Selbstdarsteller – und das können renommierte Universitätsprofessoren durchaus sein – sind ihnen unerträglich, bedeuten auch eine Gefahr für die eigene Position. Ein Berater, der sich nach außen gefallsüchtig als „Berater" geriert, eignet sich im Grunde nicht. Je bekannter die Berater in der Öffentlichkeit sind, desto geringer dürfte ihre wirkliche Bedeutung sein.

Natürlich neigen auch Politiker nicht dazu, unangenehme Informationen und Belehrungen zu mögen. Dergleichen sei, urteilte die amerikanische Historikerin Barbara Tuchman, „nur allzu menschlich und unter Staatschefs weit verbreitet. Wurde nicht der Überbringer schlechter Nachrichten von antiken Königen oft hingerichtet?"[317] Schließlich: Spitzenpolitiker sind gehetzte Menschen, stets unter Zeit- und Termindruck. Eine schriftliche Expertise, die sie erreichen soll, darf nicht mehr als drei Seiten umfassen. Und sie muss jeweils hoch aktuell ausfallen. Wissenschaftler arbeiten bekanntlich anders; ihre Studien dauern, differenzieren aus, geraten am Ende lang und länger. Auch deshalb sind beide Berufsgruppen, die Politiker und Universitätsprofessoren, überwiegend nicht gut aufeinander zu sprechen.

Natürlich: Es gibt schon Grund, dass Wissenschaftler im Umgang mit der Politik auf der Hut sein sollten. Macht hat unzweifelhaft etwas Verführerisches, wenn man nicht aufpasst: Korrumpierendes. Wer glaubt, das Ohr der Kanzlerin oder eines mächtigen Ministerpräsidenten zu besitzen, der wird mehr zum Père Joseph, jener Grauen Eminenz im Schatten des Kardinals Richelieu, als zum unbestechlichen Wahrheitssucher. Dennoch: Übertreiben darf man es auch nicht. Servile Schmeichler aus dem Universitätsbereich werden in der Politik eher verachtet als gefördert. Wer als devoter Parteisoldat bekannt ist, wird gerade auch von den Spitzenleuten der Partei nicht sehr ernst genommen. Natürlich bedient sich die Politik der Wissenschaft, verfährt dabei instrumentell und selektiv, bricht aus den Argumentationssträngen der Wissenschaft das heraus, was ihr nutzt und die eigenen Handlungen zu legitimieren vermag. Aber eine spezifische *politische* Codierung – um noch einmal die Luhmannschen Metaphern zu gebrauchen – ist das nicht. Auch Wissenschaftler untereinander können sich gutachterliche Gefälligkeiten erweisen; und machen das auch.

Übrigens ist es noch gar nicht so lange her, da forderte die Wissenschaft den Primat vor der Politik; sie wollte nicht Gehilfin, sondern Herrin der gesellschaftlichen Entwicklung sein.

Parteien hat die Expertenhybris nicht in jedem Falle gut getan. Ende der 1990er Jahre, Anfang des jetzigen Jahrhunderts haben die Parteien sich von Kommunikations- und Medienexperten „fit" machen lassen, wie es in jenen Jahren hieß. Die Professionalität sollte die innerparteiliche Laiendemokratie und -ineffizienz ablösen. Doch hat dies die Erosionen der Mitgliederparteien weiter beschleunigt, hat viele frühere Aktivisten – auf die es in den neuen Konzepten nicht

---

[317] Barbara Tuchman, In Geschichte denken. Essays, Frankfurt a. M. 1984, S. 333.

mehr ankam – entmutigt und demotiviert. Der professionalisierte Anschlag auf die Amateure war so gesehen gar nicht so professionell; jedenfalls bewirkte er vielfach das Gegenteil von Schlagkraft und Mobilisierung. Ein Grund dafür war sicher auch die Sprache, die die Professionellen der Politikberatung in das Politische hineingebracht haben. Man kennt sie ja zur Genüge, die Plastikbegriffe, diese unsäglichen Müllschluckerworte: Innovation, Optimierung, Ressource, Synergie, Profilbildung. Die Politikverdrossenheit der letzten Jahre ist gewiss in hohem Maße auch eine Verdrossenheit gegenüber der Sprache, welche dem Volk aus der Beletage der Eliten und Exzellenzen entgegendröhnt.

Leicht und eine lineare Strecke ist wissenschaftliche Politikberatung nicht. Denn inzwischen handelt es sich gar nicht mehr um ein Zwiegespräch der beiden „Systeme" „Politik" und „Wissenschaft". Als dritte Figur spielen noch die „Medien" mit, die ebenfalls eine innere Logik herausgebildet haben, die nicht den Kernanliegen und Rahmenbedingungen von Wissenschaft und Politik in allem entspricht. Auch und gerade Medien verfahren selektiv mit Expertenwissen, verwenden vor allem die rasch zu dramatisierenden Seiten der Forschung, wechseln dann noch schneller das Thema als die Politik.

So fürchten Wissenschaftler in der Regel die Medien mehr noch als die Sphäre des Politischen, obwohl hier ein Forum besteht, mit dessen Hilfe Themen an der Politik vorbei zumindest passagenweise aufklärend lanciert werden können. Im Grunde teilen wohl die meisten die Ansicht, dass es doch besser für die Wissenschaftler sei, ihre Hände von der Politik und den Medien zu lassen. Aber sollte ein Politikwissenschaftler das wirklich? Kann ein Politikwissenschaftler das Feld meiden, in dem Meinungen sich bilden, Auseinandersetzungen erfolgen, Entscheidungen vorbereitet werden, also Politik gemacht wird? Wie will er seine Studierenden, die sich ja in ihren Praktika bereits als Vorbereitung für den Beruf in Fraktionen, Ministerbüros, Zeitungsredaktionen, Fernsehstudios, Verbändesekretariaten begeben, adäquat ausbilden, wenn er von all diesen Tätigkeitsräumen buchstäblich nicht die geringste Ahnung hat? Für den Verfasser ist sein Fach in der Tat eine normative Aufforderung, Studierenden Demokratie und politische Prozesse, wie sie nun einmal ablaufen, zu erklären, ja, sie zur Urteilsfähigkeit durch Skepsis und Engagement zu bewegen. Er möchte, dass sie sich in das Getümmel von realer Politik und realer Öffentlichkeit begeben – mit der Reflexionsfähigkeit, die sie im Studium gelernt haben und die durch die Praxiserlebnisse immer wieder erweitert und neu trainiert, auch korrigiert und modifiziert werden sollte. In der Tat: Der Glaube an Wahrheiten und finale Erkenntnisse dürfte in diesem Vorgang gründlich erschüttert werden. Indes: Ganz schlecht oder unvernünftig muss das nicht sein.

Literaturverzeichnis

Adler, Max: Neue Menschen. Gedanken über sozialistische Erziehung, Berlin 1926.

Ahbe, Thomas: Deutsche Generationen nach 1945, in: Aus Politik und Zeitgeschichte, H. 3/2007 (Jg. 57), S. 38-46.

Albrecht, Renate/Schüßler, Werner (Hrsg.): Paul Tillich, Sein Leben, Frankfurt a. M. u.a. 1993.

Alexander, Thomas: Carl Severing. Sozialdemokrat aus Westfalen mit preußischen Tugenden, Bielefeld 1992.

Altermatt, Urs: Katholizismus: Antimodernismus mit modernen Mitteln, in: ders./Hürten, Heinz/Lobkowicz, Nikolaus (Hrsg.): Moderne als Problem des Katholizismus, Regensburg 1995, S. 33-50.

Andritzky, Michael/Rautenberger, Thomas (Hrsg.): „Wir sind nackt und nennen uns Du". Von Lichtfreunden und Sonnenkämpfern. Eine Geschichte der Freikörperkultur, Gießen 1989.

Apel, Hans: Der Abstieg. Politisches Tagebuch eines Jahrzehnts, Stuttgart 1990.

Arnim, Hans-Herbert von: Parteiendefizite in der Parteiendemokratie, in: Schmitz, Matthias (Hrsg.): Politikversagen? Parteienverschleiß? Bürgerverdruss? Stress in den Demokratien Europas, Regensburg 1996, S. 27-43.

Bahr, Egon: Zu meiner Zeit, München 1996.

Bajohr, Frank/Behrens-Cobet, Heidi/Schmidt, Ernst: Freie Schulen. Eine vergessene Bildungsalternative, Essen 1986.

Barber, Michael: Instruction to Deliver: Tony Blair, Public Services and the Challenge of Achieving Targets, London 2007.

Baring, Arnulf: Machtwechsel. Die Ära Brandt–Scheel, Stuttgart 1982.

Baring, Arnulf: Gustav Heinemann und der Machtwechsel, in: Haus der Geschichte der Bundesrepublik Deutschland (Hrsg.): Gustav Heinemann und seine Politik, Wissenschaftliches Symposium am 10. Mai 1999, Berlin 1999, S. 41-53.

Bay, Jürgen: Der Preußenkonflikt 1932/33. Ein Kapitel aus der Verfassungsgeschichte der Weimarer Republik, Nürnberg 1965 (Dissertation).

Becker, Frans/Cuperus, René: Länderanalyse Niederlande: Die politische Mitte unter Druck, in: Internationale Politikanalyse, http://library.fes.de/pdf-files/id/05022-20071219.pdf, November 2007 [eingesehen am 09.09.2009].

Becker, Jens/Jentsch, Harald: „Es darf nie wieder zu einem 1933 kommen!". Das gewerkschaftspolitische Selbstverständnis Otto Brenners in der Bundesrepublik Deutschland, in: Mitteilungsblatt des Instituts für soziale Bewegungen, H. 35/2006, S. 59-73.

Behrens-Cobet, Heidi/Reichling, Norbert: Wir fordern die freie Schule, weil sie die Schule des Sozialismus ist. Die Bewegung für die freien weltlichen Schulen in der Weimarer Republik, in: Internationale wissenschaftliche Korrespondenz zur Geschichte der deutschen Arbeiterbewegung, H. 4/1987 (Jg. 23), S. 485-505.

Benöhr, Susanne: Das faschistische Verfassungsrecht Italiens aus der Sicht von Gerhard Leibholz. Zu den Ursprüngen der Parteienstaatslehre, Baden-Baden 1999.

Bentele, Karlheinz: Horst Ehmke und seine Partei, in: ders. u.a. (Hrsg.): Metamorphosen. Annäherung an einen vielseitigen Freund. Für Horst Ehmke zum Achtzigsten, Bonn 2007, S. 159-232.

Benz, Wolfgang/Geiss, Imanuel: Staatsstreich gegen Preußen, Düsseldorf 1982.

Bergounioux, Alain: Nicolas Sarkozy – ein Prototyp der neuen europäischen Rechten?, in: Frankreich-Info, hrsg. von der Friedrich-Ebert-Stiftung, Bureau de Paris, September 2007.

Biewer, Ludwig: Der Preußenschlag vom 20. Juli 1932, in: Blätter für deutsche Landesgeschichte, 1983 (Jg. 119), S. 159-172.

Böckenförde, Ernst-Wolfgang: Die Krise unserer Demokratie verlangt eine Rückbildung des Parteienstaates, in: Nonnenmacher, Günther (Hrsg.): Die gespendete Macht. Parteiendemokratie in der Krise, Berlin 2000, S. 55-62.

Bösch, Frank: Das konservative Milieu. Vereinskultur und lokale Sammlungspolitik in ost- und westdeutschen Regionen (1900-1960), Göttingen 2002.

Bouvier, Beatrix W./Schulz, Horst Peter: „...die SPD aber aufgehört hat zu existieren". Sozialdemokraten unter sowjetischer Besatzung, Bonn 1991.

Braatz, Werner: Franz von Papen und die Frage der Reichsreform, in: Politische Vierteljahresschrift, H. 3/1975 (Jg. 16), S. 319-340.

Bracher, Karl Dietrich: Die Auflösung der Weimarer Republik, Villingen/Schwarzwald 1955.

Bracher, Karl Dietrich: Der parlamentarische Parteienstaat zwischen Bewährung und Anfechtung, in: Scheel, Walter (Hrsg.): Nach dreißig Jahren. Die Bundesrepublik Deutschland – Vergangenheit, Gegenwart, Zukunft, Stuttgart 1979, S. 29-46.

Bracher, Karl Dietrich/Jäger, Wolfgang/Link, Werner: Republik im Wandel. Die Ära Brandt, Stuttgart 1986.

Brauer, K.: Die Sonneberger Spielwarenindustrie, in: VjbThSt, 1923 (Jg. 2), S. 63-71.

Brausewetter, Hartmut K.: Kanzlerprinzip, Ressortprinzip und Kabinettsprinzip in der ersten Regierung Brandt 1969-1972, Bonn 1976.

Bude, Heinz: Deutsche Karrieren. Lebenskonstruktionen sozialer Aufsteiger aus der Flakhelfer-Generation, Frankfurt a. M. 1987.

Bundesministerium für Familie, Senioren, Frauen und Jugend (Hrsg.): 20-jährige Frauen und Männer heute. Lebensentwürfe, Rollenbilder, Einstellungen zur Gleichstellung, Berlin 2007.

Burckhardt, Felix: Die Entwicklung der sächsischen Bevölkerung in den letzten 100 Jahren, in: Zeitschrift des Sächsischen Statistischen Landesamtes, 1931 (Jg. 77).

Cassel, Susanne: Politik und Politikberatung – welche Fortschritte bringt die Wissenschaft?, in: Jens, Uwe/Romahn, Hajo (Hrsg.): Glanz und Elend der Politikberatung, Marburg 2005, S. 175-196.

Crouch, Colin: Postdemokratie, Frankfurt a. M. 2008.

Dagger, Steffen (Hrsg.): Politikberatung in Deutschland: Praxis und Perspektiven, Wiesbaden 2004.

Damberg, Wilhelm: Zeitgeschichte Westfalens, Belgiens und der Niederlande. Das katholische Beispiel, in: Westfälische Forschungen, 1992 (Jg. 42), S. 445-465.

Davies, James C.: Eine Theorie der Revolution, in: Beyme, Klaus von (Hrsg.): Empirische Revolutionsforschung, Stuttgart 1973, S. 185-204.

Dierske, Ludwig: War eine Abwehr des Preußenschlages" vom 20. Juli 1932 möglich?, in: Zeitschrift für Politik, H. 3/1970 (Jg. 17), S. 197-245.

DIVO-Institut (Hrsg.): Umfragen 1959/60, Band 3/4. Ereignisse und Probleme des Jahres im Urteil der Bevölkerung, Frankfurt a. M. 1962.

Döscher-Gebauer, Susanne: Otto Brenner, in: Obenaus, Herbert/Sommer, Wilhelm (Hrsg.): Politische Häftlinge im Gerichtsgefängnis Hannover während der nationalsozialistischen Herrschaft, Hannover 1990, S. 23-27.

Dowe, Dieter (Hrsg.): Die Ost- und Deutschlandpolitik der SPD in der Opposition 1982-1989, Bonn-Bad Godesberg 1993.

Dubet, François: Die Logik der Jugendgewalt, in: Trotha, Lutz von (Hrsg.): Soziologie der Gewalt, Sonderheft 37/1997 der Kölner Zeitschrift für Soziologie und Sozialpsychologie, S. 220-234.

Eckert, Michael: Die Anfänge der Atompolitik in der Bundesrepublik Deutschland, in: Vierteljahreshefte für Zeitgeschichte, H. 1/1989 (Jg. 37), S. 115-143.

Egle, Christoph/Ostheim, Tobias/Zohlnhöfer, Reimut (Hrsg.): Das rot-grüne Projekt. Eine Bilanz der Regierung Schröder 1998-2002, Wiesbaden 2003.

Ehmke, Horst: Sozialdemokratische Perspektiven, in: ders.: Politik der praktischen Vernunft, Frankfurt a. M. 1969, S. 208-220.

Ehmke, Horst: Mittendrin. Von der Großen Koalition zur Deutschen Einheit, Reinbek bei Hamburg 1996.

Ehni, Hans-Peter: Bollwerk Preußen?, Bonn-Bad Godesberg 1975.

Eppler, Erhard: Kultur des Streits. Die gemeinsame Erklärung von SPD und SED, Köln 1988.

Eschenburg, Theodor: Die improvisierte Demokratie, München 1963.

Esping-Andersen, Gøsta: Herkunft und Lebenschancen, in: Berliner Republik, H. 6/2003, http://b-republik.de/b-republik.php/cat/8/aid/552/title/Herkunft_und_Lebenschancen [eingesehen am 09.09.2009].

Faerber-Husemann, Renate: Mal Haudegen, mal Gelehrter der Fraktion, in: Bentele, Karlheinz (Hrsg.): Metamorphosen. Annäherung an einen vielseitigen Freund. Für Horst Ehmke zum Achtzigsten, Bonn 2007, S. 16-42.

Falk, Svenja u.a. (Hrsg.): Handbuch Politikberatung, Wiesbaden 2006.

Frankenthal, Käte: Der dreifache Fluch: Jüdin, intellektuelle, Sozialistin. Erinnerungen einer Ärztin in Deutschland und im Exil, Frankfurt a. M. 1981.

Frese, Matthias/Paulus, Julia/Teppe, Karl (Hrsg.): Demokratisierung und gesellschaftlicher Aufbruch. Die sechziger Jahre als Wendezeit der Bundesrepublik, Forschungen zur Regionalgeschichte 44, Paderborn 2003.

Frevert, Ute: Akademische Medizin und soziale Unterschichten im 19. Jahrhundert, in: Jahrbuch des Instituts für Geschichte der Medizin der Robert-Bosch-Stiftung, 1985 (Jg. 4), S. 41-59.

Friedrich-Ebert-Stiftung (Hrsg.): Das verfemte Dokument. Zum 10. Jahrestag des SPD/SED-Papiers „Der Streit der Ideologien und die gemeinsame Sicherheit". Materialien einer Diskussionsveranstaltung der Friedrich-Ebert-Stiftung am 1. Februar 1997 in Berlin, Berlin 1997.

Friese, Elisabeth: Helene Wessel (1868-1969). Von der Zentrumspartei bis zur Sozialdemokratie, Essen 1993.

Frölich, Jürgen (Hrsg.): Bürgerliche Parteien in der SBZ/DDR. Zur Geschichte von CDU, LDP(D), DBD und NDPD 1945 bis 1953, Köln 1995.

Fröschl, Erich/Mesener, Maria/Zoitl, Helge (Hrsg.): Die Bewegung, Wien 1990.

Fugmann, Ernst R.: Der Sonneberger Wirtschaftsraum. Eine Wirtschaftsgeographie des Südthüringer Waldes und seines Vorlandes, Halle 1939.

Gabriel, Karl: Die Katholiken in den fünfziger Jahren; Restauration, Modernisierung und beginnende Auflösung eines konfessionellen Milieus, in: Schildt, Axel/Sywottek, Arnold (Hrsg.): Modernisierung und Wiederaufbau: die westdeutsche Gesellschaft der fünfziger Jahre, Bonn 1993, S. 418-432.

Gabriel, Sigmar: Links neu denken. Politik für die Mehrheit, München/Zürich 2008.

Galtung, Johan: Eine strukturelle Theorie der Revolution, in: Jänicke, Martin (Hrsg.): Herrschaft und Krise. Beiträge zur politikwissenschaftlichen Krisenforschung, Opladen 1973, S. 121-167.

Geppert, Dominik: Maggie Thatchers Rosskur – Ein Rezept für Deutschland?, Berlin 2003.

Glasser, M.: Über die Arbeitsmethoden von Karl Marx, in: Shukow, Nikolaj N.: Erinnerungen an Karl Marx, Berlin 1953.

Gleitsmann, Rolf-Jürgen: Im Widerstreit der Meinungen: Zur Kontroverse um die Standortfindung für eine deutsche Reaktorstation (1950 – 1955). Ein Beitrag zur Gründungsgeschichte des Kernforschungszentrums Karlsruhe und zu einem Kapitel deutscher Kernenergiegeschichte, Stuttgart 1986.

Gohr, Antonia/Seeleib-Kaiser, Martin (Hrsg.): Sozial- und Wirtschaftspolitik unter Rot-Grün, Wiesbaden 2003.

Grebing, Helga: Rosa Luxemburg (1871-1919), in: Euchner, Walter (Hrsg.): Klassiker des Sozialismus II, München 1991, S. 58-71.

Grotjahn, Alfred: Erlebtes und Erstrebtes. Erinnerungen eines sozialistischen Arztes, Berlin 1932.

Gurr, Tedd R.: Ursachen und Prozess politischer Gewalt, in: Beyme, Klaus von (Hrsg.): Empirische Revolutionsforschung, Stuttgart 1973, S. 266-310.

Hahn, Erich: SED und SPD. Ein Dialog, Berlin 2002.

Hähntzsch, Leopold: Die Wirkungen der Wirtschaftskrise auf die wichtigsten Grundindustrien der thüringischen Heimarbeit, in: Weddigen, Walter (Hrsg.): Die Thüringische Heimarbeit in der Wirtschaftskrise, Leipzig 1937, S. 44-90.

Hanisch, Ernst: Der lange Schatten des Staates: Österreichische Gesellschaftsgeschichte im 20. Jahrhundert, Wien 1994.

Hartmann, Franz: Entstehung und Entwicklung der Gewerkschaftsbewegung in Niedersachsen nach dem Zweiten Weltkrieg, Göttingen 1997 (Dissertation).

Hattrup, Dieter: Carl Friedrich von Weizsäcker. Physiker und Philosoph, Darmstadt 2004.

Haungs, Peter: Die Bundesrepublik – ein Parteienstaat? Kritische Anmerkungen zu einem wissenschaftlichen Mythos, in: Zeitschrift für Parlamentsfragen, H. 4/1973 (Jg. 4), S. 502-524.

Haungs, Peter: Bilanz zur Parteiendemokratie, in: ders./Jesse, Eckhard (Hrsg.): Parteien in der Krise?, Köln 1987, S. 90-96.

Haus der Geschichte der Bundesrepublik Deutschland (Hrsg.): Gustav Heinemann und seine Politik, Wissenschaftliches Symposium am 10. Mai 1999, Berlin 1999.

Hauswedell, Corinna: Keine Kenntnis von den Erkenntnissen? 30 Jahre „Göttinger Erklärung", in: Wissenschaft und Frieden, H. 2/1987, http://www.uni-muenster.de/PeaCon/wuf/wf-87/8720200m.htm [eingesehen am 28.12.2007].

Hayek, Friedrich A. von: Die Anmaßung von Wissen. Neue Freiburger Studien, Tübingen 1996.

Heer, Friedrich: Der Kampf um die österreichische Identität, Wien u.a. 1981.

Heidenheimer, Arnold J.: Der starke Regierungschef und das Parteien-System: Der „Kanzler-Effekt" in der Bundesrepublik, in: Politische Vierteljahresschrift, H. 2/1961 (Jg. 2), S. 241-262.

Heimann, Siegfried: Die Gesamtdeutsche Volkspartei, in: Stöss, Richard (Hrsg.): Parteien-Handbuch, Die Parteien der Bundesrepublik Deutschland 1945-1980, Bd. II: FDP bis WAV, Opladen 1984, S. 1478-1508.

Heimann, Siegfried/Walter, Franz: Religiöse Sozialisten und Freidenker in der Weimarer Republik, Bonn 1993.

Heinz, Hellmuth: Wie der Plauensche Grund zum Tal der Arbeit wurde, in: Sächsische Heimatblätter, H. 2-3/1955 (Jg. 1), S. 36-59.

Heinz, Hellmuth: Vierzig Jahre Stadt Freital, in: Kulturleben Kreis Freital, H. 10/1961.

Heisenberg, Werner: Der Teil und das Ganze, München 1976.

Hennis, Wilhelm: Auf dem Weg in den Parteienstaat, Stuttgart 1998.

Hermann, Arnim: Werner Heisenberg. Mit Selbstzeugnissen und Bilddokumenten, Hamburg 1994.

Herrmann, Bernhard: Arbeiterschaft, Naturheilkunde und der Verband Volksgesundheit (1880-1919), Frankfurt a. M. u.a. 1990.

Hermanns, Johannes: Otto Brenner, Freudenstadt 1967.

Hillebrand, Ernst: Großbritannien: Die Lage Labours am Ende der Ära Blair, in: FES-Analyse: September 2006, www.feslondon.org.uk/documents/FES-ANALYSE_GROSS BRITANNIEN_000.pdf [eingesehen am 11.01.2008].

Hirsch, Helmut: Siegfried Marck, Biographie und Wiederentdeckung des Philosophen, Soziologen und Sozialisten, in: Papcke, Sven (Hrsg.): Ordnung und Theorie. Beiträge zur Geschichte der Soziologie in Deutschland, Darmstadt 1986, S. 368-385.

Hirschmann, Albert: Engagement und Enttäuschung. Über das Schwanken der Bürger zwischen Privatwohl und Allgemeinwohl, Frankfurt a. M. 1984.

Hobsbawm, Eric J.: Sozialrebellen. Archaische Sozialbewegungen im 19. und 20. Jahrhundert, Darmstadt 1962.

Hoell, Joachim: Oskar Lafontaine: Provokation und Politik. Eine Biografie, Braunschweig 2004.

Holtmann, Everhard: Flüchtlinge in den 1950er Jahren. Aspekte ihrer gesellschaftlichen und politischen Integration, in: Schildt, Axel/Sywottek, Arnold (Hrsg.): Modernisierung und Wiederaufbau: die westdeutsche Gesellschaft der fünfziger Jahre, Bonn 1993, S. 349-361.

Huerkamp, Claudia: Medizinische Lebensreformbewegung im späten 19. Jahrhundert, in: Vierteljahresheft für Sozial- und Wirtschaftsgeschichte, H. 2/1986 (Jg. 73), S. 158-182.

IG Metall-Vorstand (Hrsg.): Visionen lohnen. Otto Brenner 1907-1972, Köln 1997.

Jaspers, Karl: Die Atombombe und die Zukunft des Menschen, Rundfunkvortrag vom Oktober 1956, abgedruckt in: Kreikamp, Hans-Dieter (Hrsg.): Die Ära Adenauer 1949-1963, Darmstadt 2003, S. 177.

Jentzsch, Walter Hanns: Der thüringische Arbeitsmarkt und seine Folgen, in: Thüringer Jahrbuch, 1931 (Jg. 6), S. 33 ff.

Jobke, Barbara: Aufstieg und Verfall einer wertorientierten Bewegung. Dargestellt am Beispiel der Gesamtdeutschen Volkspartei, Freiburg i. Br. 1974.

Kaiser, Joseph H.: Vorwort, in: ders. (Hrsg.): Planung I. Recht und Politik der Planung in Wirtschaft und Gesellschaft, Baden-Baden 1965, S. 7 ff.

Kalbitz, Rainer: Die Ära Otto Brenner in der IG Metall, Frankfurt a. M. 2001.

Karlsch, Rainer: Hitlers Bombe. Die geheime Geschichte der deutschen Kernwaffenversuche, München 2005.

Katz, Richard S./Mair, Peter: Changing Models of Party Organization and Party Democracy: The Emergence of the Cartel Party, in: Party Politics, H. 1/1995 (Jg. 1), S. 5-28.

Kaufmann, Franz-Xaver: Katholizismus und Moderne als Aufgabe künftiger Forschungen, in: Altermatt, Urs/Hürten, Heinz/Lobkowicz, Nikolaus (Hrsg.): Moderne als Problem des Katholizismus, Regensburg 1995, S. 9-32.

Klasen, Eva Maria: Die Diskussion um eine „Krise" der Medizin in Deutschland zwischen 1925 und 1935, Mainz 1984 (Dissertation Med.).

Klecha, Stephan: Rudolf Scharping. Opfer eines Lernprozesses, in: Forkmann, Daniela/Richter, Saskia (Hrsg.): Gescheiterte Kanzlerkandidaten. Von Kurt Schuhmacher bis Edmund Stoiber, Wiesbaden 2007, S. 323-355.

Klein, Michael: Westdeutscher Protestantismus und politische Parteien. Anti-Parteien-Mentalität und parteipolitisches Engagement von 1945 bis 1963, Tübingen 2005.

Klenke, Dietmar: Das Eichsfeld unter den deutschen Diktaturen. Widerspenstiger Katholizismus in Heiligenstadt, Duderstadt 2003.

Klenke, Dietmar: Der Eichsfelder Katholizismus zwischen SED-Diktatur und westlicher Demokratie, Großbodungen 2003.

Kleßmann, Christoph: Zur Sozialgeschichte des protestantischen Milieus in der DDR, in: Geschichte und Gesellschaft, 1993 (Jg. 19), S. 29-53.

Koch, Adolf: Nacktheit, Körperkultur und Erziehung, Leipzig 1929.

Köcher, Renate: Die Entwicklung von Religiosität und Kirchlichkeit seit dem Zweiten Weltkrieg bis heute, in: Diakonia, 1988 (Jg. 19), S. 35-39.

Kössler, Till/Stadtland, Helke (Hrsg.): Vom Funktionieren der Funktionäre. Politische Interessenvertretung und gesellschaftliche Integration in Deutschland nach 1933, Essen 2004.

Körner, Klaus: Karl Marx, München 2008.

Krabbe, Wolfgang R.: Gesellschaftsveränderung durch Lebensreform. Strukturmerkmale einer sozialreformerischen Bewegung im Deutschland der Industrialisierungsperiode, Göttingen 1974.

Kraus, Elisabeth: Von der Uranspaltung zur Göttinger Erklärung. Otto Hahn, Werner Heisenberg, Carl Friedrich von Weizsäcker und die Verantwortung des Wissenschaftlers, Würzburg 2001.

Kriele, Martin: Universalitätsansprüche darf man nicht aufgeben, in: Deutschland Archiv, H. 1/1988 (Jg. 21), S. 51 f.

Kronauer, Martin: „Soziale Ausgrenzung" und „Underclass": Über neue Formen der gesellschaftlichen Spaltung, in: Leviathan, H. 1/1997 (Jg. 25), S. 28-49.

Kuhne, Clemens: Politikberatung für politische Parteien. Akteure, Formen, Bedarfsfaktoren, Wiesbaden 2008.

Kümmel, Gerhard: Wenn Welten aufeinander prallen: Die Wissenschaft, die Politik und das Geschäft der wissenschaftlichen Politikberatung – Eine Einleitung, in: ders. (Hrsg.): Wissenschaft, Politik und Politikberatung. Erkundungen zu einem schwierigen Verhältnis, Strausberg 2002, S. 7-27.

Künzli, Arnold: Karl Marx. Eine Psychographie, Wien 1966

Lafargue, Paul: Das Recht auf Faulheit & Persönliche Erinnerungen an Karl Marx, Frankfurt a. M. 1966.

Leibfried, Stephan/Tennstedt, Florian: Berufsverbote und Sozialpolitik 1933, in: Zeitschrift für Sozialreform, H. 3/1979 (Jg. 25), S. 129-153.

Leibfried, Stephan/Tennstedt, Florian (Hrsg.): Kommunale Gesundheitsfürsorge und sozialistische Ärztepolitik zwischen Kaiserreich und Nationalsozialismus – autobiographische und gesundheitspolitische Anmerkungen von Georg Löwenstein, Bremen 1980.

Leibholz, Gerhard: Zu den Problemen des faschistischen Verfassungsrechts, Berlin/Leipzig 1928.

Leibholz, Gerhard: Das Wesen der Repräsentation unter besonderer Berücksichtigung des Repräsentativsystems, Berlin/Leipzig 1929.

Leibholz, Gerhard: Die Auflösung der liberalen Demokratie in Deutschland und das autoritäre Staatsbild, München/Leipzig 1933.

Leibholz, Gerhard: Der Parteienstaat des Bonner Grundgesetzes, in: Recht, Staat, Wirtschaft, 1951 (Jg. 3), S. 99-125.

Leibholz, Gerhard: Die freiheitliche und egalitäre Komponente im modernen Parteienstaat, in: Führung und Bildung in der heutigen Welt, 1964, S. 247-263.

Leibholz, Gerhard: Das Wesen der Repräsentation und der Gestaltwandel der Demokratie im 20. Jahrhundert, Berlin 1966.

Leidinger, Hannes/Moritz, Verena: Die Republik Österreich 1918/2008, Wien 2008.

Leif, Thomas/Raschke, Joachim: Rudolf Scharping, Die SPD und die Macht – Eine Partei wird besichtigt, Reinbek bei Hamburg 1994.

Leithäuser, Joachim G.: Werner Heisenberg, Berlin 1957.

Lenski, Gerhard E.: Power and Privilege. A Theory of Social Stratification, New York u.a. 1966.

Liebknecht, Wilhelm: Marx und die Kinder, in: Rjazanov, David B.: Karl Marx als Denker, Mensch und Revolutionär, Wien 1928, S. 118 ff.

Liessmann, Konrad Paul: Theorie der Unbildung, Wien 2006.

Lindenberger, Thomas: Straßenpolitik. Zur Sozialgeschichte der öffentlichen Ordnung in Berlin 1900 bis 1914, Bonn 1995.

Lindner, Clausjohann: Theorie der Revolution. Ein Beitrag zur verhaltenstheoretischen Soziologie, München 1972.

Konrad Lindner, Konrad: Carl Friedrich von Weizsäckers Wanderung ins Atomzeitalter. Ein dialogisches Selbstporträt, Paderborn 2002.

Linse, Ulrich: Ökopax und Anarchie. Eine Geschichte der ökologischen Bewegungen in Deutschland, München 1986.

Lösche, Peter: „Lose verkoppelte Anarchie". Zur aktuellen Situation von Volksparteien am Beispiel der SPD, in: Aus Politik und Zeitgeschichte, H. 43/1993 (Jg. 43), S. 34-45.

Lösche, Peter: Verbände und Lobbyismus in Deutschland, Stuttgart 2007.

Lösche, Peter/Scholing, Michael: Sozialdemokratie als Solidargemeinschaft, in: Saage, Richard (Hrsg.): Solidargemeinschaft und Klassenkampf. Politische Konzeptionen der Sozialdemokratie zwischen den Weltkriegen, Frankfurt a. M. 1986, S. 365-383.

Lösche, Peter/Walter, Franz: Zur Organisationskultur der sozialdemokratischen Arbeiterbewegung in der Weimarer Republik. Niedergang der Klassenkultur oder solidargemeinschaftlicher Höhepunkt?, in: Geschichte und Gesellschaft, H. 4/1989 (Jg. 15), S. 511-536.

Lösche, Peter/Walter, Franz: Die SPD. Klassenpartei-Volkspartei-Quotenpartei, Darmstadt 1992.

Lösche, Peter/Walter, Franz: Die FDP. Richtungsstreit und Zukunftszweifel, Darmstadt 1996.

Löwe, Theresa: Der Politiker Eduard Bernstein. Eine Untersuchung zu seinem politischen Wirken in der Frühphase der Weimarer Republik (1918-1924), Bonn 2000.

Luykx, Paul: Die Niederländischen Konfessionellen und das Verhältnis zwischen Staat und Gesellschaft im 20. Jahrhundert, in: Nautz, Jürgen P./Bläsing, Joachim F. E. (Hrsg.): Staatliche Interventionen und gesellschaftliche Freiheit, Melsungen 1987, S. 73-96.

Machnig, Matthias: Politische Kommunikation 2002. Herausforderungen für Parteien, in: Zeitschrift für sozialistische Politik und Wirtschaft, http://www.spw.de/124/DL21_Politische_Kommunikation.php [eingesehen am 09.09.2009].

Malycha, Andreas: Auf dem Weg zur SED. Die Sozialdemokratie und die Bildung einer Einheitspartei in den Ländern der SBZ, Bonn 1995.

Marck, Siegfried: Deutsche Staatsgesinnung, München 1916.

Marck, Siegfried: Reformismus und Radikalismus in der deutschen Sozialdemokratie. Geschichtliches und Grundsätzliches, Berlin 1927.

Marck, Siegfried: Die Dialektik in der Philosophie der Gegenwart, Tübingen 1929/31.

Marck, Siegfried: Die Dialektik in der Philosophie der Gegenwart. Zweiter Halbband, Tübingen 1931.

Matthiesen, Helge: Bürgertum und Nationalsozialismus in Thüringen. Das bürgerliche Gotha von 1918 bis 1930, Stuttgart/Jena 1994.

Matthiesen, Helge: Greifswald in Vorpommern. Konservatives Milieu im Kaiserreich, in Demokratie und Diktatur 1900-1990, Düsseldorf 2000.

Mayer, Gustav: Erinnerungen. Vom Journalisten zum Historiker der deutschen Arbeiterbewegung, Hildesheim u.a. 1993.

Meier, Dominik/Althaus, Marco (Hrsg.): Politikberatung: Praxis und Grenzen, Münster 2004.

Mennicke, Carl: Der Sozialismus als Bewegung und Aufgabe, Berlin 1926.

Mennicke, Carl: Zeitgeschehen im Spiegel persönlichen Schicksals. Ein Lebensbericht (hrsg. von Hildegard Feidel-Mertz), Weinheim 1995.

Merkle, Tanja/Wippermann, Carsten: Eltern unter Druck. Selbstverständnisse, Befindlichkeiten und Bedürfnisse von Eltern in verschiedenen Lebenswelten, Stuttgart 2008.

Merseburger, Peter: Willy Brandt. 1913-1992, Visionär und Realist, Stuttgart 2002.

Metzler, Gabriele: Demokratisierung durch Experten? Aspekte politischer Planung in der Bundesrepublik, in: Haupt, Heinz Gerhard/Requate, Jörg (Hrsg.): Aufbruch in die Zukunft. Die 1960er Jahre zwischen Planungseuphorie und kulturellem Wandel. DDR, CSSR und Bundesrepublik Deutschland im Vergleich, Weilerswist 2004, S. 264-288.

Metzler, Gabriele: „Geborgenheit im gesicherten Fortschritt". Das Jahrzehnt von Planbarkeit und Machbarkeit, in: Frese, Matthias/Paulus, Julia/Teppe, Karl (Hrsg.): Demokratisierung und gesellschaftlicher Aufbruch. Die sechziger Jahre als Wendezeit der Bundesrepublik, Forschungen zur Regionalgeschichte 44, Paderborn 2003, S. 777-797.

Meyer, Thomas: Eduard Bernstein (1850-1932), in: Euchner, Walter (Hrsg.): Klassiker des Sozialismus I, München 1991, S. 203-217.

Micus, Matthias: Die „Enkel" Willy Brandts. Aufstieg und Politikstil einer SPD-Generation, Frankfurt a. M. 2005.

Mielke, Gerd: Mehr Demokratie wagen! SPD-Führung im partizipatorischen Zeitalter, in: Blätter für deutsche und internationale Politik, H. 1/1997 (Jg. 42), S. 38-47.

Mischler, Gerd: Tony Blair, Reformer, Premierminister, Glaubenskrieger, Berlin 2005.

Mommsen, Hans (Hrsg.): Sozialdemokratie zwischen Klassenbewegung und Volkspartei, Frankfurt a. M. 1974.

Mooser, Josef: Das katholische Vereinswesen in der Diözese Paderborn um 1900, in: Westfälische Zeitschrift, 1991 (Jg. 141), S. 447-461.

Moraw, Frank: Die Parole der „Einheit" und die Sozialdemokratie, Bonn 1990.

Morsey, Rudolf: Zur Geschichte des „Preußenschlags" am 20. Juli 1932, in: Vierteljahreshefte für Zeitgeschichte, H. 4/1961 (Jg. 9), S. 430-439.

Moses, Dirk: Die 45er. Eine Generation zwischen Faschismus und Demokratie, in: Neue Sammlung, H. 1/2000 (Jg. 40), S. 233-263.

Müller, Josef: Die Gesamtdeutsche Volkspartei. Entstehung und Politik unter dem Primat nationaler Wiedervereinigung 1950-1957, Düsseldorf 1990.

Müller, Wolfgang D.: Geschichte der Kernenergie in der Bundesrepublik Deutschland. Anfänge und Weichenstellungen, Stuttgart 1990.

Nadav, Daniel S.: Julius Moses und die Politik der Sozialhygiene in Deutschland, Stuttgart 1985.

Neugebauer, Georg: Tillichs frühe Christologie, Berlin 2007.

Osietzki, Maria: Wissenschaftsorganisation und Restauration. Der Aufbau außeruniversitärer Forschungseinrichtungen und die Gründung des westdeutschen Staates 1945-1952, Köln/Wien 1984.

Papke, Gerhard: Liberale Ordnungskraft und nationale Sammlungsbewegung oder Mittelstandspartei?, Die FDP-Landtagsfraktion in Nordrhein-Westfalen 1946-1966, Düsseldorf 1998.

Pelizzari, Alessandro: Widerständiges Prekariat? Probleme der Interessenvertretung in fragmentierten Arbeitsmärkten, in: Eickelpasch, Rolf u.a. (Hrsg.): Metamorphosen des Kapitalismus und seiner Kritik, Wiesbaden 2008, S. 193-215.

Petzold, Joachim: Franz von Papen. Ein deutsches Verhängnis, München/Berlin 1995.

Pfabigan, Alfred: Max Adler. Eine politische Biographie, Frankfurt/New York 1982.

Pollack, Detlef: Kirche in der Organisationsgesellschaft. Zum Wandel der gesellschaftlichen Lage der evangelischen Kirchen in der DDR, Stuttgart 1994.

Preiss, Hans: „Eine Sache machen heißt, sie ganz zu machen", in: Sozialismus H. 11/1987, S. 14-17.

Raddatz, Fritz J.: Karl Marx. Eine politische Biographie, Hamburg 1975.

Ragaz, Leonhard: Mein Weg. Bd. II, Zürich 1952.

Rathmann, August: Eduard Heimann (1889-1967). Von Marx und seiner „überwältigend großartigen" Lehre zum religiös-freiheitlichen Sozialismus, in: Lösche, Peter u.a. (Hrsg.): Vor dem Vergessen bewahren. Lebenswege Weimarer Sozialdemokraten, Berlin 1988, S. 121-144.

Rau, Johannes/Roll, Evelyn: Weil der Mensch ein Mensch ist…: Johannes Rau im Gespräch mit Evelyn Roll, Berlin 2004.

Regin, Cornelia: Selbsthilfe und Gesundheitspolitik. Die Naturheilbewegung im Kaiserreich (1889 bis 1914), Stuttgart 1995.

Reißig, Rolf: Dialog durch die Mauer. Die umstrittene Annäherung von SPD und SED, Frankfurt a. M. 2002.

Reißig, Rolf: Der SPD/SED-Dialog und seine Folgen, in: Schriftenreihe des Instituts für vergleichende Staat-Kirche-Forschung, H. 14/2003, S. 107-126.

Riddel, Peter: The Unfulfilled Prime Minister. Tony Blair's Quest for a Legacy, London 2005.

Rölling, Gerhard: Wirtschaftsgeographie Sachsens, Leipzig 1928.

Rosenbaum, Ulrich: Rudolf Scharping. Biographie, Berlin/Frankfurt a. M. 1993.

Rothschuh, Karl E.: Naturheilbewegung, Reformbewegung, Alternativbewegung, Stuttgart 1983.

Ruck, Michael: Westdeutsche Planungsdiskurse und Planungspraxis der 1960er Jahre im internationalen Kontext, in: Haupt, Heinz Gerhard/Requate, Jörg (Hrsg.): Aufbruch in die Zukunft. Die 1960er Jahre zwischen Planungseuphorie und kulturellem Wandel. DDR, CSSR und Bundesrepublik Deutschland im Vergleich, Weilerswist 2004, S. 289-325.

Rudolph, Karsten: Die sächsische Sozialdemokratie vom Kaiserreich zur Republik 1871-1923, Weimar u.a. 1995.

Ruffin, François : La guerre des classes, Paris 2008.

Rupp, Hans Karl: Außerparlamentarische Opposition in der Ära Adenauer. Der Kampf gegen die Atombewaffnung in den fünfziger Jahren. Eine Studie zur innenpolitischen Entwicklung in der BRD, Köln 1980.

Rupps, Martin: Troika wider Willen, Berlin 2004.

Scharpf, Fritz W.: Fördernder und Fordernder, in: Bentele, Karlheinz (Hrsg.): Metamorphosen. Annäherung an einen vielseitigen Freund. Für Horst Ehmke zum Achtzigsten, Bonn 2007, S. 138-148.

Scheer, Hermann: Parteien kontra Bürger. Die Zukunft der Parteiendemokratie, München/Zürich 1979.

Schelsky, Helmut: Die skeptische Generation. Eine Soziologie der deutschen Jugend, Frankfurt a. M. u.a. 1957.

Schelz-Brandenburg, Till: Rosa Luxemburg und Eduard Bernstein – Antipoden und Leidensgenossen, in: Pankower Vorträge, H. 69/2, Berlin 2004, S. 7 ff.

Schieder, Wolfgang: Karl Marx als Politiker, München/Zürich 1991.

Schildt, Axel/Sywottek, Arnold (Hrsg.): Modernisierung und Wiederaufbau: die westdeutsche Gesellschaft der fünfziger Jahre, Bonn 1993.

Schmeitzner, Mike/Donth, Stefan: Die Partei der Diktaturdurchsetzung. KPD/SED in Sachsen 1945-1952, Köln u.a. 2002.

Schmidt, Helmut: Weggefährten. Erinnerungen und Reflexionen, Berlin 1996.

Schöllgen, Gregor: Willy Brandt. Die Biographie, Berlin 2001.

Schulze, Hagen: Otto Braun oder Preußens demokratische Sendung, Berlin u.a. 1977.

Schuster, Jürgen: Wie aktuell ist Eduard Bernstein?, in: Neue Zeit, H. 13/1993, S. 32 ff.

Schüßler, Werner/Sturm, Erdmann (Hrsg.): Macht und Gewalt. Annäherungen im Horizont des Denkens von Paul Tillich, Münster 2005.

Schwarz, Hans-Peter: Adenauer und die Kernwaffen, in: Vierteljahreshefte für Zeitgeschichte, H. 4/1989 (Jg. 37), S. 567-593.

Schwarz, Hans-Peter: Adenauer. Der Staatsmann: 1952-1967, Stuttgart 1991.

Schwarz, Hans-Peter: Gustav Heinemann und Konrad Adenauer, in: Haus der Geschichte der Bundesrepublik Deutschland (Hrsg.): Gustav Heinemann und seine Politik, Wissenschaftliches Symposium am 10. Mai 1999, Berlin 1999, S. 32-40.

Schwartz, Michael: Sozialismus und Eugenik. Zur fälligen Revision eines Geschichtsbildes, in: Internationale wissenschaftliche Korrespondenz zur Geschichte der deutschen Arbeiterbewegung, H. 4/1989 (Jg. 25), S. 465-489.

Schwarzmeier, Jan: Die Autonomen zwischen Subkultur und sozialer Bewegung, Norderstedt 2000.

Sefton, Tom/Sutherland, Holly: Inequality and Poverty under New Labour, in: Hills, John/Stewart, Kitty (Hrsg.): A more Equal Society? New Labour, Poverty, Inequality and Exclusion, Bristol 2005, S. 231-250.

Simmel, Georg: Soziologie. Untersuchungen über die Form der Vergesellschaftung, Leipzig 1908.

Sonntag, Philipp: Der Streit um die atomare Bewaffnung. Argumente der Ära Adenauer, Schriftenreihe Militärpolitik-Dokumentation, H. 25/1982 (Jg. 6).

Sopel, Jon: Tony Blair, der Herausforderer, Stuttgart 1996.

Schreiber, Hermann/Sommer, Frank: Gustav Heinemann, Bundespräsident, Frankfurt a. M. 1969.

Schulze, Hagen: Otto Braun oder Preußens demokratische Sendung, Berlin u.a. 1977.

Sorokin, Pitrim A.: Die Soziologie der Revolution, München 1928.

Sozialdemokratische Partei Deutschlands: Protokoll über die Verhandlungen des Parteitages der Sozialdemokratischen Partei Deutschlands, Kiel, 22.-27. Mai, Berlin 1927.

Spier, Tim u.a. (Hrsg.): Die Linkspartei. Zeitgemäße Idee oder Bündnis ohne Zukunft?, Wiesbaden 2007.

Spitzer, Giselher: Der deutsche Naturismus, Ahrensburg bei Hamburg 1983.

Spitzer, Giselher: Die „Adolf-Koch-Bewegung". Genese und Praxis einer proletarischen Selbsthilfe-Organisation zwischen den Weltkriegen, in: Teichler, Hans Joachim (Hrsg.): Arbeiterkultur und Arbeitersport, Clausthal-Zellerfeld 1985, S. 77-104.

Stamm, Thomas: Zwischen Staat und Selbstverwaltung. Die deutsche Forschung im Wiederaufbau 1945-1965, Köln 1981.

Stollberg, Gunnar: Die Naturheilvereine im Deutschen Kaiserreich, in: Archiv für Sozialgeschichte, 1988 (Jg. 28), S. 287-305.

Stolleis, Michael u.a. (Hrsg.): Parteieinstaatlichkeit – Krisensymptome des Demokratischen Verfassungsstaates, Berlin/New York 1986.

Stöss, Richard: Parteienstaat oder Parteiendemokratie, in: Gabriel, Oscar W./Niedermayer, Oskar/Stöss, Richard (Hrsg.): Parteiendemokratie in Deutschland, Bonn 2001, S. 13-35.

Strasser, Johano: Als wir noch Götter waren im Mai, München/Zürich 2007.

Strom, Christoph: Theologische Ethik im Kampf gegen den Nationalsozialismus. Der Weg Dietrich Bonhoeffers mit den Juristen Hans von Dohnanyi und Gerhard Leibholz in den Widerstand, München 1989.

Süß, Winfried: „Wer aber denkt für das Ganze?" Aufstieg und Fall der ressortübergreifenden Planung im Bundeskanzleramt, in: Frese, Matthias/Paulus, Julia/Teppe, Karl (Hrsg.): Demokratisierung und gesellschaftlicher Aufbruch. Die sechziger Jahre als Wendezeit der Bundesrepublik, Forschungen zur Regionalgeschichte 44, Paderborn 2003, S. 349-377.

Sy, Margarete: Die Thüringer Spielwarenindustrie im Kampf um ihre Existenz, Jena 1929.

Thierfelder, Jörg/Riemenschneider, Matthias (Hrsg.): Gustav Heinemann. Christ und Politiker, Karlsruhe 1999.

Tillich, Paul: Sozialismus, in: Neue Blätter für den Sozialismus, H. 1/1930 (Jg. 1), S. 1.12.

Tischner, Wolfgang: Zur Formierung der katholischen Subgesellschaft in der SBZ/DDR 1945-1951, in: Archiv für Sozialgeschichte, 1999 (Jg. 39), S. 299-324.

Tuchman, Barbara: In Geschichte denken. Essays, Frankfurt a. M. 1984.

Ulrich, Thomas: Ontologie, Theologie, Gesellschaftliche Praxis, Zürich 1971.

Ullrich, Klaus: Otto Brenner, in: Casdorff, Claus Hinrich (Hrsg.): Demokraten. Profile unserer Republik, Königstein im Taunus 1983, S. 79-87.

Unruh, Peer: Erinnerungen an Gerhard Leibholz (1901-1982) – Staatsrechtler zwischen den Zeiten, in: Archiv des öffentlichen Rechts, 2001 (Jg. 126), S. 60-92.

Veit, Winfried: Konservative Revolution à la francaise, in: Frankreich-Info, hrsg. von der Friedrich-Ebert-Stiftung, Bureau de Paris, Mai 2007.

Vierhaus, Rudolf: Zum Problem historischer Krisen, in: Faber, Karl-Georg/Meier, Christian (Hrsg.): Historische Prozesse, München 1978, S. 313-329.

Wachenheim, Hedwig: Die deutsche Arbeiterbewegung 1844-1914, Köln/Opladen 1967.

Wagner-Winterhagen, Luise: Schule und Eltern in der Weimarer Republik, Weinheim/Basel 1979.

Wald, Eduard: Das Porträt: Otto Brenner, in: Frankfurter Hefte, H. 10/1956 (Jg. 11), S. 689-693.

Wallow, Hans (Hrsg.): Rudolf Scharping: Der Profi, Düsseldorf 1994.

Walter, Franz: Nationale Romantik und revolutionärer Mythos, Berlin 1986.

Walter, Franz: Sozialistische Akademiker- und Intellektuellenorganisationen in der Weimarer Republik, Bonn 1990.

Walter, Franz: Heute Diaspora, einst Hochburg? Sozialdemokratische Traditionen in Sachsen und Thüringen, in: Heimann, Horst/Walter, Franz: Die Traditionen der demokratischen Arbeiterbewegung im Prozess der deutschen Einigung, Bonn 1991, S. 33-55.

Walter, Franz: Sachsen – ein Stammland der Sozialdemokratie?, in: Politische Vierteljahresschrift, H. 2/1991 (Jg. 32), S. 207-231.

Walter, Franz: Thüringen – einst Hochburg der sozialistischen Arbeiterbewegung?, in: Internationale wissenschaftliche Korrespondenz zur Geschichte der deutschen Arbeiterbewegung, 1992 (Jg. 28), S. 21-39.

Walter, Franz: Freital: Das „Rote Wien" Sachsens, in: ders./Dürr, Tobias/Schmidtke, Klaus: Die SPD in Sachsen und Thüringen zwischen Hochburg und Diaspora, Bonn 1993.

Walter, Franz: Katholizismus in der Bundesrepublik. Von der Staatskirche zur Säkularisierung, in: Blätter für deutsche und internationale Politik, H. 9/1996 (Jg. 41), S. 1102-1110.

Walter, Franz: Die SPD. Vom Proletariat zur Neuen Mitte, Berlin 2002.

Walter, Franz: Zurück zum alten Bürgertum: CDU/CSU und FDP, in: Aus Politik und Zeitgeschichte, H. 40/2004 (Jg. 54), S. 32-38.

Walter, Franz: Baustelle Deutschland. Politik ohne Lagerbindung, Frankfurt a. M. 2008.

Walter, Franz: Die SPD. Biographie einer Partei, Reinbek bei Hamburg 2009.

Walter, Franz: Im Herbst der Volksparteien? Eine kleine Geschichte von Aufstieg und Rückgang politischer Massenintegration, Bielefeld 2009.

Walter, Franz/Dürr, Tobias: Die Heimatlosigkeit der Macht. Wie die Politik in Deutschland ihren Boden verlor, Berlin 2000.

Walter, Franz/Dürr, Tobias/Schmidtke, Klaus: Die SPD in Sachsen und Thüringen zwischen Hochburg und Diaspora, Bonn 1993.

Wapnewski, Peter: Mit dem anderen Auge. Erinnerungen 1922-1959, Berlin 2005.

Wefing, Heinrich: Die Heimatlosigkeit der Macht – zur Architektur der deutschen Kanzler-ämter, in: Stiftung Haus der Geschichte der Bundesrepublik Deutschland (Hrsg.): Die Bundeskanzler und ihre Ämter, Heidelberg 2006, S. 190-205.

Weinert, Reiner: Intermediäre Institutionen oder die Konstruktion des „EINEN", in: Nedelmann, Birgitta (Hrsg.): Politische Institutionen im Wandel, Sonderheft 35/1995 der Kölner Zeitschrift für Soziologie und Sozialpsychologie, S. 237-253.

Weizsäcker, Carl Friedrich von: Ich – Du und Ich – Es in der heutigen Naturwissenschaft, in: Merkur, H. 120/1958 (Jg. 12), S. 124-128.

Weizsäcker, Richard von: Krise und Chance unserer Parteiendemokratie, Aus Politik und Zeitgeschichte, H. 42/1982 (Jg. 32), S. 1-12.

Wendt, Wolf Rainer: Geschichte der sozialen Arbeit, Stuttgart 2008.

Wheen, Francis: Karl Marx, München 2001.

Wiegandt, Manfred H.: Norm und Wirklichkeit. Gerhard Leibholz (1901-1982), Baden-Baden 1995.

Wielanga, Friso: Die Niederlande. Politik und politische Kultur im 20. Jahrhundert, Münster u.a. 2008.

Wiesendahl, Elmar: Parteien und die Politik der Zumutungen, in: Aus Politik und Zeitgeschichte, H. 40/2004 (Jg. 54), S. 19-24.

Wiesenthal, Helmut: Akteurskompetenz im Organisationsdilemma, in: Berliner Journal für Soziologie, H. 1/1993 (Jg. 3), S. 3-18.

Winkler, Heinrich August: Eduard Bernstein als Kritiker der Weimarer Sozialdemokratie, in: Annali della Fondazione Giangocomo Feltrinelli, 1983/84 (Jg. 23), S. 1003-1028.

Winkler, Heinrich August: Der Weg in die Katastrophe, Bonn 1990.

Wittig, Peter: Der englische Weg zum Sozialismus. Die Fabier und ihre Bedeutung für die Labour-Party und die englische Politik, Berlin 1982.

Wolf, Hermann: Kapitalismus und Heilkunde oder Doktor und Apotheker, Dresden 1893.

Wuttke-Groneberg, Walter: „Kraft im Schlagen, Kraft im Ertragen!" Medizinische Reformbewegung und Krise der Schulmedizin in der Weimarer Republik, in: Cancik, Hubert (Hrsg.): Religions- und Geistesgeschichte der Weimarer Republik 1982, S. 289-300.

Wrede: Eine sächsische Versuchssiedlung, in: Deutsche Bauhütte, 1931 (Jg. 35), S. 377 ff.

Young, Brigitte F.: Die „Herrin" und die „Magd". Globalisierung und die neue internationale Arbeitsteilung im Haushalt (Vortrag September 1999 in Wien), in: http://www.trend.infopartisan.net/trd0900/t190900.htm [eingesehen am 23.02.2009].

Ziemann, Benjamin: Das Ende der Milieukoalition. Differenzierung und Fragmentierung der katholischen Sozialmilieus nach 1945, in: COMPERATIV H. 2/1999 (Jg. 9), S. 89-101.

Neu im Programm
Politikwissenschaft

Hermann Adam

Bausteine der Wirtschaft

Eine Einführung
15. Aufl. 2009. 433 S. Mit 85 Abb. u. 31 Tab.
Br. EUR 24,90
ISBN 978-3-531-15763-4

Dieses Lehrbuch ist ein seit vielen Jahren bewährtes Standardwerk. Alle volkswirtschaftlichen Grundbegriffe und Zusammenhänge, die man kennen muss, um die aktuellen politischen, wirtschaftlichen und gesellschaftlichen Probleme in Deutschland unter den weltwirtschaftlichen Bedingungen der Globalisierung zu verstehen, werden mit einfachen Worten erklärt. Inhalt und Darstellungsweise sind auf Studierende der Politik- und Sozialwissenschaften und der Volkswirtschaftslehre in den Anfangssemestern zugeschnitten. Darüber hinaus ist das Buch für Sozial- und Gemeinschaftskundelehrer sowie für Teilnehmer an politischen Bildungsveranstaltungen eine wertvolle Hilfe.

Sonja Blum / Klaus Schubert

Politikfeldanalyse

2009. 191 S. (Elemente der Politik) Br.
EUR 14,90
ISBN 978-3-531-16389-5

Politikfeldanalyse fragt danach, was politische Akteure tun, warum sie es tun und was sie damit bewirken. Ihr Ziel ist, systematisches Wissen über Politik für die Politik bereitzustellen. Entsprechend der Zielsetzung der Reihe „Elemente der Politik" gibt dieser Band einen einführenden Überblick über

– das Verhältnis zwischen Politikwissenschaft und Politikfeldanalyse
– die wichtigsten theoretischen und methodischen Zugänge
– zentrale Begriffe (z. B. Akteure, Institutionen, Steuerungsinstrumente)
– den sog. „Policy-Cycle" sowie
– Ursachen und Erklärungen für politische Veränderungen

Thomas Meyer

Soziale Demokratie

Eine Einführung
2009. 308 S. Mit 11 Tab. Br. EUR 24,90
ISBN 978-3-531-16814-2

In vielen Demokratien wurden in den letzten Jahren zahlreiche soziale Errungenschaften in Frage gestellt oder schrittweise abgebaut. Dieser Band führt in die theoretischen, ökonomischen und praktischen Grundlagen der Sozialen Demokratie ein und bietet somit eine wichtige Alternative zu neoliberalen Politikentwürfen.